COLEÇÃO ARGONAUTAS

**MANUELA CARNEIRO DA CUNHA
CULTURA COM ASPAS**
E OUTROS ENSAIOS

a Mauro, Mateus, Tiago, Luana, Dani e Lourenço, pela alegria
a Elena Cassin e a Jean-Pierre Vernant, com enorme saudade

9   Introdução: meu charuto

Olhares indígenas

15   1. Lógica do mito e da ação
51   2. De amigos formais e companheiros
60   3. Escatologia entre os Krahô
78   4. Vingança e temporalidade: os Tupinambá
     (com Eduardo Viveiros de Castro)
102 5. Xamanismo e tradução
116 6. Um difusionismo estruturalista existe?

Olhares indigenistas e escravistas

127 7. Por uma história indígena e do indigenismo
135 8. Sobre os silêncios da lei
     (com pós-escrito sobre Henry Koster)
161 9. Pensar os índios: apontamentos sobre José Bonifácio
169 10. Sobre a servidão voluntária, outro discurso
182 11. Imagens de índios do Brasil no século XVI
205 12. Da guerra das relíquias ao Quinto Império

Etnicidade, indianidade e política

227 13. Religião, comércio e etnicidade
239 14. Etnicidade: da cultura residual mas irredutível
250 15. Três peças de circunstância sobre direitos dos índios

Conhecimentos, cultura e "cultura"

267 16. Populações tradicionais e conservação ambiental (com Mauro W. B. de Almeida)
293 17. Relações e dissensões entre saberes tradicionais e saber científico
304 18. "Cultura" e cultura: conhecimentos tradicionais e direitos intelectuais

371 **Conversa com Manuela Carneiro da Cunha**

387 Bibliografia geral
411 Sobre a autora
419 Índice onomástico
427 Índice de etnônimos

INTRODUÇÃO: MEU CHARUTO

Sobre o primeiro artigo que publiquei e que abre este livro, uma grande e sábia amiga, Elena Cassin, escreveu: "não tente provar demais". Após três décadas e várias tentativas, penso ter cumprido tal diretriz. O panfleto tentacular que fecha o volume é prova disso.

A matemática que estudei – ciência humana como a definia Vico, já que criada pelo homem – e o estruturalismo que me seduziu tinham em comum a construção ou a evidenciação da ordem. Mas Lévi-Strauss sempre advertiu que no mundo real a ordem só constitui algumas tantas ilhotas em um mar de caos. E meu segundo ensaio sobre a escatologia krahô já começava a explorar os limites dessas ilhas de estrutura. Isso posto, Lévi-Strauss também evidenciou o esforço humano permanente de construir ordem no mundo: tarefa de Sísifo, mas que tem sua grandeza. A essa tarefa, como os Canela do movimento messiânico que estudei e cuja estrutura mítica forjou a história, nunca deixei de me dedicar.

Uma breve queda na razão prática britânica foi logo temperada por um estruturalismo ampliado a novos domínios, os da constituição de sociedades interétnicas. Nesse campo também, como no totemismo, as diferenças seletivas se organizam em sistema. Novamente porém, sobra um resíduo na explicação: a cultura.

Mais recentemente, em Chicago, contaminei-me de um pouco do pragmaticismo de Charles Peirce, por sinal, autor da frase lapidar sobre a razão prática que se me aplica muito bem: "[...] *an axiom which, to the present writer at the age of sixty, does not recommend itself as forcibly as it did at thirty*".

Quanto aos temas que vim estudando, percebo uma constância. Cada um à sua maneira trata de interfaces, fronteiras, olhares e de políticas sobre os outros, sobre "o outro". Situações de contraste quando não de contato entre sociedades diferentes são o ponto de partida em vários de meus trabalhos, entre elas o movimento messiânico canela, a catequese, o direito indigenista, a etnicidade, o florescer do xamanismo, o conhecimento tradicional e a indigenização da cultura. O tema da tradução, por sua vez, está ligado a meu interesse pelas interfaces: não só o que se deva entender por tradução mas também suas condições de possibilidade e seus impasses.

As coisas brasileiras, entendidas de modo lato no tempo e no espaço, são meu campo de estudo e de intervenção política. Sobre este ponto, cabe uma advertência: a relação entre minha atividade de militante e meus ensaios de ambição mais teórica não é simples e não deve portanto ser pensada de forma simplista. Há uma autonomia entre as duas atividades, por mais que vários assuntos tenham surgido de pesquisas suscitadas por urgências políticas.

A primeira parte do livro concentra-se sobretudo na lógica indígena e no seu modo de entender e se entender com a história. A segunda é simetricamente dedicada a apreender o pensamento de missionários, colonos, legisladores e oficiais do governo sobre os índios e os escravos.

Muito foi escrito por antropólogos sobre como as cosmologias indígenas informam o modo dos índios perceberem aqueles que os invadiram. Mas o estudo da cosmologia dos que aqui aportaram parece ter sido delegado a historiadores – o grande exemplo é Sérgio Buarque de Holanda e sua *Visão do Paraíso*. Até umas três décadas atrás, a divisão de trabalho parecia atribuir aos antropólogos o estudo das ilusões dos índios – como se só eles tivessem pensamento simbólico – e aos historiadores o das mentalidades dos conquistadores e a teologia prática dos missionários. O meu trabalho faz parte de um movimento de recuperação das cosmologias ocidentais como objeto legítimo de estudo antropológico, o que implica negar ao ocidente o privilégio ilusório que reivindicou para si, com o Iluminismo, do "desencantamento" e da transparência da razão.

O pensamento indigenista, ou seja, como os índios são pensados pelos que os regiam – políticos, administradores ou missionários –, é e sempre foi histórico. Sua historicidade significa que não intervêm na política indigenista apenas conveniências e expedientes – embora estes certamente tenham predominado na prática – mas todo um debate de ideias renovado a cada época por novas razões ao mesmo tempo religiosas ou filosóficas, políticas, sociais, jurídicas, em suma, todo um universo de representações... É por isso que o lobo da fábula se sente obrigado a enunciar motivos legítimos de comer o cordeiro.

Nesse sentido, os textos sobre os jesuítas Antonio Vieira e Francisco Pinto, sobre imagens dos índios no século XVI, sobre José Bonifácio e seus "Apontamentos sobre os índios bravos", de 1823, embora tratem de períodos e figuras diferentes, estão unidos pelo mesmo interesse de esclarecer o universo que esses personagens habitavam. E o tema permanece quando discuto formas contemporâneas de se definirem os índios.

A cosmologia do "desenvolvimento" foi determinante após a Segunda Guerra Mundial. Hoje, civilizado pelo qualificativo "sustentável", o desenvolvimento dos anos 1970 já não consegue apoio incondicional e perdeu boa parte de sua força ideológica. Mesmo os que na prática o ressuscitam, sentem-se obrigados a dar explicações. E quanto à ideia da integração entendida como assimilação cultural, ou seja, a aspiração de abolir todas as diferenças, foi substituída pelo direito à diferença. A Constituição de 1988 leva a marca do *aggiornamento* dessa cosmologia. O texto "Futuro da questão indígena" que integrava a primeira edição deste livro tornou-se datado, motivo pelo qual preferi excluí-lo. Uma discussão mais abrangente sobre o assunto será objeto de um novo livro, em preparação.

As questões ligadas a conhecimentos tradicionais, tratadas na quarta seção, têm uma afinidade perturbadora com as questões missionárias de séculos passados. Nada se assemelha mais às certezas religiosas e ao afã missionário do que o alto modernismo das ciências da natureza. Passando sob silêncio seus próprios debates internos e sua historicidade, essas ciências, em seu triunfalismo, detêm um poder político comparável ao que já foi o da Igreja católica.

Passei mais de dez anos tratando de assuntos que parecem disparatados: debates, reuniões, legislações e ficções referentes a direitos intelectuais sobre conhecimentos tradicionais. Também meti minha colher de pau, e participei de alguns processos políticos no Brasil e nas Nações Unidas relativos a direitos culturais e a conhecimentos tradicionais.

Participei ainda na fracassada tentativa de transformar o conhecimento sobre a secreção de uma perereca em um grande exemplo de reconhecimento de direitos intelectuais indígenas. Outro fracasso instrutivo foi o de criar uma verdadeira Universidade da Floresta e implantar um novo relacionamento entre conhecimento tradicional e conhecimento científico numa universidade em Cruzeiro do Sul.

Participar de processos essencialmente políticos como esses e pensar ao mesmo tempo nas categorias da antropologia, nos paradoxos da cultura, na falácia da categoria da autenticidade e sobretudo no impacto da própria antropologia sobre esses processos é um problema que acomete quem defende a legitimidade do discurso de agentes políticos e ao mesmo tempo reflete sobre as condições, internas e externas, de sua produção.

Mas não foram só essas experiências que gestaram este livro. Às vezes, ao reler artigos de outros autores, surpreendo-me a reavaliar o quanto os meus assimilaram algumas das ideias que lá estão. Para quem, como eu, combate uma visão patrimonialista da criação intelectual e sustenta que a autoria nutre tanto quanto se nutre do pensamento alheio – ideia aliás tomada de Jefferson, que afirmou que acender o charuto alheio não impede de acender o próprio com a mesma chama –, empréstimos não são em si reprováveis. Creio que, graças a eles e ao que tem sido minha vida, acendi meu próprio charuto.

Agradecimentos

Minhas dívidas intelectuais são muitas e estão quase todas evidentes. As pessoais são pessoais, não se fala nelas. Resta-me agradecer a Florencia Ferrari, minha editora, que além de conseguir que eu relesse meus artigos – coisa que sempre me repugnou – fez um trabalho incansável e primoroso de crítica e correção de texto.

Olhares indígenas

1. LÓGICA DO MITO E DA AÇÃO
O MOVIMENTO MESSIÂNICO CANELA DE 1963

Em 1956, em artigo em homenagem a Roman Jakobson, Lévi-Strauss retomava o debate sobre as relações entre mitos e ritos.[1] Afirmava, então, que a correspondência entre eles não devia ser entendida como causalidade direta, mas como uma relação dialética que apareceria desde que ambos tivessem sido reduzidos a seus elementos estruturais (Lévi-Strauss 1956).

O movimento messiânico que, em 1963, sublevou os índios Ramkokamekra-Canela do estado do Maranhão[2] certamente pode, já que foi vivido em função de um modelo preexistente, ser tratado como um rito no sentido lato. Na verdade, podemos, pelo menos a título heurístico, perceber nele uma *história* subjacente que,

---

[1]. Este artigo foi publicado originalmente na revista *L'Homme*, v. XIII, n. 4, 1973. Foi o primeiro artigo que escrevi e vê-se imediatamente. Os indícios seguros são sua ambição, seu tom de certeza e o excesso de notas escorando as asserções. São cacoetes de juventude que passam com a idade.
Agradeço a Jean-Pierre Vernant, Peter H. Fry e Lux B. Vidal, que fizeram a gentileza de ler a primeira versão deste texto e contribuir com suas críticas; Jean Carter Lave e Vilma Chiara generosamente permitiram utilizar textos na época inéditos; e, finalmente, o artigo foi concluído com o auxílio de uma bolsa da Fundação de Amparo à Pesquisa do Estado de São Paulo (Fapesp). A tradução é de Beatriz Perrone-Moisés.
[2]. Os Ramkokamekra fazem parte da família dos Timbira orientais, que, por sua vez, constituem uma fração do grupo linguístico jê. Tornaram-se conhecidos principalmente após a publicação (por Lowie, nos Estados Unidos) dos trabalhos de Nimuendaju, que chamaram a atenção para esse grupo indígena do cerrado, cuja organização social e sistema ritual apresentam uma notável complexidade.

por razões que se tornarão claras, é um rito, e um *culto* que consiste em esboços de instituições. Meu intuito é mostrar que, enquanto esse culto é a contrapartida da estrutura social canela, o desenrolar das ações, tal como foi entendido pelos atores, refere-se dialeticamente a um mito, o da origem do homem branco, mito que é literalmente reencenado às avessas para o triunfo indígena e a derrocada final dos brancos.[3] Para tanto, me situarei no nível das representações: será possível, desse modo, compreender a eficácia de um movimento messiânico que está fundado em categorias do pensamento canela e que satisfaz, em última análise, a exigências cognitivas.

A aplicação de um tratamento mitológico a algo que diz respeito à história poderia ser-me censurada: lembraria, em primeiro lugar, que o que assim foi tratado é uma história tal qual foi contada por aqueles que a viveram, uma "etno-história"; em segundo lugar, é possível reconhecer, pela leitura do que segue, que se trata de uma história ideológica,[4] que, consequentemente, pertence a um gênero mitológico. Dizer de uma história que ela é mitológica, como Lévi-Strauss assinala, não significa que ela contenha erros ou omissões[5] – pode ou não contê-los – mas implica, isso sim, que ela *transborde de sentido*, um sentido que lhe é anterior, já que remete a uma classificação, a uma ordem que preexiste e o determina.

---

3. O mito de origem do homem branco, por sua vez, é a conceitualização de uma situação de desigualdade, de modo que temos aí os dois primeiros momentos que Balandier (1962) distingue na situação colonial, a saber, o reconhecimento, a interpretação do fato colonial e a consequente reação, que aqui assume uma forma messiânica.
4. Na medida em que permite que o ator interprete o seu vivido. Cf. a esse respeito Mary Douglas (1968: 98), e Evans-Pritchard (1962: 21): "*In the first sense history is part of the conscious traditions of a people and is operative in their social life. It is the collective representation of events as distinct from events themselves. This is what the social anthropologist calls myth*" [No primeiro sentido, história é parte das tradições conscientes de um povo e é operante em sua vida social. É a representação coletiva de acontecimentos, sendo distinta dos próprios acontecimentos. É aquilo a que o antropólogo social chama mito].
5. "*A story may be true yet mythical in character and a story may be false yet historical in character*" [Um relato pode ser verdadeiro ainda que de caráter mítico e um relato pode ser falso ainda que de caráter histórico] (Evans-Pritchard 1962: 53).

Sabemos do que aconteceu graças à comunicação de William H. Crocker, apresentada no Simpósio sobre a Biota Amazônica e publicada em 1967, nas *Atas* desse encontro.

Em poucas palavras, trata-se de um movimento surgido das profecias de uma mulher casada, Kee-kwei, que teria recebido revelações provenientes da filha que carregava no ventre, e que anunciava a subversão das relações de poder: a 15 de maio de 1963, o dia em que a criança nasceria, os índios se apossariam das cidades, pilotariam aviões e ônibus, enquanto os "civilizados" seriam enxotados para a floresta. Essa filha, a quem a mãe deu o nome de Krää-kwei, "menina-seca", seria a irmã do herói Aukê, isto é, do homem branco, cujo mito veremos mais adiante.

Os "signos" da criança foram inicialmente reconhecidos por seus pais e, em seguida, por intermédio de seu *keti*[6] (irmão da mãe ou pai de um dos pais, o texto não especifica), aceitos pelo conselho da aldeia, que se encarregou de transmitir as notícias às outras aldeias ramkokamekra. Dez dias mais tarde, encabeçando as três facções tribais reunidas, a profetisa fazia sua entrada triunfal na aldeia tradicional do Ponto. Por intermédio de Kee-kwei, Aukê permitiu que os índios tomassem cabeças de gado dos criadores da região: pois não eram seus, originariamente, os animais?

O culto se organizou em pouco tempo, mas o nascimento, dois dias antes da data anunciada, de um natimorto e, além do mais, de sexo masculino, alterou o movimento. Foi preciso dar conta desse fato novo: o nascimento prematuro foi atribuído aos malefícios de um estrangeiro, um Apanyekra, a quem Kee-kwei teria recusado seus favores. E o movimento continuou, com força renovada, com acréscimos que W. H. Crocker infelizmente nem sempre pôde distinguir da versão primitiva. O fato, entretanto, é que foi elaborada uma nova variante, que convém separar, para a análise, da precedente. Veremos que, mediante certas equivalências, é redutível à primeira.

O resultado, previsível, dos acontecimentos não tardou: no início de julho, irritados com os furtos, os criadores da região queimaram a aldeia; quatro índios foram mortos apesar das garantias

---

6. *Keti* é uma categoria de parentesco que inclui entre outros o irmão da mãe e os avôs. Entre os Timbira orientais, é um *keti* do menino quem lhe transmite um nome. Ver adiante nota 16.

de invulnerabilidade dadas por Kee-kwei. A dúvida se instaurou num grupo de mulheres que foram acusadas de ter provocado, com suas maldições, a partida de Aukê e de sua irmã, Krää-kwei; inaugurava-se assim uma terceira versão cujos desenvolvimentos permanecem desconhecidos. Os funcionários do Serviço de Proteção ao Índio (SPI) tiveram, então, para protegê-los, de transferir os Canela, índios do cerrado, para a reserva dos Guajajara, situada na floresta.[7]

Eis as grandes linhas da história, mas esse não é o nível em que devemos nos situar. Sendo minha intenção analisar um movimento como transformação de um mito, é preciso considerar todos os fatos, já que todos, por hipótese, passam a ser pertinentes.

É impossível transcrever aqui na íntegra o relato de W. H. Crocker e me contentarei em oferecer um resumo. O relato pertence a um gênero ambíguo: não narra um movimento diretamente observado pelo antropólogo (o que, neste caso, é uma vantagem, já que é no nível "êmico" que devemos situar-nos aqui), é um composto de um ou vários relatos indígenas que lhe teriam sido feitos e, em menor medida, de seu recorte e sua remontagem.

Levando em conta as lacunas que esse procedimento acarreta, resumirei os acontecimentos. Pelo menos terei tentado não selecionar os fatos, ainda que incompletos, segundo o próprio W. H. Crocker. Chamarei a primeira versão de "Messianismo A".

Messianismo A

Uma mulher casada, Kee-kwei, está grávida de seis meses. Num momento em que está só, arrancando mandioca em sua roça, sente que a criança em seu ventre lhe diz, por meio de pontapés, que o sol está quente demais e que ela quer voltar para casa; anuncia que seu pai acaba de matar um tatu e uma cutia, e que convém ferver água para

---

7. W. H. Crocker, numa comunicação de outubro de 1971, descreve-os num estado de abatimento, de alheamento, que atribui a uma inadaptação ecológica. Entretanto, poderíamos nos perguntar se essa não seria uma etapa ulterior do movimento messiânico. É possível (mas isso não passa de uma hipótese) que o movimento messiânico tenha adotado uma orientação mais esotérica e tenha levado a um alheamento progressivo. Esse seria um dos resultados que Worsley (1968: XX-XXI) prevê para o fracasso das profecias.

cozinhar a carne. O caçador volta para casa,[8] trazendo a caça anunciada, mas Kee-kwei ainda não revela ao marido o sucedido. Quando a criança indica à mãe que não deseja relações sexuais entre os pais, a mulher decide informar o marido e ambos voltam para a aldeia, ao cair da noite. À luz da lua cheia, eles veem a criança, atrás da casa, sob a aparência de uma bela menina de onze anos, vestida e com o cabelo cortado segundo a moda canela. A aparição se proclama irmã de Aukê e anuncia o seu nascimento para o dia 15 de maio, ao crepúsculo: no dia seguinte, ao amanhecer, ela já estará crescida e os Canela terão ficado ricos, e morarão nas cidades, enquanto os Brancos serão reduzidos a caçar com arco e flecha.

O "tio" (*keti*) e a "tia" da criança são avisados e o tio é encarregado de levar a notícia ao conselho da aldeia. A criança, a quem a mãe dá o nome de Krää-kwei, "menina-seca", "porque há muito tempo não concebia", se transforma em cobra e assusta o irmãozinho, mas a mãe diz que não se deve temê-la.

As facções políticas se unem em torno de Kee-kwei e voltam à aldeia tradicional do Ponto. Determina-se que os Canela dancem e cantem para agradar Aukê e sua irmã, Krää-kwei. Kee-kwei organiza uma tropa de fiéis, rapazes e moças, que ela sustenta com opulência e que vivem juntos num grupo de casas.

As danças e os cantos que formam o essencial do culto são divididos em quatro dias de danças canela e três dias (um fim de semana prolongado) de danças de estilo brasileiro. Os maus dançarinos são punidos: devem prestar favores sexuais aos mais resistentes. As relações sexuais são proibidas durante o fim de semana e permitidas somente fora da aldeia nos outros dias.

Os Canela passam a ter o direito de tomar gado dos criadores vizinhos, já que a "mãe" (isto é, a criança Krää-kwei) agora está entre eles. As oferendas feitas à profetisa serão generosamente devolvidas no dia da chegada da criança.

A 13 de maio de 1963, dois dias antes do prazo anunciado, Kee-kwei dá à luz um menino natimorto. Elabora-se então uma nova versão, que chamaremos de "Messianismo B".

---

8. Para a casa da roça. Os Canela cultivam as suas roças à beira dos rios, a uma certa distância das aldeias, e costumam construir no local uma pequena casa.

Messianismo B

A recusa de relações sexuais com um estrangeiro, um apanyekra-canela,[9] é a causa do nascimento prematuro da criança, natimorta de sexo masculino, e que é dito ser a "imagem" de Krää-kwei. Esta, após uma visita a Aukê em sua morada celeste,[10] se instala com o irmão (Aukê) no seio materno. Em suma, Aukê volta, trazido pela irmã: ambos "sairão" para realizar seus prodígios quando estiverem saciados das danças dos índios. Aukê pede que se construa uma casinha, para servir de túmulo para a criança morta, atrás da casa de Kee-kwei.

Como Krää-kwei não gostava do pai, a profetisa expulsa o marido e se casa com o filho do chefe Kheečë. Prescreve a ruptura dos tabus sexuais entre parentes secundários e inclusive, ao que parece, entre primos e entre genro e sogra em certos casos.

Os fazendeiros atacam, e as maldições de algumas mulheres da aldeia provocam a partida de Krää-kwei e Aukê.

Eis agora o mito de Aukê, tal como foi colhido entre os Canela por Nimuendaju (1946: 245-46):[11]

Mito de Aukê

Uma rapariga, Amčokwei, ficou grávida. Um dia, enquanto tomava banho com as companheiras, ouviu duas vezes o grito do preá,[12] sem saber de onde vinha. Voltou para casa e se deitou. Então, ouviu o grito pela terceira vez e percebeu que vinha de seu próprio corpo. "Mãe, você está cansada de me carregar?", disse-lhe a criança. "Sim, meu filho, saia!", ela respondeu. "Bom, eu vou sair no dia tal." Quando Amčokwei começou a sentir as dores do parto, foi sozinha para a flo-

---

9. Neste artigo, emprego abusivamente o termo "Canela" para designar unicamente os Ramkokamekra, o que me obriga a especificar quando se trata do grupo Apanyekra-Canela.
10. Os Canela veem as cinzas de Aukê nas Nuvens de Magalhães (Nimuendaju 1946: 234).
11. São também conhecidas versões krahô (Schultz 1950: 86-93) e apinayé (Nimuendaju 1939: 167-68) desse mito.
12. Na versão krahô do mesmo mito (Schultz 1950: 86), a criança, antes de nascer, se transforma em pequenos roedores, preá e paca, voltando ao amanhecer para o útero materno.

resta. Forrou o solo com folhas de pati e disse: "Se você for menino, vou matá-lo, mas se for menina, vou criá-la". Ela deu à luz um filho; cavou um buraco, enterrou a criança e voltou para casa. Quando sua mãe a viu chegando perguntou pela criança e repreendeu-a por não ter trazido o menino para que a avó o criasse. Quando soube que ele estava enterrado sob uma sucupira, foi desenterrá-lo, lavou-o e trouxe-o de volta para casa. Amčokwei não queria amamentá-lo, e a velha se encarregou disso por ela. O pequeno Aukê disse à mãe: "Então, você não quer me criar?". Ela ficou com medo e respondeu: "Sim, eu vou criá-lo". Aukê crescia muito depressa. Tinha o dom de se transformar em todos os tipos de animais. Quando se banhava, virava peixe; e quando ia para as roças, virava onça, e assustava os parentes. Então o irmão de Amčokwei resolveu matá-lo. Enquanto o menino estava sentado, comendo um bolo de carne, o tio atingiu-o traiçoeiramente, pelas costas, com a sua borduna. Enterrou-o atrás da casa, mas no dia seguinte o menino voltou, coberto de terra: "Avó", disse, "por que você me matou?". "Foi o seu tio que matou você, porque você assusta as pessoas!". "Não", garantiu Aukê, "eu não irei machucar ninguém". Mas pouco depois, enquanto brincava com outras crianças, transformou-se novamente em onça.

Então o tio resolveu se livrar dele com outro estratagema. Convidou-o a ir colher mel. Passaram por duas serras e, quando chegaram ao topo da terceira, o homem agarrou o menino e jogou-o no abismo. Mas Aukê se transformou em folha seca e pousou delicadamente no chão. Ele cuspiu, e em volta do tio surgiram rochedos íngremes, dos quais este não conseguiu escapar. Aukê voltou para casa e avisou que o tio voltaria mais tarde. Passados cinco dias, Aukê fez as rochas desaparecerem, e o tio pôde finalmente voltar, quase morto de fome. Ele planejou matar Aukê de um outro modo: fê-lo sentar numa esteira e deu-lhe comida, mas Aukê sabia perfeitamente o que ele pretendia fazer. Então, ele deu uma bordunada no menino e o queimou. Depois, todos deixaram a aldeia e se mudaram para longe. Amčokwei chorava, mas sua mãe lhe disse: "Por que você está chorando agora? Você mesma não queria matá-lo?".

Passado algum tempo, Amčokwei pediu ao chefe e aos velhos que lhe trouxessem as cinzas de Aukê. Enviaram dois homens à antiga aldeia, para ver se as cinzas ainda estavam lá. Quando chegaram, viram que Aukê tinha virado um homem branco.

Tinha construído uma casa grande e, do miolo escuro de uma árvore, tinha criado os negros; da madeira de bacuri, os cavalos; e da madeira de piqui, o gado. Ele chamou os dois mensageiros e mostrou-lhes a sua propriedade. Depois, chamou a mãe para morar com ele. Aukê é o imperador dom Pedro II.

Os relatos do movimento messiânico e do mito de Aukê apresentam entre si uma série de oposições que saltam aos olhos, e que enumeraremos rapidamente antes de examiná-las mais de perto: no Messianismo a, Kee-kwei é uma mulher casada, boa mãe que repele o marido, ao passo que, no mito, Amčokwei é uma rapariga e uma péssima mãe; a primeira está só em sua roça e sabe de onde provém a mensagem, a segunda está cercada de companheiras e não sabe de onde vem a "voz"; no Messianismo a, trata-se de uma menina que deve nascer no momento certo; no mito, de um menino que ultrapassa a duração da gravidez;[13] no Messianismo a, a criança é recebida com alegria pela mãe, e seu *keti* anuncia a boa nova ao conselho da aldeia, ao passo que Aukê não é bem-vindo, e seu keti o mata; no Messianismo a, os índios voltam para a aldeia tradicional e as facções políticas se unem, ao passo que, no mito, eles abandonam a aldeia (e, na versão krahô, se dispersam). Enfim, e é evidentemente a isso que todas as oposições precedentes queriam chegar, a relação de riqueza e de poder se inverte. Metodologicamente, essa é a garantia de que estamos realmente diante da inversão do mito de Aukê.

O material de que dispomos se afigura portanto exemplar, pois fornece, de saída, a relação global – uma simetria – entre o mito e o movimento messiânico, em suas duas versões. O método, assim, está de antemão traçado: afirmar a simetria entre os dois relatos leva a buscar o eixo dessa transformação, isto é, colocar em evidência o conjunto de representações a que se referem os Canela para passar do mito de Aukê ao seu inverso. Esse procedimento permite atingir o campo semântico que explicará a fórmula do messianismo canela, e é por isso que não se pode simplesmente opor o mito de Aukê à história de Krää-kwei: é preciso desdobrar todo o campo.

---

13. Isso está implícito na versão canela e totalmente explícito na versão krahô.

Se, pelo viés desse material privilegiado, for possível, destacando certos temas, abrir uma entrada na língua ritual timbira, cuja complexidade chega a ser desanimadora, terei realizado o meu propósito.

Assim, procurarei permanecer no contexto canela. Pergunta-se, então, como justifico o recurso reiterado à mitologia e aos dados etnográficos de outros Timbira: os Apinayé (Timbira ocidentais), os Krahô e os Krikati (Timbira orientais). Os Timbira concebem-se a si mesmos como grupos de uma unidade mais abrangente; um único termo, kupẽ (atualmente sobretudo usado para se referir aos neobrasileiros), servia para designar os não Timbira – desde as outras tribos do tronco linguístico jê (a que pertencem os Timbira) até os Tupi. Os Apinayé, que vivem a oeste do rio Tocantins, consideram-se provenientes dos Timbira orientais, mais especificamente dos Krikati (Nimuendaju 1939: 1). E finalmente, como notou Claude Lévi-Strauss, a mitologia dos Timbira forma um conjunto:

> É, portanto, legítimo completar certos mitos com outros que, há apenas alguns séculos, ainda constituíam um só. Mas, inversamente, aumentam o valor e o significado das divergências que se manifestam entre eles. Pois se fossem os mesmos mitos em uma data historicamente recente, perdas e lacunas poderiam ser explicadas pelo esquecimento de certos detalhes ou por confusões; se esses mitos se contradizem, alguma razão há de haver. (Lévi-Strauss [1966] 2005: 119; cf. também [1964] 2004: 155-56, 173).

Krikati, Krahô e Ramkokamekra, em especial, são tribos irmãs. Nimuendaju focalizou-as em conjunto no livro *The Eastern Timbira*, extrapolando para as duas primeiras observações colhidas sobretudo na última. Essa extrapolação é abusiva, e não leva em conta divergências que são essenciais para a análise, e por esse motivo distingo os mitos relatados por Nimuendaju (1946), que são muito provavelmente mitos ramkokamekra, do corpus krahô, que se encontra em H. Schultz (1950) e também em Chiara (1961-62).

Tendo precisado o método, voltemos ao movimento messiânico canela e às inversões que apresenta em relação ao mito de origem do homem branco.

Vimos que o modo aquático e público das primeiras manifestações de Aukê contrasta com a anunciação de sua irmã. Quando Aukê fala a sua mãe grávida enquanto ela se banha com as amigas, Kee-kwei está sozinha em sua roça, arrancando mandioca, e a criança em seu ventre se queixa de excesso de sol. Quando pensamos no lugar fundamental que a oposição entre seco e molhado[14] ocupa no pensamento timbira, e notamos que a mandioca (assim como, curiosamente, o milho, cujo ciclo, entretanto, coincide com a estação das chuvas) está associada à metade *ka*, a da estação seca, começamos a desconfiar que o movimento messiânico tenta, desde o princípio, se situar em "chave" de seca: do registro *atuk* (estação das chuvas) do mito de Aukê, passa-se para um registro *ka*.

Prova disso é o nome da irmã de Aukê – Krää-kwei –, que significa "menina-seca".[15] Entre os Timbira orientais, os nomes não são escolhidos pelos pais, mas transmitidos por um doador que será

---

14. Essa distinção, que classifica os seres e as coisas em uma ou outra das duas metades, *kamakra* ou *atukmakra*, estabelece uma série de congruências (Nimuendaju 1946: 84):

$$\frac{kamakra}{atukmakra} = \frac{leste}{oeste} = \frac{sol}{lua} = \frac{dia}{noite} = \frac{fogo}{lenha}$$

$$\frac{vermelho}{negro} = \frac{terra}{água} = \frac{seca}{estação\ chuvosa} = \frac{centro\ (praça)}{exterior\ (periferia)} = \frac{vida}{morte}$$

Parece-nos que essas congruências devem ser encaradas como pertencentes a diferentes planos, o que significa que as oposições podem ser vistas como homoteticamente semelhantes. Isso aparece com muita clareza num desenho apinayé, publicado por DaMatta (1970b: fig. 9), que representa o universo. Os diversos elementos estão situados no interior de círculos concêntricos, que podem ser concebidos como projeções sobre um plano de círculos crescentes, cujos centros estão ordenados ao longo de um único eixo, e cujo traçado, em nossa opinião, visa delimitar espaços distintos, tais como a praça central, a aldeia, o céu. Assim, as mulheres se opõem aos homens no *círculo da sociedade* (a praça), assim como a Lua se opõe ao Sol no *círculo celeste*, como o cru se opõe ao cozido no *círculo da aldeia* ou das atividades domésticas. A existência desses *planos* na classificação levaria a reconsiderar, mais uma vez, o dualismo timbira.

15. Segundo o informante de W. H. Crocker, esse nome teria sido escolhido porque a mãe havia muito tempo não ficava grávida. No entanto, faz-se menção ao irmãozinho de Krää-kwei, que ela assusta na forma de uma cobra; sabe-se, além do mais, que os Timbira têm o costume de espaçar os nascimentos.

um *keti*[16] para um menino, e uma *tei*[17] no caso de uma menina. O nome, que designa seu portador para determinados papéis cerimoniais, não tem, portanto, nenhuma relação com os atributos pessoais da criança e não pretende designá-la enquanto indivíduo: é, antes, um *título*, um operador que a insere e classifica na vida cerimonial, na verdade "um personagem", que a associa, em especial, a uma das duas metades, *ka* ou *atuk*.

Ora, o nome de Krää-kwei *não é um nome*, no sentido canela, e por duas razões: porque é escolhido pela mãe (antes mesmo do nascimento) e porque pretende descrever a criança. Em outras palavras, Krää-kwei não é investida de uma *persona*, ela própria é *persona*, máscara e protótipo que outros, somente depois dela, poderão assumir.[18] Em Krää-kwei, o indivíduo e a pessoa se confundem, e seu nome a significa: ela é a seca.[19]

Krää-kwei, aliás, compartilha esse caráter de máscara com o irmão (e vários outros personagens míticos): ambos são "imagens", *mekarõ*. Essa palavra (no singular *karõ*) significa ao mesmo tempo o morto (isto é, a alma), a sombra de uma pessoa, sua foto, ou sua imagem (Nimuendaju 1946: 234). Os *mekarõ* são, portanto, seres de certo modo "de pura forma", sem profundidade e sem entendimento,[20] são seres de duas dimensões, para os quais o mundo, por sua vez, não passa de uma imagem imediata. Um informante krahô descreveu-os nestes termos: "Os *mekarõ* são assim: não têm entendimento,

---

16. Geralmente o irmão da mãe ou um dos avós. Nimuendaju (1946: 105), que pouco se preocupou com a terminologia de parentesco, dá: "*kḗde-li*: MB, MF, MZS *older than ego* (*last meaning probable, not certain*) [mais velho que ego (último significado provável, não certo)]; *kḗde-re*: FF". Mas Melatti (1970b: 122 e ss) dá, em relação aos Krahô: *keti*: IM, IMM, PM, IPM, PP, IPP.
17. Em geral, a irmã do pai. Nimuendaju dá *tu'i-re*: FZ, FZD, MM, (FBW), MZD"; e Melatti, *tëi*: IP, FIP, FFIP, MP, IMP, MM, IMM.
18. Veremos mais adiante que esse caráter de protótipo está associado a personagens-chave da vida cerimonial, os *hamren*, e que o nome de Krää-kwei encerra provavelmente múltiplos sentidos, que remetem uns aos outros.
19. Poderia-se dizer que Aukê, ao contrário, está totalmente do lado da água, *atukmakra*. Seu nascimento ocorre fora da aldeia, o que contraria as regras (Nimuendaju 1946: 106), e o coloca sob o signo do exterior, que, como vimos, é congruente com a água e à metade *atuk*. Até o mesmo fato de ser consumido pelo fogo lembra – mas sugiro isto com prudência – a lenha, que é a contrapartida do fogo, e que os Canela, com todo o rigor, situam do lado *atuk*.
20. Isso lembra essas outras "sombras", homéricas, privadas de memória e, portanto, de saber (Vernant 1965: 59).

eles não têm juízo. Eles não veem as coisas à sua volta, só o que está na sua frente. Quando entram numa casa, veem a casa, nada mais. Se encontram alguém, podem vê-lo, mas não veem o resto".

O *karõ* é, portanto, pura imagem, *assim como Aukê é a imagem de tudo o que se apresenta aos seus olhos* (versão krahô: se vir uma criança, torna-se parecido com uma criança; se chega um homem adulto, vira homem, de barba preta; se vir um velho, fica grisalho e curvado; cf. Schultz 1950: 86).

Réplica e espelho, Aukê é propriamente um *karõ*. Talvez sejam necessárias mais provas. Várias vezes é dito que Aukê está morto. Basta respirar o texto do mito para ver que Aukê se dirige à avó dizendo: "Avó, por que você me matou?". Ao que ela responde: "Foi o seu tio que o matou, porque você assustava as pessoas". Isso ainda não é convincente? O poder de se transformar em todos os tipos de animais constitui uma última prova. Os Krahô creem que os mortos vivem como índios durante algum tempo, depois morrem novamente e assumem a forma de um animal (geralmente de grande porte), que pode morrer por sua vez e se transformar num animal, em geral menor (segundo uma série que varia de acordo com o informante) e chega finalmente ao estado de pedra, toco de madeira ou cupinzeiro (Melatti 1970b: 210). Nimuendaju conta que entre os Canela os mortos também podem assumir a aparência de todos os tipos de animais (1946: 235).

Mas para concluir que Aukê e sua irmã são *mekarõ*, é necessário, objetaria-se, que a recíproca da proposição seja verdadeira, a saber, que todo homem que pode assumir formas animais à vontade seja um morto, um *karõ*. Ora, é exatamente o que ocorre: o texto krahô do mito de Akrei e Kengunã conta que este último podia se transformar em vários animais, e com isso assustava o irmão; e o informante, para *designar essas metamorfoses,* diz duas vezes que ele "foi *fazendo defunto*"; e, um pouco antes, que "ia virando em *toda coisa defunta*" (Schultz 1950: 95).

Fica assim estabelecido de passagem o caráter *karõ* não somente de Aukê, como também do Kengunã krahô e de Krää-kwei, na medida em que ela se transforma em cobra.

Um outro traço fundamental que opõe o movimento messiânico ao mito de Aukê está ligado ao personagem da mãe. Na versão canela do mito, ela é, sem sombra de dúvida, uma péssima mãe.

Enterra o filho vivo sob uma sucupira, o que duplica o assassinato: pois essa árvore, de madeira especialmente dura, está associada ao crescimento das crianças que, por volta dos quatro anos de idade, vão depositar num buraco de seu tronco os seus cordões umbilicais secos, para que cresçam tão duros e resistentes quanto a árvore (Nimuendaju 1946: 107). Inversamente, Kee-kwei é uma mãe exemplar que chega (Messianismo B) a receber complacentemente em seu ventre Aukê e Krää-kwei, numa gestação prolongada.

Mas não basta opor as "mães", ainda é preciso descobrir a qual conjunto de representações elas estão ligadas. Uma frase surpreendente da versão canela poderia indicar o caminho. No momento do parto, Amčokwei declara: "Se você for menino, vou matá-lo, mas se for menina, vou criá-la". De onde surge esse traço de Amazona? Nas instituições ou nos mitos canela não há nada nesse sentido. Em compensação, o tema da aldeia de mulheres que matam seus filhos homens se encontra na mitologia apinayé. A origem dessa aldeia remonta ao massacre de todos os homens por suas esposas, privadas de seu amante. Embora entre os Apinayé esse amante seja um jacaré, reconhecemos imediatamente nesse tema do assassinato do amante pelos maridos uma variante do mito da anta ou tapir (em tupi, latim e francês), o macho sedutor, que encontramos entre os Krahô. O mito apinayé pode, além disso, ser relacionado ao *corpus* canela, pois um curioso episódio – que poderíamos definir como de "tipo Atalanta", onde a corrida do pretendente se torna a tradicional corrida "de tora" dos Jê – se encontra em um mito canela ligado à origem de um ritual de iniciação, o *ketuaye*. Pelas razões que expus acima, creio que se possa tirar desse mito conclusões válidas para todos os Timbira.

O assassinato de um filho homem mas não de uma menina coloca a mãe de Aukê entre as "amantes do tapir", para as quais Lévi-Strauss ([1964] 2004: 295-323) estabeleceu um certo número de propriedades, das quais guardarei aqui apenas aquela que as caracteriza como más nutrizes e o homólogo da podridão, no extremo limite, portanto, da natureza. É exatamente isso o que diz também o mito da aldeia das mulheres, aldeia que não é contranatureza mas sim *contracultura*, já que constituída unicamente de mulheres, que são natureza em contraposição aos homens, os únicos que são sociedade. Criar apenas meninas significa se manter entre mulheres, em estado de podridão, e o mito de Aukê fornece, então, uma equação importante para a sequência que poderia ser escrita assim: "Sob o ângulo da natureza, um menino morto vale uma menina viva".

A podridão e o fedor nos colocam de saída no campo em que Lévi-Strauss (ibid.: 197-ss) detectou a importante posição semântica da sarigneia, ou gambá. Esse animal, o único marsupial conhecido pelos Canela (Vanzolini 1956-58: 159), é, lembramos, uma nutriz que fede. A nutriz por excelência, casta e que exclui fedor na medida em que é virgem, é Estrela (Vésper), fornecedora das plantas cultivadas e, principalmente, do milho; o arco-íris, por sua vez, é a não-nutriz e o fedor extremo (Lévi-Strauss [1964] 2004: 283-ss).[21]

Poderíamos, então, dizer que no eixo da sarigneia, a mãe de Aukê se situa do lado do arco-íris. A prova da pertinência desse eixo aqui é a abundância de motivos "marsupiais". Nas três versões – canela, krahô e apinayé –, a criança deixa o útero materno quando bem quer. Nas três, essa mãe é a contrapartida de Estrela: duplamente, entre os Canela, onde é uma rapariga (ao passo que Estrela é uma mulher casada que evita o marido) e péssima nutriz, que se recusa a amamentar; simplesmente, entre os Krahô e os Apinayé. Entre estes, com efeito, ela é uma rapariga (que concorda em ser nutriz), ao passo que, entre os Krahô, é uma mulher casada que sabe copular (em oposição a uma mulher marsupial que, no mito krahô da serpente sedutora, não sabe copular e é boa nutriz, o que a classifica como mulher-Estrela).[22]

---

21. Lembro rapidamente a versão canela do mito de origem das plantas cultivadas: Estrela desce do céu para se casar com um índio cuja feiura afastava todas as mulheres. Ele a esconde dentro de uma cabaça, onde é descoberta por seu irmão mais novo. No rio, Estrela vê milho. Ensina aos índios como comê-lo e prepara beijus; até então, os índios só comiam madeira podre. Nesse ponto se situa o episódio do jovem que come sarigneia assada, um alimento permitido somente para os velhos. Ele envelhece instantaneamente. Se seu marido não tivesse insistido em consumar o casamento, Estrela teria revelado muitos outros segredos. Ela resolve voltar para o céu e o marido pede para acompanhá-la. À noite, Estrela vai para o pátio e começa a cantar. Ao amanhecer, ela e o marido tinham desaparecido (Nimuendaju 1946: 245).

22. Em favor da pertinência do "eixo sarigneia", lembro que, na versão canela, a mãe de Aukê ouve o grito do preá sem se dar conta de que provém de seu próprio corpo. O nome da sarigneia (*klô-ti*) só difere do do preá (*klô*) pelo acréscimo do aumentativo *-ti* (Vanzolini 1956-58: 159). E notemos uma frase surpreendente do mito krahô dos dois cunhados: "esses preás chamados *mucura* (sarigneia,

A profetisa canela pertence, evidentemente, a esse grupo de mulheres marsupiais, mas ela se situa do lado de Estrela, já que recusa o contato sexual com o marido (Messianismo A) ou com um estrangeiro (Messianismo B).

Em suma, vemos que o mito de Estrela serve, de certo modo, como eixo de simetria: se o movimento messiânico pretende inverter o mito de Aukê, é referindo-se a Estrela que procede, fazendo passar de uma não-Estrela, a mãe de Aukê, para uma verdadeira Estrela, a mãe de Krää-kwei.

Se consideramos as seguintes congruências:

estação seca : estação chuvosa :: Estrela : não-Estrela :: sociedade : natureza

---

gambá)" (Schultz 1950: 125; cf. também Lévi-Strauss 1964: 203). O mito de Aukê e o movimento messiânico esclarecem ainda um outro ponto de etnozoologia. Na versão apinayé, Aukê toma a forma de uma paca e, na versão krahô, indiferentemente a de um preá ou a de uma paca. Esses dois roedores parecem, portanto, associados no útero da mãe de Aukê, onde moram, vivos, e se opõem assim à cutia e ao tatu, que são ingeridos, depois de mortos, por Kee-kwei: ou seja, uma oposição, de acordo com a hipótese de Lévi-Strauss (ibid.: 159, nota 11), baseada na ausência ou na presença da cauda. A oposição, agora entre os pares queixada-tatu/preá-paca, ou o longo oposto ao curto (cf. id. ibid.: 158), fica estabelecida se se aceitar – sem exigir uma demonstração mais detalhada, que nos levaria ainda mais longe – que no pensamento krahô o mito das queixadas, obtidas com a ajuda do tatu por dois cunhados unidos (Schultz 1950: 160-62), tem uma armação inversa da do mito de Aukê, que, lembro, faz suas primeiras aparições na versão krahô sob forma de preá ou sob forma de paca, e que é, nessa versão, morto pelo avô. Em código de parentesco e de atitudes, teríamos:

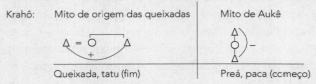

Essa inversão não é uma visão do antropólogo, baseada unicamente no código etnológico das representações de genealogias. Corresponde a uma oposição fundamental entre todos os Jê, que decorre de sua matrilocalidade. Nesse sistema, os cunhados são concebidos como potencialmente, senão efetivamente, hostis, e principalmente – como ocorre no mito das queixadas – se o irmão da mulher for solteiro e pertencer à mesma casa. O que significa que a atitude esperada entre eles é negativa, ao passo que se supõe que seja, ao contrário, positiva entre avô materno (que também é *keti*) e neto.

Lógica do mito e da ação **29**

percebe-se que as conclusões a que já se chegou nos dois primeiros códigos encontram-se reafirmadas no último.

Viu-se, com efeito, que a aldeia das mulheres era pura natureza. Ora, Lévi-Strauss mostrou, justamente em relação às amantes do tapir (que são não-Estrelas), que o produto da natureza com ela mesma só pode ser "natural" (id. ibid.: 317). O fato de Aukê estar realmente, no início de sua carreira, em estado de natureza, é significado pela atitude de seu *keti*, tio materno e provável "padrinho". Sabe-se que é através do *keti*, e do nome que este lhe transmite, que uma criança se insere na vida cerimonial e assume o papel que lhe cabe. Entre os Ramkokamekra, mais ainda do que entre os outros Timbira, o papel do *keti* é preeminente em tudo o que diz respeito aos assuntos públicos de seu *itamtxua*. Assim, a metáfora é transparente: Aukê, morto pelo próprio *keti*, é um ser excluído dos ritos, ele é inteiramente "natureza".

O inverso vale para Krää-kwei, cuja aparição pré-natal, precisa Crocker, não só tem forma humana como está vestida de acordo com a moda canela e – isto é essencial – adequadamente penteada. O corte do cabelo é, com efeito, o sinal da participação na vida social: somente os reclusos (em particular aqueles que estão de luto) deixam de cortar o cabelo. É dizer que Krää-kwei é toda ela sociedade, desde antes de seu nascimento, o que é congruente com a sua "secura". Por isso, seu *keti* é encarregado de levar ao conselho a notícia de sua vinda iminente.

Aukê é inteiramente "natural", assim como sua mãe, colocada sob o signo da podridão. O fato de o homem branco ser concebido como pertencente à natureza nada tem de surpreendente: os Timbira não são os únicos que se proclamam "gente" e relegam qualquer outra sociedade, bárbara desde que *outra*, ao reino da natureza. Um informante krahô inclusive nos descreveu a promiscuidade realmente bestial dos civilizados, que, dizia, dormem com as próprias filhas. O procedimento é, aliás, absolutamente idêntico ao da população regional, que compara os cantos indígenas aos rugidos dos animais ferozes (Nimuendaju 1946: 115).

Está-se agora em condições de elucidar um ponto fundamental do movimento messiânico, a saber, como o pensamento canela pode satisfazer-se com a nova versão fornecida pela profetisa quando, em lugar da menina viva anunciada, vem um menino natimorto, dito então "imagem de Krää-kwei". Se a estruturação do domínio mítico existe, e já que vimos que o movimento messiânico é uma versão do mito de Aukê em "chave" de mulher-Estrela (ou de sociedade, ou de seca), segue-se que as relações de equivalência entre objetos (mas não os próprios objetos) devem encontrar-se invariantes no movimento messiânico. Dito de outro modo, se dois objetos são equivalentes no mito de Aukê, seus transformados (no movimento messiânico) devem continuar a sê-lo. Se se aplica essa regra à equivalência estabelecida acima – "em chave de não-Estrela (ou de natureza), um menino natimorto vale uma menina viva" –, obtém-se a propriedade: "em chave de mulher-Estrela, um menino natimorto equivale a uma menina viva", o que, desenvolvido, dá: "uma menina viva de uma mulher-Estrela é o equivalente de um menino natimorto de uma mulher-Estrela", e isso é precisamente o que diz Messianismo B quando afirma que o menino natimorto (não-filho de um estrangeiro, ou seja, filho de uma não-amante do tapir e nutriz suprema que consente uma gravidez exageradamente prolongada, em suma, de uma Estrela) é a imagem de Krää--kwei viva (filha de uma nutriz que evita o marido, o que é um outro modo de ser Estrela). O diagrama seria:

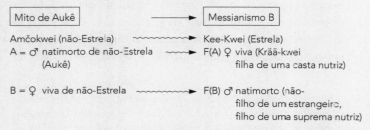

Verificamos, pois, que para A = Aukê e B = a filha não concebida do mito de Aukê, a equivalência de a e b acarreta a equivalência de f(A) e de f(B): o que se pode anotar como A ≡ B Y f(A) ≡ f(B).

O rigor do pensamento mítico se encontra, desse modo, reafirmado. O remanejamento de uma versão, exigido pelo evento – a morte de uma criança do sexo masculino – não deixa de obedecer, através das regras de transformação e de equivalência do pensamento canela, a uma lógica imperativa.[23]

---

23. Se nos situarmos nos termos da álgebra das categorias (as categorias consistem, lembramos, em uma classe de objetos e uma classe de morfismos entre

Vimos também que Krää-kwei não é, como poderia-se pensar, a filha não concebida do mito de Aukê: ela é, na verdade, a transformação do próprio Aukê; se ele é natureza, embora homem, ela é sociedade, embora mulher.

Mas, se a hostilidade ou a benevolência do *keti* podem ser explicadas pelo contraste natureza/sociedade, convém dizer uma palavra sobre as relações entre Aukê e sua avó. Existe um mito ramkokamekra que opera a transição entre vários outros mitos. Trata-se da história de Yawê, distinta, entre os Canela, da história da "visita ao céu", mas cuja parte final aparece nas versões krahô e apinayé desse último mito. Portanto, onde existe apenas uma história para os Krahô, os Ramkokamekra contam duas (Yawê e Hähäk). Eis aqui a primeira delas:

> Yawê é um homem que se queimou por descuido quando cultivava a sua roça. Seu ferimento não cicatrizava, e ele ficou de cama, sem poder caçar. Um dia, seus parentes deixam-no sozinho, e ele recebe a visita das almas de seus avós, em forma de pássaros, que o curam. Entretanto, ele esconde a cura dos parentes. No dia seguinte, apesar dos protestos da mãe, Yawê vai para o banho. No caminho estão dois espíritos, que o conduzem a uma assembleia de mortos. Estes lhe oferecem muitos animais, mas ele se contenta com um papagaio, um jacu e uma cutia. Yawê não conta nada aos parentes. Durante a noite, duas onças vêm buscá-lo para uma caçada, cujo produto, um

---

esses objetos, com uma lei de composição associativa e um morfismo neutro para cada objeto), termos nos quais os mitos podem ser pensados (Lorrain 1969), o que acabamos de estabelecer, localmente, é que a transformação que faz passar do mito de Aukê ao movimento messiânico conserva uma relação de equivalência (que é, provavelmente, mas isso ainda teria de ser demonstrado, o que F. Lorrain chamou de lógica da analogia).

Vimos, além disso, que não só os objetos (personagens) são invertidos (por exemplo, não-Estrela → mulher-Estrela, menino → menina etc.), como também os morfismos (relações) entre eles: por exemplo, a malevolência (não-Estrela para com o filho homem) se torna benevolência (mulher-Estrela para com a filha). Isso nos leva a crer que uma verificação detalhada permitiria estabelecer que o movimento messiânico é uma *imagem funtorial* (ao menos localmente) do mito de Aukê, o que é um outro modo de dizer que a estrutura da categoria inicial, o mito de Aukê, se mantém inalterada através de sua inversão. No fundo, o movimento messiânico é apenas um modo de "reencenar" o mito, virando-o pelo avesso.

veado, cabe ao pai do herói: Yawê, supostamente doente, não poderia comê-lo. No dia seguinte, em compensação, ele pede ao cunhado que pesque alguns peixes para ele. Mas este prefere caçar pacas, mata duas, e, esfomeado, come-as imediatamente, sem nem ao menos lavar as mãos sujas de sangue. Com violentas dores intestinais, é curado por Yawê. Em seguida, o herói pune sua esposa infiel com a picada de uma formiga na qual ele se tinha transformado.

Nas duas versões krahô publicadas até o momento (Melatti 1970a: 69-70 e Chiara 1961-62: 339-50), em que se encontram condensados o mito acima e o da visita ao céu, é com o irmão do herói que a mulher o engana. Isso indica claramente que se trata de uma não-Estrela: Estrela é, lembro, extremamente reservada em relação ao cunhado, que a descobre em seu esconderijo.

Além disso, a notável discrição alimentar de Yawê, que recusa a caça das almas, opõe-se nitidamente à gula desastrada de seu cunhado.[24] Sabe-se que, entre os Krahô, é exigida uma certa distância entre o caçador e o consumo da carne, que deve ser previamente esfriada e segura por meio de um bastão (Schultz 1950: 108).[25]

A mesma continência alimentar é atribuída, entre os Krahô, ao caçador Kengunã, cujo mito funda, entre os Canela, o ritual de iniciação *pepye*. Nesse mito, trata-se de crianças imersas (parcialmente entre os Canela, totalmente entre os Krahô) no rio, e que contam com a benevolência de seus avós vivos. Yawê, ao contrário, é um adulto, parcialmente queimado fora da aldeia. A inversão

---

24. É nessa ocasião que se manifestam os poderes mágicos de Yawê. É impressionante ver como os relatos krahô acerca da aquisição dos poderes mágicos seguem fielmente o mito canela de Yawê; cf. Melatti (1970a: 69, 76), que extrai desses relatos o seguinte esquema: 1) um homem (ou uma mulher) adoece; 2) ele está só; 3) um ser não-humano aparece para ele; 4) ele cura o doente; 5) ele o alimenta; 6) ele lhe dá poderes mágicos; 7) o homem (ou a mulher) experimenta os poderes recebidos. Vê-se, assim, que a aquisição dos poderes mágicos só se conforma ao mito krahô da visita ao céu, onde Melatti acredita ver o paradigma desses relatos, na medida em que este engloba o mito canela de Yawê. É um paralelo surpreendente da situação analisada por Lévi-Strauss ([1958] 2017: 239), em que ao mito pawnee da aquisição dos poderes mágicos corresponde estritamente um rito, não pawnee, mas mandan, hidatsa e blackfoot.

25. Poderia-se dizer que Yawê e a situação de tipo Estrela são simétricos segundo códigos diferentes. A consumação adiada da carne por parte dele corresponde à consumação adiada do casamento por parte dela.

correlativa que ocorre se refere aos avós, que neste caso estão mortos, e não vivos. Ora, o mito de Aukê pode ser inserido na mesma série: é uma criança queimada (totalmente) dentro da aldeia e que conta com a benevolência da avó viva. Nesse sentido, é interessante compará-lo com sua versão krahô, na qual Aukê é queimado não *dentro* da aldeia mas *fora* dela, e sofre a hostilidade do avô vivo. Ou seja, temos o seguinte quadro:

Ramkokamekra-Canela		Krahô	
Yawê	Aukê	Aukê	Kengunã
• adulto queimado (parcialmente)	• criança queimada (totalmente)	• criança queimada (totalmente)	• crianças imersas
• fora da aldeia	• dentro da aldeia	• fora da aldeia	• fora da aldeia
• benevolência dos avós mortos	• benevolência da avó viva	• hostilidade do avô vivo	• benevolência dos avós vivos

O quadro parece mostrar que a atitude dos avós está ligada à armação do mito. Em particular, se se consideram as versões canela e krahô do mito de Aukê, vê-se que a atitude pode inverter-se (benevolência/malevolência) ao mesmo tempo que muda o sexo do antepassado, a partir do momento em que ocorre uma inversão de ordem espacial, em que o cerrado substitui a aldeia como cenário do assassinato da criança.

Esse assassinato só se torna definitivo pelo fogo. Ou melhor, é o fogo que opera a disjunção entre os índios e Aukê, transformado em homem branco. Observemos que ele é descrito como uma eterna criança, que não atinge o *status* de iniciado (*peb*), que supõe ritos apropriados, implicando a imersão na água. Ao contrário de Akrei e Kengunã, heróis míticos aos quais se relacionam esses ritos de imersão (= reclusão), Aukê se torna homem maduro *ao mesmo tempo em que muda de natureza*. Com efeito, enquanto a água doce "faz amadurecer rapidamente" mas não muda a substância, o fogo, e especialmente o fogo-que-reduz-a-cinzas, parece ser o agente de uma separação irreversível[26] e operar uma distinção de natureza. Isso fica evidente, por exemplo, na versão krahô

---

26. A tal ponto que, segundo um informante krahô, os espíritos dos mortos *que são queimados não reencarnam mais* (Melatti 1970b: 211). Talvez seja esse o

de "Joãozinho e Maria", conto aprendido dos neobrasileiros: quando o velho (a velha bruxa dos irmãos Grimm aqui muda de sexo) é cozido na água do caldeirão, o informante precisa – e reconhece-se o timbira por esse episódio à primeira vista redundante – que, tendo a água do caldeirão evaporado, o velho pega fogo, é reduzido a cinzas, e que das cinzas saem galos, galinhas, pintinhos e cães (Chiara 1961-62: 353-54).

Essa transmutação que o fogo supostamente opera esclarece a conclusão, aparentemente surpreendente, do informante de Schultz: "Se os índios não tivessem queimado Aukê, teriam ficado iguais aos cristãos" (Schultz 1950: 92).[27] Em outras palavras, o fogo que queima (e não o fogo de cozinha) dissocia irreversivelmente e faz mudar de natureza, o que a simples morte não é capaz de fazer.

A água, ao contrário, é o elemento da criação: no mito canela, Sol e Lua criam os homens mergulhando num riacho (Nimuendaju 1946: 244) ou lançando nele troncos de buriti (Crocker 1963: 164); o mesmo ocorre no mito apinayé (Nimuendaju 1939: 164); enfim, no mito krahô, as mulheres são criadas pela imersão de cabaças no rio (Schultz 1950: 58). O poder da água de favorecer a criação também aparece em mitos de demiurgos imersos registrados entre os Xavante (Maybury-Lewis 1967: 248-49), e no mito apinayé de Vanmegaprana, homólogo de Aukê, que cria os homens brancos e os homens negros a partir dos peixes (Nimuendaju 1939: 168).

Mas, acima de tudo, a água de rio marca o amadurecimento rápido e a inserção na sociedade.[28] É o que transparece no mito de Akrei e Kengunã, já citado, e que funda um dos rituais de iniciação timbira. O banho de rio, aliás, assinala, entre várias tribos jê, o fim do luto e da reclusão dos matadores, que então retornam à sua vida social. Entre os Canela, para desfazer a influência dos mortos, seja após o funeral, seja no ritual do *ketuaye*, é administrada uma espécie de ducha pelas parentes maternas (Nimuendaju 1946: 174).

---

propósito do costume de queimar os feiticeiros krahô condenados à morte pela tribo (Schultz 1960: 193).
27. Tanto mais surpreendente que, nessa mesma versão krahô, os índios são privados do conforto da civilização não com a chegada do homem branco, mas por culpa do avô timorato de Aukê, que, pressionado pelo neto a escolher, preferiu o arco e a cabaça à espingarda e ao prato, condenando assim os índios à pobreza.
28. Assim, o nominador deve, entre os Krikati, dar banho todos os dias na criança a quem deu o nome, até que ela comece a andar (Lave 1972: 29).

Enfim, em um mito krahô, uma espécie de história de Dáfnis e Cloé, a cópula é ensinada a uma índia por uma cobra sedutora, e isso acontece no rio (Schultz 1950: 156-58).[29]

A associação da imersão e da maturação é, entre os Krikati, explicitamente referida aos frutos do buriti, que só são comestíveis após terem ficado alguns dias na água. Daí a sinonímia, à primeira vista surpreendente: molhado = maduro; seco = verde (Lave 1972: 81).

Ora, entre os Canela, a oposição seco/molhado constitui a base da oposição entre os homens comuns, os "cabeças secas", e os personagens mais importantes da vida cerimonial, chamados *megakrã-ko*, "cabeças úmidas" ou *hamren* (Crocker 1962: 125-ss). A palavra *hamren* significa, segundo Nimuendaju (1946: 97), "recuperado de uma longa doença". Esse nome remete a uma série de associações que podemos tentar reconstituir.

Com efeito, os *hamren* são constituídos em sua maior parte pelos *tämhäk* (urubus-rei), a tal ponto que os dois termos são intercambiáveis. Ora, diz-se que os urubus-rei abrem, com seus bicos afiados, carcaças que os bicos mais fracos de outros urubus não conseguem despedaçar. A exemplo de seus homônimos animais, pede-se aos *tämhäk* que façam a primeira incisão nos animais caçados, para que se mostrem gordos.[30] Esses personagens são proibidos de comer alimentos que não estejam completamente maduros, uma maturidade que, aliás, cabe a eles sancionar, já que são

---

29. A criança assim concebida sai do útero da mãe e volta a ele quando bem quer: transforma-se em peixe, paca etc., até nascer; depois disso, parece ficar inteiramente humana. É interessante que seu companheiro, seu duplo, seja uma criança que cresce depressa, e saída das tripas de um caititu fervido. Tem-se a impressão de estar diante de uma transformação do mito de Akrei e Kengunã e do mito de Aukê. Os heróis dos três mitos são do tipo *mekarõ*: transformam-se à vontade, antes do nascimento (Aukê e o herói do mito da cobra) ou depois (Kengunã). Os dois primeiros iniciam suas carreiras na água, mas um morre queimado e, portanto, muda de natureza, ao passo que o outro nasce fervido e tem uma vida íntima; o quadro, considerando apenas a oposição entre o *fogo que transmuta* (e não o fogo de cozinha) e a água do rio geradora ou "amadurecedora", seria:

Kengunã	Aukê	Herói do mito da cobra
imerso (água sem fogo)	queimado (fogo sem água)	fervido (fogo e água)

30. Esses *tämhäk* são assim provavelmente associados ao Sol, Pëd, protetor da caça e que, num mito, torna gorda a sua caça e magra a de Lua, Pëdlere.

incumbidos de inaugurar as colheitas: comem as primeiras batatas, apanham o primeiro peixe que subir à superfície numa pesca com veneno são os primeiros a atear fogo ao cerrado para que a caça seja abundante. Além disso, estão sujeitos a uma etiqueta severa, pois devem encarnar os mais altos valores da cultura canela: são proibidos de reclamar, de humilhar os outros (o que imediatamente exclui qualquer possibilidade de poder político, onde o procedimento de "envergonhar" é comum) e, finalmente, devem ser generosos (Crocker 1962: 125-ss, e Nimuendaju 1946: 64, 71, 100). São, portanto, comedores de primícias, generosos provedores de alimentos maduros e modelos de virtude. Em especial, opõem-se ritidamente aos chefes políticos (Crocker 1962: 127-28).

Os *tämhäk* só aparecem como unidade organizada durante a última parte dos ritos de *pepkähäk*. Melatti (1970a: 412) percebeu nesses ritos o esquema do mito da "visita ao céu", onde o urubu-rei (*tämhäk*) faz o papel de chefe dos pássaros. O herói desse mito, chamado Hähäk entre os Canela, Tïrkre˜ entre os Krahô, e que se mantém anônimo na versão apinayé, é, como Yawê, com quem ele se confunde, como vimos entre as duas últimas tribos, um homem doente há muito tempo, abandonado pelos seus e curado pelos pássaros – o que nos leva finalmente ao termo *hamren*, "recuperado de uma longa doença", que se tratava de elucidar.

Os *hamren* tinham o privilégio de ser enterrados no pátio da aldeia, que é o lugar dos vivos por excelência. É o teatro da vida cerimonial e, enquanto tal, está associado aos homens e à sociedade.[31] Assim, vê-se que a importância dos *hamren* é exclusivamente cerimorial (os chefes políticos e líderes de categorias de idade não poderiam ser *hamren*). Entre eles se encontram, especialmente, os "embaixadores" de outras tribos, por elas designados para ser seus representantes[32] e que são *tämhäk* no sentido estrito; as meninas associadas aos ritos de iniciação, ao *pepkähäk*; e outros personagens, que são como que um resumo do grupo ao qual estão associados (embora lhe sejam geralmente exteriores).

---

31. Lembro mais uma vez as congruências timbira: praça : periferia :: homens : mulheres :: sociedade : natureza :: vivos : mortos
32. Esses embaixadores são membros do grupo, designados por um grupo estrangeiro para representá-lo junto aos seus. Assim, um ramkokamekra será *tämhäk* dos Krahô entre os Ramkokamekra; um branco será *tämhäk* dos Krahô em São Paulo.

Disso decorre que o conjunto dos *hamren* parece ser de certo modo concebido como um modelo ideal da sociedade, tal como ela se quer, isto é, essencialmente cerimonial.[33] Assim, o sepultamento dos *hamren* na praça da aldeia fornece um "mapa" ideal da sociedade[34] em que cada um encarna um grupo ou uma instituição fundamental, e onde figuram até mesmo os grupos estrangeiros: organograma ou modelo reduzido em que a sociedade se reconhece.

Ora, não se nasce "cabeça úmida" (*megakrã̃-ko* = *hamren*), acede-se a essa condição (Crocker 1962: 128); do mesmo modo, entre os Krikati, certas crianças com nomes cerimonialmente importantes só atingem a idade madura (= molhada) depois de cumprir dois rituais: patrocinados pelos pais da criança, esses ritos devem ocorrer um após o nascimento e o outro antes da puberdade, e antes de terminarem os rituais de iniciação (Lave 1972: 27, 80). Na falta dessas cerimônias, ou se a criança não é portadora de um nome importante, ficará verde para sempre (id. ibid.: 81).

À luz do que precede, parece-me significativo que Krää-kwei anuncie que *nascerá ao crepúsculo*, que *ao amanhecer* terá crescido, e que os Canela estarão no poder: seria possível ver aí os dois momentos dos ritos de amadurecimento, o nascimento e a puberdade; somente após o seu amadurecimento, e não simplesmente com o seu nascimento, seria instaurada uma nova ordem social.

Parece-me, portanto, que há no "nome" de Krää-kwei, "menina-seca", um trocadilho. Se, por um lado, ela é Aukê em "chave" de seca, por outro, faz virtualmente parte desses personagens importantes nos quais a sociedade se resume, é um *hamren em potencial*. Mas ainda é preciso que atinja, por assim dizer, a maturidade. Parece-nos que é essa passagem da virtualidade à realização que está na base da forma "cantante e dançante" do culto. Tentarei

---

33. O domínio político, embora exista e organize várias atividades, não é considerado como um modelo: os Canela o percebem como desprovido de estrutura, na medida em que, aliás, se confunde com o âmbito doméstico. Os Xavante, que ao contrário concebem claramente dois modelos, o das classes de idade e o das facções políticas, dispõem de uma forma de organização, ausente entre os Timbira; os clãs patrilineares que regem a vida política (cf. Maybury-Lewis 1967).
34. Esses *hamren*, "recuperados de uma longa doença", seriam, de certo modo, pessoas para quem a morte não existe mais; pessoas vivas para sempre, como a sociedade que dura para sempre, e é o que poderia significar o seu enterro no pátio, lugar dos vivos e da sociedade.

demonstrar que os cantos e danças timbira têm a função de marcadores de tempo. Assim, a forma do culto se esclarecerá: os cantos e danças teriam por objetivo apressar o tempo, fazer amadurecer Krää-kwei, a menina-seca.

Tendo definido meu propósito, faz-se necessário analisar em certo detalhe alguns aspectos da noção e da medida do tempo entre os Timbira.

Jean Carter Lave (1972: 80) já salientou a função de marcadores de períodos que é própria dos ritos, tanto no calendário anual quanto no ciclo de vida de um Krikati: os ritos definem simultaneamente um tempo ecológico e estrutural, no sentido de Evans-Pritchard (1940: 95-ss). Lave chamou a atenção para o fato de que as cerimônias se realizam nos momentos de transição, seja na escala anual, na mudança de estação, seja na escala cotidiana, no nascente e no poente, isto é, em momentos intermediários entre o dia e a noite.

Suas conclusões são aquelas a que pretendo chegar, e poderia contentar-me em sugerir que os dois momentos, nascimento e puberdade, nos quais devem ser obrigatoriamente realizados os ritos de "amadurecimento", são aproximados no tempo em virtude de uma atividade ritual intensificada. Mas acho útil observar mais de perto.

O lugar concedido aos cantores entre os Timbira é conhecido. Uma boa cantora tem direito a tratamento especial e uma faixa cerimonial (veja-se a foto de uma cantora krahô em Schultz 1962: frontispício; para os Ramkokamekra, cf. Nimuendaju 1946: 165). Os cantos masculinos krahô eram "adquiridos" após o ritual de iniciação *ikrere*: um deles tem um prestígio especial, e apenas excelentes cantores ousavam se declarar seus possuidores. É o canto do *khoiré*, o machado de pedra em forma de âncora ou de crescente, que é também a insígnia do cantor.

Em relação a esse machado, dispomos de vários mitos. Em um deles (Schultz 1950: 114-19), o *khoiré*, inicialmente descrito como uma "terrível arma de guerra", ensina os cantos a uma mulher. Um mito de origem, colhido primeiramente entre os Krahô por Vilma Chiara (1972), de que possuímos duas variantes, faz dele o "filho" ou a propriedade de um ser de mesmo nome, o Khoiré de canto maravilhoso:

A casa de Khoiré é no *khoikwakhrat*, o "pé do céu", isto é, nas alturas do oriente.[35] De lá ele lança em direção ao mundo, abaixo, milhares de "noites" tímidas que foram escutá-lo. Os Krahô chegam ao pé da montanha conduzidos pelo herói Haltant e, seduzidos pelos cantos que ouvem, pedem a Khoiré um de seus filhos; ele lhes dá seu filho homem, o machado em forma de crescente, e fica com a mulher. O machado ensinará seu canto aos índios, mas aquele que o possuir deverá ser um modelo das virtudes krahô: não deve fazer barulho, deve escutar mais do que falar, não deve brigar, nem se divorciar, deve dormir pouco, não maldizer e esperar que todos tenham sido servidos para comer (Chiara 1972).

O canto do *khoiré* dura a noite toda: contém, além da epopeia de Haltant, o relato das aventuras de Sol e Lua e a descrição da primeira incursão das noites pelo mundo e de seus retornos precipitados (Chiara, com. pessoal). Sem se empreender uma exegese exaustiva, percebe-se que o tema recorrente é o da alternância do dia e da noite ou, em termos mais gerais, a *periodicidade*. O percurso de Haltant, que, saindo da aldeia, conduz seu povo faminto aos lugares onde há mel e caça em abundância, no caminho do pé do céu e que a seguir, enfrentando os perigos do *khoikwakhrat* e se apossando do *khoiré*, retorna pelos caminhos da fome, assemelha-se muito ao ciclo das estações, "vacas gordas" da estação seca, "vacas magras" da estação chuvosa. Em favor dessa associação, Chiara nos fornece um fato notável: a epopeia de Haltant é contada numa ordem diferente dependendo da metade (estação seca/estação chuvosa) a que pertence o narrador; uns iniciam o relato no momento em que deixam a aldeia, os outros começam no khoikwakhrat e relembram em seguida tudo o que o precedeu. O mito de origem e o canto do *khoiré* parecem, pois, sancionar uma *periodicidade* em pelo menos dois níveis: alternância do dia e da noite, alternância da estação seca e da estação chuvosa.

Essa interpretação é indiretamente sustentada por um mito apinayé (Nimuendaju 1939: 178):

Um rapaz não dispõe de um machado em forma de meia-lua mas gostaria de dançar. Vai procurá-lo com o irmão na aldeia de Amazo-

---

35. O leste, entre os Krahô, é associado ao "alto", e o oeste, ao "baixo".

nas, surgida da cisão da população feminina, em decorrência da morte do jacaré sedutor, cujo relato constitui, aliás, a primeira parte do mito. Nessa aldeia, completamente "natureza", a irmã dos rapazes possui vários machados e cede um ao irmão. No dia seguinte, os dois irmãos querem ter relações com duas moças que os convidam para um banho. Mas elas só cederão se forem vencidas na corrida. Um dos irmãos consegue chegar antes da moça; no dia seguinte, os irmãos vão embora.

Guardemos desse fragmento de mito que a aldeia "natural" é exorcizada por meio de duas trocas que se correspondem, em códigos diferentes: o dom de um machado em forma de meia-lua e as relações sexuais não com um animal (o jacaré), mas entre homem e mulher. O machado marca, portanto, a mediação entre dois campos excessivamente separados. Aproxima-se, assim, da função do maracá e dos sinos, evidenciada por Lévi-Strauss (1966: 397-ss). Instrumentos da mediação, maracás, sinos e machados semilunares são a marca da periodicidade.[36] O fato de esse machado ser confiado, nos mitos krahô e apinayé, a mulheres, poderia ser atribuído ao seu caráter intrinsecamente "periódico" (cf. Lévi-Strauss 1968: 459).[37]

---

36. De fato, entre os Krahô, um *período* é atribuído aos cantores. Um cantor da metade *wakmeye* deveria, teoricamente, cantar de dia, já que a sua metade é associada ao Sol, ao leste e ao dia; um cantor *katamye* deve cantar de noite (Chiara 1972). Segundo mitos colhidos por J. C. Melatti (1970b: 436), alguns cantos foram aprendidos com um homem em cuja cabeça brotava uma flor, e que cantava *da aurora até o pôr do sol*. Outros provêm de um casal que morava no "pé do céu" (*khoikwakhrat*), e que cantava *do pôr do sol até a meia-noite*.
37. Mas existe um detalhe essencial, que ainda não destacamos: no mito krahô (Schultz 1950: 110-ss), a machadinha cerimonial só é entregue pelo seu proprietário a quem o tiver *vencido na corrida*, exatamente como no mito apinayé que acabamos de ver, em que as jovens Amazonas só cedem para aquele que for mais rápido do que elas.

Minha hipótese é que a corrida de revezamento "com toras" é a expressão do movimento temporal, que ela *expressa* a periodicidade, a alternância na duração, ao passo que o canto e a dança são a sua *marca*. Para reduzir essa ideia a uma imagem aproximada, poderia-se dizer que a corrida de revezamento é o pêndulo de um relógio de que o canto e a dança são o ponteiro. Assim, se as corridas remetem a uma representação de alternância harmoniosa e a um tempo cíclico ou "pendular", para retomar a expressão de Leach ([1956] 1961), os cantos e danças remetem, antes, a um tempo linear, mas somente na medida em que este é o limite de um círculo de grande raio. Pois os ponteiros do relógio seguem,

Os intervalos entre o dia e a noite são, como vimos, marcados pelo canto: a voz do "pai do *khoiré*", isto é, o chefe dos cantos, deve ser a primeira ao amanhecer e a última ao anoitecer (Chiara 1972: 36). E os cantos e danças são realizados, como notou Lave (1972: 80), em pontos de transição: a alvorada e o crepúsculo. Não poderia ser

igualmente, a "ronda das horas", e o "tempo estrutural" (Evans-Pritchard 1940: 94-ss) tem só uma aparência de linearidade, já que se refere à distância entre grupos de pessoas que ocupam lugares que se mantêm pelo próprio fato de constituírem a estrutura social.

Confesso desde logo que não pretendo demonstrar completamente a minha afirmação. As corridas "de tora" estão imbricadas num sistema de representações sobre o qual se sabe ainda muito pouco: seria necessário um estudo à parte, que começasse por elucidar a posição semântica de outros elementos, bastante numerosos, a que estão relacionadas essas corridas. Contentarei-me, pois, em fornecer algumas indicações.

Antes de mais nada, uma palavra sobre essas corridas, certamente a instituição mais célebre dos Jê, que excitou a imaginação de todos os viajantes, que viram nela provas matrimoniais, competições esportivas, ritos funerários... (Nimuendaju 1946: 141-ss). Nela se enfrentam dois times, que podem ser classes de idade, metades cerimoniais, grupos formados para um determinado ritual etc. Dois troncos, geralmente de buriti, são cortados para cada corrida, e seu comprimento vai segundo a ocasião. São depositados fora da aldeia, em um lugar previamente limpo. Lá cada time apanha a sua tora e, revezando-se com habilidade, correm até a aldeia.

Melatti (1970b: 440-41) notou com muita propriedade a relação entre certas toras e os produtos da natureza trazidos para a aldeia (toras grossas para um tapir morto, toras do comprimento do milho que cresce nas roças etc.). Contudo, isso não explica o fato de haver duas toras de cada vez, ou a corrida em si. Maybury-Lewis (1967: 246-47) já pôs em evidência que essa corrida não é uma corrida, no sentido que damos ao termo, mas sim um rito. De fato, o dever dos corredores não é chegar na frente, mas sim correr bem: as toras podem ter pesos desiguais sem que ninguém se incomode; a chegada suscita menos interesse do que a corrida em si, os vencedores não são festejados e os vencidos não são criticados. Mais do que isso, uma distância grande demais entre os dois times na chegada pode comprometer a corrida e, pelo menos em um caso xavante, relatado por Maybury-Lewis, a corrida teve de ser recomeçada! É significativo que durante a corrida, quando uma das toras caiu e um dos times tomou uma dianteira muito grande em relação ao outro, os membros da equipe ganhadora ajudaram seus adversários a carregar o tronco, procurando assim diminuir a distância considerável que se tinha criado entre eles. Não há melhor modo de mostrar que a virtude dessa corrida é instaurar uma distância razoável, que mantenha os dois grupos em estado de troca: é preciso que permaneçam "parceiros", e poderíamos evocar a quantia paga além do valor que, em certas sociedades, é a garantia de que o comércio não cessará.

melhor expressa, parece-nos, a sua qualidade de marcadores de tempo.[38] Diria que são sua unidade elementar, já que estão presentes enquanto subdivisões em todas as medidas temporais.[39]

O ano dos Timbira orientais pode ser dividido em dois grandes períodos cerimoniais. Um deles dura aproximadamente toda a estação seca (de maio a outubro), e o outro, a estação chuvosa. Cada um deles é delimitado por uma festa de abertura e uma festa de encerramento. Um caso impressionante e que ilustra bem a alternância requerida entre os dois períodos, assim como a preeminência de uma data fixada socialmente sobre qualquer critério "meteorológico", é contado por Nimuendaju. Em 1936, quando três epidemias dizimaram os Canela, a abertura da estação seca sofreu um adiamento de aproximadamente três meses. Um mês depois, no dia 15 de agosto, ela foi abruptamente encerrada, e a estação chuvosa oficialmente aberta. Uma semana depois, os Canela se preparavam para encerrá-la, a fim de poder reabrir a estação seca

---

Os Krikati estabelecem, inclusive, uma equivalência entre as horas da corrida e a sociedade como um todo (Lave 1972: 75). A corrida exprime, certamente, a alternância dos grupos dominantes (estação seca, estação chuvosa etc.). Mas, enquanto tal, ela exprime justamente o "tempo estrutural", definido pela própria alternância. Assim, as corridas de tora estão para o tempo não marcado (duração) como os rituais (cantos e danças) estão para o tempo marcado (datas). Isso é confirmado pelo caráter respectivamente marcado dos bons cantores, que são personagens cerimoniais importantes, e não marcado dos corredores velozes, que, embora sejam tidos em alta estima, não gozam de *nenhum privilégio cerimonial*.

38. O uso do som ou de sua ausência (silêncio, barulho, instrumentos de percussão etc.) como índice do tempo já foi discutido por Jackson (1968: 293-99), em sequência ao artigo de Needham (1967: 606-14). Mas, para mim, não são os elementos constitutivos do canto ou da dança os indicadores do tempo, mas essas manifestações tomadas na sua totalidade, e isso num contexto preciso, a saber, o dos Timbira orientais. O artigo de Needham inspirou também um comentário de Blacking (1968: 313-14), de quem empresto esta citação de Stravinsky, que exprime tão bem a minha ideia: "A música nos é dada com o único propósito de estabelecer uma ordem nas coisas, inclusive, e especialmente, a *coordenação entre o homem e o tempo*" (grifo meu).

Isso evoca também a função das Musas em Homero, cujo canto que "*começa pelo início*" e *desfia as genealogias* parece marcar o tempo e ordenar a compreensão: "E agora, dizei-me, ó Musas, habitantes do Olimpo – pois vós sois deusas; presentes em toda parte, vós sabeis tudo; quanto a nós, só ouvimos um ruído, e não sabemos nada..." (cf. Vernant 1965: 55-ss).

39. Existem, sem dúvida, unidades muito maiores, como as distâncias entre as classes de idade, por exemplo, que não seria pertinente decompor em microunidades como essas.

Lógica do mito e da ação **43**

à qual sucederia, no momento adequado, uma nova estação chuvosa (Nimuendaju 1946: 169-70). O que significa que, em 1936, os Canela tiveram o dobro das "estações" habituais.

Entre as festas de abertura e de encerramento de cada estação, que, retomando os termos de Hubert (1905), são "as datas críticas que interrompem a continuidade do tempo", ocorrem intervalos concebidos como contínuos.

Esse esquema – festa de abertura, período "de manutenção" ou de latência, festa de encerramento – se aplica não somente às duas "estações" como também à maior parte dos rituais timbira. Ao longo desse período intercalar, corre-se com um determinado tipo de tora[40] e entoa-se um determinado tipo de canto.

Induz-se de tudo isso que os Timbira orientais concebem várias do que nos atrevemos a chamar de unidades de tempo. Contudo, já que o tempo é concebido "qualitativamente", e não quantitativamente, essas unidades são de certo modo "coloridas" pela macrounidade de que dependem. Para nós, o ponteiro dos minutos é idêntico a si mesmo quer sejam 3h20min ou 4h20min no mostrador do relógio: somente o ponteiro das horas terá mudado. Não é o que ocorre entre os Timbira orientais, e os cantos, danças e corridas de toras diferem qualitativamente de acordo com o ritual em curso.

Se se concordar com a função que atribuí aos cantos e danças, se compreenderá que a pletora cerimonial, exigida para a chegada de Krää-kwei, no fundo é apenas uma maneira de *apressar o tempo*, como se se avançassem os ponteiros de um relógio. Cada semana, com suas duas "estações", indígena e "civilizada", completa um ciclo, e assim faz amadurecer, se "umidificar", a menina-seca que é Krää-kwei, de modo a perfazer nela o *hamren,* garantia de uma nova ordem social.[41]

---

40. Por exemplo, entre os Krahô, a metade *wakmeye,* associada à estação seca, tem o privilégio (e a pesada obrigação) de derrubar e cortar os troncos (as toras então se chamam *wakmeti*) para a corrida, durante toda a estação em que domina. O inverso ocorre na estação chuvosa, em que as toras (*katamti*) são de responsabilidade dos *katamye* (Melatti 1970b: 333).

41. Enquanto este artigo estava sendo redigido, Lux B. Vidal gentilmente emprestou-me a sua tese (1972), onde se encontram dados sobre os Xikrin – grupo kayapó setentrional e, portanto, também jê – que reforçam as aproximações que acabo de fazer.

Isso lança alguma luz sobre o código sexual no qual W. H. Crocker acredita ver uma paródia da ética "civilizada", em que a vergonha rege a relação entre os sexos – enquanto o amor é alegre entre os Canela – e onde o parentesco é reduzido a um pequeno núcleo: o incesto prescrito pela profetisa se encarregaria de romper os laços muito afastados de parentesco (Crocker 1967: 76, 30).

Quanto ao primeiro ponto, lembro que, embora o ato sexual seja muito apreciado e que encená-lo seja um modo cerimonial de demonstrar alegria, existem, contudo, situações em que a continência é prescrita, e isso, justamente, para favorecer o crescimento físico dos rapazes e moças, para que se tornem aptos a cumprir os seus papéis sociais (Crocker 1968: 327). Disso pode-se induzir que a abstinência sexual seria, também ela, um mecanismo destinado a acelerar o amadurecimento de Krää-kwei.

Em relação ao segundo ponto, a saber, o incesto como redutor de parentesco, convém olhá-lo mais de perto. Essa explicação não

---

Na noite da festa do *mê-rêrê-mê*, que é uma festa de nominação, é preciso cantar e dançar sem descanso do pôr do sol até o raiar do dia. A cerimônia é concluída a leste, diante da casa dos homens, com um canto que se chama *rgrere-ni-ngô*, "o canto da água que corre", e que termina no *inô* ("nascente"; também pode significar "o fim"). L. Vidal, que pôde observar essa festa, conta que um índio então declarou, literalmente: "Já chegou na nascente (*inô*); acabou" (Vidal 1972: 30). Notemos que a dança começa no momento em que o Sol se põe e termina a leste quando ele ressurge, o que exprime manifestamente uma volta no tempo. Isso não surpreende, em se tratando de uma festa de nominação, isto é, da passagem de uma identidade ritual, que é revivida por seu novo ator (essa ideia foi desenvolvida em relação aos Krikati por Lave 1972: 79-ss). E essa volta no tempo é realizada por cantos e danças.

Mas há um outro aspecto que chama a atenção nessa festa: a divisão dos participantes em *mê-be-kon-kati* e *mê-ka-pit-koro*. Os primeiros dançam em círculo, e seu nome significa literalmente "os que não servem para nada", ou "pessoas sem função cerimonial específica enquanto grupo". Os outros retêm seu privilégio em função de seus *nomes*: dançam num eixo leste-oeste e cortam o círculo dos outros dançarinos. O nome deste grupo significa literalmente "os que cortam gritando" (Vidal 1972: 29, 62-64). Consequentemente, encontramos nessa tribo, tão diferente dos Canela em vários aspectos, os elementos que caracterizam os *hamren* (ou os Krikati "de grandes nomes") e sua função cerimonial específica. A dança dos *mê-ka-pit-koro* é uma dança que *recorta os intervalos* – e essa parece ser a função que os Xikrin lhe atribuem (id. ibid) – nesse círculo amorfo dos "que não servem para nada". Como o Sol, isto é, o tempo, ela está orientada segundo o eixo leste-oeste.

É extremamente interessante ver a que ponto as diversas sociedades jê exploram e organizam de modo diferente o patrimônio de representações que compartilham.

dá conta de todos os casos, pois, apesar da lubricidade que os Canela atribuem aos neobrasileiros, devem ter notado entre eles a persistência dos laços e a distância entre genro e sogra, e entre irmãos. Ora, Crocker relata casos senão de incesto consumado, pelo menos, o que vem a dar no mesmo, de infração em relação à distância exigida entre essas categorias de parentes. Acredito, e tentarei mostrá-lo, que a razão dessas práticas incestuosas pode ser encontrada em representações próprias do grupo e não puramente paródicas.

Nesse culto que anuncia a inversão do poder, estabeleceu-se certamente, como nota Crocker (1967: 80), um simulacro da estratificação social dos neobrasileiros da região. Trata-se daquilo que Victor Turner (1969) chamou de "pseudo-hierarquia", no sentido de que é puramente expressiva e nada instrumental: não corresponde a nenhuma divisão verdadeira do trabalho. Ora, esse pastiche de hierarquia conota precisamente, como salientou Turner, os rituais de inversão de *status*.

Para haver inversão de *status* é preciso que o sistema admita diferenças de *status*: ou seja, nesse movimento, os índios Canela conceberam a sua sociedade como parte de um conjunto mais amplo constituído pelos neobrasileiros e por eles próprios: é o reconhecimento da situação de dependência.[42] O mito de Aukê, ao me-

---

42. Esses rituais de inversão de *status* são associados por Turner às festas periódicas em que os fracos assumem o poder. Nesse momento, a sociedade como um todo é concebida como mergulhada no inarticulado. O fato de os neobrasileiros só terem tomado parte no movimento para exterminá-lo não significa que não tenham sido considerados como participantes pelos Canela.

Quanto aos "fins de semana civilizados", não são, em minha opinião, inversões de *status*, e sim "mascaradas": é *enquanto brancos metafóricos* que os índios dançam como brancos. Estes, portanto, continuam sendo os donos do poder, enquanto a chegada de Krää-kwei não se consumar. A expressão *status reversal* é, me parece, abusivamente utilizada (cf. Rigby 1968, por exemplo, em que homens metafóricos, encarnados pelas mulheres gogo, realizam determinados rituais: nem por isso deixam de ser os *homens* os detentores de certos papéis). Parece-me que se deve distinguir o conjunto de uma população, seja P, do conjunto dos "papéis" (no sentido tradicional de Linton), R, e o conjunto das "identidades sociais", no sentido de Goodenough (1965: 2), I. Existem correspondências C (I, R) entre o conjunto das identidades sociais e o dos papéis. Por outro lado, a atribuição de papéis consiste inicialmente na atribuição de uma identidade social, ou c: P → I. A alteração dessa correspondência c não implica que f: I → R também se altere. Diríamos que a modificação de c em c': P → I é uma *mascarada* e que a de f em f': I → R é um *status reversal* no sentido pleno. Nesse nos em sua versão krahô, já salientava essa ampliação do quadro de referência: Aukê é o branco provedor, a quem cabe suprir as necessidades dos índios e protegê-los.

Encontram-se na sociedade canela, às vésperas da "rebelião", os símbolos de indiferenciação que caracterizam os estados liminares e que exprimem o caos que deve se instaurar antes de poder emergir uma nova ordem social. Mas a inarticulação, a homogeneidade da liminaridade, é o reverso e o complemento de uma *estrutura social dada*.[43] Consequentemente, não possui uma forma universal, embora possa ser reconhecida por vários de seus atributos.

Assim, entre os Canela, a homogeneidade é expressa pela conjunção inusitada das facções políticas, pela ausência de propriedade marcada pelo dever de se desfazer dos próprios bens para que, no dia certo, sejam devolvidos em dobro (o que explicita do modo mais claro possível a sucessão liminaridade/nova ordem), pela obediência incondicional às ordens da profetisa. Os direitos e deveres do parentesco são suspensos pelo incesto (cuja posição semântica se encontra, desse modo, esclarecida), uma indiferenciação sexual

---

sentido, a ceia de Natal servida por oficiais ingleses (*na condição de oficiais*) a seus subordinados (cf. Gluckman [1955] 1963: 109) seria uma inversão de *status* no sentido pleno, assim como o objetivo final do movimento messiânico, em que os índios (*na condição de índios*) teriam o "melhor papel".

A distinção entre *status reversal* e mascarada supõe, portanto, uma distinção prévia entre indivíduo e *persona*, mas não implica de modo algum que a sociedade considerada tenha uma noção de indivíduo como a nossa, sendo o indivíduo, nesse caso, simplesmente a matéria-prima na qual a sociedade imprime a sua marca. Como não parece fazer essa distinção, M. Gluckman dá como exemplos daquilo que chama de "rebelião" (1954: 20-23) tanto situações de mascarada quanto de inversão de *status* no sentido próprio. Além disso, o que ele chama de "revolução" seria uma mudança, não na atribuição dos papéis às identidades sociais, mas na estrutura do próprio conjunto dos papéis, ou seja, nos nossos termos, quando R se torna R'.

Voltando à "pseudo-hierarquia", Turner (1969: 191) sugere que ela poderia ser justamente a expressão da liminaridade em grupos que são, de resto, igualitários. Isso mostra que talvez fosse preferível abandonar o termo *communitas* que Turner utiliza, e que evoca a liminaridade em algumas situações mas não em todas, e voltar à noção de "carisma" de Max Weber, que opõe no fundo os dois modos da ação social: um modo que segue os caminhos culturalmente definidos, ou as ligações entre os papéis e os *status*, e o modo carismático, que se vivifica nas potencialidades de uma ordem social que ainda não existe – na virtualidade do amorfo.

43. Segundo Turner: "Tribal *communitas* is the obverse of tribal structure" (1969: 203).

é estabelecida. Nesse sentido, chama a atenção que entre os Xavante e os Xerente, outros grupos jê, a mesma palavra, *tsiwamñar*, designe simultaneamente *o incesto*, *a metamorfose* e *a confusão*. Os Xerente têm, inclusive, um monstro terrível cujo nome deriva de *tsiwamñar* e que é, segundo Maybury-Lewis (1967: 75), o espírito da confusão. Além disso, Crocker informa que Kee-kwei sustentava com opulência um grupo de fiéis, rapazes e moças, que moravam juntos num conjunto de casas. Ora, essa comunidade lembra, ao mesmo tempo que as contradiz, as classes de idade, formadas por rapazes e apenas duas moças associadas, após uma reclusão durante a qual cada um fica fechado numa cela encostada na casa materna.

Parece, pois, que nesse estado liminar, que é o molde em baixo-relevo da organização social, tudo o que funda a sociedade canela está negado e dissolvido, tanto as classes de idade quanto a aliança, o alinhamento político e os diferentes grupos rituais. O movimento messiânico fez tábula rasa, aniquilando a sociedade canela para que surgisse uma nova ordem.

De um ponto de vista metodológico, é notável que aquilo que chamaríamos de "história", a sequência dos acontecimentos, seja inteligível com referência a um *mito* de que ela é a inversão, ao passo que as "instituições" ou formas adotadas pelo culto se esclarecem pela *estrutura social*, de que são o reverso e o complemento. É-se levado a induzir que, se o mito e o rito certamente não correspondem um ao outro termo a termo, existe entretanto uma solidariedade entre eles, eles "caminham juntos", de modo que a inversão de um acarreta necessariamente a inversão do outro.

Esta análise concentrou-se essencialmente nas representações subjacentes ao movimento messiânico canela. Convém, no entanto, dizer uma palavra sobre as circunstâncias de sua emergência e, em particular, sobre um aparente paradoxo: sua eclosão coincidiu não com uma "privação relativa" (Aberle 1966), tida como propícia a esse gênero de movimento, mas sim com uma "prosperidade relativa", já que pela primeira vez em vários anos era esperado um excedente agrícola.

Talvez pudéssemos compreendê-lo se lembrarmos que a produção de excedentes dá acesso a um sistema de trocas comerciais que supõe a reciprocidade. Ora, a reciprocidade é continuamente negada pelos neobrasileiros, tanto pelos habitantes da região, que só tomam, quanto pelos habitantes de cidades afastadas, que só dão. Não é, portanto, fortuito que DaMatta (1970a: 104) evidencie, em sua análise do mito canela de origem do homem branco, a ausência de reciprocidade. Os neobrasileiros recusam-se a ser parceiros em termos de igualdade.

Uma outra observação parece evidente: a correlação entre os movimentos messiânicos nos grupos jê e a ausência de mobilidade individual na sociedade global. Esse parece ser um fator capaz de explicar a ausência de tais movimentos entre os Gavião, que são empregados como mão de obra na extração de castanha-do-pará, ao passo que messianismos surgiram entre os Krahô (em 1961) e entre os Ramkokamekra (em 1963), grupos estes que vivem numa região de pecuária, em que seus serviços não são necessários e suas terras são cobiçadas (cf. Melatti 1967; Laraia & DaMatta 1967).[44]

Mas o que esta análise quis demonstrar, antes de mais nada, é que o movimento canela de 1963 é uma "aplicação", um exercício prático do mito de Aukê. *Ele não o nega, ele o exemplifica*: pela negação das premissas do mito, valores e relações se invertem. Mas as regras do jogo são as mesmas, e essas regras são a própria estrutura do mito de Aukê, o que é apenas um outro modo de dizer que o movimento messiânico e o mito são transformações de um mesmo e único modelo ou estrutura, no sentido que Lévi-Strauss estendeu à etnologia (Lévi-Strauss [1958] 2017: 283).

Se o rito é um jogo em que a partida já estaria decidida (Lévi-Strauss 1962: 44), o movimento messiânico lança novamente os dados. O pensamento mítico pode, portanto, realizar um jogo no sentido próprio, ou seja, um conjunto de regras acionadas pelo evento, e é por aí que a história se reintroduz nesse pensamento intemporal (cf. id. ibid.: 248).

Chegamos assim à conclusão de Lévi-Strauss com que iniciamos este trabalho, a saber, que é preciso "abandonar a busca pela relação entre mito e ritual numa espécie de causalidade mecânica, e passar a conceber sua relação no plano de uma dialética, à qual

---

44. O movimento canela ilustra com perfeição o esquema weberiano de carisma e rotinização. Vemos nele o impulso inicial que logo adquire uma legitimação de tipo secular, quando a profetisa se casa com o filho do chefe político mais importante, ao mesmo tempo que se delineia e cresce em importância o personagem do "líder secular", Kaapel-tik, o mesmo que W. H. Crocker dizia, num artigo anterior, desejoso de melhorar, por meio da compreensão recíproca, as relações entre índios e neobrasileiros.

só é possível chegar tendo previamente reduzido ambos a seus elementos estruturais" ([1958] 2008: 250).

Essa estrutura é o sistema de referência lógica canela, cuja validade não é, em momento algum, colocada em questão. Enquanto as hipóteses que a fundamentam não forem infirmadas, não se tratará de "revolução" e nem sequer de "reformismo", no sentido que lhes deu Hobsbawm (1959: 10-11), e que supõe uma mudança (radical ou mitigada) na ordem social. A ordenação do mundo se mantém, e a única manipulação possível é inverter os papéis atribuídos a cada pessoa, isto é, uma "rebelião" no sentido de Gluckman (1954: 20-23), ou mais precisamente o que chamei de inversão de *status* no sentido pleno. Isso concorda com o que Lawrence ([1964] 1971: 230-32, passim) estabeleceu em relação ao *cargo-cult* da parte meridional de Madang, na Nova Guiné.

O movimento canela ilustra ainda um outro ponto importante: pelo menos no início, é na medida em que a ação proposta é cognitivamente satisfatória que o líder carismático obtém apoio, e não em função de seus "sucessos". Eis por que os líderes parecem tão pouco preocupados em adiar a data prevista para o cumprimento de suas profecias: se elas não se realizam, isso não constitui *ipso facto* um fracasso, fracasso que se liga, antes, à impossibilidade de satisfazer cognitivamente os adeptos.[45] Encontram-se no livro de P. Lawrence exemplos de carreiras prolongadas de profetas do cargo, apesar de seus repetidos fracassos. Pouco importa, aliás, a carreira de tal ou tal profeta: é muito mais significativo, e ao mesmo tempo pungente, ver como os *cargo-cult* se mantiveram, apesar de todos os desmentidos, desde 1871! Se o agente motor desses movimentos é, inegavelmente, a situação de desigualdade vivida, é, no entanto, porque eles *satisfazem exigências intelectuais*, porque permitem *compreender*, que eles duraram sob uma forma que pouco mudou em um século.[46]

Pelo menos os Ramkokamekra-Canela terão compreendido.

---

45. Por isso o martírio pode ser uma prova carismática num sistema em que tem um lugar, e um desmentido em outro contexto.
46. Isso ressalta a preeminência da mensagem sobre a personalidade do profeta, para a qual tantos autores já chamaram a atenção (cf., p. ex., Worsley 1968: xiv).

2. DE AMIGOS FORMAIS E COMPANHEIROS

A sessão de hoje leva o título "A construção da pessoa nas sociedades indígenas do Brasil".[1] Título que se quis abrangente, mas que pode causar certa perplexidade, pois, a menos de tomar os termos em uma acepção lata, ele coloca, me parece, como não problemática a existência de uma categoria de pessoa nas sociedades indígenas. Se uma sociedade não se pode pensar sem seu acervo de papéis, *de personae*, se ela dispõe também de um ideário sobre o que constitui a individualidade de um homem, não é claro que ela tenha necessariamente uma categoria ou simplesmente uma noção de pessoa. Esta, como escreveu há tantos anos Ignace Meyerson,

> não é um estado simples e uno, um fato primitivo, um dado imediato: a pessoa é mediata, construída e complexa. Não é uma categoria imutável, coeterna ao homem, é uma função que se elabora diversamente através da história e que continua a se elaborar diante de nós (Meyerson 1973: 8).

---

1. Este artigo foi originalmente apresentado no simpósio A Pesquisa Etnológica no Brasil, realizado no Museu Nacional e na Academia Brasileira de Ciência, em 23 de junho de 1978, sobre a noção de pessoa. A meu ver, o encontro inaugurou uma nova fase na etnologia indígena. Nele, Seeger, DaMatta e Viveiros de Castro apresentaram uma comunicação destinada a se tornar famosa, em que o papel do corpo na construção da pessoa era posta em relevo. A ênfase anterior nos nomes e papéis rituais entre os Jê foi em larga medida preterida em favor de uma nova abordagem. Foi publicado sob o título "De amigos formais e pessoa; de companheiros, espelhos e identidade" no *Boletim do Museu Nacional*, n.s., n. 32, 1979.

Categoria histórica e cultural, portanto. Coisas que Mauss já havia, aliás, mostrado, quando retraçava a emergência da pessoa, ligando-a a condições de tempo e de espaço e inserindo-a em modos de organização, de ação e de pensamento.

Contrariamente, porém, ao que se poderia esperar após este prólogo (que me parece no entanto necessário), creio que, *sim*, se pode falar em pessoa entre os Krahô, uma vez que me parece existir entre eles a noção de um princípio de autonomia, de dinâmica própria. Mas esse princípio pessoal deve ser, creio, procurado e não postulado. Escrevi, há uns anos já (1975, tese de doutoramento), algo sobre isso, ligando a noção de pessoa às instituições de amizade formal e de companheirismo. Como não tive ocasião de discutir o que havia então escrito, pensei em aproveitar este foro para um debate. Porém, no processo de condensar drasticamente em oito as vinte páginas originais, deu-se uma revisão e uma clarificação do que então sustentava, e quem vier a comparar os dois textos perceberá nítidas diferenças.

Naquele trabalho, tentei fundamentar alguns pontos que, por falta de tempo, apenas resumirei aqui:

1) A amizade formal entre os Krahô devia ser entendida essencialmente como uma relação de evitação e solidariedade entre duas pessoas, *conjugada* com relações prazenteiras assimétricas de cada qual com os parentes próximos de seus parceiros; insistia, então, que as duas relações eram pensadas como um todo, e não isoladamente, e como tal deviam ser analisadas em conjunto; e implicava, além disso, que a ligação da instituição de amizade formal com os nomes próprios era secundária, ou seja, era a modalidade krahô do tema jê mais amplo da amizade formal;

2) Analisando os contextos em que intervêm os amigos formais, distinguia dois tipos de situações: o primeiro diz respeito a danos físicos, como queimaduras, picadas de marimbondo ou de formigão, em que o amigo formal é chamado para sofrer na pele precisamente a mesma agressão física de que foi vítima seu parceiro; o outro tipo se refere aos ritos de iniciação e fim de resguardo do assassino, quando os amigos formais permitem a reintegração de um krahô segregado do convívio social e, eventualmente, sua instauração em uma nova condição social.

Queria aqui retomar, a partir dos pontos levantados, a discussão dessas práticas e instituições. Situemo-nos de saída além das várias explicações funcionais: amizade formal e relações prazenteiras, modos de se conjugar e conjurar, como queria Radcliffe-Brown ([1940] 1952: 103), uma divergência de interesse inscrita na estrutura social; ou pela aliança que instaura entre grupos separados, provedora de segurança no mundo incerto de pequenos grupos antagônicos como os dos Tonga da Zâmbia, e permitindo sanções morais – *ridendo castigat mores* – que não poderiam ser exercidas por membros do clã, demasiado próximos na versão de Colson 1962: 82).

Teoria dessas relações de amizade ou, como objetou Mary Douglas (1968), mera classificação de modos de manter a amizade entre grupos ou pessoas estruturalmente separadas? (Tew 1951: 122).

Discussão pouco profícua: os benefícios sociais, para não falar em funções, da amizade formal e das chamadas relações jocosas ou prazenteiras (*joking-relationships*) são suficientemente óbvios. Mas as sociedades jê, mais talvez do que quaisquer outras, por suas pletóricas instituições rituais, suscitam outros níveis de explicação que não os da razão funcional. Ou seja, a pergunta que se coloca é: dado que as mesmas funções poderiam ser preenchidas por uma variedade de formas, práticas e instituições, a que outras determinações responde a escolha dessas formas específicas? Outra maneira de colocar a mesma questão: se é verdade, como não custa conceder, que essas instituições de amizade desempenham os papéis que foram enumerados acima, *quais são as atribuições semânticas que as qualificam para tanto?*

Tomemos o caso krahô. Poderíamos começar pelo mito de criação, mas comecemos por outra ponta, pela instituição. O amigo formal é, por definição e por excelência, um estranho, um não-parente, *ikhuanare*. A relação imperante é de respeito extremo e de evitação. Nos casos que podem acontecer – já que a amizade formal é ligada ao nome – de parentes serem também amigos formais, só se considera essa relação mantida se prevalecer a etiqueta social correspondente. Na verdade, como já tive ocasião de salientar, a simples inobservância – por involuntária que seja – da distância requerida rompe de modo abrupto a relação, sem que esta possa jamais ser reparada. Assim, uma mulher mudou-se de uma aldeia para outra e iniciou uma relação descontraída com uma mulher da nova aldeia. Veio depois a saber que os nomes de ambas eram ligados por amizade formal, mas não foi possível reatar a relação de distância que havia sido infringida. Já se configura, me parece, que a distância não é apenas um atributo do amigo formal mas, de certa maneira, sua própria essência. Retomaremos isso mais adiante.

Com os parentes do amigo formal, graceja-se. E estes não se podem ofender com as injúrias e xingamentos de que são alvo. Agressão simbólica fundamentada novamente na condição de estranho. E isso em mais de um sentido: na medida, primeiro, em que um estranho pode, como afirmou Gluckman (1965: 99-103), ridicularizar sem ferir laços sociais e reafirmar, assim, valores; pode operar como árbitro em um jogo do qual ele não é parte. E Gluckman chama a atenção para o *status* de estrangeiro, que costumava ser o do bobo da corte, que exercia controle moral sobre a autoridade do rei. Deixa de ver, porém, que não eram apenas alheios, nesse sentido nacional, os bobos da corte. Eram também frequentemente seres disformes, isto é, negavam as proporções do corpo humano, o que, em outro código, vem a ser a mesma coisa: estranhos à sociedade em um caso, à "humanidade" no outro. Negando em seu próprio corpo a articulação harmoniosa das partes, eles eram sempre "os de fora", "os outros", os que negavam por sua própria existência a soberania de uma ordem. Sua disformidade expressava portanto que, profissionais da pilhéria, eram eles próprios pilhérias, se esta é realmente, como argumenta Mary Douglas (1968: 366), um desafio à configuração dominante de relações, exprimindo as possibilidades latentes dentro de uma ordem imperante que é assim momentaneamente subvertida.

O amigo formal pode, assim, gracejar e insultar suas vítimas, por ser um estranho, e isso em mais de uma dimensão. E, ao insultar, ele ao mesmo tempo reafirma sua estranheza e a subversão que seu gracejo implica. Em seu duplo aspecto de evitação e parceria jocosa, o amigo formal teria, portanto, esse caráter que me parece defini-lo, o de negar, o de subverter, o de contradizer.

Retomemos o fio da meada e perguntemo-nos se a discussão acima traz alguma luz sobre os fatos krahô evocados no início: por que se pede ao amigo formal que sofra o mesmo dano físico da vítima original (queimadura, picada de marimbondo ou de formigão) senão porque infligir o dano ao antônimo é duplicar, reiterar a negação e o ataque, e recobrar assim a integridade inicial, que fora atingida? Por outro lado, por que o amigo formal está presente, em princípio, em ritos de passagem? Por que ele se interpõe entre os iniciandos e seus atacantes, membros da aldeia, aliado e equivalente nessa batalha aos "estrangeiros" de outras aldeias? Se o amigo formal é o *outro*, a antítese, então sua presença atesta a *dissolução da personalidade*, a volta ao caos indiferenciado que caracteriza os estados chamados liminares. Mas, ao mesmo tempo, o confronto tese-antítese conduz à síntese almejada no ritual, ou seja, ao novo *status*.

Princípio de restauração, sim, mas também, portanto, princípio de instauração, portador de dinâmica, fermento na massa que encerra possibilidades recalcadas.

No plano cosmológico, essa relação aparece com maior nitidez: Sol e Lua são amigos formais e ao mesmo tempo burlam-se mutuamente ao longo do mito da criação. Em suma, reúnem, talvez por falta de personagens em um mundo ainda deserto, as duas facetas da amizade formal. E a criação se dá, isto é importante, através de um processo dialético. Rituais fundamentais são assim instituídos; se, por exemplo, corridas de toras são criação de Sol, ritos fúnebres e resguardo de parto seguem as preferências de Lua. Já procurei mostrar em um artigo sobre o messianismo canela [cap. 1 deste volume], a ligação entre as corridas de toras e a noção de tempo e de periodicidade. Parece pois adequado que seja Sol, que, como diz DaMatta (1976: 242), "desempenha o papel de um personagem cego pela regularidade e pela certeza" (isso talvez fosse mais matizado entre os Krahô do que entre os Apinayé), o criador dos ritos de regularidade. Quanto a Lua, cabe-lhe a origem do trabalho agrícola: por sua culpa, as ferramentas de Sol não operam mais sozinhas e exigem o concurso humano. E, como se queixa da ausência de movimento, Lua provoca a criação de mosquitos e cobras que atormentam os homens. Lua é portanto causa de diversos males e inconvenientes, instigador de várias desordens, por certo, mas é também, e precisamente por isso mesmo, o princípio *dinâmico* na criação e finalmente o fundador de dois ritos fundamentais, o resguardo de parto e os funerais. E ficará claro mais adiante que isso não parece ser fortuito: são esses os ritos de separação de indivíduos do seio de suas parentelas que têm a ver com a criação e a destruição de um espaço propriamente pessoal. Cabia a Lua instaurar esses ritos.

Dizíamos acima que a evitação, a distância, seriam a própria essência da amizade formal. Explícita nesse sentido é a prática canela descrita por Nimuendaju (1946: 101). Os iniciandos, ao cabo do ritual de *pepyê*, podem, se o desejarem, estabelecer relações de amizade formal, mediante o seguinte rito: *de costas* um para o outro, mergulham no ribeirão em *direções opostas,* em seguida emergem e se encaram. Significativamente, um rito muito semelhante, mas com uma inversão crucial, servira, entre os mesmos Canela, para estabelecer a relação que chamarei de companheirismo (o termo krahô é *ikhuonõ,* "meu companheiro"): os candidatos mergulham *juntos, abraçados* e *na mesma direção* (Nimuendaju 1946: 105).

Nossos dados, como os de Melatti, indicam que são "companheiras" entre os Krahô as crianças *nascidas no mesmo dia* (mas aparentemente não os gêmeos verdadeiros), rapazes que foram *krãrigaté,* isto é, chefes de metades de iniciandos, durante o mesmo ritual de iniciação, seja no *Pempkahok* ou no *Ketuaye,* as moças que foram associadas a um mesmo grupo na mesma celebração de um desses rituais, os homens que foram prefeitos do pátio, ofício sempre investido em dois incumbentes, na mesma estação do mesmo ano, e assim por diante.

Os *ikhuonõ,* ao contrário dos amigos formais, são companheiros de todas as horas e de todas as atividades, pelo menos até se tornarem pais de numerosa prole. Reina entre eles total liberdade de discurso e uma camaradagem descontraída. No ritual que encerra a estação chuvosa e no que encerra a estação seca, há troca cerimonial de mulheres entre as metades Wakmeye e Katamye. Nessa ocasião, os *ikhuonõ* trocam preferencialmente de mulheres entre si, a não ser que estas não pertençam à metade alterna requerida.

Um estudo lexicológico sumário permite descobrir uma raiz comum nas palavras que designam o companheiro, *ikhuonõ* (no feminino *ikhuoré*), e a placenta, *ikhuoti,* a que os Krahô se referem aliás, em português, como "o companheiro da criança". Todos esses dados corroboram, me parece, a ligação da noção de *semelhança,* ou melhor, de *simultaneidade* com a instituição do "companheirismo", e esclarecem, além disso, o contraste entre nadar na mesma direção e nadar em direções opostas nos ritos que fundam, entre os Canela, as relações de companheirismo e de amizade formal, respectivamente. Tal como o amigo formal corresponde à alteridade por excelência, o companheiro corresponde à semelhança, à simultaneidade, à gemelidade.

Diante de uma semelhança tão claramente *construída*, de uma alteridade *posta*, não dada, em um meio social finalmente homogêneo, o que pensar? Reduzi-las a funções de coesão social, quando mais não fosse, suporia que os grupos a serem coesos fossem realmente estranhos de antemão: ora, se algo fica patente é que essa estranheza é arbitrariamente edificada para se colocar a noção de alteridade, e que a semelhança parece ser codificada muito além da camaradagem que manifesta.

A minha hipótese é que a amizade formal e o companheirismo têm a ver com a noção de pessoa entre os Krahô – o que mostra *en passant* que esse longo prólogo tinha afinal algo a ver com o assunto deste seminário. Vejam: é sabido que a identidade social é associada, entre os Krahô, à nomeação e a identidade individual, biológica, à consanguinidade (Melatti 1970b). Haveria, entre esses dois polos, espaço para uma noção de pessoa? Creio que sim. Mais: acho que as instituições de amizade formal e de companheirismo apontam justamente nessa direção.

Que seria, nesse sentido, o companheiro? Ele é a imagem especular não da forma do corpo, porém de sua ação: "quem faz o que eu faço ao mesmo tempo que eu, quem nasce no dia em que nasço, quem governa o pátio quando eu também governo, mais genericamente quem me acompanha em minhas ações cotidianas". São *ikhuonõ* os dois cunhados que, na epopeia de Haltint, partem juntos para o pé do céu, um duplicando o outro até que a morte os separe; também no mito de Katxeré, a mulher-estrela, o par de rapazes que juntos vão buscar um machado se tratam por "companheiro". Um come a carne proibida de mucura e envelhece instantaneamente, enquanto o outro continua o seu caminho. Nos dois mitos, a "construção" é a mesma: o par de companheiros só parece existir em função do incidente que os fará divergir: uma trajetória serve, por assim dizer, de referência à outra, que se alterou. Mas, para tanto, é necessário que as trajetórias sejam inicialmente paralelas, o que é expresso pelo artifício estilístico de fazê-los chamarem-se mutuamente de *ikhuonõ*.

Os *ikhuonõ* se espelham portanto, cada qual refletindo o que o outro tem de singular, no plano biológico, ritual e também nesse domínio intermediário que é para os Krahô o político. Eis por que a placenta, *ikhuoti*, seria o companheiro maior, o companheiro por excelência, pois, nascida com o homem, ela é sua primeira

De amigos formais e companheiros **57**

imago. O companheiro é a ação ou a função simultânea, aquele que me espelha em minhas obras e no qual eu me reconheço e me assumo enquanto homem agindo. Mas se o companheirismo permite assim pensar a assunção de uma imagem, uma identificação, não autoriza ainda a enunciar a noção de pessoa.

Esta me parece ser precisamente a atribuição da amizade formal que, jogando com a alteridade, instaura uma dialética, um princípio dinâmico que funda a pessoa como ser de autonomia. Nesse sentido, a amizade formal, em seu duplo aspecto de evitação e de relações prazenteiras, é uma modalidade de um processo de construção da pessoa. Instaura distância e subverte a ordem. Vimos que o amigo formal é conceitualmente o estranho, o outro e, enquanto tal, ele pode ser o mediador, o restaurador da integridade física e da posição social, graças a jogos de dupla negação em que os Jê são adestrados. Já mencionei em outro trabalho que é um procedimento usual entre os Krahô o de representar um grupo por alguém que lhe é exterior. Assim, por exemplo, uma menina é associada aos homens, um menino às mulheres, duas meninas aos iniciandos... Como se cada um desses grupos só se reconhecesse através de um jogo de espelhos que lhe devolve o seu contrário. E Jon Christopher Crocker apontou mecanismos estreitamente paralelos a esses entre os Bororo, mostrando que tanto a identidade social quanto a identidade física emergem através de processos especulares que as constroem, processos que fazem com que um Bororo nunca seja tanto si mesmo do que quando é "representado" por um totalmente *outro* (Crocker 1977). Creio que esse processo se reencontra na construção da identidade pessoal, e não apenas biológica ou social, através da amizade formal.

Por outro lado, o amigo formal é também aquele que, ao brincar com os parentes de seu parceiro, não só aponta e marca o lugar do amigo, mas agride e subverte o grupo familiar em que este se insere e lhe talha um espaço pessoal, reafirmando limites. Vejam que isso esclarece algo curioso, ou seja, a não reciprocidade do comportamento jocoso. Cada qual é alvo das pilhérias dos amigos formais de seus filhos e não lhes pode retrucar. Nesse sentido, talvez se possa correlacionar, nas diversas tribos jê, o grupo dentro do qual se faz resguardo (ou seja, aquele que pode obscurecer as fronteiras biológicas de cada um) e o grupo com o qual se pode gracejar.

Assim, por excelência, o amigo formal seria o que "contradiz", nega, evita e subverte seu parceiro, e que lhe abre, assim, um campo pessoal, não, sem dúvida, como agente dotado de razão, vontade e liberdade – esses atributos ocidentais da pessoa –, mas como ser de certa maneira único, diferenciado e, sobretudo, provido de uma dinâmica própria, em suma, como um sujeito.

3. ESCATOLOGIA ENTRE OS KRAHÔ
REFLEXÃO, FABULAÇÃO

Este artigo surgiu de uma insatisfação e quer refletir sobre ela.[1] Há alguns anos, publiquei uma análise da escatologia de um grupo indígena do tronco linguístico jê, os Krahô, que se localizam ao norte do estado de Goiás (Carneiro da Cunha 1978). Interpretei, então, a escatologia krahô como uma especulação sobre a sociedade, um questionamento de suas premissas básicas. Os Krahô descrevem uma sociedade de mortos harmoniosa, notável pela ausência das fontes de conflito ou de cisão que, entre os vivos, se atribuem sobretudo às relações com parentes por aliança. Mas essa sociedade tranquila aparece simultaneamente como uma sociedade inviável, condenada à imobilidade e à involução. Em suma, a sociedade dos mortos seria como uma demonstração, por redução ao absurdo, da validade das premissas que regem a sociedade dos vivos.

---

1. Este artigo retoma minha análise da escatologia krahô contida no livro *Os mortos e os outros* (1978). Relendo-o agora, surpreendeu-me a nota de rodapé número 6 que questiona a análise tradicional do sistema de parentesco krahô e sugere que a noção de "casa", no sentido que lhe deu Lévi-Strauss, seria mais apropriada. Em 1992, Vanessa Lea estabeleceu esse ponto com agudez para os Kayapó, em uma análise válida, a meu ver, para a maioria dos grupos de língua Jê.
   Originalmente publicado em Sally Humphreys e Helen King (orgs.), *Mortality and Immortality. The Archaeology and Anthropology of Death*, Londres, Academic Press, 1981, sob o título "Eschatology among the Krahô: Reflection upon Society, Free Field of Fabulation", saiu em português em José de Souza Martins (org.), *A morte, os mortos na sociedade brasileira*, São Paulo, Hucitec, 1983. Agradeço a Mauro W. B. de Almeida, da Universidade de Campinas (UNICAMP), as críticas e sugestões.

Não creio que essa análise, que exporei em detalhe a seguir, esteja errada. Mas ela me deixou insatisfeita: deixou-me a sensação de ter eludido muitos dados na análise que, para fazer sentido, tinha de se restringir a um certo núcleo e silenciar fora dele. Claro que as limitações que senti poderiam ser imputadas ao instrumental usado ou a seu manuseio. No entanto, eu já havia feito, com o mesmo aparato, análises exaustivas de outros campos, em particular de um movimento messiânico num grupo vizinho e culturalmente aparentado aos Krahô, os Ramkokamekra-Canela [cap. 1 deste volume]. Tinha conseguido dar conta de uma quantidade de versões sem ter de renunciar a dados disponíveis. De certa forma, todo o campo foi esquadrinhado pela análise que fiz. Mas dessa vez, apesar de minha inclinação por análises detalhadas e exaustivas, algo parecia resistir. A diversidade das versões parecia irredutível, a não ser por uma coerência que percebi, mas que não dava conta de todos os detalhes.

Diante disso, sugiro que a culpa estava no material. Não é simples *boutade*. Creio que existem em cada sociedade terrenos baldios, terras de ninguém, em que a imprecisão é essencial. É como se existissem lugares privilegiados para a fantasia. A escatologia, em sociedades que não a usam como um mundo de prêmios que sancionam as ações dos vivos, pode servir como um desses *terrains vagues* a que aludi, como um domínio onde se fabula com a parca sujeição de umas poucas regras. Análises funcionais e estruturais só podem, portanto, dar conta desse núcleo reduzido de relações estruturadas entre a escatologia e a sociedade que a produz. Fora de tal núcleo, a análise deveria apoiar-se muito mais na enunciação do que na gramática. Se aceito, esse argumento implica também que crenças e simbolismo podem ser distinguidos em campos distintos, cujas relações com a sociedade são diferentes entre si.

As fontes

O terreno do consenso, entre os Krahô, sobre os detalhes da existência depois da morte é exíguo. Mas, nos seus estreitos limites, é vigorosa a crença nos mekarõ. Karõ (no coletivo, mekarõ) designa o princípio pessoal que perdura depois da morte. O karõ está, portanto, também presente no vivente, a não ser durante eventuais ausências, durante os sonhos, quando vaga fora do seu corpo hospedeiro, ou durante períodos de doença. Entre os denotata da palavra figuram a fotografia, o reflexo e qualquer imagem do corpo. Mas o karõ não é apenas uma imagem: pode assumir um aspecto diferente do corpo que habita, e seria mais propriamente traduzível por "duplo" (Vernant 1965), algo que remete ao objeto sem necessariamente refleti-lo. O karõ separa-se irreversivelmente do corpo não quando cessa o sopro, a respiração, mas quando se incorpora à sociedade dos mortos, isto é, quando aceita compartilhar comida, pintar-se com eles e correr com toras com os outros espíritos. É só a partir dessa incorporação que a morte se torna irreversível.

Quais são, então, as fontes da escatologia krahô? Há, é claro, vários mitos que a põem em cena ou que se referem às transformações que seguem a morte, mas sua autoridade parece ser raramente invocada. O conhecimento direto dos mortos é reservado a uma categoria de pessoas, os *akrãgaikrit,* ou "cabeças leves", que com eles têm uma experiência pessoal. Essa categoria parece recobrir, além dos curadores que já receberam seus poderes, também os curadores em potencial. Tais pessoas podem entrar em contato com os mortos, falar com eles, ir até a sua aldeia e, no entanto, conseguir voltar.

Os curadores são comumente citados como autoridades no assunto: costumam vangloriar-se de mirabolantes incursões e são fonte de inovações que, no entanto, não são necessariamente aceitas nem perpetuadas. Elas servem, de certo modo, para atestar o conhecimento *de visu* que os curadores têm dos *mekarõ* e firmar-lhes o prestígio. Mas podemos distinguir, nas versões dos curadores, princípios básicos que, ligados à tradição, lhes atestam a autenticidade e permitem a incorporação de suas histórias. Esses princípios serão analisados mais adiante.

Outra fonte de especulação sobre os *mekarõ* está ao alcance de cada um: são os sonhos. *Karõ* é traduzível, como já vimos, mais precisamente por "imagem", e as imagens vistas nos sonhos são, portanto, *mekarõ*. Se em sonho vemos gente, isto é, imagens tendo certas atividades, caçando, correndo com toras etc., isso pode ser prova suficiente para deduzirmos que os *mekarõ* têm tais atividades.

Existem também recorrentes histórias de krahôs que se defrontaram com *mekarõ*, no mato ou no ribeirão. Essa é sempre uma experiência individual – já que os *mekarõ* aparecem a quem está só –, que é em seguida comentada e confrontada com outras para se decidir se o encontro foi realmente com quem se supõe.

Uma tal variedade de fontes, uma produção acessível a especialistas (os curadores) como a leigos, geram um vasto espectro de produção escatológica. Já que essa produção não pretende ser codificada em uma ortodoxia, ou mesmo perpetuada, parece haver pouca preocupação em controlá-la, a não ser pelo antropólogo que talvez a suscite. O resultado é um *corpus* ilimitado e por vezes contraditório de representações. Como podemos pretender analisar tal campo? Antes de entrarmos nessa questão, faremos uma descrição dos traços mais gerais da escatologia krahô, distinguindo as crenças mais largamente compartilhadas das versões mais idiossincráticas.

As metamorfoses do karõ

O karõ, ao desprender-se do homem, torna-se por assim dizer uma imagem "livre", não circunscrita, isto é, que não remete a uma forma precisa, mas que, pelo contrário, pode assumir qualquer forma. No entanto, assinalamos então, o karõ nunca se acha desprovido de matéria, ele não é imagem sem conteúdo.

O *karõ* "livre" é passível de qualquer metamorfose e, no entanto, é dito ao mesmo tempo que seu aspecto varia com o "estágio" em que se encontra: os *mekarõ* podem, com efeito, morrer reiteradas vezes e revestir sucessivamente a aparência de animais de grande porte, animais de porte menor e, enfim, converter-se em pedra, raiz, cupim ou toco de árvore; essa enumeração varia sensivelmente com cada informante.

Uma informação colhida de um curador pela antropóloga Vilma Chiara menciona a existência de *mekarõ* múltiplos cujas mortes sucessivas levam às transformações de estado. Justifica assim, através de uma inovação teórica, os estágios tradicionais dos *mekarõ*.

> Eu estou vivo, tenho quatro karõ. Quando morrer, tenho três karõ ainda. Um ano depois (isto é, algum tempo depois) morre um, ficam dois. O terceiro karõ vira pó (veado-galheiro). O caçador de veado mata, ele já usa asa, vira kokonré (pássaro coã?), anda de noite, vira cobra. Se matar de novo, vira vevé (borboleta), dia vem chegando vira toco, lagartixa; se bicho mata, aí pronto, acabou. Se fica na aldeia (de mekarõ) não acontece de virar. Mas mekarõ gosta de andar, até que acabe os mekarõ dele, aí acaba tudo. (V. Chiara com. pessoal)

Daqueles *mekarõ* que estão na forma animal, alguns são bichos de caça, anta, veado, papa-mel, tatu etc. Deles se dirá que "não têm gosto", que "têm gosto ruim" ou que são "magros", mas sua carne é comestível. Apenas um curador afirmou que a carne do tatupeba (*autxet*), quando este é um avatar de *mekarõ*, é azul e dá dor de barriga. Segundo um informante de Melatti (1970b: 211), essa carne, consumida pelos parentes, é a causa da semelhança das crianças com aqueles que já morreram: os *mekarõ*, afirmava ele, se reencarnariam nas crianças, no ventre de suas mães. É essa a única menção que temos de reencarnações em humanos.

Mas os *mekarõ* que suscitam algum interesse e que interagem eventualmente com os vivos são os que se encontram no primeiro estágio, e, salvo menção contrária, é destes e somente destes que estaremos falando quando usarmos, de ora em diante, o termo.

O espaço dos mekarõ

O espaço dos mortos é complementar e oposto ao espaço dos vivos: "A Lua (Pëdlere) é o Sol (Pëd) dos mekarõ", disseram frequentemente os informantes. Os mekarõ gostam da escuridão do mato, e não da chapada ou do "limpo" (põ), que é a paisagem bonita por excelência para os Krahô, e corresponde à vegetação do sopé do morro. Os Krahô são até chamados pelos seus vizinhos Canela e Xerente de Kenpokhrare, literalmente "filhos do limpo do morro". Os mekarõ, em contraste, comprazem-se em lugares recônditos e escuros, nos dias de inverno (isto é, de chuva), e temem o sol quente;[2] de dia ficam na aldeia, mas vagam de noite pela mata.

Os *mekarõ*, dizem-nos, quando vêm à aldeia dos vivos, nunca assomam ao pátio (*ka*); segundo alguns, ficam quando muito no *krĩkapé*, caminho circular que passa à frente das casas; segundo a maioria, só entram nas casas pelos "fundos", isto é, pela porta que dá para o mato e que, muitas vezes, não existe para evitar-lhes a irrupção. Esta porta pode, aliás, ser chamada de *atekrumpe harkwa* em que *karkwa* aqui significa porta (*harkwa* é também boca, linguagem e cantiga); *rumpe* indica direção e *atek*, que significa "morto" e "preto", designa

---

2. Por isso, explicou um curador: "Para tentar reaver um *karõ*, que abandonou seu corpo hospedeiro, não se pode deixar o cadáver no sol quente, mas sempre em lugar fresco e sombrio".

aqui o "mato" (mato é normalmente *iróm*). Na realidade portanto, a expressão significa, literalmente, "porta no rumo do morto".

Em outras palavras, ou os mortos são relegados ao exterior do espaço social da aldeia ou são confinados à esfera doméstica. Veremos que esta alternativa, que se reencontra em outros níveis, por exemplo na associação com o oeste ou com a aldeia do enterro, depende da perspectiva em que se coloca a especulação. Em ambos os casos, no entanto, fica claro que os mortos são excluídos da sociedade dos vivos, que é idealmente pensada como cerimonial e tem como palco principal o pátio central da aldeia.

Os *mekarõ* têm aparência humana, quando estão em sua aldeia, ou durante a noite, quando gostam de andar; mas se o dia os surpreende fora de sua aldeia, transformam-se em animal, seja *kokonré* (pássaro coã); seja *autxet*, tatupeba, que cava sua toca e desaparece,³ seja enfim qualquer animalzinho. Talvez por isso se lhes atribua receio de cachorros e gatos, e medo do estampido das espingardas e dos latidos dos cães. Por outro lado, os latidos afugentam-nos das casas dos vivos e relegam-nos ao espaço exterior à aldeia. Melatti (1970b: 208) menciona que os mortos temem, além dos latidos, o chocalhar do maracá. Essa informação foi contestada por nossos informantes, que argumentaram que os mortos passam a maior parte do seu tempo cantando e dançando ao som dos maracás dos seus cantadores. No entanto, a informação dada a Melatti pode perfeitamente ser entendida como se referindo à exclusão dos *mekarõ* do espaço dos vivos, pois o maracá é o *único instrumento musical que nunca sai da aldeia*.⁴

Trocando o dia pela noite, os *mekarõ* entram em contato com pessoas que estão sós. Por isso, muitos são os que não se aventuram sozinhos pela mata por temer-lhes o encontro noturno.⁵

Vemos por esse conjunto de representações que os mortos são tidos como "exteriores" em relação à comunidade e à aldeia dos

---

3. É deste tatu, cujo epíteto é regularmente "o comedor de cadáveres", que se precaveem os Krahô, forrando o túmulo com paus. Segundo um informante, distingue-se dentre os tatupebas necrófagos pela cor do pelo da barriga, que nestes é preto, em vez de branco.
4. Para os Xikrin, segundo Vidal (1972: 148), o maracá está simbolicamente ligado ao centro da praça.
5. Nessas ocasiões, um modo de se afugentar os *mekarõ*, que muito temem os estrangeiros (*kupẽ*), é assobiar à moda destes, distinta do assobiar krahô.

Escatologia entre os Krahô **65**

vivos, só aparecendo a quem está temporariamente segregado dessa comunidade e do espaço social que a significa.

A oposição vivos/mortos

A partida para o mundo dos mortos assemelha-se à passagem para o campo adverso, quando não a uma traição. Como em tantas outras sociedades, e entre as tribos jê o fato está particularmente bem descrito para os Kaingang estudados por Jules Henry (1964: 67-ss), os parentes recriminam o defunto por tê-los abandonado, ao mesmo tempo que o exortam a se esquecer dos seus. O corte deve ser consumado e, para tanto, oferece-se ao *karõ* faminto uma derradeira refeição e se o contenta uma última vez com o ritual de encerramento do luto.

Os *mekarõ* opõem-se, portanto, aos vivos e reciprocamente como imagens especulares, é o que se depreende da afirmação que fez, certa feita, um curador: "Os *mekarõ* chamam-nos de *mekarõ*, eles não se chamam [a si mesmos] de *mekarõ*, eles têm medo de nós".

Fica especialmente claro que é a relação e não os termos que são relevantes se nos detivermos na análise da localização dos mortos. A cosmografia é, como se sabe, um indicador preciso de categorias do pensamento.

Quando os *mekarõ* são congregados em aldeia, o que nem sempre é, como veremos, o caso, essa é habitualmente situada a oeste, mediante a associação da sociedade, o dentro e o leste, por uma parte, e dos mortos, o exterior e o oeste, por outra. Isso diz respeito à totalidade dos *mekarõ* krahô, mas a aldeia dos mortos não abriga estrangeiros.

Se agora introduzirmos essa nova variável que são os estrangeiros, a geografia se altera: segundo o chefe da aldeia de Pedra Furada, os mortos krahô ficam a leste, enquanto os *mekarõ* de gente branca se aldeiam a oeste. O que se tornou relevante nesse contexto foi a oposição Krahô/estrangeiros, e a localização respectiva exprime que a sociedade por excelência é krahô (e, portanto, a leste), enquanto os estrangeiros são bárbaros (portanto, a oeste).

Podemos inferir para os Xavante uma lógica semelhante a essa. Enquanto os Xavante orientais situam seus mortos a oeste, os Xavante ocidentais, organizados segundo metades exógamas, alteram essa assignação. Cada metade situa seus próprios mortos a leste, relegando os mortos da metade adversa ao ocidente (Maybury-Lewis 1967: 292).

Os mortos e a consanguinidade

São os parentes mortos e especialmente os consanguíneos matrilaterais que se reúnem à volta do Krahô doente para levá-lo à aldeia dos *mekarõ*. São eles também os que tentam retê-lo lá, induzi-lo a aceitar comida, a participar das corridas de toras, a se pintar e cortar o cabelo, atos que acarretam a impossibilidade de retornar à aldeia dos vivos. Mas se um desses parentes fizer valer que outros consanguíneos vivos – filhos pequenos ou pais idosos – ainda precisam do amparo do visitante, poder-lhe-á ser concedida a volta entre os vivos. As mães defuntas são tidas por especialmente sequiosas de guardar seus filhos com elas, e o mediador familiar, que poderá advogar a volta destes e que o conseguirá se tiver autoridade, é habitualmente o *keti* (IM, PM, PP etc.).[6]

Veremos mais adiante que essa atitude, atribuída à categoria em que se recruta o nominador, é coerente com o caráter da nominação, que garante a continuidade de uma sociedade igual a si mesma.

Que a existência *post mortem* é concebida como o reino da consanguinidade é pitorescamente ilustrado pelo relato do primeiro evangelizador dos Krahô, o capuchinho frei Rafael Taggia, que, em 1852, se lamentava do fracasso de sua campanha de batismos, baseada nas promessas de irem as almas para o céu, argumento pouco propício para motivar uma conversão: "Pensam que tornando-se cristãos não podem mais ir a morar na companhia de seus parentes falecidos, os quais tanto amam" (Taggia [1852] 1898: 123).

Um detalhe curioso que parece reunir a maioria das vozes é o papel dos parentes matrilaterais como *psychopompós*. Quando um krahô está doente, disse-nos o *padré* de Pedra Branca, um *karõ* vai avisar na aldeia dos mortos que ele está querendo chegar. Então, os *parentes da mãe* vêm olhar o doente e, seja ele homem, mulher ou criança, são eles que o levam para a aldeia dos *mekarõ*. Também uma criança que nasce morta é alimentada ("não mama não") pelos parentes da mãe. Representações idênticas se encontram entre os Canela (Nimuendaju 1946: 235).

---

6. É nessa categoria que é escolhido o nominador; no entanto, trata-se aqui de qualquer *keti*. Para uma mulher, além do *keti*, a *tëi* (IP, MP, MM etc., categoria em que se recruta a nominadora) pode intervir.

Escatologia entre os Krahô **67**

O krahô, ao morrer, não vai pois *ad patres* mas *ad avunculos*, o que leva a certa perplexidade, em uma sociedade tida hoje por cognática.[7]

Importa ressaltar que a *oposição maior* é a que contrasta os vivos com os mortos. Embora a consanguinidade seja realçada, ela fica subordinada a essa oposição primária: na realidade, são os consanguíneos vivos que se opõem aos consanguíneos mortos, e as recriminações funerárias exprimem o sentimento de abandono ao mesmo tempo que a ruptura desejável com os parentes defuntos. Contra as investidas ou a sedução destes, os consanguíneos vivos defendem os seus membros.[8]

Os Krahô partilhariam pois, com os Xavante (Maybury-Lewis 1967: 292) e os longínquos e exemplares Adamaneses (Lévi-Strauss [1949] 1967: 616-17), a concepção de outra existência, onde se estaria "entre si", joio e trigo afinal separados.

A eliminação da afinidade: a ausência de *paham*

Não há, entre os mortos, relações de afinidade. Esse é um princípio subjacente a um grande número de afirmações das quais a mais radical seria esta: "Os mortos não têm juízo: por isso não casam. Mas 'trabalham' (copulam). Marido e mulher mortos só moram juntos uma noite e se apartam. Conhecem os cunhados, sogros, *mas não respeitam mais*". Outros informantes mencionam que o karõ torna a casar, seja arrastando o cônjuge para o túmulo, seja contraindo novo casamento. Mas não se trata nunca, parece-nos, da aliança tal como é concebida pelos Krahô, já que não é mencionada a uxorilocalidade e o respeito aos fins que a caracterizam.

---

7. Seria interessante saber quem são os *psychopompós* entre os patrilineares Xavante e Xerente. Infelizmente, Maybury-Lewis (1967: 289) e Nimuendaju (1942: 98) falam em consanguíneos (*kin*) sem maiores precisões. Ou o sistema de descendência krahô deve ser revisto ou, o que é mais verossímil, não é este, mas antes, por exemplo, a noção de "casa" o traço relevante e explicativo aqui.
8. Nimuendaju cita o comentário de um informante canela sobre o ritual de iniciação *Ketuaye*: "Os espíritos se aproximam, desejosos de levar embora suas almas-sombras [*shadow souls*]. Se conseguissem, os indivíduos em questão morreriam imediatamente. Por isso, as parentes dos rapazes ficam sentadas atrás deles, com as mãos em seus ombros, enquanto seus parentes masculinos ficam de pé, na retaguarda" (Nimuendaju 1946: 235).

Isso tudo é resumido na afirmação unânime de que os mortos "não têm juízo", "vivem desembestados", numa palavra, são *pahamnõ*, isto é, privados de *paham*.

O *paham* é um conceito fundamental já estudado por DaMatta (1971: 24-25), que acentuou seu aspecto de "distância social" entre os Apinayé, e, entre os Bororo, por Viertler (1972: 35-ss), que o traduziu por "vergonha".

O *paham* krahô denota timidez, reserva, autocontrole, observância da etiqueta, distância social, desempenho dos papéis sociais, e opõe-se nesses sentidos a *hobrê*, que significa bravo, aguerrido, zangado; mas, como entre os Bororo, é também humilhação, ferida de "honra", vergonha.

O *paham* afeta as relações interpessoais e intergeneracionais e regula um campo muito vasto de atividades: o canto, a emissão de qualquer ruído, onde e com quem comer, a quem se dirigir e, de um modo geral, o desempenho adequado dos papéis.

As crianças não têm *paham*: por isso, explica-se não se importam os meninos de voltar de mãos vazias de suas pescarias. Aos estrangeiros, e sobretudo aos regionais, é frequentemente negado o *paham*, pois não observam a uxorilocalidade, nem, segundo o Krahô, a proibição do incesto: "*gostam de casar com irmão de pai e mãe*". Os animais, que não conhecem regras sociais, também são desprovidos de *paham*; enfim, os "namoradeiros", os inconstantes, são ditos *pahamnõ* (sem *paham*) e *assim também os mortos*.

Em síntese, ser *pahamnõ* é viver desregradamente, é não ter regras sociais. Os mortos *pahamnõ*, "sem vergonha", não sabem se comportar, ignoram a etiqueta e, em particular, desconhecem o princípio fundamental das relações apropriadas para com os afins.

A morfologia da aldeia dos mortos

Conciliar em uma linguagem espacial os princípios que vimos até agora é um problema que suscita vasta especulação e que nos coloca diante de um corpus contraditório de informações.

Ora se diz que os *mekarõ* vagam ao acaso, com suas famílias elementares, ora se diz que vivem em aldeias.

Vimos que os mortos parecem estar ligados à terra que lhes recolheu a ossada, nas aldeias antigas onde foram enterrados. Possivelmente por isso, muitas histórias se situam nas aldeias abandonadas.⁹ No entanto, os informantes costumam localizar a aldeia dos *mekarõ* no *khoikwa-yihôt*, literalmente "fim do céu", isto é, o ocidente, onde o Sol se põe.

Parece-me que se trata de realçar em cada uma dessas localizações divergentes um princípio distinto: no primeiro caso, é ressaltada a consanguinidade, pois o morto era enterrado na casa em que já repousavam os ossos de seus parentes. No segundo, é a oposição mortos/vivos (e a associação do "nós" com o leste) que se torna relevante.

Resta a outra divergência: como podem, para uns, vagarem os mortos com mulher e filhos, e, para outros, viverem eles em aldeia? O primeiro tipo de informação confirmaria o princípio da inexistência da aliança, mas o segundo tipo parece informá-lo. Para esclarecermos um pouco a questão, devemos deter-nos na morfologia da aldeia dos mortos.

Dispomos de duas descrições mais detalhadas, uma de um homem velho, outra de um curador, que nos parecem elucidar essas divergências. Não se trata de conceder a qualquer versão uma "autenticidade" que supere a das outras, mas de tentar evidenciar alguns princípios estruturais.

Segundo Davi,

> *mekarõ* não vive em aldeia redonda, não. Vive em lugar escuro (mata) que nem lugar na roça. As famílias não ficam como na aldeia: os que não têm filha ficam sozinhos na beirada, mas sempre andando, não aquietam. Não têm pátio. Para cantar, se ajuntam em qualquer lugar. Não dormem nas próprias casas, mas nas casas dos outros [...] *Mekarõ* não toma banho; só faz é beber muita água. [...] Não canta no pátio não; se encontra pessoa *no mato*, se põe a cantar.

A segunda descrição, recolhida por V. Chiara de um curador, Juarez, menciona duas aldeias. Uma é constituída de casas de palha de bacaba ao redor de uma lagoa (*hipoti*), onde os *mekarõ* passam a noite – noite que é, como vimos, o seu "dia", já que nela exercem suas atividades – mergulhando. A água dormente dessa lagoa, Letes tropical, provoca o esquecimento. "Na água que fica fora, o

---

9. Parece ser esta, também, uma concepção canela (Nimuendaju 1946: 234-35) e krikati (Lave 1972).

karõ não banha; não banha na água que corre, só em água parada." De dia, os *mekarõ* transferem-se para a segunda aldeia, e lá dormem. "*Mekarõ* não tem *ka* (pátio) não, nem *krĩkapé* (caminho circular), é tudo limpinho, só tem pi (árvores) em redor da aldeia, é muito. Tem caminho para roça grande, uma só."

Essa descrição está em contradição com a de outro curador, que atribui aos *mekarõ* uma aldeia igual à dos vivos; segundo ele, a aldeia dos mortos tem *ka* (pátio), *prikarã* (caminhos radiais) e *krĩkapé* (caminho circular diante das casas), isto é, todos os elementos espaciais da aldeia dos vivos.

Só podemos resolver essa contradição se mais uma vez aceitarmos que os informantes estejam especulando em planos diferentes. Se essa última versão estiver se referindo à ligação com a aldeia que contém os restos fúnebres, e onde se era enterrado – seja nas casas, seja no pátio, conforme o *status* – podemos entender um plano idêntico ao dos vivos.

A questão vem então a ser por que as duas descrições detalhadas acima se afastam dessa opção, e o que elas pretendem significar.

Note-se, em primeiro lugar, que em ambas inexiste o pátio. Na primeira, a desorganização das casas é patente na sua disposição e é expressa na menção de que se "dorme na casa dos outros". O pátio inexistente é substituído pelo ribeirão, interno às casas em vez de externo, como ocorre na aldeia dos vivos. O conjunto lembra muito a disposição das roças, e convém ressaltar que ir morar na casa da roça com sua família é o único meio de fugir à vida social da aldeia sem ter de se expatriar.[10]

Na segunda versão, o esquema se desdobra: são duas aldeias, em vez de uma e em ambas novamente não existe pátio. Em uma das aldeias, a água é interior e dormente, em uma dupla inversão, já que a aldeia dos vivos supõe o ribeirão, ou seja, água exterior e corrente. Ambas as versões mencionam o fato de que os *mekarõ* não se banham em água corrente, e veremos o significado disso mais adiante.

Enfim, nessa segunda versão, existe uma roça única, coletiva como se toda a aldeia fosse uma unidade de produção, como, entre os vivos, é o grupo doméstico. Talvez seja esse mais um traço da

---

10. Foi isto o adotado por Ropkure, o malogrado líder messiânico krahô (Melatti 1970b), que optou por viver retirado da aldeia.

consanguinidade – a aldeia sendo associada a um único grupo doméstico – imputada à aldeia dos *mekarõ*.

As aldeias das duas descrições são portanto, na realidade, negações de aldeia (como é também a afirmação de que os mortos vagam ao acaso) e, mais particularmente, negações da aliança. Vemos assim que as várias versões podem ser enfeixadas em um conceito comum subjacente.

Dinâmica e permanência

Uma afirmação que reúne o consenso geral atribui aos *mekarõ* uma pletórica atividade ritual, digna dos Campos Elísios: os mortos são divididos em metades, têm *wïtï*, corridas de toras, tocam todos os instrumentos a seu modo característico. Assim, a esfera cerimonial, longe de se esvaecer juntamente com o pátio, é, pelo contrário, ressaltada.

Recapitulemos sucintamente os resultados a que chegamos. Vimos que os mortos são a imagem invertida dos vivos: habitantes da escuridão, tendo a Lua por Sol, o exterior é para eles o interior. Vimos também que, entre os *mekarõ*, a afinidade é esquecida: é o reino da consanguinidade, o paraíso perdido, o estar entre si. Vimos enfim que, entre eles, a esfera cerimonial se mantém integralmente. Se nos concederem a validade dessas deduções, podemos concluir que a inversão ou simetria (usando os termos num sentido lato) deixa invariante a esfera ritual, exalta a consanguinidade e abole a aliança.

Para entendermos o significado sociológico disso, temos de evocar a estrutura da sociedade krahô. Essa parece ser embasada em dois sistemas até certo ponto contraditórios.

Os Krahô praticam um casamento que não é orientado por regras prescritivas nem sequer preferenciais. Segundo dois informantes, tanto o casamento patrilateral (isto é, de ego masculino com a fiP) quanto o matrilateral (isto é, com fIm) são vergonhosos, "mesmo que galo e galinha", e no entanto a troca de irmãs é bem considerada.[11] Mas esses comentários nunca surgem espontaneamente,

---

11. Dizemos, aqui, "no entanto", em virtude da teoria das *Estruturas elementares*, que seria inconciliável com estes fatos; a troca de irmãs não poderia se repetir por duas gerações seguidas. Mas é preciso ter presente, como mostrou

nem parecem ser do domínio comum. Mais elucidativo do sistema de casamento é o jogo praticado pelos rapazes, com um brinquedo de palha que representa a cauda de um tatu: puxa-se um fio e a cauda se encurva, designando ao jogador a casa em que irá casar.

Tais características são consistentes com uma concepção que veria na aliança um fator de disrupção: o casamento absorve homens,[12] sem garantias de que o ciclo matrimonial se torne a fechar. O único mecanismo que parece compensar a absorção contínua dos homens e permitir a subsistência de uma sociedade igual a si mesma seria o processo de transmissão de nomes, básico para se entender o sistema krahô.

A atribuição de nomes faz com que os nomes masculinos, que são a *"persona"* para os Timbira, sejam transmitidos de tal modo que voltem para a casa de origem,[13] compensando assim a circulação dos homens (Melatti 1970b: 183-84). Ao contrário, os nomes femininos, transferidos preferencialmente de irmã do pai para filha do irmão, circulam juntamente com os homens, de casa em casa, compensando a imobilidade feminina em um sistema uxorilocal.[14]

A ausência de regras de casamento, que implica o que pode ser visto como uma hemorragia matrimonial pouco controlável, teria pois seu reverso no sistema de nomeação, que acarreta teoricamente uma reciprocidade a curto prazo, estável, segura. Estaríamos então diante de uma sociedade cuja permanência seria embasada não na aliança, considerada desagregadora, mas na nomeação, que seria um modelo estático e permanente.

Daí nos parece decorrer a atitude do *keti*, o nomeador, devolvendo aos vivos seu nomeado, *itamtxua*: a história toma feições de parábola sobre a importância da nomeação na permanência da sociedade.

Needham (1958), que não se pode deduzir as mesmas consequências de um sistema prescritivo e de um sistema preferencial.

12. Pois são homens, na verdade, que aqui circulam e que transferem seus serviços de um grupo residencial para outro, o que não altera, como já se observou (Guiart & Lévi-Strauss 1968: 85, 87, nota 1), as regras do jogo.

13. "Para dar o nome", disse-nos um informante, "espera-se que nasça um menino na casa do *keti*, do qual se ganhou um nome" (*keti*, categoria em que é recrutado o nomeador, e que inclui, entre suas especificações, o IM, o PM e o PP, entre outros).

14. Deve-se ter em mente, no entanto, que os nomes femininos não têm o peso e a significação cerimonial dos masculinos. A sociedade ideal krahô é masculina, e as mulheres só são destacadas enquanto associadas a grupos masculinos, o que independe de seus nomes.

Restringir-se à consanguinidade e à esfera ritual é, pois, nos termos krahô, cristalizar a sociedade no que ela tem de permanente, no que a faz perdurar igual a si própria e, consequentemente, *negar-lhe o aspecto dinâmico contido na aliança*.

Essa redução aos elementos estáticos percorre toda a fisiologia atribuída aos *mekarõ*, cujo olho é parado e o sangue coalhado – são só pele e osso, não têm carne –, elementos que, como vimos acima, caracterizam a vida e o movimento. Segundo um informante, falam fininho como passarinho, comem e respiram pouco. De modo geral, toda a sua existência é atenuada: a água que bebem é morna, a comida que ingerem, insípida. Segundo vários informantes, eles não têm movimento próprio, são impelidos pelo vento (*khwôk*) que sempre sopra de leste a oeste, dirigindo-os para o *khoik-wa-yihôt*. Se quiserem voltar para leste, terão "de vir arrodeando", explica um informante.[15]

Segundo Davi,

> o *mekarõ* anda no rastro que ele já andou. Se, quando era pequeno, vivia noutro lugar, ele volta para os lugares [na mesma ordem]: primeiro, no lugar em que nasceu, depois no que casou, depois no que morreu... Quando morrer, o índio trabalhador não passa fome, mas não trabalha mais não. Ele fica comendo de suas roças antigas. *Mekarõ* só tem os filhos que já teve. Come o que já comeu mesmo. *Mekarõ* só tem lembrança do que conheceu: não conhece coisa nova.

Nessa versão, os mortos revivem sua vida; isto é, o acaso e a escolha, que caracterizam entre os Krahô a aliança, são novamente negados.

Podemos agora entender não só a menção da água dormente do lago interior, mas também por que os mortos não se banham em água corrente: conforme tentamos evidenciar alhures [cap. 1 deste volume], a imersão na água corrente é concebida como um processo de amadurecimento e é a base simbólica dos ritos de iniciação. Ora, os *mekarõ*, privados de qualquer elemento dinâmico, não são suscetíveis de maturação, e evitam portanto as águas correntes nas quais, segundo um informante, seriam transformados em peixes.

---

15. Esse mesmo informante distingue os *mekarõ* recém-chegados, que ainda têm braços e se movimentam por saltos, dos mais antigos, que têm asas de borboleta e que voam. O andar dos *mekarõ* é, em todos os casos, diferente do andar dos vivos.

Aos *mekarõ* são ainda atribuídos, por Davi, olhos parados, assestados numa única direção e que só veem uma imagem dissociada de seu contexto. Podemos agora avaliar melhor a propriedade do termo *karõ* para traduzir, em krahô, "fotografia" e "imagem": ele conota o aspecto estático, a ausência de porvir.

A sociedade dos *mekarõ* fornece à sociedade dos vivos a imagem alentadora de uma continuidade, de uma permanência que lhes resgata a morte dos membros: mas isso só é conseguido mediante a supressão do que, na sociedade dos vivos, constitui ao mesmo tempo o elemento de disrupção e o fator dinâmico, a saber, a aliança. A continuidade almejada revela-se então um ardil, um logro, e o preço pago por ela a condena: pois, negando a aliança, a sociedade dos *mekarõ* acaba por se negar enquanto sociedade.[16] Eis o que talvez dizia Juarez quando afirmava que, enquanto não saíssem de sua aldeia, os *mekarõ* não morreriam. Talvez seja isso também o que pretende significar a contínua involução dos mortos: uma sociedade sem aliança é inviável, leva ao estado de natureza, e, de imagens de homens, os *mekarõ* se tornam imagens de bichos, até que, ao cabo de suas metamorfoses, alcancem a perenidade da pedra ou do toco, ao mesmo tempo que a negação de qualquer vida gregária.

Ao cabo da análise, portanto, a escatologia aparece não como um reflexo da sociedade, como foi muitas vezes suposto, mas como uma reflexão sobre suas condições de existência: uma espécie de prova pela redução ao absurdo da verdade última das premissas em que a sociedade dos vivos se funda. A escatologia krahô contradiz tais premissas, mas a sociedade produzida não é viável.

Duas questões surgem de tudo isso. Primeiro, por que ficou tão empobrecida a análise e teve de se ater ao núcleo de um campo mais vasto? Por que teve de abandonar a esperança de dar conta de cada detalhe de versões divergentes do que é a vida depois da morte? Por que, ao contrário, uma análise desse tipo foi bem-sucedida quando a apliquei a um movimento messiânico canela,

---

16. Compare-se a essa conclusão uma observação de Lux Vidal, referente aos Xikrin: "A aldeia dos mortos, embora seja um lugar isento de fricções sociais, onde o índio reencontra os seus parentes, é vista, ao mesmo tempo, como um conjunto confuso, já que os *mekarõ* são muitos e não morrem. É um mundo sem ordem e sem estrutura, onde faltam as divisões nítidas da sociedade dos vivos" (Vidal 1972: 200).

ocorrido em 1963? Não era certamente pela ausência de variações, já que considerei, então, as sucessivas transformações do movimento. Mas havia uma diferença fundamental: para manter o movimento unido em torno de sua profetisa, era necessária uma forte aceitação social de cada uma das novas versões ou explicações que prestavam conta dos fracassos anteriores [cap. 1 deste volume]. Ao contrário, a escatologia krahô não pede uma aceitação pública. A plausibilidade basta. Mas isso, em si mesmo, não é uma explicação, antes leva à segunda questão: por que se fabula tanto, precisamente nesse campo, e por que é tão fraca a autoridade que a sanciona?

A escatologia krahô, creio, deve ser vista como um domínio onde se dá livre curso à fantasia. A dificuldade de analisá-la seria, portanto, indicação não de uma deficiência, mas uma característica positiva dessa área. Em outras palavras, a escatologia nessa sociedade seria um lugar privilegiado para a criatividade socialmente encorajada e não constrangida por especificações precisas. Oporia-se, assim, a domínios mais estritamente regulamentados, como por exemplo a ideologia de movimentos sociais; esta, ao requerer a aprovação social, é necessariamente produzida e sancionada em condições de maior rigor.

Utopias e "zonas livres"

É generalizável essa concepção da escatologia? Sim e não. A escatologia é, em todas as culturas, uma utopia no sentido literal, etimológico da palavra: descreve uma sociedade que não existe em lugar nenhum. Mas esse sentido de "utopia" é diferente, por exemplo, do de Mannheim, que o usa para denotar projetos de mudança para uma sociedade por vir. Seja como for, esse mundo sem lugar pode ter diferentes funções. A vida depois da morte pode funcionar como um sistema de recompensas que sustenta normas morais na medida em que julga condutas; pode, também, de forma mais simples, garantir a continuidade ou a hierarquia das linhagens, ou a relação entre grupos sociais e seu território etc. Em tais circunstâncias, é duvidoso que a escatologia possa ser caracterizada como uma zona de fantasia desabrida. Não é, portanto, por ser "mais imaginária" do que outros campos que a escatologia é mais displicentemente tratada por certas sociedades.

Mas uma generalização é talvez possível: pareceria que nessas sociedades que enfatizam a distinção entre vivos e mortos e os tornam como que inimigos, sublinhando a ruptura do que é a morte, em vez da continuidade entre os vivos e seus ancestrais; nessas sociedades em que os mortos são "outros", não-humanos, outra espécie; nessas sociedades que não ocultam a morte mas a dramatizam ao extremo; nessas sociedades precisamente é que a escatologia pode tornar-se uma zona franca e a imaginação, dar-se livre curso.

A escatologia krahô satisfaz essas condições. No entanto, note-se que a imaginação parece só ter rédea livre dada uma condição preliminar: a sociedade dos mortos deve ser representada como não viável. Parece ser este o único controle que a sociedade guarda sobre sua escatologia. Daí, sugiro, a generalidade dos princípios que a análise formal é capaz de extrair desse prolixo material.

Tudo isso indica que é possível, no campo das chamadas "representações coletivas", distinguirem-se áreas diferentes ou, mais precisamente, relações diferentes entre certos campos simbólicos e a sociedade. Alguns desses campos parecem estar sujeitos a um controle social mais rigoroso do que outros: possivelmente, os que estão mais diretamente relacionados com a reprodução da sociedade. Não que este controle da produção simbólica exclua a possibilidade de conflitos semânticos; no entanto, em um campo estritamente controlado e altamente estruturado, a produção de versões rivais estaria sujeita a regras estritas de gramática, e esta gramática permitiria, por sua vez, entender o lugar de cada detalhe.

Na outra ponta do espectro, ao contrário, acharíamos áreas em que prima a enunciação por sobre a "gramática" de uma linguagem simbólica. A escatologia, em certas sociedades, seria uma dessas áreas, ligada à sociedade por um número limitado de regras básicas, que tornam as representações inteligíveis, mas não dão inteiramente conta delas. Daí, creio, a pobreza das análises nesse campo. Isso implica que uma ênfase maior e uma atenção mais cuidadosa devem ser dadas, como sugeriu o linguista Mikhail Bakhtin (ou Valentin Voloshinov [1929]), à enunciação e, em particular, à refração específica, moldada por situações de conflito social, que o discurso individual impõe às representações coletivas. Não se trata de abandonar qualquer esperança de análise, mas de voltar-se para a análise da fala.

4. VINGANÇA E TEMPORALIDADE: OS TUPINAMBÁ [1]
(COM EDUARDO VIVEIROS DE CASTRO)

A vingança, ainda além dos umbrais da eternidade, se por um lado não prova bons dotes de coração, descobre que estes povos, ou antes, seus antepassados, tinham ideias superiores às do instinto brutal dos gozos puramente positivos do presente.

FRANCISCO A. DE VARNHAGEN

---

1. Este ensaio, com duas vozes em contraponto, teve origem na defesa de tese de Eduardo Viveiros de Castro. Nela Eduardo fazia uma crítica da explicação funcionalista que Florestan Fernandes deu à vingança e à guerra na sua obra fundamental *A função social da guerra entre os Tupinambá*. Essa explicação tortuosa exigia que se postulasse, sem apoio documental, noções de ancestralidade para interpretar a vingança como um sacrifício restaurador. Sugeri, ao participar da banca, que a questão da memória podia fornecer uma outra chave de interpretação e que se poderia fazer um contraste produtivo entre a forma grega e a forma tupi.
Jean-Pierre Vernant tematizou amplamente a noção grega. Os deuses são imortais, os homens mortais. Mas existe um acesso humano a uma forma (atenuada e menor) de imortalidade, a saber a memória que de si se deixa ao morrer. Esse acesso é reservado ao herói. Quem morre velho entre seus filhos e netos deixa descendência mas não deixa memória imperecível. Inversamente, quem perece jovem e na flor da idade, mas corajosamente no campo de batalha, o herói grego em suma, acede a um renome duradouro e se torna imortal graças à memória dos homens. À primeira vista, vários desses temas, em particular o da morte honrosa do guerreiro, se encontravam no material tupinambá, mas com conotações e significados radicalmente diferentes. Interessava-nos explorar essas diferenças. Em especial, a ideia de uma memória, de uma continuidade que passava pelo inimigo, que era assegurada por ele. São de Eduardo, é evidente, as ideias deleuzianas de devir que ele viria a desenvolver mais plenamente.
Publicado originalmente em *Journal de la Société des Américanistes*, t. LXXI, 1985.

I

Dóceis, os Tupinambá[2] convertiam-se à fé dos jesuítas. Dóceis, decerto, mas inconstantes, queixavam-se os padres:

> lo que yo tengo por maior obstáculo para la gente de todas estas naciones es su própria condicion, que ninguna cosa sienten mucho, ni perdida spiritual ni temporal suia, de ninguna cosa tienen sentimento mui sensible, ni que les dure; y ansí sus contriciones, sus deseos de seren buenos, todo es tan remisso, que no se puede hombre certificar de él (Luís da Grã a Inácio de Loyola, Piratininga, 8/6/1556, in Leite 1954, v. 2: 294).[3]

Uma mesma inconstância não os incitava a resistir à conversão, mas tampouco a perseverar: "Com hum anzol que lhes dê, os converterei a todos, e com outro os tornarei a desconverter" ("Diálogo da Conversão do Gentio", in Leite 1954, v. 2: 320).

Uma única obstinação nessa indiferença, nessa plasticidade social dos Tupinambá: a vingança. Contra a morte cerimonial do cativo de guerra e o canibalismo aliaram-se os jesuítas e os governadores-gerais do Brasil. Quanto à guerra propriamente dita, mantida por motivos estratégicos pelos religiosos e pela administração colonial, estimulada por ser fonte de escravos pelos moradores, mudava de forma essencial. Sujeita ao governador, não seria mais a mesma guerra. Os inimigos deveriam, ordenava o governador Duarte da Costa, ser mortos no campo de batalha "como soem fazer todas as outras nações" e, quando aprisionados, não se os devia matar e comer, mas escravizá-los e vendê-los (Antonio Blázquez a Inácio de Loyola, Bahia, 10/6/1557, in Leite 1954, v. 2: 382). Inversão radical da guerra índia, que não procurava matar senão apresar

---

2. Tupinambá, o etnônimo que maior fama alcançou, recobria vários grupos locais no Amazonas, no Maranhão e na costa oriental do Brasil até o Rio de Janeiro. Aqui é usado em sentido lato, abrangendo todos os grupos de língua tupi da costa, em particular, os Tupiniquim.
3. "O que tenho como maior obstáculo para a gente de todas essas nações é sua própria condição, que nenhuma coisa sentem muito, nem seus prejuízos espirituais nem temporais, de nenhuma coisa têm sentimento muito sensível, nem que lhes dure; e assim suas contrições, seus desejos de serem bons, tudo é tão remisso, que nenhum homem se pode certificar dele." [São da autora todas as traduções deste texto]

inimigos, inimigos que serviam tanto quanto eram servidos (já que eram alimentados pelo grupo e pouco deviam a seu captor) e que só com muita relutância eram vendidos aos portugueses. Os Carijó-Guarani da Missão dos Patos chegavam a preferir vender seus parentes em escravidão a ceder seus cativos (Relação de Jerônimo Rodrigues in Leite 1937-49, v. 2: 39; Relação, in Leite 1937-49, v. 6: 513, nota 12). Indigno de verdadeiros guerreiros era se libertarem prisioneiros a troco de resgate (Thevet [1558] 1983: 135).

Com muita relutância e fortemente coagidos, os Tupinambá foram renunciando à antropofagia. Mas o canibalismo foi abandonado com relativa facilidade se comparado à morte em terreiro. Maior horror e maior empenho dos jesuítas e governador em abolir o canibalismo?[4] Na verdade, se matar e comer os "contrários" era um processo único, e se "não se tinham por vingados com os matar senão com os comer" (Antonio Blázquez a Inácio de Loyola, 1557, in Leite 1954, v. 2: 383), o comer parecia vicário em relação ao matar. Havia formas crescentemente perfeitas de realizar a vingança. A vingança por excelência era a morte cerimonial no terreiro, elaborada sequência descrita com certo deleite macabro por Thevet, por Léry, por Cardim, em que um prisioneiro, após ter vivido alguns meses ou até alguns anos entre seus captores, era abatido em praça pública. Decorado de plumas e pintado, travava com seu matador, também paramentado, diálogos cheios de arrogância sobre os quais tornaremos a falar. Preso por grossas cordas amarradas à cintura, deveria idealmente ser morto com uma única pancada da *ibirapema*, a "espada" de madeira que lhe devia esfacelar o crânio e deveria cair, face contra a terra. Seu executor se retiraria para um prolongado e rigoroso resguardo, durante o qual se lhe fariam escarificações comemorativas e tomaria um novo nome. Muitos convivas vindos de diversas aldeias aliadas partilhavam da carne do morto, do "triste", como lhe chama Cardim. Duas regras presidiam à refeição canibal: nada do morto devia ser perdido; todos – parentes, amigos, aliados, homens, mulhe-

---

4. Duarte da Costa havia feito da antropofagia crime passível de morte, mas sua autoridade, escrevia Nóbrega, não era respeitada. Mem de Sá, seu sucessor, é quem impõe aos índios da Bahia, a partir de 1558, o abandono do canibalismo (Leite 1937-49, v. 2: 39-41) e reserva para si o poder de autorizar guerras entre grupos indígenas (Manoel da Nóbrega, Bahia, 8 de maio de 1558, in Leite 1954, v. 2: 450).

res, crianças – com a exceção única e forte do matador, deviam participar do festim. As vísceras eram cozidas e destinadas às crianças, a carne era assada (ou moqueada para ser consumida em novas festas ou por convivas ausentes). Se fosse escassa a carne para tanta gente, podia-se fazer um caldo de um pé ou de uma mão.

> Em morrendo este preso, logo as velhas o despedaçam e lhe tiram as tripas e forçura, que mal lavadas cozem para comer, e reparte-se a carne por todas as casas e pelos hóspedes que vieram a esta matança, e dela comem logo assada e cozida e guardam alguma, muito assada e mirrada, a que chamam moquém, metida em novelos de fio de algodão e posta nos caniços ao fumo, pera depois renovarem seu ódio e fazerem outras festas, e do caldo fazem grandes alguidares de migas e papas de farinha de carimã, para suprir na falta de carne, e poder chegar a todos (Salvador 1982: 87).

Essa era a forma plena da morte em terreiro, na qual o matador "ganhava nomes na cabeça de seus contrários", contrários que podiam ser mulheres e crianças aprisionadas ou mesmo os filhos de prisioneiros havidos com mulheres que se lhes dava, filhos portanto de mães locais e de pais inimigos. Mas havia também formas abreviadas desse complexo ritual. Para "ganhar nomes", bastava também matar os inimigos no campo de batalha – desde que se lhes quebrasse devidamente a cabeça – ou mesmo, prática muito corrente, desenterrar mortos inimigos e lhes esfacelar o crânio. Podia-se também ganhar nomes nas cabeças das onças, sacrificadas com todas as honras no terreiro, mas não comidas. Podia-se fazê-lo nas cabeças de mulheres cativas que, poupadas por se terem casado com homens do grupo, morriam de sua morte natural. A estas, depois de mortas, quebrava-se o crânio. Ou então, iam-se desenterrar os inimigos vendidos como escravos aos moradores, e que serviam assim duplamente: em vida aos portugueses, na morte aos Tupi.

Como se vê, a quebra dos crânios era perseguida com muito maior afinco que a antropofagia. Não se dizia a um desafeto: "vou te matar", e sim "vou te quebrar a cabeça", diz Léry

> *Il y a une façon de parler de ce pays-là que les Français avaient déjà dans la bouche: alors que les soldats et ceux qui se querellent chez nous*

se disent maintenant l'un à l'autre: "Je te crèverai", on dit à celui auquel on en veut: "Je te casserai la tête" (Léry [1578] 1957: 314).[5]

Os catecúmenos das aldeias jesuíticas podiam assim resignar-se a não comerem seus cativos, mas dificilmente deixariam de matá-los segundo os modos prescritos. Quando, em 1554, os índios de São Paulo de Piratininga atacaram um outro grupo e tomaram prisioneiros, os padres louvaram-se que os tivessem morto e sepultado à maneira cristã (José de Anchieta a Inácio de Loyola, São Paulo de Piratininga, 1/9/1554, in Leite 1954, v. 2: 109). "Verdade é", indigna-se porém Anchieta sete anos mais tarde,

> que ainda fazem grandes festas na matança de seus inimigos, eles e seus filhos, etiam os que sabiam ler e escrever, bebendo grandes vinhos, como antes costumavam e, se não os comem, dão-nos a comer a outros seus parentes, que de diversas outras partes vêm e são convocados para as festas (José de Anchieta a Diogo Laines, São Vicente, 30/7/1561, in Anchieta [1553-84] 1984: 173).[6]

Na verdade, trata-se de entender o que constitui, de forma essencial, a vingança. A antropofagia, como vimos, torna-a completa, e voltaremos a comentá-la. O inimigo morto é peça fundamental, e

---

5. "Há um modo de falar nesse país que os franceses [no Brasil] já haviam adotado: enquanto os soldados e os que brigam entre si se dizem agora um ao outro: 'vou te matar', diz-se [lá] ao desafeto: 'Vou te quebrar a cabeça'."
6. No início de 1555, reúnem-se muitas aldeias para a guerra. Piratininga, habitada por neófitos cristãos, não é chamada: "Só destes se não fez caso, como se já não fossem homens senão mulheres, por nos obedecerem a nós e quererem adotar os nossos costumes. Quando o soube o principal desta aldeia [trata-se de Martim Afonso Tibiriçá, protetor dos jesuítas e de Martim Afonso de Sousa, que lhe deu seu nome cristão], deu mostras de brilhar nele a admirável graça de Deus [...] Contou-nos isso o nosso principal sem lhe dar maior atenção" (Anchieta [1553-84] 1984: 91-92). Se em janeiro Anchieta se felicita da indiferença do principal a essa afronta, em março já tem de amargar a "inconstância" de Tibiriçá que, retomando o velho nome e sacudindo o de Martim Afonso, se dispõe a matar um prisioneiro "à moda gentílica" diante dos próprios catecúmenos, e que para tanto enfrenta os padres a brados (id. ibid.: 101). E é com evidente prazer que, em 1563, Tibiriçá, com a *ibirapema* numa mão e a bandeira cristã na outra, quebra a cabeça de um contrário ao defender os padres de um ataque inimigo a Piratininga (id. ibid.: 191-92).

tê-lo aprisionado em luta é a melhor forma de o obter, mas não a única. Necessário, este morto não é ainda suficiente:

> posto que este gentio pelo campo mate o inimigo às estocadas, ou com tão poderosos golpes que o parta pelo meio, como o não matou com o quebrar a cabeça, logo hão que o morto não é morto, nem o matador pode jactar-se de lhe haver dado a morte, nem poderá tomar nome nem riscar-se (Brandão [1618] 1943: 285).

> não têm por valor o matar se não quebram as cabeças, ainda que seja dos mortos pelos outros (Salvador 1982: 85).

Átomo da vingança, dois inimigos, um deles morto, outro que lhe esfacelou o crânio.

A vida social é posta a serviço da produção deste par e deste ato elementar. Assim, o ciclo de vida e o destino póstumo organizam-se ambos em torno da vingança. Um homem nasce como futuro vingador. A mãe besunta os seios de sangue do inimigo para que a criança o prove. Mais tarde, "*ces barbares frottent le corps, les cuisses et les jambes de leurs enfants avec le sang de leurs ennemis [...] afin de les inciter et acharner d'autant plus*"[7] (Léry [1578] 1957: 315). Quando lhe perfurarem o lábio será "para que se torne um guerreiro valente e prestigiado" (D'Evreux 1864: 129).[8] Enfim, a quebra do crânio do primeiro inimigo lhe permitirá aceder à condição plena de homem: primeira vingança, primeira renomeação, primeiro acesso a uma mulher fértil, a um verdadeiro casamento, primeira paternidade (Cardim [1625] 1980: 144; Jácome Monteiro, in Leite 1937-49, v. 8: 409; Anchieta [1553-84] 1984: 434). Todo filho era filho de um matador, e as mulheres recusavam-se a quem não houvesse matado.

---

7. "Esses bárbaros esfregam o corpo, as coxas e as pernas de seus filhos com o sangue de seus inimigos [...] para incitá-los e encarniçá-los ainda mais."
8. Léry havia resgatado uma mulher e seu filho, prisioneiros dos Tupinambá. Manifesta sua intenção de levar o menino para a França, mas a mãe responde "*qu'elle espérait que, devenu grand, il pourrait s'échapper et se retirer avec des Margaias pour se venger*" ["que ela esperava que, quando crescesse, ele pudesse escapar e se reunir aos Margaias para se *vingar*"]. E Léry comenta: "*Cette nation a la vengeance enracinée au coeur*" ["Essa nação tem a vingança enraizada no coração"] (Léry [1578] 1957: 309).

Vingança e temporalidade: os Tupinambá **83**

A vingança confere "honra". O feito guerreiro é a fonte do prestígio político e permite por decorrência a poligamia. Como diz Léry, invertendo causas e efeitos, *"ceux qui en ont le plus grand nombre sont estimés plus vaillants et plus hardis"*[9] (Léry [1578] 1957: 348). Cunhambebe teria treze mulheres; Amendua, 34 (Thevet [1575] 1953: 135-36). A poliginia era, na verdade, e nisso Léry não se engana, o sinal de ostentação do grande guerreiro: *"J'ai vu un homme qui avait huit femmes, dont il faisait ordinairement des contes à sa louange"*[10] (Léry [1578] 1957: 348-49).

O guerreiro não acumula apenas mulheres: a cada morte que inflige, vai somando os nomes que toma e vai desenhando no próprio corpo um riscado que lhe estala a pele. A renomeação é também renome:

> [le Tabajara Rayry] il avait acquis des nouveaux noms et renoms: si que plus glorieux que Scipion l'Africain, ni que César Germanicus, il pouvait faire gloire de vingt-quatre noms comme d'autant de titres d'honneur et marques de vingt-quatre rencontres où il s'était trouvé et avait bien fait [...] Ses noms étaient accompagnés de leurs éloges et comme épigrammes écrites, non sur le papier, ni sur l'airain, ni sur l'écorce d'un arbre, mais sur sa propre chair; son visage, son ventre et ses deux cuisses toutes entières étaient le marbre et le porphyre sur lesquels il avait fait graver sa vie avec des caractères et figures si nouvelles que vous eussiez pris le cuir de sa chair pour une cuirasse damasquinée (D'Abbeville [1614] 1963: 348).[11]

A morte em terreiro é, entre todas, a mais honrosa, sobretudo pelas mãos de renomado guerreiro (por exemplo, Thevet [1556] 1978: 135),

---

9. "Aqueles que as têm [mulheres] em maior número são considerados mais valentes e mais destemidos."
10. "Vi um homem que tinha oito mulheres, das quais ordinariamente se gabava."
11. "Ele [o Tabajara Rayry] tinha adquirido novos nomes e renomes: tanto que mais glorioso do que Cipião o Africano ou que César Germanicus, ele podia se gabar de vinte e quatro nomes como títulos de honra e marcas de vinte e quatro batalhas onde se havia encontrado e havia desempenhado bem [...] Seus nomes estavam acompanhados de seus louvores e como que epigramas escritos, não em papel, nem sobre o bronze, nem na casca de uma árvore, mas na sua própria carne; seu rosto, sua barriga e suas duas coxas inteiras eram o mármore e a pórfira sobre os quais ele havia mandado gravar sua vida com caracteres e figuras tão diferentes que teríeis achado que o couro de sua carne era uma couraça adamascada."

morte pela vingança e que anuncia vinganças. Ao vingador enfim são reservados honras e privilégios póstumos: é ele quem saberá encontrar, depois de morto, o lugar delicioso das almas, esse lugar a que as mulheres chegam – quando chegam – com tantas dificuldades. Quanto aos que nunca se vingaram, ficarão com Anhang (D'Evreux 1864: 127, 138; Thevet [1575] 1953: 85):

> [i]ls croient à l'immortalité des âmes. Ils tiennent aussi fermement que les âmes de ceux qui ont vertueusement vécu, c'est-à-dire, selon eux, qui se sont bien vengés et ont beaucoup mangé d'ennemis, s'en vont derrière les hautes montagnes où elles dansent dans de beaux jardins avec celles de leurs grand-pères [...]; au contraire celles des efféminés et des gens de néant, qui n'ont pas tenu compte de défendre la patrie, vont avec Aygnan (ainsi nomment-ils le Diable en leur langage) et ces âmes sont, disent-ils, incessamment tourmentées par lui (Léry [1578] 1957: 328-29).[12]

O principal Pindobuçu estava doente, e Thevet lhe afirma que Tupã lhe mandou a doença. Pindobuçu roga ao francês que interceda por ele junto a Deus (esse Deus que os cristãos chamam de Tupã) e obtenha sua cura. Thevet lhe impõe condições: recebido o batismo, que deixe de crer nos feiticeiros e profetas e que abandone vingança e antropofagia. Feito isso, assegura-lhe, não só ficará restabelecido mas, quando morrer, sua alma irá para o céu, destino "dos que não se vingam da injúria de seus inimigos". Não havia, responde significativamente Pindobuçu, obstáculo às primeiras condições, a última porém era inexequível: "*Et encore quand Toupan lui commanderait de le faire, il ne le saurait accorder: ou si par cas fortuit il l'accordait, il mériterait mourir de honte*"[13] (Thevet [1575] 1953: 86). Pindobuçu e Thevet concordam quanto à existên-

---

12. "Eles acreditam na imortalidade das almas. Também têm por certo que as almas dos que viveram virtuosamente, ou seja, segundo eles, que se vingaram bem e comeram muitos inimigos, vão para trás das altas montanhas onde dançam em belos jardins com as almas de seus avós [...]; ao contrário as [almas] dos efeminados e da gente de pouco, que não se preocuparam em defender a pátria, vão com Aygnan (assim chamam o Diabo em sua língua), e essas almas são, dizem eles, incessantemente atormentadas por ele."
13. "E mesmo que Tupã lhe ordenasse fazê-lo, ele não saberia concedê-lo: e se por acaso o concedesse, mereceria morrer de vergonha."

cia de uma vida eterna, feita de infindáveis deleites. Mas Thevet inverte, e inverte intencionalmente, os requisitos para essa vida eterna. Esquecer a vingança é o avesso da condição tupinambá de acesso ao paraíso, esse paraíso que privilegia os vingadores. À religião do perdão opõe a religião da vingança. A vingança é assim a instituição por excelência da sociedade tupinambá. Casamento, chefia, xamanismo, profetismo até, tudo não só se articula mas como que se subsume na vingança. Não nos parece, com efeito, que o profetismo tupi, contrariamente à interpretação que lhe dá Hélène Clastres (1975: 58), negue radicalmente os princípios da sociedade normal ou aponte para a emergência, às vésperas da chegada dos europeus, de um Estado embrionário. O discurso profético abole o trabalho, abole regras de casamento (que já em si eram tênues) e só preserva – na realidade, exacerba – a vingança e o canibalismo.[14] Mas, longe de ser uma negação dos fundamentos da sociedade tupinambá, não teríamos ao contrário aqui uma atenção exclusiva para aquilo que, nela, é fundamental, a saber, a vingança? Os profetas seriam assim não tanto revolucionários quanto fundamentalistas, contestatários apenas na medida em que todo fundamentalista o é. Se, como percebe com extrema acuidade Hélène Clastres (1975: 36-ss), a religião tupinambá se define não pelo seu ponto de partida, um demiurgo de pouca importância, mas pelo seu ponto de chegada – essa Terra sem Mal onde os homens são também deuses –, o profetismo, intensificando a guerra, apenas se concentra no modo de acesso à Terra sem Mal, a saber, a façanha guerreira.

II

O esfacelamento dos crânios, para o qual se mobiliza a sociedade tupinambá, supõe também, em presença, dois inimigos que é preciso qualificar como tais. Qualificação nem sempre evidente na medida em que os aliados de ontem podem ser os inimigos de hoje.

---

14. Que a preservação da guerra e da antropofagia no discurso profético seja uma paráfrase da negação da aliança, na medida em que se devoravam cunhados, como quer Hélène Clastres (1975: 58, nota 1), parece-nos um tanto abusivo. Decerto "os Tupi eram gente muito complicada" (H. Clastres 1972: 82), mas a paráfrase não deixa de ser excessiva: um canhão para um tico-tico.

Os índios do Maranhão

> *de grands amis et alliés qu'ils étaient dès lors ils devinrent si grands ennemis et se divisèrent tellement les uns des autres, que du depuis ils se sont toujours fait la guerre, s'entr'appellent les uns les autres du nom de Tobaiares qui veut dire grands ennemis, ou pour mieux dire selon l'étymologie du mot, tu es mon ennemi et je suis le tien: et quoi qu'ils soient tous de même nation et qu'ils se qualifient tous Topinamba, néanmoins le Diable les a tellement animés les uns contre les autres qu'ils en sont venus jusqu'à s'entremanger* (D'Abbeville [1614] 1963: 261).[15]

Essa qualificação pode ser imediata se se defrontarem dois homens diretamente inimizados por uma morte o pai que mata aquele que matou a seu filho. Mas essa não é a regra. Ao contrário, os Tupinambá parecem se preocupar em dilatar a identificação de vingadores até torná-la coextensiva a todos seus aliados. O festim canibal que exige a participação de todos e envolve técnicas de conservação da carne para que aliados distantes possam prová-la é também uma maneira de qualificar todos os devoradores, homens, mulheres, crianças, como possíveis vítimas da próxima matança. É certamente a comensalidade antropofágica que delimita as unidades bélicas e que assim, de uma certa maneira, forma ou confirma as unidades sociais. A antropofagia que "confirma nos ódios" aparece como um modo de produzir "inimigos mútuos", tabajara, e é portanto sinal de lealdade última: "*Et quand ils nous présentaient à manger de cette chair humaine de leurs prisonniers, si nous en faisions refus (comme moi et beaucoup d'autres l'avons toujours fait [...]) il leur semble que nous ne sommes pas assez loyaux*"[16] (Léry [1578] 1957: 319).

---

15. "de grandes amigos e aliados que eram, a partir de então se tornaram grandes inimigos e se dividiram tanto uns dos outros, que desde então eles travaram sempre guerra; chamam-se uns aos outros com o nome de Tobaiares que significa grandes inimigos, ou melhor de acordo com a etimologia da palavra, tu és meu inimigo e eu sou o teu: e apesar de serem todos de mesma nação e se tenham todos por Topinamba, assim mesmo o Diabo tanto os incitou uns contra os outros que eles acabaram por se entrecomer."
16. "E quando eles nos apresentavam para comer essa carne humana de seus prisioneiros, se nós recusássemos (como eu e muitos outros sempre fizemos [...]), parece-lhes que não somos suficientemente leais."

É esse precisamente um dos aspectos do diálogo, no terreiro, que parece proceder à qualificação da vítima: "*N'es-tu pas de la nation nommée Margaias, qui nous est ennemie? Et n'as-tu pas toi-même tué et mangé de nos parents et amis? Lui plus assuré que jamais répond [...]: Oui, je suis très fort et j'en ai vraiment assommé et mangé plusieurs*"[17] (Léry [1578] 1957: 312).

Mas há mais do que isso nesses diálogos. Em um primeiro momento, qualificou-se a matança iminente como uma vingança por mortes passadas. Segundo momento do diálogo, e afirma-se que a vingança será vingada: a morte presente será a razão de mortes futuras. A iniciativa passa ao prisioneiro que declara: "Meus parentes me vingarão". Depois disso é abatido.[18] Certeza antecipada de vingança que dá o tom inconfundível de desafio à morte em terreiro e que o combate da vítima com seus captores, que podia durar um dia inteiro, por mais que parecesse um simulacro, já prenunciava. "Mais parecia", escreve Anchieta da atitude da vítima, "que ele estava para matar os outros que para ser morto" (Anchieta [1554-94] 1933: 224). O que se entrevê aqui é uma certa cumplicidade, da qual voltaremos a falar, que permite à vingança, fruto de vingança, gerar a vingança futura e que coloca assim em uma relação *permanente* de hostilidade os grupos envolvidos.

Há dois modos tupinambá de agir diante de uma agressão. Pode-se cancelá-la através de uma retaliação imediata e pode-se ao contrário mantê-la por mecanismos que cuidadosamente a perpetuem.

Sabe-se que os vingativos Tupinambá estendiam o esfacelamento a tudo o que os ferisse:

Si une épine les pique, une pierre les blesse, ils la mettront de colère en cent mille pièces, comme si la chose était sensible... Davantage, ce que

---

17. "Não és tu da nação chamada Margaias, que é nossa inimiga? E não mataste e comeste nossos parentes e amigos? Ele, com mais segurança do que nunca responde [...] Sim, sou muito forte e de verdade abati e comi muitos."
18. Esses diálogos, descritos em termos semelhantes por vários cronistas, seriam provavelmente estereótipos rituais, e como tais devem ser entendidos. Veja-se Staden, que, destinado a ser morto e devorado, sabia do que estava falando: [Diz o matador] "Sim, aqui estou eu, quero matar-te, pois tua gente também matou e comeu muitos dos meus amigos". Responde-lhe o prisioneiro: "Quando estiver morto, terei muitos amigos que saberão vingar-me" (Staden [1557] 1974: 182). Ver também Thevet [1575] 1953: 280; Cardim [1625] 1980: 99.

je dois dire pour la vérité, mais je ne le puis sans vergogne, pour se venger des poux et puces ils les prennent à belles dents, chose plus brutale que raisonnable (Thevet [1558] 1983: 90).[19]

Quanto às flechas, eram, em pleno campo de batalha, arrancadas do corpo e quebradas furiosamente (Léry [1578] 1957: 306). Essa vingança imediata e conclusiva, aplicada aos não-humanos, reencontra-se, no outro extremo, quando se trata de agressão dentro de um grupo que não pretende se cindir. Uma mulher mata um rapaz que se interpunha numa discussão. No dia seguinte, seu filho a enforca e enterra, deitando em cima dela o cadáver daquele a quem ela havia morto. E Anchieta, que relata o episódio, comenta: "Nenhum de todo o povo lho impediu, nem lhe falou uma só palavra, porque assim soem vingar os semelhantes homicídios, porque não façam guerra os parentes do morto e se comam uns aos outros" (Anchieta [1553-84] 1984: 119; ver também Monteiro [1610] 1949: 413).

A esse primeiro modo, que cancela a agressão, contrapõe-se aquele que, a partir dela, perpetua a vingança: opção que parece derivar, em larga medida, de considerações estratégicas, mas que, uma vez tomada, caracteriza aos inimigos como permanentes e a vingança como interminável. Esta vingança, ao contrário da outra, ficará para sempre inconclusa: "*Nous sommes vaillants (disent-ils), nous avons mangé vos parents, aussi vous mangerons-nous*" (Thevet [1558] 1983: 83);[20] "Um dos principais lhe diz que não é ele só o que morre, mas que já tem mortos muitos de seus parentes, e que muitos mais hão de matar e comer" (Monteiro [1610] 1949: 411). Essa vingança não pode ser cancelada: como tal é concebida enquanto dure, e a conclusão das pazes não o desmente.[21] É o que Thevet per-

---

19. "Se um espinho os pica, uma pedra os fere, de raiva eles a quebrarão em cem mil pedaços, como se a coisa fosse sensível... E mais, devo contar por ser verdade, embora não o possa fazer sem me envergonhar, para se vingarem dos piolhos e das pulgas eles os mordem, coisa mais brutal do que razoável."
20. "Somos valentes (dizem eles), comemos seus parentes, também vos comeremos."
21. O único ritual de conclusão de paz entre dois grupos inimigos é relatado pelo padre Leonardo do Vale, em 1562. Os dois chefes inimigos chamam-se mutuamente de esposa, de braço, de dente... (Leite 1954, v. 3: 478). "Pedaço de mim", diríamos. Há aí a ideia de um corpo único, consistente com a indiferenciação interna do corpo social tupinambá.

cebe quando escreve (ao arrepio de certos fatos, mas intuindo o essencial): "*Une chose étrange est que ces Amériques ne font jamais entre eux aucune trêve ni pacte*"[22] (Thevet [1558] 1983: 80).

À dispersão mínima da vingança, manifesta no cancelamento imediato da contenda, opõe-se aqui uma dispersão máxima, que a antropofagia se encarrega de realizar e que designa a todos como vítimas possíveis das próximas matanças. Chegado o momento, todos poderão literalmente dizer: "Sim, eu comi muitos dos vossos". É nesse sentido que, embora vicária à primeira vista em relação ao matar, a antropofagia é essencial para garantir essa forma permanente da vingança: sem ela, não se produz, no que chamamos acima o átomo da vingança, a qualificação de "inimigo" em escala suficiente para que a vingança possa continuar. O canibalismo é assim a condição de perpetuação do sistema: não diziam outra coisa os Tupinambá quando faziam dele o instrumento da "perpetuação dos ódios", requentados, à falta de novas vítimas, graças a banquetes com carnes de inimigos de conserva. "Depois que comem a carne desses contrários, ficam nos ódios confirmados" (Gândavo 1980: 55).

Se a vingança não tem fim, ela é também sem começo: ou melhor, seu ponto de partida é puramente virtual. Sucessão de respostas, desenroladas a partir de um início imaginário, é o que insinua o mito de origem do canibalismo. Uma mãe tinha um filho único que havia sido morto na guerra. Seu matador é capturado. A mulher lança-se sobre ele e morde-lhe a espádua. O prisioneiro escapa e conta aos seus que os inimigos haviam tentado devorá-lo vivo: decidiram que assim fariam no futuro, comeriam os prisioneiros; os inimigos então decidiram da mesma forma (Pigafetta 1800: 18, apud Métraux [1928] 1967: 68). As explicações aparentemente supérfluas que iniciam o mito indicam que se está em um sistema de vingança em andamento. O ponto principal, no entanto, parece ser o de que o primeiro canibalismo real é uma retaliação a um canibalismo imaginário, e afirmado como tal. Ou seja, a antropofagia não tem propriamente um motor primeiro: de saída, ela é uma retaliação.[23]

---

22. "Uma coisa estranha é que esses Américos (sic) nunca fazem entre eles nenhuma trégua nem pacto."
23. A associação entre vingança perpetuada e devoração parece ser corroborada pelos relatos de morte de onças. A onça ocupa no sistema tupinambá uma

O que é, então, a vingança tupinambá? Os diálogos no terreiro, que dela falam, são, à primeira vista, pobres. Nenhuma transcendência se revela através deles.

> J'ai mangé ton père [...], j'ai assommé et boucané tes frères; [...] j'ai en general tant mangé d'hommes et de femmes, voire des enfants de vous autres Toüoupinambaoults pris en guerre, que je ne saurais en dire le nombre. Et au reste, ne doutez pas que pour venger ma mort, les Margaias de la nation d'où je suis n'en mangent encore plus tard autant qu'ils en pourront attraper (Léry [1578] 1957: 311).[24]

Quais são os temas? Outras vinganças, outras devorações, as que já se deram, as que se darão e entre as quais a morte iminente não é senão a transição, dívida de velhas mortes e pretexto de mortes futuras. Não cremos que se deva ir buscar outros temas, como fez Montaigne, como fez também Florestan Fernandes, atrás dos que são evocados explicitamente: a vingança tupinambá fala apenas, mas fala de forma essencial, do passado e do futuro. É ela, e somente ela, que põe em conexão os que já viveram (e morreram) e os que viverão, que explicita uma continuidade que não é dada em nenhuma outra instância. A fluidez dessa sociedade que não conta, além da vingança, com nenhuma instituição forte, nem linhagens propriamente ditas, nem grupos cerimoniais, nem regras positivas de casamento, ressalta a singularidade da instituição da vingança. "Como os Tupinambá são muito belicosos", registrava

---

posição singular. Diz Jácome Monteiro que se pensava que houvesse sido gente em outros tempos ([1610] 1949: 418) e é famosa a frase de Cunhambebe : "Eu sou uma onça". A onça podia, como um inimigo, ser morta em terreiro, com tomada de nome (Cardim [1625] 1980: 26). Mas um trecho de Thevet ([1575] 1953: 156) conta como, depois de morta a onça presa na armadilha, é trazida para o terreiro e paramentada "como um prisioneiro que irá ser comido". Endereça-se então à onça um discurso que é o inverso do diálogo do cativo. Pede-se-lhe que desculpe uma morte que não foi realmente intencional, que a esqueça e a não queira vingar sobre os homens. Discurso do esquecimento que é o avesso do discurso da vingança e que acompanha uma abstenção significativa: a onça não é devorada.
24. "Comi teu pai [..] abati e moqueei teus irmãos; [...] comi em geral tantos homens e mulheres, e até crianças de vocês, Tupinambás tomados em guerra, que não lhes saberia dizer o número. E de resto, não duvidem de que, para vingar minha morte, os Margaias da minha nação comam mais tarde tantos quantos conseguirem capturar."

Gabriel Soares de Souza, "*todos* os seus fundamentos são como farão guerra aos seus contrários" ([1587] 1971: 320). Singularidade essa que era realçada pela aparente desproporção entre meios e fins: esses índios que percorriam, escreve Anchieta, até mais de trezentas milhas quando iam à guerra, contentavam-se com quatro ou cinco inimigos aprisionados, dando por finda a expedição.

> Sem cuidarem de mais nada, regressam para com grandes vozearias e festas e copiosíssimos vinhos, que fabricam com raízes, os comerem, de maneira que não perdem nem sequer a menor unha, e toda vida se gloriam daquela egrégia vitória. Até os cativos julgam que lhes sucede coisa nobre e digna, deparando-se-lhes morte tão gloriosa, como eles julgam, pois dizem que é próprio de ânimo tímido e impróprio para a guerra morrer de maneira que tenham de suportar na sepultura o peso da terra, que julgam ser muito grande (José de Anchieta a Inácio de Loyola, Piratininga, 1554, Anchieta [1553-84] 1984: 73-74).

O que há nessa "morte gloriosa"? Sua forma particular, o esfacelamento do crânio, poderia sugerir uma liberação rápida da alma, que encontraria imediatamente o caminho da Terra sem Mal: a quebra do crânio de Maíra-Monan seria seu paradigma (Fernandes [1952] 1970: 314). Essas associações podiam estar presentes, mas não são as que os relatos enfatizam. O que ressaltam os cronistas é que, na morte em terreiro, a vítima que se porta à altura deixa de si memória: "Sê valente e esforçado", diria-lhe o matador, "não morras como mesquinho, e procura deixar de ti memória" (Monteiro [1610] 1949: 412). Mas que memória é essa? Embora o cronista possa falar no desejo de uma velha destinada ao sacrifício de "deixar o nome" (Souza Ferreira 1894: 130), não se trata, a nosso ver, de um nome pessoal. Decerto, o matador toma nome no crânio da vítima mas, afora Anchieta ([1553-84] 1984: 75) e Cabeza de Vaca para os Guarani, ninguém sugere que seja o nome do morto. Tudo indica, ao contrário, que não seja. Métraux (1928) chega aliás a sugerir que o novo nome do matador seja, inversamente, uma camuflagem destinada a eludir a vingança da alma da vítima. Ainda que fosse seu nome que deixasse o morto, seria necessário provar que o nome marcava uma identidade pessoal entre os Tupinambá. Na realidade, pensar o "nome" que o morto deixa como sua memória pessoal parece fazer violência aos textos de que se dispõe.

Mas se não é *seu* nome, sua memória pessoal, o que deixa a vítima? Os textos falam reiteradamente de três temas que vêm associados: memória, vingança e cauinagens. "De fato quando estão mais bêbados, renova-se a memória dos males passados, e começando a vangloriar-se deles logo ardem no desejo de matar inimigos e na fome de carne humana" (José de Anchieta a Inácio de Loyola, São Vicente, 1555, in Anchieta [1553-84] 1984: 90). Numa dessas cauinagens, os Tupinambá se lembraram de um grupo de Maracajá submetido vinte anos antes aos franceses e que viviam em paz na Ilha Grande:

> Un jour en buvant et caouinant, ils s'encouragèrent l'un l'autre et alléguèrent [...] que c'étaient des gens issus de leurs ennemis mortels. Ils délibérèrent donc de tout saccager. [...] ils en firent un tel carnage et une telle boucherie que c'était une pitié non pareille de les entendre crier (Léry [1578] 1957: 320; ver também Monteiro [1610] 1949: 410).[25]

Gabriel Soares de Souza, consciente da associação entre memória e vingança, expressa-a no entanto em termos portugueses, mediterrânicos: "Promete-lhes (o principal) vitória contra seus inimigos [...] de que ficará deles memória para os que após eles vierem cantar em seus louvores" ([1587] 1971: 320). É a glória, o renome, a fama. Mas se a fama é a mesma, mesma a glória, dos que vencem e dos que são abatidos em terreiro, qual é então o conteúdo dessa memória? Nada, aparentemente, além da memória da vingança, produzida pela vingança e apontando para a vingança. Aqui tampouco, nenhuma transcendência. Na verdade, a vítima passa a ser objeto de uma rememoração e de uma projeção no futuro que nada parece ter de personalizado: rememoração e prospecção das relações devoradoras entre dois grupos inimigos, grupos que, na ausência de mecanismos internos de constituição, parecem contar com os outros, seus contrários, para uma continuidade que só os inimigos podem garantir. Donde a cumplicidade, o partilhar da glória, entre matadores e vítimas, que deixou perplexos os cro-

---

25. "Um dia, bebendo e cauinando [i.e. bebendo cauim], eles se encorajaram uns aos outros e alegaram [...] que era gente descendente de seus inimigos mortais. Deliberaram então destruir tudo. [...] Fizeram tal carnificina que dava incomparável pena ouvi-los gritar."

nistas. A memória de cada grupo, o futuro de cada grupo, se dá por inimigos interpostos.

Compreende-se assim que o túmulo honroso entre todos seja o estômago do inimigo. A vítima realiza-se plenamente enquanto ser social na medida em que através dela se dá a passagem e a união entre o que foi e o que está por vir. Por isso essa é a morte gloriosa por excelência, a morte social: as outras são mortes naturais. Esta ao contrário é a morte que dará novo impulso à espiral interminável das vinganças. Há aqui uma circulação perpétua da memória entre grupos que se entrevingam, circulação garantida pelo fato de que uma morte jamais quita morte anterior. Não há ciclo de *vendetta*, mas espiral ou pêndulo.

Voltando: o que é transmitido de uma geração a outra pelos Tupinambá? Nomes não; posições cerimoniais não. Apenas a memória da vingança, isto é, a vontade de se vingar, a identidade dos inimigos que devem ser guerreados, a memória dos mortos na guerra. Isto é, o que se herda é uma promessa, um lugar virtual que só é preenchido pela morte do inimigo. Herda-se uma memória. Nesse sentido, a memória não é resgate de uma origem ou de uma identidade que o tempo corroeu, mas é ao contrário fabricação de uma identidade que se dá no tempo, produzida pelo tempo, e que não aponta para o início dos tempos mas para seu fim. Há uma imortalidade prometida pelo canibalismo.

A centralidade da vingança, Florestan Fernandes já a havia provado magistralmente ([1952] 1970). Mas, levado talvez por suas premissas teóricas, acabou fazendo da guerra o instrumento da religião, não no sentido que evocamos acima, mas no de um meio para a restauração da integridade de uma sociedade ferida pela morte de seus membros. Para tanto, postulou um culto dos ancestrais que os relatos dos cronistas não sustentam e que Métraux ([1928] 1967: 70), com acerto, contestou.

A guerra de vingança tupinambá não nos parece ser instrumento de algo anterior a ela. Na verdade, sua ligação com a sociedade parece-nos antes ser uma relação fundante. Assim, em vez de nos perguntarmos o papel da vingança na sociedade, seria necessário procurar o que é uma sociedade fundada sobre a vingança. Onde Pierre Clastres (1977) postulou uma sociedade primeira que a guerra se encarregaria de manter indivisa, tentemos ao contrário perceber em que medida a vingança produz uma sociedade que não existe senão por ela.

Cremos que é preciso inverter os termos: não se trata para os Tupinambá de negar ou transcender a morte para recolocar uma continuidade vivos-mortos que garantisse a permanência da sociedade: a vingança não é uma re-ligação dos vivos com seus mortos ou uma recuperação de substância. Não se trata de haver vingança *porque* as pessoas morrem e precisam ser resgatadas do fluxo destruidor do tempo; trata-se de morrer *para* haver vingança, e assim haver futuro. Forma de pôr a morte a serviço da vida, não combate contra a morte. A vingança é uma mnemotécnica, mas é mobilizada para a produção de um futuro. A vingança é a herança deixada pelos antepassados, e por isso abandonar a vingança é romper com o passado; mas é também e sobretudo não ter mais futuro: pressionado pelos franceses a vender em escravidão seus prisioneiros de guerra, um Tupinambá comenta: *"Je ne sais dorénavant ce qui se passera: depuis que Pay Colá (entendez Villegagnon) est venu par-deçà, nous ne mangeons pas la moitié de nos ennemis"*[26] (Léry [1578] 1957: 309). A memória aparece, portanto, não como um fim em si mesma – lembrar os mortos – mas como um meio, um motor, para novas vinganças.

Assim, não é o resgate da memória dos mortos do grupo que está em jogo, mas a persistência de uma relação com os inimigos. Com isso, o inimigo torna-se o guardião da memória do grupo; e a memória do grupo (inscrita nos nomes que se tomaram, nas carnes tatuadas, nos cantos e discursos em que se recapitulam quantos se mataram e se comeram) é uma memória dos inimigos. Os inimigos passam a ser indispensáveis para a continuidade do grupo, ou melhor, a sociedade tupinambá existe no e através do inimigo. Reencontra-se aqui a cumplicidade evocada acima.

Resumindo: o nexo da sociedade tupinambá é a vingança. Mas a vingança não é outra coisa senão um elo entre o que foi e o que será, os mortos do passado e os mortos por vir ou, o que dá no mesmo, os vivos pretéritos e os vivos futuros. Dizer que seu nexo é a vingança é portanto dizer da sociedade tupinambá que ela existe na temporalidade, que ela se pensa a si mesma como constituída no tempo e pelo tempo. Dependente do que lhe é exterior, a sociedade

---

26. "Não sei daqui por diante o que vai acontecer: desde que Pay Cola (entenda--se [Nicolas] Villegagnon) veio para cá, não comemos nem metade de nossos inimigos."

tupinambá faz da morte em terreiro e com devoração a morte honrosa por excelência: é ela quem garante a *memória*. Memória que não é, como vimos, a imortalidade pessoal que o herói grego alcança pela morte gloriosa, imortalidade constituída pela fama entre os homens (Vernant 1982, 1983), mas memória cujo único conteúdo é a vingança de que a vítima é o resultado mas também o penhor. Enquanto resultado de vinganças anteriores, ela garante a existência do grupo que o devora, enquanto penhor de novas vinganças, a do grupo a que pertence. Mas em ambos os aspectos e para ambos os grupos, a vingança é o fio que une o passado e o futuro e nesse sentido vingança, memória e tempo se confundem.

Nada mais contrastante com essas sociedades tupi que habitam o tempo do que as sociedades de língua jê, que se pensam, elas, em termos de espacialidade e de reiteração. Os Timbira orientais, por exemplo, parecem querer rebater e encerrar o mundo passado, presente, futuro, no espaço circunscrito da aldeia. Nesse espaço, tudo tem seu lugar, diríamos até, tudo *é* lugar (Carneiro da Cunha 1978: 23, 35-ss) e esse lugar imutável exorciza o tempo. Os nomes se transmitem, as metades se posicionam ontem como hoje, os segmentos residenciais permanecem, ligados às mulheres. Quanto ao exterior, ele é apropriado de vários modos: o conceito de "estrangeiro" tem seu lugar alocado na estrutura cerimonial, já que é o nome dado a um dos grupos de praça (Nimuendaju 1946). Os chefes honorários que "representam" outros grupos étnicos (ver Azanha 1984: 44) são membros da própria aldeia, distinguidos para marcar (ao mesmo tempo que abrigar) os de fora: ou seja, o chefe honorário dos Apinayé na aldeia krahô será um krahô, como o chefe honorário krahô no Rio de Janeiro será um carioca. São inversos de embaixadores, na medida em que são externos aos grupos que representam. Mas são eles que fazem da aldeia o microcosmo que ela é: introjetam na aldeia a totalidade do mundo exterior (Carneiro da Cunha 1973: 24).

Se para os Tupinambá, a vingança é propriamente interminável, as relações com os inimigos, entre vários grupos de língua jê, são ao contrário pensadas como algo que clama por conclusão. Entre Xikrin e Krahô, por exemplo, as histórias sobre gente estranha (que pode ser também uma espécie estranha, monstro demoníaco ou animal), organizam-se segundo um esquema simples que vai do encontro à batalha, e da batalha ao encerramento da vingança, eventualmente através de um massacre definitivo (ao qual os Tupinambá não parecem ter recorrido) (Vidal 1977: 239, 241, 251, 253; Schultz 1954: 155-56). Como nos Tupi, esse é o esquema clássico do mito de origem de um canto ou de um ritual novo (Viveiros de Castro 1984), mas diferentemente dos Tupi, cancelam-se as relações com esses inimigos pela simples apropriação de seus cantos ou de seus rituais. Inconclusa por definição entre os Tupinambá, a vingança é aqui prontamente cancelada. O que queremos dizer com isso não é que os grupos jê não tenham sido guerreiros, o que seria negar a evidência, mas sim que uma batalha é sempre uma nova empresa, iniciada e terminada sem necessária referência ao passado e ao futuro. "Confirmação nos ódios" entre os Tupinambá, a guerra jê prevê ao contrário uma quitação : "Está bem, está pago já!", é a conclusão de um mito krahô (Schultz 1950: 156).

Confirmação indireta desses dois modos de pensar a existência da sociedade – materializada no tempo ou substanciada no espaço – seriam as utopias características dessas sociedades. A forma "crônica" das utopias jê corresponde entre os Tupi-Guarani a uma forma "tópica": não se espera o advento da Terra sem Mal sob a forma, para nós familiar, do "milênio", como um evento a ser esperado no tempo, tempo que é, nessas sociedades, seu modo normal de produção; é preciso procurar a Terra sem Mal no espaço, talvez a leste, talvez a oeste, e Tupi e Guarani perambulam à sua procura. Quanto aos messianismos jê conhecidos (Crocker 1963; Melatti 1972), assumem uma forma milenarista consistente com sociedades que se apresentam espaciais: seu advento é da ordem do evento. Em suma, as utopias das sociedades tupi (que se pensam segundo o modo temporal) seriam dadas no espaço, as utopias das sociedades jê (que se pensam segundo o modo espacial) seriam dadas no tempo.

O contraste dos Tupinambá com certos grupos jê não quer ser uma tipologia: tem por única função ressaltar certas características daquelas sociedades que vínhamos sugerindo, e tampouco quer esgotar os contrastes possíveis. Haveria que introduzir aí, por exemplo, o caso dos povos do Vaupés-Negro. Nestes, a relação com o tempo se dá, literalmente, sob a forma da conjuração. O intento expresso no mito, no ritual xamanístico, nas cerimônias do "Jurupari", é a abolição do hiato temporal entre o presente e uma *origem*. Toda a cosmologia desses povos parece fundada numa luta contra a entropia, na afirmação de uma identidade, sempre posta em risco, com um passado a ser recuperado. A reiteração, aqui, é de outra ordem que para os Jê-Bororo: há uma aparência de aceitação do tempo, mas que não passa de aparência. Essas sociedades não se contentam com a afirmação de um laço metonímico ininterrupto (à moda linhageira) com a ancestralidade, mas se reasseguram de sua própria identidade através de um curto-circuito que, a cada duas gerações, as transporta às origens – elas mesmas concebidas (mas aqui trata-se de metáfora) sob a espécie de uma alternância geracional cíclica e de um afastamento face a um começo espaço-temporal absoluto (Hugh-Jones 1979). A reiteração se faz aqui no elemento da temporalidade, ou melhor, é a própria temporalidade que se torna retorno do Mesmo. Sociedades-ioiôs, que não se desprendem de seu momento inicial. Nelas, o sentido da memória se aproxima bem mais da *aletheia* grega: a memória é retorno, retrospecção, reprodução. Já nos Tupi, a memória estará a serviço de um destino e não de uma origem, de um futuro e não de um passado.

III

O problema etnológico geral que nos interessa é o de saber se a clássica representação da sociedade primitiva como "sociedade fria", tipo em que se acham associados três traços cruciais – pequena abertura para o exterior, trama social interna elaborada, recusa de um devir histórico (como resume Lévi-Strauss 1973: 375-76) – se essa imagem, conquanto instigante e não trivial, basta para dar conta dos modos de continuidade social sul-americanos. Em outras palavras, trata-se de saber se o esvaziamento ou neutralização da dimensão temporal, em troca de um privilégio concedido à espacialidade, é de fato um invariante cosmo-sociológico forte na América indígena. Sínteses recentes pareceriam militar em favor de tal interpretação. Elas sugerem, ademais, que esse esvaziamento da temporalidade vai de par com uma atitude de denegação (expulsão, mascaramento) ou de domesticação (interiorização) da diferença. A afinidade – a aliança matrimonial e política – seria um referente central desse conceito de diferença; e a exclusão da temporalidade se manifestaria, de modo imediato, na "escala temporal restrita" em que se movem as sociedades do continente. Afinidade problematizada ou mascarada: descendência neutralizada pela amnésia genealógica e por um tempo sem espessura: como se vê, a questão de se determinarem os eixos e princípios pelos quais se assegura a continuidade social passa a ser fundamental para os numerosos povos da América indígena, onde não vigoram nem as formações políticas centralizadas, nem os "paradigmas africanos" da unilinearidade corporada, nem as formas canônicas da aliança matrimonial perpétua e totalizante.

Vimos que é pouco provável que os fatos tupinambá se insiram aí: dificilmente podem ser postos em continuidade, introduzidos no grupo de transformações que eventualmente conferiria uma inteligibilidade comum a formas sociais tão diversas como os povos Jê-Bororo do Brasil Central, os grupos da bacia do Vaupés-Negro, as sociedades do escudo da Guiana. Teríamos em nosso caso o *mesmo* recalque do tempo, o mesmo desconforto face à diferença, e a mesma questão de fundo, diversamente solucionada: o que fazer com os outros, e com o tempo, que torna tudo outro? Não nos parece que assim seja.

Se recusamos para os Tupinambá o qualificativo de "sociedade fria", não nos inscrevemos entretanto entre aqueles que martelam o óbvio e dizem que toda sociedade "está na história"; ou ainda que atribuem a um viés teórico acoplado a uma miopia metodológica (a limitação a estudos "sincrônicos") a representação de um tipo de sociedade fria, como R. Rosaldo (1980) a propósito do caso dos Ilongot, caçadores de cabeça filipinos. Existem estruturas sociais e atitudes cosmológicas que negam ativamente a dimensão da temporalidade e que se concebem como fora de qualquer História, e é disso que Lévi-Strauss está falando. O que sugerimos é que essas formas "frias" *não só não esgotam o campo das sociedades primitivas* (termo vago, é certo) *como tampouco lhes são exclusivas* – do que é exemplo o caso da Índia (Dumont 1966).

Talvez o recorte possa ser outro: se o funcionalismo encontrou seu terreno de predileção – embora não seus limites – nas sociedades de linhagens, e o estruturalismo nas sociedades de tipo reiterativo, das quais o conjunto Jê-Bororo é o *locus classicus*, a história foi reintroduzida, e não cremos que fortuitamente, para dar conta de sociedades cognáticas e "não reiterativas" (ver ainda Rosaldo 1980). Talvez, nesse sentido, a história não seja mais do que a forma de consciência de si mesmas de tais sociedades.

Queremos assim pôr em causa a associação que costumeiramente se faz entre sociedades primitivas e sociedades "frias" ou "estagnantes". Por impotência ou por opção, o importante é que essas sociedades são recalcitrantes ao evento: nelas, o acontecimento é digerido sem que se converta em questão. Sociedades quentes ou históricas, nos termos de Lefort ([1952] 1978) em que estamos agora discutindo, seriam aquelas, ao contrário, em que o acontecimento passa a ser elemento de um debate que se refere ao passado para antecipar sobre o futuro. Se todas as sociedades têm história, na medida em que todas são fruto de transformações, nem todas são históricas, o que equivale a dizer, note-se, que sociedades históricas são as que têm consciência de sua história e lhe conferem um papel central na sua autointeligibilidade: formulação não tão diferente, afinal, da de Hegel, contra a qual Lefort se insurge.

A guerra tupinambá é o problema. E, em última análise, trata-se de saber se essa guerra é um dispositivo de "perseveração no próprio ser" da sociedade em causa, se é uma luta contra o devir e a diferença, em prol de um Mesmo temporal e identitário.

Assim não é. Quanto à "perseveração no próprio ser" – célebre mote spinozista evocado por Lévi-Strauss e ecoado por Pierre Clastres –, dá-se que a vingança tupinambá, longe de remeter àquelas máquinas de suprimir o tempo que povoam a fábrica social primitiva (mito e rito, totem e linhagem, classificação e origem), é antes uma *máquina de tempo*, movida a tempo e produtora de tempo, vindo a constituir a forma tupinambá integralmente nessa dimensão.

É por isso, por essa subordinação da espacialidade à temporalidade na morfogênese tupinambá, que a *memória* aparecerá como o meio e o lugar por excelência de efetuação do social. Ou mais que um meio – a memória é o social tupinambá, que não existe, a rigor, antes ou fora da memória-vingança, como substância anteposta que se valesse do instrumento da guerra para se refletir e, assim, perseverar. A memória tupinambá é memória da vingança: a vingança é *a forma e o conteúdo* dessa memória. E assim, é a perseveração da forma que se põe como instrumental para a vingança: *a sociedade é um meio para fins guerreiros*. Por isso a noção de uma "função sociológica da guerra", cara tanto a Florestan

Fernandes (1952) como a Pierre Clastres (1977) parece-nos errar no essencial. A guerra tupinambá não se presta a uma interpretação instrumentalista, ela não é "funcional" para a *autonomia* (o equilíbrio, a "reprodução") da sociedade, autonomia essa que seria o *telos* da sociedade primitiva. E foi assim que Florestan precisou reduzir a guerra a peça de um inexistente culto de ancestrais, e que Clastres expulsou os Tupi do paraíso primitivo: essa guerra era excessiva dentro do universo morno das funções e da regulação social. Ambos os autores, portanto, invertem a relação meios/fins – se tal relação tem algum sentido, em um caso onde guerra e sociedade são coextensivas.

A guerra de vingança tupinambá é uma técnica da memória, mas uma técnica singular: processo de circulação perpétua da memória entre os grupos inimigos, ela se define, em vários sentidos, como *memória dos inimigos*. E, portanto, não se inscreve entre as figuras da reminiscência e da *aletheia*, não é retorno a uma Origem, esforço de restauração de um Ser contra os assaltos corrosivos de um Devir exterior. Não é da ordem de uma recuperação e de uma "reprodução" social, mas da ordem da criação e da produção: é instituinte, não instituída ou reconstituinte. É abertura para o alheio, o alhures e o além: para a morte como positividade necessária. É, enfim, um modo de fabricação do futuro.

5. XAMANISMO E TRADUÇÃO PONTOS DE VISTA SOBRE A FLORESTA AMAZÔNICA

Foi uma grande honra que me fez a Association pour la Recherche en Anthropologie Sociale ao me convidar a ministrar esta conferência que celebra Robert Hertz.[1] Há exatamente noventa anos, ele publicava seu ensaio sobre a morte. Um ensaio que lhe sobreviveu e conferiu essa forma de imortalidade relativa que pode ser a nossa (Vernant 1982), assegurada pela memória das gerações de antropólogos que lhe sucederam. Eu mesma devo, em grande parte, a esse ensaio a inspiração de meu primeiro livro, que tratava de uma sociedade amazônica – coincidência que faz desta homenagem um exame de consciência, e é nesse sentido que devem ser tomadas as observações que se seguem.

---

1. Este trabalho foi originalmente apresentado como a Conferência Anual Robert Hertz, organizada pela Association pour la Recherche en Anthropologie Sociale em 9 de julho de 1997. Escrito em francês, foi publicado na primorosa tradução portuguesa de Tânia Stolze Lima, na revista *Mana*, em abril de 1998.
    Robert Alice Hertz (1881-1915) foi um dos numerosos discípulos de Durkheim que morreram na Primeira Guerra Mundial. Ficou conhecido por dois artigos clássicos, publicados postumamente, um sobre "a mão direita", e outro sobre os enterros secundários ou duplas exéquias. É a este último que são feitas discretas referências no início da conferência. Esta conferência, seguindo uma crítica que só se avolumou desde então com a recuperação de Gabriel Tarde para a antropologia, põe em questão a ideia de totalização durkheimiana, para quem a existência de sociedades e de representações sociais era dada *a priori*. O trabalho dialoga claramente com a produção de Anne-Christine Taylor e de Eduardo Viveiros de Castro, mas sobretudo introduz um tema que me tem interessado cada vez mais, o da tradução. Aqui, ponho em evidência a questão da *intentio* e procuro reunir indícios do que se pode entender por tradução nas sociedades indígenas amazônicas.

"A sociedade", escrevia Hertz, "vê na perda de seus membros...". Algo nos choca nessa frase, nessa maneira tão durkheimiana de elevar a Sociedade ao *status* de Sujeito. Está fora de moda, e no entanto que boa época aquela em que podíamos, nós, antropólogos, e o Ocidente em geral, postular a existência de uma totalização dada *a priori*. Se tudo isso está morto e enterrado uma primeira vez, no entanto, as duplas exéquias que assinalam uma renovação ainda não tiveram lugar, e alguns ainda se debatem em um luto interminável que não mais permite falar "antropologia".

Aquilo a que se chamava "cultura" e cujo sujeito era "a Sociedade" se dissolveu. Devemos entender que não existe sistema algum exceto aquele que o antropólogo ingênuo projeta? Anne-Christine Taylor (1995), em uma análise muito sutil e fecunda em que desenvolve ideias de Maurice Bloch (1992), entre outros, ressaltou a existência de teorias implícitas compartilhadas, fundadas sobre uma circularidade de premissas e de práticas que, sem jamais serem expressas em um discurso (a não ser no do antropólogo), na medida em que fazem referência umas às outras, se tornam de algum modo "evidentes". A construção dessas sinapses, dessas relações de evidência e de reforço recíproco, produziria, na sociedade, essa síntese particular que é uma cultura. Contudo – e Anne-Christine Taylor (1995: 213, nota 4) põe o dedo na questão –, que garantia existe de que essas relações se integrem e de que haja coerência relativa entre pontos de vista separados? Tentarei mostrar que essa preocupação não é apenas antropológica, mas inerente a todos os problemas de tradução, onde quer que se coloquem.

Gostaria de abordar aqui esses temas a partir de um fenômeno que, embora antigo, ainda se nos afigura como um paradoxo.

Observou-se muitas vezes o extraordinário florescimento do xamanismo em situações de dominação de tipo colonial, ou mais exatamente quando povos são capturados nas engrenagens do sistema mundial. No México (Gruzinski 1988), entre os Tupinambá (Vainfas 1995), no Vaupés (Wright & Hill 1992; Hugh-Jones 1996) e em todo o ocidente amazônico, para restringir-me a alguns exemplos da América Latina, o crescimento do xamanismo parece ter coincidido com o enfraquecimento ou o desmoronamento das instituições políticas e econômicas de tipo dito tradicional. Observou-se, também, que esse florescimento não atingiu apenas os povos submetidos: a clientela dos xamãs é, na maior parte dos casos, regional, quando não ainda mais ampla, sem distinção de origem étnica, e isso desde o início da colonização (Gruzinski 1988). Desde o fim do século XVI, no Brasil, a Inquisição perseguia os colonos – alguns, aliás, personagens importantes – que seguiam os profetas indígenas das chamadas "santidades" (Vainfas 1995). Em nossos dias, um outro exemplo estaria nos grupos urbanos de tipo *new age*. O crescimento do xamanismo pode se manifestar, assim, no interior de certos grupos indígenas, em movimentos milenaristas, mas também no meio urbano, na maioria das vezes – e essa é minha terceira observação – com técnicas heteróclitas que se autoproclamam tradicionais.

De maneiras diversas, já se relacionaram formas de organização social, particularmente formas de organização política, e formas de percepção do mundo. Terence Turner (1988), por exemplo, fazendo um uso pessoal das teses algo diferentes de Erich Auerbach, distinguiu formas de consciência histórica que correspondem, respectivamente, a organizações políticas autônomas (como a *pólis* grega) e a conjuntos políticos mais complexos (como os hebreus e as sociedades andinas) que supõem dominação e subordinação. Mas as formas concretas que essas estruturas assumem, quer sejam de dominação ou não, permitem perceber, quando consideradas um pouco mais de perto, o modo como tais correspondências se expressam. Tomemos o caso da estrutura em rede, ou mais precisamente fractal (no sentido dado pelos engenheiros, que é um pouco mais amplo que aquele dos matemáticos). De que se trata? De uma organização social e política em que cada unidade é semelhante às unidades que a englobam. Dito de outro modo, uma organização tal que, do macropolítico ao micropolítico, a mesma forma se repita: haverá sempre unidades do mesmo tipo, qualquer que seja a escala em que se as considere. É este o caso, por exemplo, das estruturas segmentares nuer descritas por Evans-Pritchard. É igualmente o caso, do outro lado do mundo, das estruturas por meio das quais Renard-Casevitz (1993) descreveu, em um artigo notável, os Aruaque subandinos do período colonial. Comunidades autônomas e morfologicamente equivalentes podem se agrupar em unidades mais amplas, cuja forma no entanto compartilham. Da família extensa à unidade local, desta à unidade regional, geralmente definida pelo rio ou por um segmento do rio, da unidade regional à província, desta à etnia e à "nação", cada uma dessas unidades se reveste da mesma forma. Tanto assim que o espaço reflete esse estado de coisas pela reiteração dos topônimos, e a cartografia se repete por todo o vasto território dos Aruaque subandinos.

Dois lugares, no entanto, fazem exceção nessa cartografia fractal: o Pongo Maenike, "ponto culminante do xamanismo [...] [e] ponto de encontro de 'viagens' oníricas ou narcóticas", escreve Renard-Casevitz (1993: 27), e o Cerro de la Sal, fonte do sal utilizado, simultaneamente, como gênero alimentício e como moeda. Um comércio historicamente muito ativo, fundado sobre o monopólio do Cerro de la Sal pelos Aruaque, explica seu estatuto de lugar especial, ponto de convergência econômico e político. No interior da rede comercial, à exceção dos Piro, predomina a paz; no exterior, sobretudo contra os Pano do interflúvio, prevalece a guerra, ou melhor ataques sazonais. O comércio está baseado em parcerias ao longo de toda a rede, e a guerra permite mobilizar de improviso de três a cinco mil homens armados em uma coligação que não repousa em nenhuma hierarquia política (Renard-Casevitz 1992; 1993).

Na segunda metade do século XIX, os componentes desse sistema desabam um após o outro. Primeiro, a partir dos anos 1860, é a chegada do comércio branco no Marañon e a seguir no Ucayali: os Pano ribeirinhos, parceiros fundamentais dos Aruaque, abandonam o circuito do sal e ligam-se às novas redes comerciais. Tem início, em seguida, a era do caucho, e os Aruaque perdem o controle das jazidas de ferro. Finalmente, na virada do século, o Estado peruano apodera-se do Cerro de la Sal, após uma resistência incitada por um daqueles numerosos messias que povoam a história ashaninka: resistência armada e, por pouco tempo, eficaz, que derrotou a Peruvian Company, companhia inglesa que tinha obtido a concessão do sal. Rompe-se a paz entre todos os parceiros comerciais, os Aruaque e os Pano ribeirinhos inclusive; os "Campa" encontram-se presos na engrenagem do caucho, seja como caçadores de índios, campa ou não, seja diretamente como escravos (Renard-Casevitz 1992: 206-08). No alto Juruá, aqueles que até recentemente eram chamados Campa na região, participam, ao lado dos "patrões", do combate contra os Pano locais: Kaxinawa, Yaminawa, Poyanawa e o conjunto compósito conhecido pelo nome de Katukina (Erikson 1993).

O novo sistema, observe-se, também é de tipo fractal. Pois é essa a própria essência da rede de crédito e de produção de caucho. Tomemos o exemplo do Juruá, que tem a vantagem de fornecer uma imagem espacial da rede. Rio mais tortuoso do mundo, com mais meandros do que o Mississipi, o Juruá é um caso extremo, no sentido de que, em sua bacia, ao contrário, por exemplo, da do Purus, o comércio se fazia unicamente por via fluvial. Aqui, o sistema desposava a própria geografia: os negociantes ingleses adiantavam as mercadorias para os negociantes de Belém, que as repassavam para os de Manaus, que as forneciam aos "patrões" dos rios caucheiros, que abasteciam seus subpatrões, que, por sua vez, as transferiam aos seus próprios subpatrões, concluindo-se o conjunto com adiantamentos em mercadorias feitos aos seringueiros. Essa cadeia toda estava fundada sobre o aviamento, o crédito e a dívida; salvo nas extremidades (isto é, os peixes pequenos das cabeceiras e os grandes de Belém e de Liverpool), cada qual era credor a montante e devedor a jusante. Nesse caso particular, a rede fractal recobria a fractalidade dos próprios rios, havendo um barracão em cada foz ou boca de um afluente. A localização do barracão permitia identificar, então, de uma só vez, devedores e credores, o pequeno patrão da boca do Machadinho pegando suas mercadorias a crédito junto àquele que controlava a boca do Riozinho, e que se abastecia na boca do Tejo (Almeida 1993). Assim, nessa rede de que necessariamente só se percebia um fragmento, cada um tinha, em suma, uma apreensão legitimamente fundada sobre a ideia de que o todo era semelhante à parte, da qual se podia ter a experiência local. Contudo, a semelhança formal das duas redes, a antiga e aquela estabelecida no século XIX, faz-nos correr o risco de obliterar sua profunda diferença, a saber, aquela que separa um sistema igualitário de um sistema de dominação. Em um sistema igualitário, todos os pontos de vista, ao mesmo tempo homólogos e independentes entre si, são equivalentes: não há ponto de vista privilegiado sobre o conjunto. Ao contrário, no caso do aviamento, estrutura de ordem, o crédito e a dívida são transitivos: transmitem-se entre negociantes, patrões, subpatrões e seringueiros. De tal sorte que a montante se tinha um ponto de vista relativamente "mais geral" sobre quem se achava a jusante. Cada patrão ou subpatrão, por assim dizer, abraçava com o olhar o conjunto das ramificações e das capilaridades dos rios e afluentes até o menor igarapé que suas mercadorias atingiam, e que, em troca, o abasteciam de borracha. Sem deixar de ser particular, em cada foz de rio o ponto de vista tornava-se assim mais englobante. A generalidade do ponto de vista, embora este fosse formalmente equivalente a qualquer outro, aumentava assim de montante para jusante.

É isso, creio, o que explica o deslocamento da fonte dos poderes xamânicos ressaltado por Peter Gow (1996) e por Taussig (1987). Entre os Piro e os Campa do baixo Urubamba, mas também de modo geral em todo o ocidente amazônico, Gow (1996: 96-97) observa o estatuto superior de que gozam os xamãs das cidades (que no entanto invocam estágios na floresta sob a égide de xamãs indígenas) com relação aos seus confrades silvestres. Seguindo aqui os índios e os seringueiros, parece-me que seria preciso distinguir esferas de competência. Por exemplo, entre os Kaxi do Jordão, vários curandeiros continuam a atuar na aldeia sobre o que definem como seu domínio específico, à exclusão de tudo aquilo que recai (por vezes de modo *ad hoc*) sob a rubrica de doenças dos brancos. Com esse ajuste, a observação de Gow pode ser aplicada às bacias do Juruá e do Purus: em seu domínio de atuação, o jusante tem mais poderes xamânicos que o montante. Entre os Kaxinawa do Tarauacá, teme-se o poder dos Kulina a jusante; entre os Kaxinawa do Purus, o prestígio xamânico de Nito, um *cariu*, quer dizer, um Branco, cujos espíritos auxiliares são um xamã kulina falecido e o próprio Espírito Santo, conforme me relatou Cecilia McCallum. Parece, pois, que não é tanto a mestiçagem (à qual Gow atribui um estatuto "histórico" particular) que justifica o prestígio xamânico, mas a posição relativa na rede fluvial – metáfora de uma posição relativa quanto ao grau generalizador do ponto de vista particular.[2] Em um código ao mesmo tempo genético e histórico (Gow 1991), a mestiçagem não seria, em suma, senão um avatar da mesma preocupação, a saber, a síntese da experiência local e do ponto de vista geral. Não se deve, com efeito, tomar o montante e o jusante ao pé da letra: trata-se apenas do código geográfico no qual se imprime um problema de ordem geral.

---

2. Repare-se que, em alguns casos, essa associação da potência do xamã com o jusante, sempre relativo, pode já estar dada mesmo antes do contato. Parece ser este o caso dos Matis (Erikson 1996: 186).

Esse problema da totalização dos pontos de vista locais, a "consonância dos pontos de vista singulares",[3] essa velha questão que Michel Serres (1968) e Gilles Deleuze (1988) redescobrem em Leibniz, encontra-se também sob uma outra forma. Em todo o ocidente amazônico, os xamãs, como se sabe, são os viajantes por excelência (ver, por exemplo, Chaumeil 1983). Sob o efeito do ayahuasca ou de outros alucinógenos, os xamãs viram tudo. É por isso que nada os surpreende. Viagens mais conformes à nossa definição usual acentuam seu prestígio, ou mesmo, ao menos em vários casos pano, substituem uma aprendizagem de tipo tradicional. Crispim, um Jaminawa do alto Bagé, durante decênios e até sua morte no começo dos anos 1980, foi o mais reputado xamã do alto Juruá, tanto junto aos índios como aos seringueiros. De sua vida, conta-se que, criado por um padrinho branco que o teria levado para o Ceará e, após um assassinato em que teria sujado as mãos, para Belém, onde teria estudado, ele teria voltado para o alto Juruá. Para Crispim, sua reputação xamânica explica-se por sua estada e seus estudos em dois lugares particularmente significativos: o Ceará (a cerca de quatro mil quilômetros dali), de onde provêm quase todos os seringueiros da região e onde desde então os Kaxinawa do Purus situam a raiz do céu (McCallum 1996a: 61), e Belém, um dos últimos nós da rede comercial da borracha. Não é, tampouco, indiferente que Crispim, voltando para os seus e estabelecendo-se na região como um xamã poderoso, tenha escolhido morar no lugar chamado Divisão, "partilha das águas", isto é, nas próprias cabeceiras de seis bacias fluviais distintas: as dos rios Humaitá, Liberdade, Gregório, Tarauacá, Dourado e Bagé. Assim, Crispim, um homem criado no extremo-jusante, estabelece-se em uma espécie de hipermontante: idealmente situado para encarnar a contento o projeto de junção do local e do global. É nesse sentido que Crispim é um tradutor.

Já se disse muitas vezes que os xamãs, viajantes no tempo e no espaço, são tradutores e profetas (por exemplo, Kensinger 1995).

---

3. É essa totalização do sistema, no seu aspecto comercial e na sua vertente interpretativa, que talvez dê conta da singularidade da cartografia dos Aruaques subandinos a que fizemos referência acima: os dois únicos lugares que não se replicam no espaço são precisamente os pontos de convergência dos xamãs e o ponto de origem de todo o comércio do sal.

Temos de nos entender quanto ao alcance dessa atribuição e não tomá-la como trivial. Cabe-lhes, sem dúvida, interpretar o inusitado, conferir ao inédito um lugar inteligível, uma inserção na ordem das coisas. Essa ordenação não se faz sem contestação e, frequentemente, é objeto de ásperas disputas que se assentam tanto na política interna quanto nos sistemas de interpretação. Seriam os guerrilheiros do Movimiento de Izquierda Revolucionario-Movimiento Revolucionario Tupac Amaru (mir-mrta) em 1965 o Inca reaparecido para destruir a ordem do poder? Coube aos xamãs Ashaninka debaterem e decidirem, sem que um consenso, aliás, jamais tenha sido estabelecido (Brown & Fernandez 1991).

Essa maneira de dar conta do processo, embora verdadeira, não o esgota e talvez passe ao largo de algo mais fundamental. Primeiro, porque se trata, de fato, de muito mais do que uma simples ordenação, e a tradução não é só uma tarefa de arrumação, de guardar o novo em velhas gavetas; trata-se de remanejamento mais do que de arrumação. Segundo, porque o xamã parece ser o contrário de um nomóteta. Ao longo de suas viagens a outros mundos, ele observa sob todos os ângulos, examina minuciosamente e abstém-se cuidadosamente de nomear o que vê. Donde a suspensão da linguagem ordinária, substituída por essas "palavras torcidas", esse uso figurado e muito aproximativo dos cantos xamânicos yaminawa, tão bem descritos por Townsley (1993). Como se escrutasse por apalpadelas, como se abordasse um domínio desconhecido cujos objetos só se deixam ver parcialmente, o xamã adota uma linguagem que expressa um ponto de vista parcial. Essas manchas claras são brânquias de peixes ou o colar de um caititu? E o peixe acaba sendo chamado de caititu. Há, sem dúvida, aqui um jogo no qual a linguagem, em seu registro próprio, manifesta a incerteza da percepção alucinada. Mas há, também, a tomada de consciência de uma relatividade, da "verdade da relatividade (e não a relatividade do verdadeiro)" (Deleuze 1988: 30), pois nesses mundos ampliados só é possível ver sob perspectivas particulares. "Com palavras usuais, eu me esmagaria sobre as coisas – com palavras torcidas, rodeio-as e vejo-as claramente" (Townsley 1993: 460).

Penso que aqui tocamos o âmago do problema. Com efeito, o que é uma tradução? Não é, dirá Walter Benjamin, o que restitui fielmente os objetos designados, já que, afinal de contas, nas diferentes línguas todos os objetos fazem parte de conjuntos, de sistemas diferentes que expressam o que ele chama de modos de intenção. Pão e *brot* significam ambos o mesmo objeto, mas diferem em seus modos de significação (*intentio*). A boa tradução é, então, aquela que é capaz de apreender os pontos de ressonância, de fazer com que a *intentio* em uma língua reverbere em outra. Mas se a coisa é possível, se é viável encontrar ecos de uma língua em outra, então existe a perspectiva (e para Benjamin, creio, a possibilidade real) de uma língua absoluta, a verdadeira linguagem. A tarefa do tradutor torna-se grandiosa, por ser ela a busca da verdadeira linguagem, da qual as línguas particulares seriam apenas fragmentos (Benjamin 1968: 78), como os cacos de um vaso que, embora diferentes entre si, se ajustam perfeitamente para restituir um conjunto que os ultrapassa: o ajustamento dos cacos atesta a existência do vaso.

Há aqui uma ressonância – que não terá passado despercebida aos antropólogos – com o xamã da "Introdução à obra de Marcel Mauss" (Lévi-Strauss 1950), com a diferença de que Lévi-Strauss, se acredita na pretensão, certamente não subscreve a realidade de uma língua adâmica. Mas a transposição de contradições reais em diferentes códigos – como se de tanto traduzi-las fosse possível resolvê-las – e a dolorosa sensibilidade do xamã às dificuldades e armadilhas dessas passagens entre códigos que jamais são inteiramente equivalentes, não é nisso que consiste o trabalho do tradutor?

A síntese original, o sistema sintagmático no qual há necessidade de aderência entre o som e o sentido, no qual o som e o sentido se ajustam sem falhas como o fruto e sua pele (Benjamin 1968), tudo isso se dissolveu. O que se trata de (re)construir é uma síntese original, uma nova maneira de pôr em relação níveis, códigos, pô-los em ressonância, em correspondência, de modo que esse mundo novo ganhe a consistência desejada para que se torne evidente (Taylor 1995). Em suma, que adquira um sentido, pois o sentido é, ao fim e ao cabo, a percepção de relações, uma "rede de associações que se referem umas às outras, semelhante a um dicionário ou a um banco de dados relacional" (Crick & Koch 1997: 33). Quanto mais essas conexões se multiplicam, mais o sentido se enriquece: fórmulas da neurociência que lembram imediatamente a antiga questão do que, na análise estrutural dos mitos, significa "significar". O trabalho do xamã, sua esfera de competência, é essa tentativa de reconstrução do sentido, de estabelecer relações, de encontrar íntimas ligações. Não é, portanto, a coerência interna do discurso o que se procura, sua consistência advém antes do reforço mútuo dos planos em que se exprime, do *habitus* em suma.

Um exemplo: entre os Shipibo-Conibo (Gebhardt-Sayer 1986) – grupos pano ribeirinhos –, os textos dos cantos xamânicos obedecem a regras distintas das que regem as melodias. Amplamente improvisadas, as palavras descrevem um itinerário, balizam-no, traçam o sentido de seu percurso. Em contrapartida, as melodias, que formam um *corpus* de umas trinta unidades, são a tradução sonora de desenhos, de motivos pictóricos – os *quene* (ou *kene*) – que o dono do ayahuasca exibe ao xamã e que este transpõe simultaneamente para um código sonoro. Esse código é decifrável, visto que pode ser retraduzido em uma forma visual. Conta-se (e pouco importa se a história é autêntica) que, antigamente, duas mulheres, sentadas de lados opostos de um grande vaso a ser decorado, eram capazes – sem se verem e unicamente guiadas pelos cantos xamânicos – de pintar os mesmos motivos e de fazê-los se juntarem nas extremidades (Gebhardt-Sayer 1986: 210-11). A codificação sonora das visões e sua decifração permitem, assim, obter tanto desenhos imateriais, aplicados sobre os doentes a serem curados, quanto desenhos materializados sobre vasos, tecidos e corpos. Os aromas acrescentam um código olfativo aos precedentes, de tal modo que "os sons, as cores e os odores correspondem".

> Os Ashaninka [explica Carlito Cataiano] consideram o japiim (*Cacicus cela*), que nós, Kaxi [i.e. Kaxinawa], chamamos txana, um curador poderoso. Os Ashaninka gostam de fazer suas casas perto dos ninhos do txana, porque quando tomam cipó o espírito do txana vem ajudá-los a curar os doentes; em suas cantorias e mirações do cipó, os pajés Ashaninka, em suas canções do ayahuasca chamam e veem os espíritos do japiim e do japó; têm ainda muito respeito por esses dois pássaros, que fazem seus ninhos nas proximidades de suas casas; ninguém persegue esses pássaros, tidos como inteligentes, trabalhadores e, sobretudo, bons curadores [...]. Kaxi gosta de matar o chefe do japiim, aquele mais cantador, para usar na festa do Tirin ou então do Katxanawa; mata o chefe, tira o fato e as carnes e deixa só o couro, as penas, a cabeça e os pés; depois seca no sol ou na quentura do fogo, em cima do fogão; diz que é bom para abrir a memória dos cantadores de Katxanauá e Tirin; assim eles aprendem

mais facilmente todas as canções de katxanawá e de Tirin e não se esquecem mais de cantá-las por inteiro [...]. *Txana* não é só o nome do japiim. Os Kaxi chamam também *Txana* aos cantadores das festas, da cantoria de cipó, mariri ou katxanawá, Tirin, Buna Kuin, Nixpupima e Hai Hai Ika (Aquino & Cataiano 1993).

Carlito é Kaxinawa. Vende picolé nas ruas de Rio Branco, capital do Acre, e vez por outra trabalha como assistente de antropólogos e de uma organização não governamental. Mas é xamã também, misturando técnicas emprestadas dos Yawanawa e Katukina do Gregório e do Tarauacá, combinadas com rituais tomados da umbanda, aprendidos em Belém e Manaus. Sua clientela é formada por sua própria e grande família e por antigos seringueiros dos bairros mais pobres de Rio Branco. Nada disso nos surpreende mais. Tampouco nos surpreendem seu conhecimento das crenças xamânicas ashaninka e seu relativismo.

Com efeito, os Ashaninka do alto Juruá têm uma consideração muito especial por toda a família dos japós. Em seu conjunto (que abarca a família *Icteridae*), os japós são chamados pelo nome genérico *txowa*, que designa também uma espécie particular, o *Psarocolius sp*. Todos os japós são humanos. Isto todo mundo percebe, já que eles vivem em sociedade, e tecem seus ninhos: são, em suma, tecelões como os Ashaninka. Os xamãs que, sob o efeito do ayahuasca, sabem ver de forma adequada, comprovam essa condição humana dos japós: vivem ao modo dos homens, cultivam mandioca, bebem *kamarãpi* (ayahuasca), bebem cerveja de mandioca (caissuma). São inclusive superiores aos homens, na medida em que observam a paz interna e vivem sem discórdia. São os filhos que Pawa, o sol, deixou na terra, são os filhos do ayahuasca. Entre os japós, pássaros tecelões, o *tsirotsi* ou japiim (*Cacicus cela*) ocupa uma posição particular e suscita um interesse muito especial. Os *tsirotsi* (ou *tsiroti*) vivem em bandos de uns trinta pássaros, particularmente associados, que tecem seus ninhos muito perto uns dos outros em uma mesma árvore. Escolhem a árvore por ela abrigar ninhos de certas vespas ou formigas cujas picadas são especialmente dolorosas. É esta, diz-se, a sua polícia, que os protege dos predadores, como o gambá. Os *tsirotsi* são pacíficos e só se tornam ferozes quando defendem seus ovos brancos com pintas contra a cobiça dos tucanos e dos araçaris. O macho e a fêmea guardam os ovos juntos, mas só a fêmea trabalha, ao passo que o macho canta. Nada disso é muito excepcional entre os japós. O que, no entanto, distingue os japiins de todos os outros pássaros é a capacidade que lhes é atribuída de imitarem os chamados e os ruídos que escutam, sejam estes os cantos de outros pássaros, o tambor dos Ashaninka, o latido dos cães ou o choro das crianças (Piyãko & Mendes 1993; Mendes, Piyãko, Smith, Lima & Aquino 2002: 523-26).

Os xamãs têm uma associação muito especial com o *tsirotsi*, o japiim. Como Carlito afirma, esse pássaro é um poderoso xamã. Os *tsirotsi*, segundo uma história recolhida junto a outros Ashaninka por Fernandez (1986: 70-ss), são inclusive os descendentes de xamãs, que o personagem mítico Avireri, aquele que transformou alguns ashaninka em animais, mudou, por distração, em pássaros. Esses xamãs – pai e filho – sabiam imitar todos os gritos de animais e eram, por conseguinte, grandes caçadores. O filho casou-se com uma mulher de olhos azuis: todos os seus descendentes tinham olhos azuis também. Eis aqui explicitada a relação xamã-caçador, por intermédio do japiim. A particularidade de imitar os chamados de outros animais é posta a serviço da caça. Com efeito, é assim que procede o bom caçador: finge utilizar uma linguagem que não é a sua, uma linguagem de sedução, aquela por meio da qual os machos e as fêmeas se atraem. A relação da caça e da sedução é um tema tipicamente amazônico (ver, por exemplo, Descola 1986), mas, aqui, esse tema se encarna em uma linguagem que não comunica, ou melhor, cuja única mensagem é o grito que atrai, que seduz. É um chamariz, uma isca. Um som sem sentido, um som com sentido único.

O japiim fala línguas que não são as suas, línguas estrangeiras que, nele, nada comunicam, exceto a sedução e a predação. Ele é uma ponte ilusória entre formas do ser. Corresponde, no mundo animal, àquela escada xamânica que liga mundos cortados entre si. É notável que na ausência do personagem japiim, utilizado para outros fins entre os grupos pano da floresta, a mesma associação entre cantos xamânicos, mimetismo sonoro e caça esteja presente entre os Yaminawa do Peru (Townsley 1993: 454).

A consciência do desmantelamento de uma ordem original e paradisíaca parece ser expressa por quase toda a Amazônia – e sobretudo entre os povos que decoram com motivos os tecidos, as cerâmicas e os cestos – na história da sucuri primordial, cujo corpo e cores variegadas estão na origem de todo o repertório de desenhos.[4] Despedaçada na cosmogonia do Vaupés, decomposta em desenhos discretos entre os Pano e os Aruaque, a sucuri parece o foco virtual de uma unidade perdida para sempre. Hoje em dia, é o múltiplo que reina: entre os Kaxi (Kensinger 1995; Lagrou 1996), almas dispersas no corpo, no olho, nos excrementos; saberes que se localizam nas mãos, no sexo, na pele, nas orelhas (Kensinger 1995: 237-ss; McCallum 1996b: 355-ss). Cada uma dessas instâncias tendo um ponto de vista diverso, é o corpo humano vivo que assegura, de modo transitório, o invólucro dessas perspectivas singulares.

Vimos que na prática xamânica opera um princípio semelhante, e isso não nos deve surpreender, dada a circularidade que opera na construção de esquemas conceituais. Para o xamã de um mundo novo, de pouca valia serão seus antigos instrumentos, as escadas xamânicas que lhe dão acesso aos diversos planos cosmológicos (Weiss 1969; Chaumeil 1983), sua aprendizagem, seus espíritos auxiliares, suas técnicas; montagens de outras técnicas podem ser preferíveis. Mas, ainda assim, cabe-lhe, "por dever de ofício", mais do que pelos instrumentos conceituais tradicionais, reunir em si mais de um ponto de vista. Pois, apenas ele, por definição, pode ver de diferentes modos, colocar-se em perspectiva, assumir o olhar de outrem (Viveiros de Castro [1996] 2017). E é por isso que, por vocação, desses mundos disjuntos e alternativos, incomensuráveis de algum modo, ele é o geógrafo, o decifrador, o tradutor.

Vê-se, portanto, que o "perspectivismo" amazônico que Eduardo Viveiros de Castro ([1996] 2017) pôs em destaque em um artigo notável, e do qual extraiu várias implicações, se manifesta como um esquema em vários planos. Pois o problema geral do perspectivismo, aquele que Leibniz e Giordano Bruno descobriram, é justamente a questão da unidade, do invólucro, da convergência no sentido matemático, da série dos pontos de vista. Em suma, o problema da tradução. Não é sem dúvida fortuito que Leibniz e Benjamin adiantem uma solução semelhante: o que permite a totaliza-

---

4. Elsje Lagrou (1996: 213, nota 18) além de estudá-la entre os Kaxinawa, recenseou a extraordinária difusão amazônica da associação da sucuri com os desenhos; ver Gow (1988: 31), para os Piro; Gallois (1988), para os Waiãpi; Van Velthem (1984), para os Wayana-Aparaí; Reichel-Dolmatoff (1978), para os Tukano; Roe (1989) e Illius (1987), para os Shipibo.

ção dos pontos de vista singulares e irredutíveis é a ressonância, a harmonia (Benjamin 1968: 79, 81; Deleuze 1988: 33). Na Amazônia, diríamos: é o xamã.

Dirá-se: por que tantos esforços? Marshall Sahlins, que cito livremente aqui, ainda que com seu *imprimatur*, observou que um dos problemas da noção de globalização ou de sistema mundial é que este só é um sistema no sentido sintagmático, não, porém, no sentido paradigmático. Em outras palavras, talvez exista sistema, mas não existe cultura que lhe corresponda (Sahlins 1988). Com efeito, malgrado a extraordinária difusão da mídia, não existe cultura global. Os paradigmas, as sínteses, as correspondências de sentido fazem-se em uma outra escala, de ordem mais local. Mas como ter um ponto de vista local sobre um processo que nos ultrapassa, do qual não se controlam nem as causas nem os efeitos? De maneira fantasmática e à falta de outras instâncias, o controle se realiza pela conjunção, vista acima, entre o que é mais local e o que é mais global: Crispim, criado a jusante, se estabelece nas cabeceiras, na divisão das águas. O local mantém seus poderes, é até a fonte dos maiores poderes, e é nele que os xamãs urbanos irão prover-se. Mais uma vez, é seguindo os meandros de raciocínios aparentemente contraditórios que se pode esperar ultrapassar os paradoxos (Taylor 1995). Cabe, então, ao mais fraco, àquele que se acha o mais a montante na cadeia, ao colonizado, ao forasteiro, efetuar uma tradução privilegiada: é por seu intermédio que o novo penetra o mundo (Bhabha 1994). Mas a inanidade da empresa permanece. Poderia-se ver nos esforços de tradução, de totalização, que evoquei, a tentativa, sempre votada ao fracasso, em qualquer escala que se a considere – e no entanto sempre recomeçada – de construir sentido.

6. UM DIFUSIONISMO ESTRUTURALISTA EXISTE? LÉVI-STRAUSS E A INTERFACE

> *Os fatos de difusão podem ser considerados prováveis mesmo quando não é possível reconstituir seus itinerários ou cronologia.*
> CLAUDE LÉVI-STRAUSS, *HISTÓRIA DE LINCE*

Na obra de Lévi-Strauss, pode-se perceber um difusionismo sui generis. Sui generis porque não constitui nunca um princípio de explicação – pelo contrário, ele requer uma explicação histórica – e porque, salvo exceções, ele não postula nem procura a origem ou a direção dos empréstimos.[1] Os mitos ameríndios, com efeito, parecem transmitir-se por vizinhança e isso em todas as direções. Assim como a questão da existência de uma versão "autêntica" de um mito, a de um centro de difusão não parece, pelo menos como regra, poder se colocar. A direção dos empréstimos só excepcionalmente pode ser sugerida e isso em geral graças a critérios externos.[2] Assim, quando os índios Cree reutilizam trechos de contos franco-canadenses, pode-se razoavelmente inferir que estes foram tomados de empréstimo por aqueles e não o contrário.

---

1. Texto apresentado em novembro de 2008 no simpósio organizado por Philippe Descola no Collège de France em homenagem aos cem anos de Claude Lévi-Strauss.
2. Eduardo Viveiros de Castro, a quem agradeço aqui, me assinala uma exceção significativa. Em *O cru e o cozido*, de 1964 (ed. bras. 2004: 113), Lévi-Strauss afirma que a versão kayapó da origem dos queixadas só poderia ser uma elaboração secundária da versão mundurucu. E isso graças à análise interna dos mitos e não com ajuda de critérios externos.

A difusão dos mitos parece, portanto, ser simplesmente uma constatação que Lévi-Strauss atribui aos acidentes da história e à qual não atribui nenhum valor explicativo. Por outro lado, porém, essa difusão se tornou, com o conjunto das *Mitológicas*, indispensável ao seu método. Quando ele perscruta um mito em particular, vale-se para esclarecê-lo não só da etnografia específica da sociedade de que provém mas também dos mitos dos povos vizinhos e até de povos distantes, desde que ameríndios.

Esse procedimento, abundantemente ilustrado desde *O cru e o cozido*, reaparece com vigor nos dois últimos volumes do que Lévi-Strauss costuma chamar de "Pequenas Mitológicas" e de forma particularmente explícita em *História de Lince*, de 1991. "História de Lince", o mito homônimo e ponto de partida do livro, aparece muito antes e repetidamente na obra de Lévi-Strauss. Foi assunto de um de seus cursos no Collège de France em 1968-69 intitulado "Interlúdio: o Nevoeiro e o Vento". Em 1971, saía uma primeira análise desse mito, em um artigo em homenagem a Raymond Aron, que seria retomado em 1973 na coletânea de ensaios *Antropologia estrutural dois* sob o título "Como morrem os mitos". Lévi-Strauss volta a tratá-lo em 1977, em uma série de conferências para rádio difundidas no Canadá e publicadas no ano seguinte, somente em inglês, sob o título *Myth and Meaning*. O capítulo três, que trata da história de Lince, da gemelaridade, do vento e do nevoeiro, chama-se "Harelips and Twins: the splitting of a myth". Finalmente, em sua apresentação do livro *História de Lince*, Lévi-Strauss faz notar que já aludiu várias vezes a sua temática em *O homem nu*: "Este livro, que não é grande, tem uma história bastante longa". De minha parte, creio que em muitos sentidos, trata-se de uma suma de quase meio século de reflexão, que se inicia quando Lévi-Strauss escreve "As organizações dualistas existem?", pondo em dúvida o dualismo diametral, e desemboca na questão da gemelaridade ameríndia em *História de Lince*: nesse percurso, aborda o problema metodológico do que se poderia chamar uma "difusão estrutural".

Acompanhemos as ideias de Lévi-Strauss sobre o assunto entre o fim dos anos 1950 e 1991. O que ocorre na interface de duas sociedades? Desde "A gesta de Asdiwal" (1958), originalmente um resumo de seu curso de 1958-59 na École Pratique des Hautes Études, assim como em "Como morrem os mitos" (1971b), Lévi-Strauss parece distinguir a passagem de mitos entre sociedades que podem ser agrupadas em uma mesma família linguística e cultural daquela que ocorre entre famílias diferentes. Entre os índios do rio Thompson e seus vizinhos setentrionais Shuswap, ambos pertencentes à família linguística Salish e culturalmente próximos, a história de Lince passa de um estado vivaz de articulação e mesmo de desdobramento paralelo a um estado "enfraquecido", e uma expressão "mínima" do ponto de vista, diz Lévi-Strauss, tanto quantitativo quanto qualitativo. Em contraste com isso, quando se passa dos Shuswap de língua Salish a seus vizinhos a noroeste, os Chilcotin, da família Athapaskan, cuja chegada na região seria mais recente, ultrapassa-se o que Lévi-Strauss chama de limiar e tudo se inverte:

> O limiar formado pela fronteira setentrional da área salish deve ter, portanto, colocado um razoável obstáculo à comunicação. Observa-se frequentemente, em casos desse tipo, que os sistemas mitológicos, após terem passado por uma expressão mínima, recobram sua amplitude passado o limiar. Mas sua imagem se inverte, um pouco como um feixe de raios luminosos penetrando em uma câmara escura por um orifício pontual e obrigados por esse obstáculo a se cruzarem: de tal forma que a mesma imagem, vista direita do lado de fora, reflete-se invertida na câmara. (Lévi-Strauss 1971b: 304-05, tradução da autora)

É mais ou menos o que também é dito em "A gesta de Asdiwal" (Lévi-Strauss [1958-59] 1973: 223):

> Atingimos assim uma propriedade fundamental do pensamento mítico [...]: quando um esquema mítico passa de uma a outra população e quando existem entre elas diferenças de língua, de organização social ou de modo de vida que o tornam dificilmente comunicável, o mito começa por se empobrecer e tornar confuso. Mas pode-se encontrar uma passagem ao limite onde, em vez de se abolir definitivamente perdendo todos os seus contornos, o mito se põe do avesso e recupera uma parte de sua precisão [...], como na ótica [...] quando a abertura se reduz a um orifício pontual, ou seja, quando a comunicação tende a desaparecer, a imagem se inverte e recobra sua nitidez. (tradução da autora)

Muitos anos mais tarde, em 1991, no capítulo 5 de História de Lince, Lévi-Strauss insiste: "Como ocorre frequentemente quando se atravessa uma fronteira cultural e linguística, o mito vira do avesso: o fim torna-se o começo, o começo vira fim e o teor da mensagem se inverte". E acrescenta: "Multipliquei ao longo das *Mitológicas* e em várias outras ocasiões exemplos desse fenômeno, durante muito tempo ignorado pelos comparatistas", e, como por faceirice, enumera quase dez referências, tiradas de várias obras.[3]

Quando Lévi-Strauss retoma o mito da história do lince, e considera desta vez três sociedades da família linguística salish – os Thompson, os Coeur-d'Alêne e os Chehali – bem como uma sociedade da família Athapaskan, os Chilcotin, a transformação das versões das três primeiras na versão Chilcotin já não é simplesmente uma inversão em uma câmara obscura, e se apoia agora na célebre fórmula canônica: é esta fórmula, com efeito, e a dupla torção que ela introduz, que permite transpor o limiar linguístico que separa (e une) a família Salish e a família Athapaskan.

Lembremos o raciocínio:

Thompson: Bebida desejada pela mulher, obstáculo colocado pelo homem
Coeur d'Alêne: Bebida desejada pelo homem, obstáculo colocado pela mulher
Chehalis: Banho desejado pelo homem, obstáculo colocado pela mulher

Do ponto de vista da simetria, seria esperado encontrar para os Chilcotin, à guisa de conclusão, a permutação que está faltando, a saber:

Banho desejado pela mulher, obstáculo colocado pelo homem

Mas em vez dessa permutação esperada e como que óbvia, quando se passa para os Chilcotin e que se transpõe esse limiar fatídico dos Salish aos Athapaskan, o que se encontra é uma versão duplamente torcida:

---

3. A nota dá referência de *O pensamento selvagem* [1962]; *O cru e o cozido* [1964], *Do mel às cinzas* [1967], *A origem dos modos à mesa* [1968], *O homem nu* [1971], *Antropologia estrutural dois* [1973], *O olhar distanciado* [1983, caps. XII-XV] e *Minhas palavras* [1984].

Em vez de a mulher desejar um banho para si mesma, quer impô-lo ao filho [...] e é ele que recusa. A mulher passa de sujeito a agente, e a recusa do outro não visa mais a satisfação de uma necessidade sentida por si: traduz uma ausência de necessidade sentida pelo outro. Ora, um banho desejado por alguém e para si mesmo, apesar do outro, é a contraditória de um banho desejado não por alguém para si mesmo, mas para o outro, que não o quer. (Lévi-Strauss [1991] 1993: 98)

Mauro W. B. de Almeida publicou em 2008 uma interpretação notável da fórmula canônica. Ele insiste em particular em que essa fórmula é entendida por Lévi-Strauss como devendo se aplicar não a sintagmas (ou seja ritos e mitos de um mesmo conjunto) mas antes a paradigmas que coloquem em relação objetos culturais pertencentes a conjuntos descontínuos (Almeida 2008: 148). E Mauro Almeida cita este trecho inequívoco de uma carta de Lévi-Strauss, datada de 1994, e publicada em inglês por Pierre Maranda: *"The variant that comes last (the 4th member of the formula) stems from an event that occurred in time: overriding cultural or linguistic borders, borrowing from foreign audiences, etc."*[4] (Pierre Maranda 2001: 314).

A interface é portanto o lugar privilegiado da fórmula canônica e reciprocamente a fórmula canônica é o operador da passagem que permite se extrair do corpus mítico de um conjunto dado de sociedades e aportar no de outro conjunto. Por meio de uma dedução transcendental, como assinala Almeida, salta-se no vazio para cair em pé alhures. Mas esse alhures é um acontecimento histórico, no sentido forte: ele ocorre no tempo, é *"an event that occurred in time"*. Pode-se ainda ignorar, no estado atual de nosso conhecimento, onde e quando esse evento aconteceu. Mas por definição, ele ocorreu. Cabe a outras disciplinas mostrar os caminhos. E Lévi-Strauss sugere assim a hipótese plausível de uma comunicação entre os povos do continente americano muito mais intensa e antiga do que se acredita: é o que o leva por exemplo a várias vezes afirmar, algo à primeira vista surpreendente, que o mito dos gêmeos díspares é disseminado nas Américas, que o frade francês André Thevet recolheu no século XVI uma versão tupi-

---

4. "A variante que vem por último (o quarto termo da fórmula) deriva de um evento que ocorreu no tempo: o cruzamento de fronteiras culturais ou linguísticas, o empréstimo de públicos estrangeiros etc."

nambá desse mito, e que o padre Arriaga atesta sua existência no Peru, no final do mesmo século.

A dupla torção da fórmula canônica, que permite transpor um limiar, permite não só a difusão para além de uma área linguística e cultural, mas também renova o vigor de um mito que se estava exaurindo. Esse duplo salto mortal é portanto o contrário do difusionismo à moda antiga. Este imaginava-se ao modo das ondas sucessivas e isomorfas que provoca uma pedra lançada na água. À medida que se afastam de seu ponto de partida, essas ondas perdem sua nitidez inicial e vão se apagando até se tornarem imperceptíveis. Aqui, ao contrário, não há isomorfismo: os empréstimos são por definição torcidos e até duplamente torcidos. Por um lado, eles se distinguem de sua fonte pelas injunções ao mesmo tempo culturais, ecológicas e simbólicas bem como pela obrigação de se integrarem em um sistema.[5] Por isso aliás é que é preciso um faro realmente detetivesco para reconhecê-los. Por outro lado, contrariamente a um enfraquecimento diretamente proporcional à sua distância (cultural, espacial ou temporal) da fonte, ou seja, do centro histórico de difusão, a passagem do limiar permite-lhes – "frequentemente", diz Lévi-Strauss, como vimos acima – recuperar um vigor que estava se perdendo.

Em suma, sem acontecimentos que o pensamento não antecipa, a saber, as contingências históricas do povoamento das Américas, não existe difusão. Mas reciprocamente, sem as molas do pensamento, não existe conservação de esquemas ideológicos fundamentais em escala continental. Estou aludindo aqui à célebre ideologia bipartida e capenga (ou acolhedora a outrem, conforme se queira) que Lévi-Strauss propõe.

Lévi-Strauss estabelece essa ideologia bipartida por abdução, método que Charles Sanders Peirce já havia mostrado ser propício à solução de enigmas policiais. É portanto congruente com o estilo de romance policial que Lévi-Strauss adota nos dois últimos

---

5. Nem deveria ser necessário lembrar, tanto é evidente, que a difusão de um traço cultural não se dá de modo amorfo: "Mas ainda que houvesse razões para invocar a difusão, não poderia ser uma difusão de detalhes, de traços independentes a viajar cada um por conta própria, descolando-se à vontade de uma cultura para ir colar-se a outra, mas sim de conjuntos orgânicos em que o estilo, as convenções estéticas, a organização social e a vida espiritual estão estruturalmente ligadas" (Lévi-Strauss [1944-45] 2017: 273).

volumes das "Pequenas Mitológicas". Sua adequação será provada pelo seu rendimento, como tentarei mostrar em um exemplo.

Falemos dos gêmeos, que são ligados ao mito da história do lince (ver por exemplo em *Myth and Meaning*, capítulo 3), mas que eu trarei aqui através de uma dessas contingências de minha própria biografia. Lévi-Strauss me aceitou em seu seminário porque eu provinha da matemática, mas quando eu ia voltar ao Brasil, ele me aconselhou a fazer pesquisa de campo, embora o nascimento de meu primeiro filho tornasse esse programa complicado. Alguns anos mais tarde, Lévi-Strauss aceitou orientar minha tese. O assunto que eu lhe propus foi a gemelaridade, um tema que me havia interessado entre os Krahô. Essa tese nunca foi para a frente, nunca a escrevi.

Quando saiu *História de Lince*, em 1991, o interesse que eu tinha pelo tema da gemelaridade entre os Krahô achou onde se apoiar.

Em meu livro sobre os costumes funerários e o conceito de pessoa entre os Krahô (1978), eu havia discutido a amizade formal e o "companheirismo", que hoje eu chamaria de "amizade paralela", de certo modo por analogia com a terminologia de parentesco. Quanto ao termo amizade formal, já estava cunhado e suas funções sociológicas descritas entre outros grupos de língua Jê.

Os companheiros são o equivalente de gêmeos idênticos: por exemplo as crianças que nascem no mesmo dia (embora aparentemente não os gêmeos biológicos); os dois rapazes que, na mesma turma de iniciandos, são chefes das metades opostas, as duas moças que lhes são associadas, os chefes de metades em uma mesma estação etc. No dualismo krahô, que se apresenta sob uma forma diametral quase excessiva, tudo se desdobra, e os pares de pessoas que ocupam ao mesmo tempo funções simétricas em metades opostas são companheiros, *ikhuonõ* (literalmente "meu companheiro").

A amizade formal, em contraste, é fundamentalmente uma relação de evitação ou de respeito – noções que se equivalem nessas sociedades – acrescida de uma relação jocosa com os parentes próximos do amigo ou da amiga formal.[6]

Essas duas instituições – companheirismo e amizade formal – pareciam-me ligadas entre si, e pediam uma análise conjunta, na

---

6. Para uma descrição mais detalhada, remeto a Carneiro da Cunha 1978 e 1979 [cap. 2 deste volume].

medida em que uma se afigurava a antítese da outra. Além disso, uma explicação de tipo sociológico não exauria, longe disso, a questão. No livro de 1978, eu concluía que o amigo formal era de certo modo o "outro" por excelência. Enquanto o companheiro faz as vezes do gêmeo idêntico, o amigo formal faz as vezes do gêmeo díspar, capenga. Díspar mais do que oposto, ele incarna o desequilíbrio perpétuo que está na origem das transformações e do movimento.

É provavelmente por isso que o papel do amigo formal, tanto no ritual quanto na mitologia e em todas as situações reais de crise é muito mais importante do que o do companheiro. Considera-se que o amigo formal tem uma solidariedade máxima com seu parceiro, que no entanto ele evita cuidadosamente. Quando um krahô é atacado por marimbondos, seu amigo formal deve passar pelo mesmo sofrimento. Lua e Sol são, nos mitos, amigos formais. Lua é habitualmente um *trickster*, que subverte a criação operada pelo Sol e que introduz a morte definitiva. Mas ao fazê-lo, introduz também a mudança e o movimento. Essa relação de amizade formal é traduzida em português por "compadrio". No catolicismo popular, essa relação é marcada por um profundo respeito e diz-se na Amazônia que "a cama mais quente do inferno é para quem se amiga com a comadre". A tal ponto, conta um missionário, que um homem hesitava em batizar seu filho em perigo de morte, de medo de que não pudesse mais coabitar com sua mulher, que, com esse batismo, se tornaria sua comadre. Ao traduzir a amizade formal por compadrio, é a relação de evitação que se põe em primeiro plano.

Na época, sem poder ligar essas instituições a uma teoria americana da gemelaridade que Lévi-Strauss ainda não havia enunciado, acabei optando por uma abordagem estrutural-psicológica da construção da pessoa que revi em seguida [cap. 2 deste volume]. Ao ler *História de Lince*, percebi que companheirismo e amizade formal eram um exemplo da coexistência de um dualismo diametral estático com uma fórmula dinâmica introduzida pelo desequilíbrio entre gêmeos.

A importância da amizade formal desmente de certa forma o dualismo diametral e simétrico pelo qual os Krahô gostam de se apresentar. Aqui também, Lévi-Strauss tinha acertado em cheio: primeiro ao se colocar a pergunta "As organizações dualistas existem?" e mostrando muito cedo que debaixo do dualismo diametral se escondia algo que o desequilibrava; depois, no curso de

1968-69, como ele afirma na apresentação a *História de Lince*, percebendo a relação entre a problematização do dualismo diametral e a gemelaridade no continente americano.

Com este exemplo, quis mostrar a fecundidade da abordagem de Lévi-Strauss, em quem confluem de forma única – e essa é uma singularidade da história – o faro policial, o espírito de análise, o espírito.

Olhares indigenistas e escravistas

7. POR UMA HISTÓRIA INDÍGENA E DO INDIGENISMO

A história dos povos indígenas no Brasil está mudando de figura. Até os anos 1970, os índios, supunha-se, não tinham nem futuro, nem passado.[1] Vaticinava-se o fim dos últimos grupos indígenas, deplorava-se sua assimilação irreversível e a sua extinção tida por inelutável diante do capital que se expandia nas fronteiras do país. A ausência de passado, por sua vez, era corroborada por uma dupla reticência, de historiadores e de antropólogos. A reticência dos historiadores era metodológica, e as dos antropólogos, teórica. Os historiadores, afeitos a fontes escritas – e escritas por seus atores – hesitavam ainda em pisar nas movediças areias da tradição oral ou de uma documentação sistematicamente produzida por terceiros: missionários, inquisidores, administradores, viajantes, colonos, intermediários culturais, em suma, com interesses próprios e geralmente antagônicos aos das populações descritas. Em tais condições, essas fontes vinham viciadas por distorções, por incompreensões inevitáveis, que filtravam e refratavam as informações. Com uma arqueologia ainda por fazer, com ausência de

---

[1]. Em 1983, organizamos um grupo de trabalho na Associação Nacional de Pós-Graduação em Ciências Sociais (ANPOCS) e na Associação Brasileira de Antropologia (ABA) sobre o tema da história indígena e do indigenismo. Vários antropólogos, arqueólogos e historiadores apresentaram comunicações nesse GT, e mais tarde muitas delas foram reunidas em um volume triplo da *Revista de Antropologia* (n°s 30/31/32) correspondendo aos anos de 1987, 1988 e 1989. O artigo que segue foi a introdução a essa edição especial, e grande parte das referências limita-se aos artigos contidos no volume. Ele não pretende dar conta da produção relevante até então.

quaisquer monumentos que atestassem grandes impérios, não era tangível a existência de uma história antes de 1500.

A abstenção dos antropólogos, por sua vez, provinha de várias e diferentes fontes teóricas. Havia, já um tanto anacrônica, a velha doutrina evolucionista, para quem os índios não tinham passado por serem, de certa forma, o próprio passado, ponto zero de socialidade. Essa teoria, vigorosa no fim do século XIX, havia substituído, vale a pena lembrar, outra vigente no começo desse século e associada aos nomes de Buffon e de Cornelius de Pauw, que tinha a peculiaridade de explicitamente ligar a ausência de futuro à ausência de passado para os índios: eles seriam como que a decadência prematura da humanidade, frágeis habitantes de um continente onde nada podia prosperar, onde a infância se ligava diretamente à velhice, sem passar pela maturidade. Assim como não havia grandes mamíferos na América, igualmente seus habitantes eram fracos, sem vitalidade e sem porvir.

No período moderno, por sua vez, a reticência dos antropólogos em tratar de história indígena deriva de outras ideias: as funcionalistas e as estruturalistas. Ambas as escolas privilegiavam uma análise sistêmica e sincrônica da sociedade (situando-se uma no nível empírico, outra no nível de uma organização subjacente ao empírico) como chave de sua inteligibilidade. É verdade que Radcliffe-Brown, que nisso se assemelhava aos historiadores tradicionais, renunciava à pesquisa histórica em sociedades ágrafas não por ser irrelevante, mas por ser impossível de ser feita adequadamente. Quanto ao estruturalismo, embora preconizasse a história, não via nela um nível de organização e um poder explicativo comparável ao da sincronia. A história era sobretudo a ausência de sistema, o imponderável e portanto o ininteligível: acontecimentos que vinham se abater sobre o sistema que procurava resistir-lhes.

Os índios, no entanto, têm futuro: e portanto têm passado. Ou seja, o interesse pelo passado dos povos indígenas, hoje, não é dissociável da percepção de que eles serão parte do nosso futuro. A sua presença crescente na arena política nacional e internacional, sua também crescente utilização dos mecanismos jurídicos na defesa de seus direitos tornam a história indígena importante politicamente. Os direitos dos índios à sua terra, diz a Constituição, são históricos, e a história adquire uma imediata utilidade quando se trata de provar a ocupação. Mas ela tem também um caráter de resgate de dignidade que não se pode esquecer. No Brasil, contrariamente ao México e ao Peru, à falta talvez de civilizações da pedra, exaltou-se o índio desde a Independência, mas não se exaltou sua história. Isto teve tanto vantagens como desvantagens: de certa forma, a história indígena ficou virgem, ou quase. E está noiva não de uma ideologia de Estado mas do movimento indígena.

A situação mudou também, tanto na história quanto na antropologia. A história da cultura popular, que floresceu na década de 1970, por exemplo, encontrou os mesmos problemas de fontes que afligiam a história das sociedades indígenas: aqui também os documentos eram pouco fiáveis e teriam de ser abordados, na expressão de Peter Burke (1978: 77) de "forma oblíqua". Esses acessos "oblíquos" à história envolviam por exemplo o método regressivo preconizado por Marc Bloch diante dos impasses do estudo de sociedades rurais. Tratava-se não de uma inferência simplista que suporia que o que se conhece hoje de uma sociedade é o que sempre ocorreu, mas de ampliar o conhecimento sobre períodos mais obscuros, dos quais só nos restam fragmentos de informação, conectando tais fragmentos com outros traços com que se ligam em períodos melhor documentados. Por exemplo, o que se conhece hoje das conexões entre chefia e aliança nos grupos karib do escudo das Guianas, permite expandir a compreensão que se tem das revoltas ou das alianças comerciais que ocorreram no século XVIII (Farage [1986] 1991).

Por outro lado, o método comparativo também foi utilizado por historiadores, seja entre sociedades próximas, de uma mesma "área cultural", seja eventualmente em sociedades distantes no tempo e no espaço, para se entender a articulação interna de certas instituições: os estudos de bruxaria ou os de messianismo foram os mais notórios exemplos de fecundidade desse método.

A história, em suma, diante de objetos não convencionais – classes subalternas, rurais e urbanas, seus movimentos sociais e sua cultura, sociedades ágrafas ou de tradição oral – acabou forjando novos métodos e legitimando novas fontes.

Enquanto isso, na antropologia, renova-se o interesse pela história, e isto com pelo menos duas problemáticas diferentes: por um lado, tentava-se perceber no desenrolar histórico de povos ágrafos a dialética entre a estrutura e o processo, este não mais visto como um evento que viria incidir e realimentar a estrutura que o digeriria, mas como centelha de novos movimentos sociais (Carneiro da Cunha 1973, ver cap. 1 deste volume) ou como portador de mudanças para a própria cultura (Sahlins 1981, 1985). Por outro lado, procurava-se perceber, naquilo que propriamente se poderia chamar de etno-história, a significação e o lugar que diferentes povos atribuíam à temporalidade (Rosaldo 1980; e ver cap. 4 deste volume).

Arqueologia

A arqueologia brasileira trouxe literalmente à tona, nos últimos anos, grande quantidade de novos dados, que alteraram o consenso sobre pelo menos dois tópicos fundamentais: a antiguidade do povoamento da América, e do Brasil em particular; e a possibilidade de existência, na Amazônia, de densas populações com sistemas políticos centralizados e hierarquias sociais. Os trabalhos de Nièdè Guidon mostraram que há cerca de 35 mil anos – muito antes da época em que se supunha que tivessem cruzado o estreito de Bering – chegaram homens ao que é hoje o sudeste do Piauí (ver p. ex. Guidon 1989). As escavações de Anna Roosevelt na bacia do Orinoco (Roosevelt 1980) e agora em Marajó puseram em causa as teorias de Steward, Meggers e Evans, Lathrap e Gross sobre as limitações demográficas impostas pelos solos, pela agricultura e pela proteína animal na Amazônia, demonstrando que a existência de cacicatos foi baseada na proteína fornecida pelo milho, na várzea amazônica. Ruiu a ideia de que a Amazônia era o beco sem saída onde teriam vindo degenerar altas civilizações andinas, como afirmava Meggers desde os anos 1950. Quanto ao Nordeste, a presença de plantas proteicas, como milho e feijão, no semiárido pré-histórico, a crescente qualidade da pintura rupestre da Tradição Nordeste que prosperou em São Raimundo Nonato de 32 mil a 7 mil anos atrás, sendo substituída há cerca de 5 mil anos por uma arte menos elaborada, levam no mínimo a considerar possibilidades (senão sociedades) mais complexas para a adaptação do homem ao meio.

A colaboração da arqueologia com a antropologia tem sido um outro aspecto de uma renovação do conhecimento sobre o passado dos povos indígenas. Ela tem se dado em mão dupla, como fica patente em trabalhos como o de Wüst (1989): em um sentido, a arqueologia tem trazido elementos para conhecer o passado de sociedades atuais; no outro, a socialidade, a demografia ou o uso de recursos naturais por grupos de indígenas contemporâneos têm inspirado respostas a questões que já mencionamos e suscitadas pelo material levantado pelos arqueólogos. Dados os sistemas ambientais brasileiros e dadas as técnicas agrícolas usadas, haveria limite para o volume populacional que poderia ocupar um certo território? Haveria sistemas políticos hierarquizados nas terras baixas sul-americanas e quais seriam seus indícios? Parece-me, no entanto, que um dos aportes mais preciosos, pelo menos de uma certa antropologia, a esses debates é o de sublinhar que as sociedades não são só o que fazem – suas técnicas e seu acervo de recursos naturais – mas também o que pensam que fazem – os modos socialmente partilhados de representarem as relações entre os homens com seus recursos naturais, sobrenaturais e culturais. Quando existem fontes sobre o sistema social e de valores, como é o caso dos Tupinambá, estudados por Scatamacchia e Moscoso (1989), a arqueologia, a história e a antropologia passam a poder se criticar entre si. Mas, na ausência de dados sobre os sistemas de ideias, os arqueólogos de sociedades ágrafas têm, com certa razão, usado preferencialmente teorias antropológicas materialistas que fazem a economia das representações, considerando-as como (sub)produtos de determinações adaptativas. O estudo minucioso que Descola fez da economia Ashuar do Equador (1986) mostra, no entanto, que a inter-relação do homem com seu meio é insuficiente sozinha para explicar as formas de ocupação e de uso do território por esse povo jívaro. A demonstração é probante e vale como lembrete geral.

História indígena e história do indigenismo

Sem dúvida, a história indígena tem duas eras. Como disse Marawê, índio Kayabi do Parque Nacional do Xingu, a história indígena deveria ser bipartida em A.B. e D.B. (Ferreira 1989), ou seja, antes do Branco e depois do Branco. Não é acaso, portanto, que esse evento fundante da nova era tenha sido tão amplamente tematizado pelas sociedades indígenas: a origem do homem branco, sua inserção numa cosmogonia que se esforçava por lhe achar um lugar, a ampliação das fronteiras do mundo social, a explicação de uma desigualdade evidente, todos esses assuntos foram objeto de intensa especulação (ver p. ex. DaMatta 1970a, Mendez 1989 e Bastos 1989). Essa especulação, toda teórica, serviu frequentemente como um *relais* entre a mitologia A.B. e movimentos sociais importantes, que muitas vezes tomaram a feição de movimentos messiânicos (Carneiro da Cunha 1973, Melatti 1972, Wright & Hill 1986). Ocasionalmente, como mostra Porro (1989), que recua o messianismo amazônico para fins do século XVII, um "branco" de carne e osso foi encarregado de encarnar essa transição. Nem todos os movimentos messiânicos, no entanto, passaram por esse *relais*, organizando-se por referência direta à antiga cosmologia (p. ex. Schaden 1959, Métraux [1928] 1967 e Wright 1989). Seja como for, a análise desses mitos e desses movimentos fornece chaves essenciais de acesso ao que poderíamos chamar a teoria política indígena D.B.

Fica patente, nessa literatura etiológica do "homem branco", a ênfase na iniciativa indígena: os índios são índios porque negaram-se a ser "brancos". Optaram pela cuia e pelo arco, como no mito timbira, ou recusaram-se a ser amansados, como no kawahiwa. Opção desastrada, talvez, que resultou numa partilha desigual de riqueza e poder – e que certos movimentos messiânicos tentam reverter (ver cap. 1 deste volume) – mas que aponta para a ideia dignificante de que os índios são agentes de sua própria história. Aponta também para um monogenismo generalizado: a humanidade foi toda indígena nos tempos primordiais, e os "brancos" não passam de índios metamorfoseados.

A política indígena é portanto – pois é isso que demonstram os estudos a que nos referimos – uma elaboração ativa que permanentemente articula práticas sociais e cosmologias com situações específicas. A divisão em duas eras, por esclarecedora que seja, tem de ser agora refinada: há várias épocas em cada era, cada uma com estratégias próprias de parte a parte, cada uma com atores múltiplos e diferenciados. Os usos e as interpretações que as sociedades indígenas ou índios individualmente fizeram das situações em que se encontraram (ver Santilli 1989; Arnaud 1989) são elucidativos dos processos e dos quiproquós políticos gerados pela dominação.

Quanto à história do indigenismo, foi por muito tempo confundida com a história indígena: ou seja, os índios apareceram frequentemente como vítimas de um processo no qual se supunha que não interviessem como atores. Por sua vez, o indigenismo foi muitas vezes reduzido à legislação que, embora importante e reveladora, não pode ser pensada como a realidade completa. A história do indigenismo não é portanto dissociável da história indígena, simplesmente engloba mais atores.

Quem foram os protagonistas reais da questão indígena nos diferentes períodos da história do Brasil e quais suas peculiaridades?

Há, primeiro, os diversos grupos indígenas, com a característica fundamental de sua autonomia política absoluta. Na ausência de poder centralizado, a conquista tanto espiritual quanto temporal só podia se dar de forma atomizada, por pedaços. "Lá", escrevia o jesuíta Manoel da Nóbrega em 1550, referindo-se a Francisco Xavier então nas Índias Orientais, "convertem-se impérios. Cá, convertemos almas".

Correlata a esta autonomia, a guerra endêmica, e a possibilidade de alianças estratégicas dos colonos com certos grupos indígenas para escravização dos outros. Estratégia, aliás, de mão dupla, já que tanto quanto as potências metropolitanas, os índios, até o Tratado de Madri em 1750, também souberam usar as guerras europeias para se aliarem, segundo suas conveniências e oportunidades, seja aos portugueses, seja aos franceses, holandeses ou espanhóis.

De um lado, portanto, uma multiplicidade de células políticas, de outro, Estados fortes, mercantis ou francamente coloniais que, a partir da segunda metade do século XVIII, consolidam suas fronteiras, reduzindo-se a um único Estado, o português, ao qual sucede, em 1822, o Estado brasileiro.

Até a época pombalina, portanto, os agentes da política indigenista eram múltiplos: além dos diferentes estados europeus, os interesses diversos e frequentemente divergentes de moradores da colônia e de missionários, sobretudo jesuítas – cuja política, senão os resultados práticos, seguiram uma lógica independente –, criavam um campo de tensões que se refletem na legislação oscilante da época: segundo o peso específico, no período, de colonos ou de missionários, a Coroa promulgava a liberdade irrestrita dos índios ou arrolava os casos "excepcionais" (exceção que se torna imediatamente regra) em que podiam ser legalmente escravizados. A violência da prática é ilustrada pelo artigo de Luiz Mott (1989) sobre os índios Gueguê do Piauí, ao longo do século XVII.

Com a consolidação das fronteiras seguida da expulsão dos jesuítas na década de 1750, o campo se restringe (ver Chaim 1989, para a análise do caso de Goiás). A vinda da Corte portuguesa para o Brasil em 1808 e a Independência do Império em 1822 só ratificam a estreita vinculação dos interesses dos colonos com o poder Central. A partir desse período, a questão indígena que havia sido principalmente até então uma questão de mão de obra e de garantia de fronteiras, passa a ser sobretudo uma questão de ocupação de fronteiras internas, ou seja, de ocupação de territórios (ver Paraíso 1989; Barros 1989).

O fim do século XIX e início do século XX, tratados nos artigos de Antonio Carlos de Lima (1989) e de Jurandyr Leite (1989), marcam um período de renovação teórica e política em relação aos índios, que tem merecido grande atenção. Ainda está por fazer, no entanto, a história crítica das grandes agências indigenistas do século XX, o SPI e a Funai. Para que seja feita, há que se entrar em arquivos até hoje pouco acessíveis a pesquisadores.

8. SOBRE OS SILÊNCIOS DA LEI
LEI COSTUMEIRA E POSITIVA NAS ALFORRIAS DE ESCRAVOS NO BRASIL DO SÉCULO XIX

Law is worn very loosely.
KIDDER & FLETCHER

A história de um erro é sempre instrutiva.[1]
Sabe-se do lugar de honra que a mediação do Estado e da Igreja

---

1. Sob o título "Silences of the Law: customary law and positive law on the manumission of slaves", este artigo foi originalmente escrito para a então nova revista franco-britânica *History and Anthropology*, em um número temático sobre a lei, organizado por Sally Humphreys em 1985. Foi republicado em *Dados*, v. 28, n. 1, 1985.
Relendo-o, percebo que me aproveitei e corroborei, sem citá-las, as ideias do historiador Robert Slenes sobre a importância e função de um certo paternalismo nas relações entre senhor e escravo no Brasil.
Na presente edição, foi acrescentada, à guisa de pós-escrito, a apresentação de um panfleto perdido de Henry Koster de 1816, publicada juntamente com o panfleto, na revista inglesa *Slavery and Abolition*, em 1991, e só em 2003, em português, pela Editora da Universidade do Rio Grande do Norte.
A crença na existência de uma lei no Brasil do século XIX que obrigava o senhor a conceder alforria ao escravo que lhe oferecesse seu valor de mercado remonta a Koster, como mostro no artigo. Ora, a tal lei não existia, ainda que o costume pudesse existir. Por que então Koster a inventou? Achei a chave desse mistério na seção de obras raras da Biblioteca de Cambridge. Consegui localizar um panfleto de Koster, datado do mesmo ano de *Travels in Brazil*, seu livro fundamental, de 1816. Seguindo as referências dadas pelo panfleto, percebi que Koster fazia parte de um círculo abolicionista inglês, reunido em torno de Wilberforce. O panfleto preconizava que se adotassem nas Índias Ocidentais inglesas as leis benéficas do Brasil que permitiam aos escravos acumular pecúlio e comprar sua liberdade.

nas relações entre senhores e escravos ocupou nas teses de Tannenbaum e de Elkins sobre a leniência peculiar da escravidão no Brasil. Central, por sua vez, no suposto papel do Estado, era o direito à alforria do escravo que oferecesse seu valor de mercado. Ora, trata-se, diga-se já, de um dos erros mais bem-sucedidos da história. É, à primeira vista, uma charada: o costume de se alforriar escravos que apresentassem seu valor era largamente praticado, mas à revelia do Estado; não, porém, que o Estado se opusesse, mas porque não lhe era permitido sancioná-lo em lei, pela oposição daqueles mesmos que praticavam essa regra costumeira. Charada que tentaremos decifrar.

Podemos retraçar a carreira vertiginosa desse engano histórico. Creio que se origina no inglês Henry Koster, que foi lavrador de cana em Pernambuco no começo do século XIX e certamente uma das melhores, senão a melhor, fonte sobre o Nordeste nessa época. Koster escreve: "O escravo pode obrigar o seu senhor a manumiti-lo, desde que lhe ofereça a quantia pelo qual foi comprado, ou o preço pelo qual poderia ser vendido, se este preço for superior ao que valia o escravo na época em que foi comprado" (Koster 1816: 404). Logo a seguir, no entanto, Koster confronta-se com os manifestos desvios a essa regra que afirmou, agora explicitamente descrita como sendo uma lei:

> Esta regulamentação, como toda outra feita em favor do escravo, é sujeita a ser desrespeitada, e o senhor por vezes realmente se nega a alforriar um escravo valioso; e nenhum recurso é impetrado pela vítima em virtude do estado jurídico nesse país que torna quase impossível que um escravo ganhe um processo (id. ibid.: loc. cit.).

Mas, uma página adiante, em uma nota de rodapé, comentando a recusa dada à alforria de um escravo, Koster parece dissipar uma dúvida que se teria insinuado nele: existiria ou não a tal lei? Ele acaba por decidir a favor da sua existência e por imputar os desvios flagrantes registrados na prática à sua transgressão:

> Este caso de recusa, assim como outros de que ouvi falar, far-me-iam duvidar do fundamento sobre o qual se assenta o costume de alforriar, se eu não soubesse com que facilidade as leis relativas a muitos outros pontos importantes são burladas pela influência da

riqueza e do poder. Não vi uma cópia da lei ou do regulamento sobre o assunto, mas nunca encontrei quem duvidasse de sua existência. Nunca encontrei quem duvidasse que o escravo tinha direito a recorrer, se achasse conveniente; que fosse ouvido ou não, essa era outra questão (id. ibid.: 405, nota).

A partir daí, a carreira desse erro é rápida, sobretudo porque Koster serve de fonte para muitos de seus sucessores, em geral avaros em reconhecer os empréstimos que lhe fazem. O francês Tollenare, contemporâneo de Koster em Pernambuco, retoma o dado como certo, em suas *Notas dominicais* (Tollenare 1956: 144), publicadas em 1818. Robert Southey, o poeta inglês e autor de uma importante história do Brasil, fala da existência da tal lei em 1819, citando Koster como sua fonte (Southey 1819, parte 3, cap. XLIV: 783). Daí por diante, torna-se comum a menção à lei da manumissão por oferta do valor: aparece em quase todos os viajantes. Em 1835, por exemplo, Carl Seidler refere-se a ela nos seus *Dez anos no Brasil* (1980: 255). Em 1857, os reverendos Kidder e Fletcher a mencionam no livro *Brazil and the Brazilians* (1857: 133). Sir Harry Johnston (1969) retoma a afirmação em 1910, no seu livro comparativo sobre a escravidão, e é a ele e a Kidder e Fletcher que Tannenbaum ([1947] 1963: 54, 56, 65) irá citar em apoio da existência do direito legal à alforria no Brasil. Estava consagrado o engano, e não me consta que entre os argumentos que se levantaram contra as teses de Tannenbaum e de Elkins, que as retomou, alguém tivesse lançado dúvidas sobre a existência desse direito legal.

E, no entanto, esse direito não existia em lei até 1871, ou seja, até a chamada Lei do Ventre Livre; significativamente, essa lei, que declarava livres os filhos de escravas nascidos a partir daquela data, marcava o começo do desmantelamento oficial do escravismo.

É verdade que, antes dessa data, existiam circunstâncias excepcionais em que o Estado intervinha concedendo alforrias. Na Guerra da Independência na Bahia, o general Labatut promete a liberdade aos escravos do Recôncavo que combatessem contra os portugueses. Consegue, com essa medida, alienar de si todos os senhores de escravos da região e a Junta Governativa sediada em Cachoeira, para quem combatia. Não que perdessem muito, pois o caos econômico então reinante e a promessa de indenização podiam seraná-los quanto às perdas reais (Amaral 1957: 284-85, 292, nota 3). Mas, embora a carta de alforria, mesmo nesse caso de virtual desapropriação, fosse passada pelo senhores respectivos, estes ressentiam fortemente a ingerência no direito estritamente privado de alforriar.

Na lei de exceção de 1835, consecutiva ao mais importante levante de escravos do século XIX, o dos chamados "malês" na Bahia, para tentar prevenir novas insurreições, o governo promete alforria aos escravos delatores (Lei nº 9 de 13/5/1835, artigo 9). No Rio Grande do Sul, em 1838, acena-se com a alforria aos escravos desertores das forças republicanas de Bento Gonçalves. Ao que esse, aliás, retruca altivamente, lembrando que em sua República todos já eram livres (Determinação do Governo Imperial de 19/11/1838, apud Goulart 1971: 202).

Na época da Guerra do Paraguai (1865-70), repete-se a promessa de liberdade aos escravos que fossem combater, e repete-se a grita dos senhores.

No século anterior, esses casos excepcionais de intervenção do Estado na alforria tentavam prevenir contrabando de diamantes e, mais tarde, de madeiras. Os escravos delatores de contrabando, mesmo testemunhando contra seus senhores, seriam alforriados. Assim também os que achassem eles próprios diamantes acima de vinte quilates (Perdigão Malheiros [1867] 1976, v. 1: 98, § 60, § 70).

Creio que com isso se exaurem as ocasiões em que o governo se arrogou o direito de interferir na concessão de alforria: razões imperiosas de Estado, todas entendidas como medidas excepcionais. Sempre, de qualquer forma, indenizavam-se os senhores, e cabia a estes a concessão da carta de alforria. Em suma, afora situação excepcional, competia exclusivamente ao senhor conceder alforria ou negá-la a seu escravo.

Na verdade, a lei costumeira, "cuja existência ninguém punha em dúvida", nos termos de Koster, realmente vigia. Têm-se disso alguns indícios estatísticos. Em Parati, entre 1789 e 1822, 24% das alforrias são pagas. Em Salvador, 48%, entre 1684 e 1745 (Kiernan 1976: 203; Mattoso 1979: 211; Schwartz 1974: 623). Em nove municípios paraibanos, entre 1850 e 1888, 25,6% (Galliza 1979: 142). De forma global para o Brasil como um todo, 30,6% das alforrias são pagas, entre 1873 e 1885 (Slenes 1976: 517-18).

É verdade que algumas, por afeição, eram pagas abaixo do valor de mercado (Galliza 1979: 152, notas 29-30, 161-62) mas a prática não parece ser generalizável. Há também casos em que o senhor pedia, ao contrário, um preço superior ao do mercado, provavelmente especulando no interesse particular e intransferível que o escravo tinha em si próprio. Côrtes de Oliveira (1979: 207) publica um testamento de 1810, do qual se deduz que o senhor – aliás, um liberto – alforriou uma escrava que só lhe trazia dissabores, recebendo dela uma soma substancialmente maior do que aquela pela qual ela havia sido comprada dois anos antes.

Algumas dessas alforrias eram pagas em dinheiro, outras em bens móveis que podiam, até, incluir escravos, ou bens imóveis (Galliza 1979: 150). O que vem subentendido nessas práticas é a existência, também silenciada na lei até 1871, mas plenamente vigente no direito costumeiro, do pecúlio do escravo. Se *de jure* o escravo não podia possuir coisa alguma, *de facto* chegava-se, por exemplo, a ter formas especiais de se marcar o gado pertencentes aos escravos (Koster 1816; Perdigão Malheiros [1867] 1976 , v. 1: 62, § 34).

Diante dos números que evocamos de alforrias pagas, o silêncio da lei é o que mais chama a atenção. Por que não há nenhuma regulamentação, antes de 1871, de uma prática tão largamente difundida? O que desperta outras questões. Qual a relação entre lei costumeira e lei positiva no Brasil oitocentista? A significação daquilo que não se escreve? E até, de forma mais genérica, qual o lugar e o papel do silêncio, da omissão, do não escrito em uma sociedade letrada?

O silêncio da lei não era certamente esquecimento. Ao longo da primeira metade do século XIX, quase todos os projetos antiescravistas incluem, na legislação que propõem, o resgate compulsório do escravo que apresente o seu valor. José Bonifácio, no artigo 5 de seu famoso projeto de 1823 que deveria ser submetido à Assembleia Geral Constituinte e Legislativa do Brasil, Moniz Barreto, na *Memória* que ofereceu a dom João VI em 1817 (publicada em 1837), José Eloy Pereira da Silva, em 1826, o dr. Caetano Alberto Soares, em sua *Memória* de 1845, republicada em 1862, o deputado Silva Guimarães, no projeto de lei que chegou a ser apresentado à Câmara dos Deputados em 1850, a Sociedade Contra o Tráfico de Africanos e Promotora da Colonização e Civilização dos Indígenas, no seu Projeto de 1852, 3ª parte, artigo 46 – todos pediam a inclusão na lei do direito à alforria, mediante apresentação do valor do escravo.[2]

---

2. Apud Perdigão Malheiros [1867] 1976, v. 2: 81, 226-28, 232, 247-48, 256. Sobre o projeto de lei de Silva Guimarães, ver Amaral 1915: 649.

Mas essas propostas são, de forma igualmente consistente, voto vencido. O texto de José Bonifácio, por exemplo, devia nortear a Constituição que acabou sendo substituída pela Carta Outorgada em 1824. Até no Projeto elaborado pela Constituinte que terminou dissolvida, o papel do Estado era ao mesmo tempo mencionado e diluído em uma fórmula de cunho liberal, cuja ironia Caio Prado Júnior (1963: 54) ressaltou tão bem: "Art. 265. A Constituição reconhece os contratos entre os senhores e os escravos, e o governo vigiará sobre a sua manutenção".

No campo jurídico, o argumento que se opunha a essas propostas era o direito de propriedade, garantido "em toda a sua plenitude" na Constituição de 1824 (artigo 179, § 22). Plenitude que supunha o direito exclusivo de o senhor alforriar ou não seu escravo, segundo sua exclusiva vontade.

No período de predomínio liberal (1827-37), que teve profundo impacto no campo jurídico,[3] a jurisprudência começa no entanto a recomendar tais alforrias: declaração de intenções que acaba enfatizando a ausência de apoio legal. Em 1830, por exemplo, diante dos escravos a quem sua senhora negava a liberdade, embora oferecessem seu valor em dinheiro, recusa-se o Ministério da Justiça a ordenar a alforria, por não querer "coactar o exercício do direito dos senhores, permitido por lei". Recomenda, ao contrário, "meios dóceis e persuasivos" para induzir a senhora a conceder a liberdade que havia prometido em troca da soma por ela estipulada (Justiça nº 66 de 8/3/1830, *Colleção das leis do Império do Brasil* 1830: 50):

> Sobre a liberdade requerida por dois escravos
> Desejando Sua Majestade o Imperador facilitar e promover a liberdade de escravos, sem todavia coactar o exercício do direito dos senhores permitidos [sic] por lei. Há por bem V.S. procure por meios dóceis e persuasivos, fazer realizar os suplicantes, João e Manuel, mencionados no requerimento incluso, a liberdade prometida por sua senhora uma vez que eles entreguem a soma pela mesma designada.

Dois outros Avisos do mesmo ano de 1830 vão na mesma direção, aconselhando meios conciliatórios para persuadir senhores a

---

3. É o período de elaboração e promulgação do Código Criminal de 1830, o mais radical dos códigos do Império.

aceitarem o pagamento do valor de seus escravos que desejam remir-se. O segundo destes Avisos recomenda que se convença o senhor do "direito" que tem seu escravo "de procurar sua manumissão" (atente-se: não o direito à manumissão, mas o de desejá-la) e do seu "dever (de senhor) de concorrer para a felicidade do dito escravo..." (Avisos de 17/3/1830 e de 29/7/1830, in Nabuco de Araújo 1836-44, v. 7: 158, 187). Mas, em nome "da humanidade, da philantropia, da caridade christã, dos direitos do homem", a jurisprudência se arrisca, mais adiante: um Aviso, de 15/12/1831, manda que, falhando os meios pacíficos de conseguir a liberdade da crioula Eugênia mediante pagamento, se aplicassem os termos da lei, que a protegem (id. ibid., v. 7: 604). Que lei é essa? Eis o que não é especificado e que surpreende. Seguido em 1837 por uma Resolução que manda alforriar os escravos do imperador que oferecerem seu valor e, em 1847, por uma ordenação que dispõe a mesma coisa para os escravos da Nação (Resolução nº 30 de 11/8/1837, artigo 1; Ordenação nº 160 de 30/10/1847), o Aviso de 1831 terá aberto um campo de especulações sobre o direito da alforria que só será estancado com o parecer peremptório da seção de Justiça do Conselho de Estado, em 1855. Esse parecer de um órgão assessor do imperador, fortemente reacionário nesse período, põe cobro a "interpretações humanitárias de leis estabelecidas" e reafirma que não há lei que obrigue o senhor a alforriar seu escravo (Almeida 1870: 1073-74; Aviso nº 388 de 21/12/1855).

Tannenbaum estava, portanto, errado: o Estado não mediava as relações entre senhores e escravos. Nem tampouco a Igreja como instituição. Não só as ordens religiosas tinham seus escravos, até quase às vésperas da Abolição, mas algumas se especializaram, e parecem ter sido as únicas empresas do gênero no Brasil, na reprodução de escravos. Os carmelitas tinham, por exemplo, criatórios de escravos na província do Rio de Janeiro, e os beneditinos na Ilha do Governador, no Rio de Janeiro (Ewbank [1856] 1976: 276). O que houve, sim, foi o papel importante das irmandades religiosas, associações de leigos à sombra da Igreja, de organização local e sem nenhuma centralização, que defendiam os interesses corporativos de seus membros. As irmandades de escravos, e libertos negros ou pardos, adiantavam dinheiro a seus associados para sua alforria em um sistema de consórcio (ver, p. ex., Scarano 1976; Russell-Wood 1974). Certas irmandades particulares tinham alguns privilégios concedidos pelo rei de Portugal. Mas eram irmandades de determinada igreja em determinada cidade, e o privilégio aplicava-se exclusivamente a seus membros. Em 1688, a Confraria de Pretos de Nossa Senhora do Rosário da Igreja de São Salvador de Lisboa havia obtido o privilégio de poder resgatar seus membros se os senhores os quisessem vender para fora do reino; em 1779, a Irmandade de São Benedito do Convento de São Francisco de Lisboa obtinha o privilégio de resgatar do cativeiro a seus irmãos (Alvará de 22/2/1688, in Silva 1859: 154; Provisão de 29/11/1779, in Almeida 1870: 1022).[4] Mas isso dificilmente poderia ser entendido como uma mediação da Igreja: em 1685, o rei concedia a outra irmandade, de elite, sediada em Angola, a permissão de mandar, por quatro anos consecutivos, quinhentos escravos para serem vendidos no Brasil, a fim de custear a construção de uma igreja (Alvará de 31/10/1685, in Silva 1859: 48).

Se a lei escrita não se pronunciava a favor do direito à alforria paga, a lei costumeira, entretanto, seguia caminhos próprios. "Consta-me", escrevia um severo conselheiro de Estado no parecer de 1855 a que nos referimos,

> que na Província da Bahia introduziu-se a prática de, no acto de se fazerem os inventários, pode-se remir qualquer escravo, logo que ofereça o valor. A ser isto verdade, ignoro inteiramente em que se funda semelhante regra que, no meu entender, nenhum fomento tem nas Leis por que nos regemos (Aviso nº 388 de 21/12/1855, in Almeida 1870, v. 2: 1073).

Entre a lei e o direito costumeiro, não há dúvida de que era este que podia contar com maior obediência. A autoridade das leis escritas variava, era sabido, na razão inversa da distância dos centros urbanos. No interior, a lei era exercida pelos poderosos, "senhores de engenho, indóceis às leis, habituados a fazerem justiça por suas próprias mãos" (Tollenare [1818] 1956: 194). Podemos, além disso, nos indagar sobre o conhecimento difundido da legislação. É de bom-senso que a ignorância da lei escrita fosse genera-

---

4. Perdigão Malheiros engana-se tomando esse privilégio específico de uma irmandade de certa igreja de Lisboa por uma regra geral aplicável a qualquer irmandade de São Benedito (Perdigão Malheiros [1867] 1976, v. 1: 38, 99).

lizada entre os escravos, e nem se percebe que canais teriam para adquirir esse saber. Mas, além disso, existem também indícios de que a legislação que os protegia era propositalmente ocultada aos escravos, e isso pelo próprio legislador. Um exemplo: a Carta Régia de 20/3/1688 e a de 23/3/1688 obrigavam o senhor que castigasse com crueldade o seu escravo a vendê-lo. Mas estipulavam que não soubessem disso os outros escravos.

Que canais legais tinha um escravo para fazer valer os direitos dessas eventuais leis? Para dar queixa, necessitava da intermediação de seu senhor.[5] À falta deste, havia – mas segundo algumas interpretações apenas[6] – a possibilidade de recorrer à intermediação do promotor público ou de "qualquer do povo". Supondo que ainda assim conseguisse dar queixa de seu senhor, o que vimos ter acontecido, que apoio poderia esperar dos juízes?[7] Koster, na passagem que citamos no começo deste artigo, sugere que os escravos não recorriam à justiça por não terem esperanças de ganhar e temerem a piora de suas condições (Koster 1816: 404).

Ao inverso da lei escrita, a lei costumeira contava, se seguirmos Koster, com a sanção de uma opinião pública atenta. Padres, "homens da mesma classe do senhor" e até "a gentinha", diante dos quais o senhor não queria se desprestigiar, pressionariam nesse sentido. Não que fosse um poder totalmente efetivo. Licutan, um dos líderes da revolta dos Malês, em 1835, na Bahia, era um letrado muçulmano. Seus discípulos reúnem a soma correspondente a seu valor, mas seu senhor recusa-se a libertá-lo. Nina Rodrigues, que conta essa história baseado nos autos dos processos, acrescenta que

> ainda hoje [1900] os africanos sobreviventes dão como motivo da insurreição conhecida geralmente pelo nome de "Guerra dos Malês" a recusa oposta pelos senhores à libertação dos negros que ofere-

---

5. O escravo era civilmente incapaz e seu curador nato era o próprio senhor (Perdigão Malheiros [1867] 1976, v. 1: 22, 24, 60).
6. Perdigão Malheiros nota que havia disposições a esse respeito, que pareciam contraditórias ([1867] 1976, v. 1: 46, nota 96).
7. Os juízes de carreira, durante todo o período imperial, foram um elo político essencial entre o poder central e os poderosos (Flory 1975). Não é pois, como se afirmou, simplesmente por sua posição de classe que se abstinham de condenar senhores, mas por sua função política específica.

ciam pelos seus resgates o valor então estipulado de um escravo (Nina Rodrigues [1910] 1976: 61-62).

Há muitos outros exemplos, além dos que já mencionamos, da eficiência relativa da lei costumeira. O que talvez, mais do que a opinião pública, pressionasse sua implementação era o temor, fortemente presente, da fuga ou do suicídio de um escravo, frustrado em suas esperanças de alforria.

A propensão relativa das diversas etnias africanas ao suicídio, que se acreditava ser um traço étnico, era assim cuidadosamente avaliada e levada em consideração. Os Gabões, por exemplo, ao serem introduzidos no comecinho do século XIX, são apreciados também sob esse critério: considerados excelentes escravos, eram tidos, no entanto, como propensos a se matarem engolindo a própria língua (Koster 1816: 410). Havia, em suma, dentro da própria escravidão, um pacto mínimo com o escravo que devia ser mantido.

É, portanto, de se supor que, entre a letra morta que era a lei e a prática viva do direito costumeiro, esta levava a palma da eficácia. Por que então a relutância em deixá-la ser consignada, em passar para o papel, em grande parte inócuo, a regra já em vigor? Situação paradoxal: um costume geralmente seguido é impedido de se cristalizar numa lei que, de qualquer forma, não se esperava que fosse necessariamente obedecida. Já vimos que não é esquecimento: a lei não cala, é calada. A lógica do processo não é pois no texto que podemos esperar encontrá-la, é no próprio silêncio.

A questão era política, e o parecer de 1854, da seção de Justiça do Conselho do Estado, o explicita: era duro, reconhecia, negar ao escravo o direito à alforria paga, mas razões de Estado o exigiam para que a escravidão não se tornasse mais perigosa do que era. Se, ao contrário, o escravo só pudesse receber sua liberdade das mãos de seu senhor, não só se ressalvava o direito de propriedade, mas não se prejudicaria o sentimento de obediência e subordinação do escravo para com seu senhor, e a dependência em que dele devia ser conservado (Almeida 1870, 4º Livro das Ordenações: 1074). Trata-se, está dito em todas as letras nesse texto, da dependência pessoal.

Um comentário de Perdigão Malheiros, datado provavelmente de 1866, aponta na mesma direção. Ele recomenda restrições ao direito de resgate: devia-se limitar ao caso em que o senhor vendia seu escravo por necessidade de dinheiro. Mas na venda por castigo, na troca, nas doações e dotes, não convinha estabelecer esse direito: "Estabelecer como regra absoluta seria dar lugar à insubordinação, a que essa classe [dos escravos] é naturalmente propensa" (Perdigão Malheiros [1867] 1976, v. 2: 165, nota 657). É, portanto, novamente a subordinação que está em pauta. Em 1871, quando se dá a discussão na Câmara dos Deputados sobre a Lei do Ventre Livre, Perdigão Malheiros, a essa altura deputado por Minas Gerais, opõe-se ao projeto e especificamente à inclusão em lei do direito à alforria paga, mesmo contra a vontade do senhor. Na argumentação que desenvolve, é ainda mais explícito quanto às implicações que atribui à medida:

> Ainda deixando de lado a questão relativa à propriedade, entendo que não podemos impunemente afrouxar as relações do escravo para com o senhor, que hoje prendem tão fortemente um ao outro, e que são o único elemento moral para conter os escravos nessa triste condição em que se acham [...] Se nós rompermos violentamente esses laços, de modo a não se afrouxarem somente, mas a cortá-los, como a proposta o faz (qual a espada de Alexandre cortando o nó górdio), a consequência será a desobediência, a falta de respeito e de sujeição. Eis um dos mais graves perigos. Essa proposta, em todo o seu contexto, não tende a nada menos do que romper violentamente esses laços morais que prendem o escravo ao senhor (Perdigão Malheiros 1871, in Bruno 1979: 250).

Surpreende à primeira vista que se acene assim com o risco de insubordinação nesse contexto. Os que defendiam o direito ao resgate entendiam-no, ao contrário, como um estímulo ao trabalho, à poupança e à disciplina. É nesses termos que Koster recomenda, em 1816, a adoção dessa medida nas colônias inglesas (Koster 1816). Mas subordinação e disciplina não se confundem. Disciplina remete ao trabalhador livre; subordinação, ao dependente. E, como tentaremos mostrar mais adiante, trata-se de produzir dependentes.

Para se entender isso, é preciso pensar na divisão do controle político entre o Estado e os particulares no Brasil dessa época. O controle dos escravos, a não ser em casos de insurreições e, eventualmente, de assassinatos, ficava a cargo dos senhores. O jesuíta Benci, em 1700, censura os portugueses que, "por timbre e pundonor", consideram "que entregar o servo criminoso à Justiça, não diz bem a nobreza e fidalguia do senhor" (Benci [1700] 1977: 167). Benci apenas se refere às condenações à morte. Ou seja: nem sequer discute que os outros castigos que recomenda, açoites e carceragem privada, fiquem a critério e a cargo dos senhores. Nem tampouco que eles avaliem se o escravo merece ou não a morte. O que recomenda é que se deixe ao Estado a aplicação da pena capital.

Mais de um século mais tarde, a mesma regra ainda prevalecia, absoluta, no campo. E o senhor que não tinha poder de coação suficiente sobre seus escravos acabava vendendo os insubmissos a quem o tivesse (Koster 1816). Mas nos centros urbanos, onde proliferavam escravos de ganho e senhores de poucos escravos, sem feitores e aparelhos privados de coação, o Estado havia-se posto pura e simplesmente a serviço da justiça particular dos senhores, instituindo o Calabouço, cuja função principal era recolher e administrar os castigos que os senhores determinassem para seus escravos. Estes pagavam pela carceragem e pelos açoites aplicados (Goulart 1971: 103-ss, 197; Aufderheide 1976: 301).

No período liberal dos anos 1830, em que o papel do Estado se fortaleceu no campo judicial, algumas restrições foram colocadas a essa subserviência do Estado diante dos particulares. O Código Criminal de 1830 proibia excederem-se cinquenta açoites diários (artigo 60); um senhor não poderia ordenar mais de cinquenta chibatadas nem deixar seu escravo preso no Calabouço por mais de um mês, sem um processo legal (Lei de 3/11/1831 e Decisão nº 67, Justiça, de 10/2/1832, in *Colleção das leis do Império do Brasil*).[8] Foi a época em que o então ministro da Justiça, Feijó, declarava: "O governo julgou que a autoridade dos senhores, restrita à correção de faltas, não devia estender-se à punição de crimes reservados à justiça. Os escravos são homens e as Leis os compreendem" (Relatório do Ministro da Justiça de 10/5/1832, apud Goulart 1971: 105).

Na realidade, essas medidas humanitárias e essas declarações de intenção não afetavam o acordo básico. Competia à "responsa-

---

8. Igualmente sem controle eram as autoridades locais. Em 1837, tenta-se impor ao juiz de Direito, chefe da polícia, que não mande açoitar sumariamente os escravos mas antes os processos devidamente, ouvidos seus senhores. Não se passam no entanto quatro meses e já novo Aviso anula e manda que fique sem efeito o anterior (Avisos nº 284 de 10/6/1837 e nº 495 de 3/10/1837, in *Colleção das leis do Império do Brasil*).

bilidade paternal" do senhor o controle dos escravos como o dos filhos.[9] Ao Estado, teoricamente, competia o dos libertos e dos livres. Ora, a categoria considerada, entre todas, perigosa nesse início do século XIX era sem dúvida a da gente de cor que não era escrava. Não se sabe ao certo quantos seriam: "No que diz respeito a certas categorias de habitantes", escreveria o viajante norte-americano Thomas Ewbank, "é considerado que por discrição não devam as autoridades falar muito; assim nenhuma comparação digna de fé é dada dos números de brancos e de livres de cor, em virtude da suposta maioria esmagadora destes últimos" (Ewbank [1856] 1976: 430). Achava-se que haveria mais livres do que escravos, mas sabia-se que havia muito menos brancos do que homens de cor. Seriam cerca de um milhão de brancos, uns 700 mil homens de cor, livres, um número fantasioso de uns 250 mil "índios domesticados" e cerca de 1,9 milhão de escravos. Isto às vésperas da Independência (Balbi 1822, t. 2: 229). Não vem ao caso aqui discutir esses números; faço-o em outro trabalho (Carneiro da Cunha 1985). O que quero ressaltar é que as lealdades dos livres de cor tinham um peso político crucial. Podiam ser o fiel de uma balança cujo equilíbrio era sentido por todos, e especialmente desde a revolta do Haiti em 1791, como precário e explosivo.

Teria o Estado condições de controlar efetivamente essa população? Nada mais incerto. É nos livres de cor, aparentemente, que se concentravam as ações judiciais e as prisões (Aufderheide 1976: 209-10, 304, 346). É neles que se concentrava, também, o alistamento militar forçado. Mas as deserções,[10] o banditismo e as queixas generalizadas contra a vagabundagem dos livres de cor atestam que o controle estava longe de ser total.

Nessas condições, é de se supor que o Estado estivesse plenamente disposto a partilhar com os senhores de escravos o controle da população livre de cor. Por sua vez, os senhores individualmen-

---

9. Alguns parecem ter levado esta metáfora ao pé da letra. Em 1835, o presidente da Província do Ceará regula que "serão admitidos à casa de correição os filhos-família e os escravos, [...] por tempo marcado pelo pai ou senhor na ocasião em que entregar o corrigível" (*Compilação das leis provinciais do Ceará* 1863, v. 1-2: 35, v. 1, apud Goulart 1971: 104).
10. Um documento da Bahia de 1827 menciona que, sobre 271 desertores das tropas de linha, 222 eram livres de cor (lista de desertores por Manuel Alexandrino Machado de 28/7/1827, apud Morton 1975: 258).

te também tinham interesse no controle de uma parcela dessa população. Sabe-se, hoje, que parte do trabalho agrícola, mesmo nas regiões açucareiras e cafeeiras que mais empregavam mão de obra escrava, era desempenhado por livres ou, mais exatamente, por trabalhadores dependentes, com os quais se acertavam arranjos vários: recebiam, por exemplo, um lote de terra e proteção em troca de parcela da colheita, de serviços pessoais (que incluíam a defesa do senhor) e de trabalho sazonal e ocasional por exemplo (Stein 1957: 117; Eisenberg 1977). Havia toda uma gama de trabalhadores livres desde o mais dependente até os trabalhadores sazonais assalariados (Eisenberg 1977). A existência dessa mão de obra de reserva livre, que também abastecia vilas e cidades em gêneros de subsistência, era essencial à grande lavoura, atendendo às necessidades sazonais da moagem da cana ou da colheita do café.

Creio que é nesse contexto que a questão da alforria dos escravos se esclarece. Desde que deixadas à inteira discrição do senhor, as alforrias podiam desempenhar um papel poderoso na constituição dessa população dependente.

Por mais que a alforria paga se assemelhasse a uma venda e seu preço se regulasse em geral pelo preço do mercado, nada era ideologicamente mais enfatizado do que a distinção entre ambas. Tradicionalmente, a lei tratava das alforrias sob o mesmo título das doações (Perdigão Malheiros [1867] 1976, v. 1: 117). Nas cartas de alforria, mesmo naquelas que foram resultado de um resgate, nunca se deixa de insistir preliminarmente na generosidade ou na afeição do senhor pelo seu escravo e, em contrapartida, na fidelidade e nos bons serviços do cativo que o tornaram elegível para a libertação. Fórmulas talvez, mas reveladoras.

Tudo isso supunha a existência de laços morais entre senhores e escravos, laços que não deveriam cessar com a alforria. Uma ideologia só o é se compartilhada por seus atores: se se exigia gratidão e lealdade dos libertos, também havia injunções morais, basicamente de proteção, sobre os senhores.

A esse propósito, o jurista Perdigão Malheiros discute longamente as obrigações recíprocas entre os patronos e seus libertos. No direito romano de certa época, um desses preceitos era o patrono herdar do seu liberto, se este morresse sem testamento. Perdigão Malheiros insurge-se contra a aplicação desse preceito no Brasil, e se poderia supor que se trata de mera discussão teórica.

A publicação de testamentos de libertos, e sua análise por Cortes de Oliveira (1979), deixa claro, ao contrário, que a ligação do patrono e de seu liberto estava assente no direito costumeiro: missas pelas almas dos escravos defuntos e pela dos senhores eram encomendadas nos testamentos durante toda a primeira metade do século XIX (Côrtes de Oliveira 1979: 179, 195, 199, 219, 210). Às vezes, essa era a condição de alforria de escravos por testamento (id. ibid.: 210): legados de libertos a seus antigos senhores e legados de patronos a seus libertos eram frequentes (id. ibid.: 178; Verger 1968: 343). Chegava a haver uma transitividade dos direitos e deveres dos patronos. Kiernan (1976: 148) conta o caso da preta forra de Paraty, Vicencia Maria, que ao libertar uma menina africana, Rosa, em 1814, declara que esta deve obediência e serviços a Filizarda Maria Espirito Santo que a havia libertado a ela, Vicencia Maria. Por outro lado, se Vicencia viesse a morrer antes de sua patrona, cabiam a esta a educação e os cuidados com Rosa, liberta de sua liberta.

Outro indício do programa que se tinha para os libertos é a famosa questão da revogação da alforria por ingratidão, definida de forma tão ampla que abrangia até a ingratidão verbal mesmo na ausência do patrono (Perdigão Malheiros [1867] 1976, v. 1: 135 § 149). Discutiu-se já sobre se realmente vigoraria tal dispositivo, mas creio que há provas nesse sentido.[11] De fato, a revogação da alforria por ingratidão só desaparece, ela também, na Lei do Ventre Livre, em 1871. A questão da ingratidão é reveladora da expectativa que pesava sobre os libertos: que se tornassem clientes, agregados. Uma espécie de agregação temporária, com serviços a serem prestados durante certo número de anos, era, aliás, cláusula comuníssima nas cartas de alforria ditas gratuitas (Mattoso 1982).

O controle privado da alforria tinha, assim, uma importância crucial: não só mantinha a sujeição entre os escravos, mas permitia a produção de libertos dependentes. Entre os escravos mantinha a esperança, por pequena que fosse a probabilidade estatísti-

---

11. Perdigão Malheiros ([1867] 1976, v. 1: 135) alude às decisões dos tribunais do Império que aplicaram essa lei. Russell-Wood (1972: 91-92), por sua vez, cita o caso do escravo alforriado do Convento do Carmo em Salvador, que, em 1795, é condenado a ser reescravizado por desobediência e calúnia contra seus pregressos senhores, "incurso na pena da lei como ingrato ao benefício da liberdade". Em Apiaí, na Província de São Paulo, no começo do século XIX, há registro de outra revogação de liberdade por ingratidão (Daglione 1968-69: 133).

ca, de conseguir a liberdade,[12] incentivava à poupança e a uma ética de trabalho; mas condicionava também a liberdade a relações pessoais com o senhor. Entre os libertos, abria-lhes a condição de dependentes, mantendo os laços de gratidão e de dívida pessoal em troca da proteção do patrono. Razão tinha, portanto, Perdigão Malheiros ([1867] 1976) ao dizer que o direito em lei à alforria paga, prescindindo da aquiescência do senhor, subverteria a sujeição, afrouxando os laços entre senhor e escravos.

O programa de sujeição dos libertos não funcionou totalmente: persiste, ao longo do século, uma situação de conflito endêmico entre agregados e senhores. O francês Tollenare fala de senhores de engenho de Pernambuco que tremem diante de seus moradores e de um que não se afasta mais de um quarto de légua da casa-grande, de medo deles (Tollenare [1818] 1956: 96). Em 1858, no vale cafeeiro do Paraíba, registram-se conflitos entre o barão de Piabanha e seus agregados (Viotti da Costa 1966: 29-30). Na década de 1870, um parecer oficial enfatiza o antagonismo latente ou explícito do senhor de engenho pelo morador ou agregado (Nabuco 1883: 111).

Mais eloquente ainda sobre as imperfeições do projeto de constituição de uma mão de obra dependente foram as sempiternas reclamações dos proprietários agrícolas sobre a "vadiação" dos libertos.

Se não foi perfeito, o sistema tampouco foi totalmente inoperante. Aliado a uma política oficial de suspeição dos negros libertos e, mais particularmente ainda, dos africanos libertos (ver Carneiro da Cunha 1985), conseguiu fixar junto às grandes propriedades contingentes significativos de agregados e moradores. Nesse Brasil do início do século XIX, um negro, e sobretudo um africano de sotaque e escarificações reconhecíveis, tinha de provar que não era escravo para ser tido por livre: de medo de serem reescravizados, muitos libertos negros ou fixavam residência nas imediações das fazendas onde haviam sido escravos e onde, pelo menos, sua condição de forros era conhecida, ou iam se esta-

---

12. Para o período dos anos 1870, mas com resultados que pensa serem extensíveis às décadas anteriores, Robert Slenes calculou que a esperança estatística de um escravo de dez anos estar vivo e liberto aos quarenta anos era de 3,8%, e aos sessenta anos, de 3,9%. Ou seja, a porcentagem dos escravos sobreviventes do grupo original de dez anos de idade que estarão libertos aos quarenta anos é de 6,5%, e aos sessenta anos, de 14,7% (Slenes 1976: 491).

belecer junto aos escravos fugidos, nos quilombos. Ao contrário, os mulatos libertos preferiam muitas vezes tentar se fazerem passar por "ingênuos", isto é, nascidos em liberdade, em outras paragens (Koster 1816: 440; Franco [1969] 1974: 95).

É nessa configuração de um Estado que se vai afirmando aos poucos e adquirindo meios próprios de controle, submetido, de um lado, às pressões diretas da Inglaterra no sentido da cessação do tráfico negreiro e da abolição da escravidão e, de outro lado, às suas reais ligações com os senhores da grande lavoura, que se entende politicamente o silêncio da lei. A divisão tácita do trabalho de controle das "classes perigosas" entre Estado e senhores é subvertida quando a alforria, um dos principais mecanismos do controle privado, passa a ser, em 1871, um direito inscrito em lei. Assim também o entenderam os fazendeiros. Em Rio Claro e em Campinas, dois municípios cafeeiros, nesse ano de 1871, fazendeiros e comerciantes pedem guarnições militares permanentes para controle dos escravos (Dean 1977: 125-26).

O direito costumeiro e a lei positiva, até 1871, parecem não tanto se terem sobreposto quanto terem talhado para si domínios distintos. A lei, escrita a partir da reforma de 1830 em termos universalistas, tem por domínio essencial os livres humildes, a gentinha. São eles que enchem os registros judiciais e é para eles que os tribunais têm maior importância (Aufderheide 1976: 209-10, *passim*).

Mas há outras duas camadas, a dos que estão acima da lei e a dos que estão abaixo dela. Escravos, negros livres e libertos, assim como os homens ricos, aparecem nos tribunais e nas prisões em proporções francamente abaixo das suas proporções na população (id. ibid.: 212-ss). Para os que estão aquém como para os que estão além da lei, vigora o direito costumeiro, caracterizado pela ausência de instituições formais que o sustentem.

Mas o silêncio da lei, a par de sua função política, vincula-se também a fontes ideológicas. Nos seus níveis mais abstratos, da Constituição aos Códigos, o direito do Império teve de se acomodar com a contradição que era se descreverem as regras de uma sociedade escravista e baseada na dependência pessoal com a linguagem do liberalismo.[13] A solução foi o uso generoso de largos

---
13. Este tema foi tratado por vários autores brasileiros, desde Oliveira Vianna, em 1920, até Roberto Schwarz, em 1973.

silêncios. A Constituição do Império de 1824 silencia até a existência do escravo. O Código Criminal de 1830, em que se tentou consignar o princípio da impessoalização das penas, que deveriam ajustar-se tão somente aos delitos, menciona os escravos em dois artigos. Distingue-os dos livres apenas para dizer que a pena de prisão com trabalho não era aplicável – por redundante – aos escravos (artigos 60 e 311). Assim, no esforço da abstração universalizante, o que acabou sendo abstraído foi uma parcela fundamental da população. Outros países optaram por códigos separados para cidadãos e para escravos. O Brasil preferiu silenciar.

O uso desses silêncios era previsível. Dois exemplos: os defensores da competência exclusiva dos senhores sobre as alforrias de seus escravos lembravam, como vimos acima, que qualquer legislação em contrário atentaria contra o direito de propriedade. Argumentavam que o silêncio da lei mostrava que não se haviam aberto exceções a favor da propriedade "escravo". Por outro lado, o artigo 179 da Constituição (§19) havia abolido (sem qualificações) a pena de açoites. Mas, neste caso, *subentendia-se*, explica Perdigão Malheiros, a menção "*salvo quanto aos escravos*: razão por que no Código Penal a encontramos só aplicada aos escravos" (Perdigão Malheiros [1867] 1976, v. 1: 41, grifos no original). Na realidade, só serão abolidos os açoites de escravos em 1886, por uma lei especial (Lei de 15/10/1886, *Colleção das leis do Império do Brasil*).

O silêncio é, portanto, o campo do direito costumeiro, daquilo que na verdade se pratica. Mas será a legislação um arcabouço fictício pelo qual a sociedade não se regula? É isso que insinuam ou afirmam os ensaios a que me referi anteriormente. Sua tônica é a inadequação de uma linguagem postiça a uma realidade que se procura esconder. Oliveira Vianna, por exemplo, censura a legislação liberal feita, diz ele, para um projeto de gerações futuras e não para o Brasil real. E propõe ajustar a realidade social brasileira a seu código escrito, fazendo do direito costumeiro a lei (Vianna [1949] 1974).

Mas o que pergunto é: seria possível essa adequação? Ou seja, não seria necessário esse direito calado? Seria o outro, o escrito, realmente postiço? E adequação a quê? Porque, afinal, a adequação seria dupla: a um país inserido no capitalismo mundial, falando a linguagem liberal comum ao sistema no qual gravita e em que as elites se entendiam; e a um país que, internamente, organizava sua produção em termos escravistas e de dominação pessoal. Não há como escolher o mais real. Esta duplicidade é uma essência, e a coexistência de um direito costumeiro e da lei, que não se fundem, parece ao contrário ser adequada à realidade da posição periférica do país. Inadequado seria um sistema de *common law* em que a lei se ajusta continuamente à sociedade e a seus usos.

A lei é como o Estado representa sua própria autoridade e competência: é uma autodescrição. O direito costumeiro é uma descrição alternativa. A verdadeira sociedade brasileira oitocentista é esse conjunto do escrito e do não escrito, que não se cruzam, um afirmando relações sem privilégios entre cidadãos equivalentes, outro lidando com relações particulares de dependência e de poder. Coexistem sem embaraços porque, sendo aliados, recortam para si campos de aplicação basicamente distintos: aos livres pobres, essencialmente, a lei; aos poderosos, seus escravos e seus clientes, o direito costumeiro. Aquela é também a face externa, internacional, mas não necessariamente falsa, de um sistema que, domesticamente, é outro.

PÓS-ESCRITO

Henry Koster, inventor do cordial escravismo brasileiro

Henry Koster é considerado, dentre a espécie por natureza suspeita que são os viajantes no Brasil do século XIX, de todos o mais fidedigno. Nascido em Lisboa, de pais ingleses, tinha a vantagem de conhecer bem a língua do país; além disso, não se limitou a perambular pelo Nordeste, mas estabeleceu-se no interior de Pernambuco como lavrador de cana (Carvalho 1930: 104-08).[14] Seu livro, *Travels in Brazil*, publicado pela primeira vez em 1816, conheceu um sucesso imediato: em 1817 era publicada não só a segunda edição inglesa, como também uma edição americana e a tradução alemã; um ano mais tarde, saía a tradução francesa (Cascudo [1942] 1978: 16-17). A qualidade das informações e das descrições do livro o estabeleceu desde então como uma fonte essencial sobre o nordeste brasileiro no início do século XIX. Muitos viajantes ulteriores, tal o francês Tollenare, repetem-lhe os dados e, por omitirem suas fontes, dão a ilusão de o corroborarem. Seja como for, a autoridade de Koster se firmou de tal maneira que seu conterrâneo, Richard Burton, tão acerbo com seus semelhantes, lhe confere um epíteto

---

14. Alfredo de Carvalho contesta a data de nascimento sugerida pelo Visconde de Taunay: 1793. Corroborando essas objeções, assinalo que o poeta e historiador Southey conheceu Koster e tornou-se seu amigo em 1800, em Lisboa (Southey 1800, in Warter 1856). Em 1804, Koster está na Inglaterra e Southey vai visitá-lo em Liverpool (Southey to Miss Barker. Keswick, 7 May 1804, ibid., v. 1: 276).

que Câmara Cascudo, editor da primorosa edição brasileira do Travels gosta de relembrar: chama-lhe de "*accurate Koster*".

Recentemente, algumas das informações de Koster foram confrontadas com fontes documentais primárias. Stuart Schwartz reviu o quadro traçado no *Travels* dos engenhos beneditinos (Schwartz 1982). Como vimos, o direito que o escravo teria à alforria – apregoado por Koster –, desde que oferecesse seu valor, não estava inscrito na letra da lei, como tampouco o estava o direito ao pecúlio (ver acima).

Haveria algum nexo nas distorções de Koster? Um artigo, que permanece desconhecido dos historiadores atuais, após ter experimentado dias de glória em sua época, pode dar elementos para uma resposta. Mostra uma faceta oculta de Koster, a de um homem fortemente ligado aos abolicionistas ingleses, influenciado por suas teses, e talvez infletindo-as em certas direções.

O artigo deve ter sido publicado alguns meses depois do *Travels in Brazil*, já que há menção ao livro no seu título. Creio no entanto que tenha sido escrito ao mesmo tempo que os capítulos finais do *Travels in Brazil*, e particularmente os capítulos XVIII, XIX e XX. As fontes citadas são praticamente as mesmas, e sobretudo os temas desses capítulos são reunidos de forma a sustentar as teses do artigo, o qual aliás é anunciado implicitamente na nota 1 ao capítulo XX. Mas Koster teve o cuidado de apresentar o *Travels* desvinculado da polêmica em que se envolvia na mesma época, possivelmente para poder usá-lo como fonte independente. O texto pode assim apresentar Koster como o já conhecido autor do livro e valer-se de sua autoridade que, afirma ele, não deriva de considerações teóricas, mas da própria experiência.

O panfleto em questão intitula-se "On the Amelioration of Slavery" e defende, ao longo de quase quarenta páginas, as seguintes teses que resumo em grandes linhas. É chegado o momento de se pensar na transição da escravidão para o trabalho livre nas possessões britânicas do Caribe. Por razões morais como por razões políticas, deve-se tomar medidas que evitem convulsões sociais futuras. Cabe reforçarem-se os laços que unem os escravos aos senhores, educar os escravos para o trabalho livre e a poupança, dando-lhes possibilidades de se alforriarem; estimular sua ligação com a terra; encorajar, enfim, o aumento da população livre de cor e dar-lhe respeitabilidade, pois essa "classe média" é a garantia da paz e da segurança. Para tanto, Koster recomenda que se adotem leis que fixem o escravo à terra e o passem, uma vez liberto, ao status de servo da gleba; que obriguem o senhor a alforriar seu escravo mediante apresentação de seu valor e garantam seu pecúlio; e que tornem obrigatória a instrução moral e religiosa para a população servil.

Ora, são essas precisamente as teses do projeto de lei que Wilberforce apresenta, em junho de 1815, à Câmara dos Comuns, gerando um debate que explicarei mais adiante. No entanto, Koster não se contenta em propor medidas justificadas teoricamente: é, como vimos, toda a autoridade de sua experiência que ele coloca no debate. A política que preconiza, afirma ele, já está em boa parte posta em prática no Brasil, e com bons resultados. A viabilidade das medidas propostas é pois caucionada pela sua vigência no Brasil. E é assim que se chega ao resultado paradoxal de se ver o Brasil, que seria o último país americano a abolir a escravidão, ser alçado à condição de exemplo dos abolicionistas britânicos. Assim, também se inaugura um gênero destinado a conhecer um grande sucesso no século XX: o da escravidão comparada.

A polêmica

On the Amelioration of Slavery é, a melhor dizer, um panfleto, gênero muito difundido na Inglaterra do início do século XIX. Publicavam-se, dessa maneira, anonimamente ou assinadas, opiniões e denúncias as mais variadas. A revista *The Pamphleteer*, na qual aparece o ensaio de Koster, havia sido fundada em 1813 com a intenção explícita de conservar, para uma mais demorada consideração e para a posteridade, alguns dos escritos que circulavam sob essa forma. Parece ter tido sucesso, pois já em 1815 reeditava seus primeiros volumes. Quando desapareceu, por volta de 1828, havia publicado 58 volumes, cada um compreendendo de quatro a cinco números.

The Pamphleteer ligava-se expressamente às questões em debate no Parlamento britânico e editava ensaios que tivessem conexão com elas. O ensaio de Koster pertencia claramente a esse gênero e insere-se em uma longa polêmica que é necessário esmiuçar agora, para tornar inteligíveis o texto, suas alusões e suas referências.

A 13 de junho de 1815, Wilberforce havia apresentado uma moção na Câmara dos Comuns defendendo a adoção de uma lei, aplicável às colônias britânicas nas Índias Ocidentais, que exigisse o registro de escravos. A medida pretendia impedir o contrabando de africanos que estariam sendo introduzidos pelos cultivadores de cana, apesar da extinção do tráfico; supunha, além disso, que os escravos não poderiam ser vendidos para fora das propriedades, ficando assim na prática adscritos à gleba.

Em apoio à proposta, Stephen, cunhado de Wilberforce, redige em 1815 um panfleto que vem a ser adotado por um "comitê" da African Institution e publicado como seu relatório, sob o título *Reasons for establishing a Registry of Slaves in the British Colonies, being a report of a Committee of the African Institution* (Anônimo 1). A African Institution era uma sociedade que congregava os antigos membros da Sierra Leone Company, Companhia de comércio que administrava Serra Leoa e que havia sido formada em 1791, congregando os grandes líderes do movimento britânico contra o tráfico de escravos: Granville Sharp, que patrocinara o primeiro estabelecimento de escravos libertos norte-americanos na região, Thomas Clarkson e William Wilberforce, que representava o grupo no Parlamento, faziam parte de sua diretoria. Com o malogro financeiro da Companhia, a administração de Serra Leoa passa, em 1808, para a Coroa Britânica, enquanto os antigos membros da diretoria se agrupam na African Institution.

Em 1815, a proposta de Wilberforce na Câmara dos Comuns desencadeia uma violenta reação por parte dos plantadores de cana e dos parlamentares que lhes eram associados. Protestam, entre outros argumentos, que se estão desrespeitando as prerrogativas das Assembleias das Índias Ocidentais (Colonial Houses of Assembly) que se consideram as únicas competentes para legislarem sobre seus assuntos internos. Essas assembleias coloniais eram compostas por um representante do rei da Inglaterra, um conselho nomeado pelo rei e representantes eleitos pela população local. A Assembleia da Jamaica rapidamente se mobiliza e aprova, a 31 de outubro de 1815, uma Resolução protestando contra o projeto de Wilberforce. Pouco depois, em janeiro de 1816, reúnem-se em Londres plantadores de cana, negociantes e membros do Parlamento ligados aos colonos das Índias Ocidentais e repudiam veementemente o projeto de lei de (Anônimo 2, 1816: 28).

O mais ativo dentre todos os parlamentares ligados a esse lobby é James Marryat, representante da Ilha de Grenada. Publica, primeiro anonimamente, e, em edições posteriores, sob sua assinatura, um longo panfleto, *Thoughts on the Abolition of the Slave Trade and Civilization of Africa* (Marryat 1816a). É com este panfleto que Koster irá polemizar de forma privilegiada.

O panfleto de Marryat procede de duas maneiras: por um lado, tenta desmoralizar a African Institution, promotora do projeto de lei; por outro, tenta refutar as acusações contidas no texto de Stephen e endossadas por essa Instituição, acusações que são mais amplas do que aquilo a que o registro de escravos pretendia paliar.

Para investir contra a African Institution, Marryat utiliza largamente um panfleto de um antigo "Chief Justice", de Serra Leoa, que contém acusações contra os diretores da Sierra Leone Company e, por extensão, da African Institution (Robert Thorpe 1815a). Esse panfleto, que havia passado por três edições em menos de um ano, encontrara resposta em dois escritos de Wilberforce (ver Wilberforce 1815). Mas logo após a publicação do primeiro, Thorpe retruca com dois extensos e virulentos panfletos (Thorpe 1815b e 1815c), que atacavam em particular o diretor da African Institution e antigo secretário da Sierra Leone Company, Zachary Macaulay.

Marryat ecoa maliciosamente as acusações que Thorpe lança sobre instituições até então acima de qualquer suspeita. Aponta também que Wilberforce e os "abolicionistas" – termo que na época designava os que eram pela Abolição do Tráfico, não da escravidão – haviam abandonado suas máscaras e suas denegações, revelando-se como o que realmente eram: paladinos da abolição total da escravidão. Mas seu panfleto pretende sobretudo contestar, ponto por ponto, as acusações contidas no de Stephen (Anônimo 1): contrabando de escravos, persistência de leis que supõem a continuação do tráfico, adoção de novas leis para perpetuar a escravidão, dificultando em particular as alforrias, obstrução e mesmo proibição de se dar instrução religiosa aos escravos, escravização de pessoas livres de cor, rejeição geral, enfim, de qualquer medida destinada a melhorar a condição servil.

A refutação de Marryat se estende por vários temas, mas nos deteremos apenas naqueles que Koster contesta mais diretamente: a *adscriptio glebae*, a política de alforria e a instrução religiosa. Marryat é contra a servidão da gleba, fazendo valer, entre outros argumentos, que se trata da forma mais degradante de escravidão e que, dado que as terras se empobrecem, cedo os escravos morreriam de fome em terras improdutivas. Quanto ao fomento da população livre de cor, como garantia de segurança e paz interna, objeta que as colônias espanholas que praticaram tal política estão sendo precisamente vítimas de convulsões internas. É esse o ponto que Koster irá comentar à p. 331 de seu ensaio. Enfim, Marryat contesta que se esteja negando instrução religiosa aos escravos, e acusa os abolicionistas de mandarem pastores metodistas, agitadores de negros, para as possessões britânicas.

É portanto esta controvérsia que serve de pano de fundo ao artigo de Koster. Se ele polemiza com os vários panfletos aqui relacionados, é no entanto privilegiadamente contra Marryat que faz valer um argumento de autoridade, o seu conhecimento íntimo da situação brasileira.

A carreira do artigo

Não é pois de se admirar que esse artigo, que trazia tal corroboração empírica às teses abolicionistas, tivesse uma carreira de sucesso: percebi-o ao consultar a revista da Anti-Slavery Society, o *Anti-Slavery Monthly Reporter*, que citava, como fontes essenciais sobre a escravidão no Brasil o livro de Walsh [1830] e o artigo, que eu até então desconhecia, de Koster. A referência que dava era caracteristicamente vaga – mencionava apenas *Pamphleteer* XVI – mas suficiente para que eu localizasse o ensaio. Percebi mais tarde que Southey, em sua *História do Brasil*, faz, no último capítulo do livro, uma referência ao artigo, mencionando apenas "*Koster, on slavery*".

Não resta dúvida portanto que o panfleto foi largamente difundido. A Society for Mitigating and Gradually Abolishing the State of Slavery throughout the British Dominions, fundada em 1823, relaciona, em apêndice a seu programa, uma lista de obras "contendo informações importantes sobre a questão geral da escravidão". Nessa lista figura "Coster [sic] '*On the Amelioration of Slavery*', *Pamphleteer* n. XVI", ao lado de obras de Hodgson, Wilberforce, Clarkson etc. Um trecho em particular de um projeto de lei (motion) apresentado por Buxton em nome dessa sociedade me parece atestar a influência de Koster:

> *In none of the colonies of Great Britain have these legal facilities been afforded to the slave, to purchase his own freedom, which have produced such extensively beneficial effects in the colonial possessions of Spain and Portugal; where the slaves have been manumitted in large numbers, not only without injury, but with benefit to the master, and with decided advantage to the public peace and safety!* (Buxton [1823] 1968)

Outros pontos do mesmo projeto me parecem levar a marca de Koster: a proteção legal da propriedade possuída por escravos, a recomendação de se dar tempo útil para os escravos cultivarem gêneros de subsistência (*"provision grounds"*), a instrução religiosa, a alforria mediante pagamento... Pode-se até especular se o sistema de *"apprenticeship"* adotado em 1834 por algumas das possessões britânicas (Jamaica, Barbados, São Vicente), estágio intermediário entre o escravismo e a plena liberdade, não traria rastro da influência de Koster que, como Wilberforce, advogava pela passagem do escravo ao status de servo da gleba.

Influente, sem dúvida, resta para o historiador do Brasil saber até que ponto a descrição que Koster faz das instituições brasileiras foi reciprocamente influenciada pelo debate que se travou em 1815 e 1816 na Inglaterra. Na realidade, ao identificarmos os termos desta polêmica, creio que se joga uma nova luz – e uma certa suspeição – sobre *Travels in Brazil*.

9. PENSAR OS ÍNDIOS:
APONTAMENTOS SOBRE JOSÉ BONIFÁCIO

José Bonifácio foi, como se sabe, beatificado pelo indianismo positivista, embora Rondon lamentasse que, por haver nascido antes de Auguste Comte, tivessem lhe faltado os ensinamentos do "incomparável Mestre" que lhe teriam permitido "corrigir os enganos e extravios inherentes ao estado metaphysico" (Rondon 1910: 13).[1]

Os pressupostos de José Bonifácio e os dos positivistas tinham, na verdade, pouco em comum, e a influência póstuma de José Bonifácio é certamente mais mítica do que real. Reduziu-se, na verdade, a preconizar "constância e brandura" no trato com os índios. Muito mais concreta do que se pensa foi, ao contrário, sua influência na legislação indigenista do Império, apesar de seus *Apontamentos para a civilização dos índios bravos do Império do Brasil*, aprovados pela Constituinte de 1823, não terem sido incorporados ao Projeto da Constituição.[2]

---

1. Este texto foi originalmente apresentado na reunião do Grupo de Trabalho História Indígena e do Indigenismo, da ANPOCS, em outubro de 1984. É um produto de minhas pesquisas, nos anos 1980, sobre direito indigenista, publicadas por exemplo no livro *Os direitos do índio*, de 1987. Mas, mais do que isso, é uma reflexão sobre o pensamento indigenista brasileiro como fenômeno histórico.
2. A Comissão de Colonização e Catequização da Assembleia Constituinte, à qual são submetidos os *Apontamentos*, decide que sejam publicados e distribuídos às províncias, exigindo delas um informe da situação dos índios e sugestões quanto ao meio de implementar a política neles contidos (*Annaes do Parlamento Brazileiro*, Assembleia Constituinte 1823, t. II: 97). É esta a origem da consulta ampla às províncias realizada em 1826 para a elaboração do Plano Geral da Civilização dos Índios que menciono adiante.

José Bonifácio teve ocasião, durante todo o ano de 1823, de legislar diretamente sobre questões indígenas, e o resultado é decepcionante. Não por ser incoerente mas por ser tímido e localizado, não diferindo do caráter fragmentário que caracterizou a legislação do século XIX até 1845. Para a pacificação dos índios do Espírito Santo, regulamenta os presídios a serem estabelecidos e recomenda que se deem terras aos soldados nas áreas indígenas (Decisão nº 22, de 20/2/1823). Também ordena que se mandem missionários para os índios de Goiás (Portaria de 14/4/1823, in Nabuco de Araújo 1836-44); medidas todas já preconizadas em seus *Apontamentos*, que previam o uso de missionários para tirar os índios das matas e para aldeá-los. Perto das aldeias, para manterem a ordem, deveriam ser fundados presídios militares com guarnições de vinte até sessenta homens (Bonifácio [1823] 1965, §§ 7-11; 29-30).

A legislação indigenista do início do Império é de grande pobreza, em grande parte feita *ad hoc* e reflete o estreitamento que se dera no debate indigenista. Nesse debate, apesar de sua resistência ativa e passiva – e isso desde o início da Colônia –, os índios praticamente não entram. Talvez a única exceção seja o plano oferecido em 1788 por Moniz Barreto, alegadamente provindo de índios da Bahia, embora possam pairar dúvidas sobre o grau de interferência do apresentador do projeto. Mas, de forma geral, salvo raríssimas exceções, estavam em cena durante a colônia três debatedores: o Estado português, os moradores e os jesuítas (as outras ordens religiosas não tendo tido aparentemente um pensamento político próprio). Da expulsão dos jesuítas à vinda da Corte portuguesa para o Brasil, havia ainda duas posições francamente distintas: a da Corte e a dos brasileiros. A partir de 1808, o hiato entre a Coroa e os moradores se estreita e, com a Independência, resta em cena um único personagem, o novo Estado brasileiro, que incorpora em larga medida a posição dos antigos "moradores". Com o Império, portanto, o debate tornou-se um fastidioso solilóquio. A influência de José Bonifácio reside talvez no fato de lhe ter sido atribuído o papel de recitante desse monólogo, de ter enunciado um discurso que, embora muito pouco traduzido nos fatos, se tornou o discurso oficial. Basta ver o quanto suas ideias, suas próprias frases são plagiadas, quando, em 1826 (estando José Bonifácio banido e exilado na França), o imperador manda pedir informações e recomendações a todas as províncias para a organização do Plano Geral da Civilização dos Índios. A consulta que já tinha sido decidida em 1823 pela Assembleia Constituinte em que Bonifácio foi influência preponderante, não parece ter resultado em nada tangível (ver as respostas das autoridades provinciais, missionários e diretores de índios em Naud 1971: 227-336). Mas as respostas dadas, salvo algumas exceções (a do famoso Guido Marlière é uma), quando não repetem o bispo Azeredo Coutinho no seu plano de civilizar os índios pela pescaria (que seria, dizia o bispo, sua paixão), retomam as fórmulas de José Bonifácio.

Longe de se delinear uma política indigenista global, multiplicam-se as instâncias legisladoras: em 1834, o Ato Adicional (artigo 1º, § 5, de 12/8/1834) incumbe as Assembleias Legislativas Provinciais de legislarem, cumulativamente com a Assembleia e o Governo Geral, sobre a catequese e a civilização de índios. Até então, as províncias, através de seus Conselhos Gerais, propunham leis e decretos que teriam de ser sancionados pela Assembleia Geral Legislativa e pelo imperador.

Logo após o Ato Adicional, várias províncias legislam em detrimento direto dos índios. No Ceará, a Assembleia Provincial apressa-se em extinguir três vilas de índios, duas em 1835 e uma em 1839. Em Goiás, o presidente da província organiza uma expedição ofensiva contra os índios Canoeiro e contra os quilombos (em 31/7/1836 e 2/5/1836, respectivamente), com métodos que lembram os de 1808 e as guerras ofensivas contra os Botocudo. Mais diretamente a serviço dos interesses dos poderosos locais, as províncias, paradoxalmente, se ressentem mais da ausência de legislação geral sobre os índios. Algumas, como o Maranhão, adotam regulamentos detalhados para aldeamentos específicos. As outras, seguindo o exemplo do Império, valem-se do Diretório Pombalino. Este havia sido declarado extinto em 1798, explicitamente negado (1/3/1830, 21/3/1833), mas de fato perdurava em larga medida (ver, por exemplo, 24/5/1811, 15/7/1811). Em 23 de março de 1825, havia-se suprimido seu dispositivo de pagar os diretores de índios com 6% da produção, mas não se mencionavam as outras disposições. Continuavam os diretores na maioria das aldeias. Não é, pois, de espantar que o Ceará tenha, em 1843, restabelecido na província o Diretório Pombalino (1/8/1843). Quando, enfim, se promulga em 1845 o Regulamento das Missões, a única lei geral sobre índios do século XIX, é, com modificações, a proposta de José Bonifácio que se vê reeditada: os missionários não teriam o governo das aldeias que seria atribuído aos diretores. Desaparece também o tribunal superior, composto em cada província, do bispo e do magistrado civil de maior alçada que deveria, no plano de José Bonifácio ([1823] 1965, § 43), vigiar a administração eclesiástica e civil das aldeias da província. Em vez disso, é apenas o juiz de órfãos que deve zelar pelos índios, enquanto o diretor da aldeia lhes serve de procurador.[3]

José Bonifácio aparece, portanto, como o ideólogo da legislação do Império. Em muitos sentidos, seu projeto continua o do marquês de Pombal: é um estadista que se preocupa com um substrato para a nação brasileira, formando-lhe um "corpo" homogêneo, tanto físico quanto civil. E enquanto a política pombalina pretendia formar essa nação com brancos e índios, miscigenados e livres, José Bonifácio inclui no projeto os mulatos e, a mais longo prazo, os negros (id. ibid., artigo 44, § 6).

Gostaria de me deter aqui em um ponto apenas: a forma específica em que são representadas as sociedades indígenas pelo pensador oficial de índios do começo do Império.

"Crê ainda hoje muita parte dos Portuguezes que o índio só tem figura humana, sem ser capaz de perfectibilidade", escreve José Bonifácio em 1823. Colocava-se portanto, latente ou explicitamente na época, a questão da humanidade dos índios, ou pelo menos da humanidade de certos índios. Mas quais os critérios que permitem traçar os limites da espécie, o que faz um homem ser um homem?

José Bonifácio, ao mencionar a perfectibilidade, usa o critério que se firmou na segunda metade do século XVIII. É Rousseau, é Blumenbach, mas também Kant e Herder que fazem da perfectibilidade a pedra de toque da humanidade. Trata-se do poder que tem o homem, e o homem somente, de transformar suas condições naturais de existência, de se extrair da natureza, de se impor a si mesmo suas determinações (Tinland 1968: 200-ss).

A questão da humanidade dos índios era sobretudo colocada a propósito da política recomendável para os índios hostis. E estes, até meados do século XIX, eram os que se viam invadidos pelas frentes de expansão: os genericamente chamados Botocudo do rio

---

3. Para uma discussão muito mais exaustiva da legislação do Império, remeto ao "Prólogo", em Carneiro da Cunha 1992b.

Doce, do Pardo, do Jequitinhonha, do Mucuri, nos sertões de Minas, Espírito Santo e Bahia, e, em menor grau, os chamados Bugres de São Paulo. Na verdade, os Botocudo eram o paradigma do índio selvagem, e é sobre sua humanidade que se discute. São, dizem a voz comum e as Cartas Régias de 1808 e 1809, antropófagos e pior, vampiros e sorvedores de sangue. Seriam homens, capazes de perfectibilidade ou feras que obedecem a seus instintos e incapazes de se alçarem além de sua natureza? Solicitado a se pronunciar, em 1827, sobre a índole dos Botocudo, o presidente da Província de Minas Gerais conclui pela negativa: "Permitta-me V. Exa. reflectir que de Tigres; de Leons, Leons se gerão; e dos cruéis Botocudos (que devorão, e bebem o sangue humano) só pode rezultar Prole semelhante" (Francisco Pereira de Santa Apolônia ao visconde de São Leopoldo, 31/3/1827, in Naud 1971: 319).

José Bonifácio, ao contrário, posiciona-se pela plena humanidade dos índios hostis. Mas, se são humanos, por que são os Botocudo selvagens, atrozes, antropófagos? E, questão correlata, por que nem todos os índios o são? Aqui, José Bonifácio reflete ao modo de Blumenbach sobre o *homo ferus*, as famosas crianças selvagens, criadas sem o convívio humano, que foram tão abundantemente usadas desde o século XVIII para pensar a natureza do homem.

O raciocínio geral é claro: embora humanos porque perfectíveis, os índios, contrariamente aos membros de nações civilizadas, não se autodomesticam. E não se autodomesticam porque não vivem em sociedade civil, não se civilizam.

Ao fazer a analogia dos índios com as crianças selvagens, José Bonifácio comete uma assimilação crucial: os grupos indígenas hostis são o *homo ferus*, o homem abandonado a si mesmo, semelhante ao "animal sylvestre seu companheiro". O que se deve notar aqui é a passagem de um coletivo, o grupo indígena, para um singular, o *homo ferus*, passagem com implicações importantes, porque é aí que se articula o raciocínio. As *nações*[4] indígenas, abandonadas a si mesmas, são como uma criança que não conheceu o convívio humano: cumpre trazê-las ao "comércio com as nações

---

4. Como muitos de seus antecessores, Antonio Vieira por exemplo, José Bonifácio explicitamente usa o termo "nações", hoje colocado sob suspeita, para se referir aos índios. Ver, por exemplo, o parágrafo 6 dos *Apontamentos* em que ele fala de "nações ainda não aldeadas".

civilizadas" para que, comunicando-se com elas, realizem plenamente sua humanidade. Às nações civilizadas compete educar as indígenas, como o médico Itard educou Victor, a criança-lobo, e o fez realizar sua humanidade.

Essa analogia tem um vício: desconhece que os índios formam eles próprios sociedades. Desconhecimento que, como veremos, é central na concepção do estadista: a sociedade indígena não existe, só pode se realizar pelo Estado.

As sociedades indígenas, no fim do século XVIII, claramente não merecem tal nome. Azeredo Coutinho as vê como hordas errantes sem conhecimento da sujeição. No Brasil

> não acharão [os portugueses] Nações propriamente, acharão sim alguns bandos de homens selvagens, sem algum gênero de governo, nem de subordinação; erão algumas familias errantes e dispersas, qui vivião em pobres choupanas, muito ainda no primeiro estado da Natureza, talvez desgarradas dos primeiros habitantes do Mexico, ou do Perú: em toda a extensão do Brasil, até hoje não se tem descoberto algum vestígio de Grande população, nem hum só edifício, ou Obra de Arte que denotasse algum principio de civilização (Coutinho 1808: § XIX).

A *"sujeição" em seus múltiplos sentidos é a condição e critério do estado de sociedade*: "Não têm freio algum, religioso e civil, que cohiba e dirija suas paixões: donde nasce ser-lhes insupportavel sujeitarem-se a Leis e costumes regulares" (Bonifácio [1823] 1965: 17). É o Estado, por sua vez, que garante a sujeição, e sem ele não há portanto sociedade digna desse nome. A civilização dos índios passa assim por uma incorporação no Estado: civilização deve ser entendida aqui no seu sentido etimológico, o de vir a formar um corpo civil, uma sociedade. Se até então, escreve José Bonifácio, os índios carecem de governos regulares, "sem Magistrados e às veses sem hum Chefe, ou Cacique poderoso [que os obrigassem] a formar de toda a sua energia hum centro comum, bem como os raios dispersos da luz se reúnem no foco dos espelhos concavos", não se devia concluir que "fosse impossível converter estes bárbaros em homens civilisados: mudadas as circunstâncias, mudão-se os costumes" (id. ibid.: 21).

Contraste-se essa posição com aquela, uma década mais tarde, de Von Martius, que afirma a "incapacidade para o progresso" dos índios, a quem a civilização "não altera nem exemplo excita" (Von Martius [1832] 1982: 11). Para Von Martius, a ausência de governo nas sociedades indígenas não é um estado inicial mas o resultado de uma dissolução, de uma degeneração, a partir de estados anteriores (de que os impérios inca e asteca testemunhariam). Resulta, e este é o ponto essencial em que diverge de José Bonifácio, numa "*insociabilidade irredutível*" (id. ibid.: 68). Incapazes de reverter o processo de degeneração que os acometeu e assim destinados a um desaparecimento inelutável, os índios de Von Martius são, na escala de evolução, o oposto dos de José Bonifácio. Anteriores à civilização para um, posteriores a ela para o outro, em ambos os casos, no entanto, eles faltaram ao encontro da história.

A "sujeição", para José Bonifácio, é palavra-chave do processo. Há a "sujeição pelas armas" que faz do índio bravo um índio manso, e há a sujeição a dois jugos, "o suave jugo das minhas leis", como dizia d. João VI, e o jugo do trabalho.[5]

É precisamente na medida em que não se reconhece que eles formem sociedade que se nega aos índios a autodomesticação. Cumpre ao Estado brasileiro *realizar as sociedades indígenas* que até *então carecem de existência*: passa-se da autodomesticação à heterodomesticação. Seria, portanto, anacronismo falar-se aqui de um projeto de destruição das sociedades indígenas: elas simplesmente não existem no pensamento político da época.

O discurso de José Bonifácio envolvia outro interlocutor. Em 1768, havia sido publicado em Berlim um livro destinado a provocar longa polêmica: as *Recherches philosophiques sur les américains* ou *Mémoires intéressantes pour servir à l'histoire de l'espèce humaine*, de autoria do abade prussiano Cornelius de Pauw, e que está na origem das ideias de Von Martius evocadas acima. Em poucas palavras, o argumento do livro era de que os índios da América, longe de serem os nobres selvagens de Rousseau, vivendo em estado edênico sem qual-

---

5. É interessante de passagem notar a feição moderna que José Bonifácio dá à análise da apregoada indolência dos índios. A abundância em que viviam, tirada da Natureza, as poucas necessidades que os moviam, seu comunitarismo e uma diferenciação social que não se enraizava na riqueza mas na valentia. Para atalhar a essa nefasta abundância, cumpria aldeá-los em lugares de caça e pesca difíceis, e para impedir que fossem buscar em matas mais propícias o seu sustento, repartir rapidamente as terras entre novos moradores, para assim lhes tirar os "coutos".

quer pacto social, eram, como de resto toda a natureza americana, uma humanidade degenerada, corrupta e fraca. Essa teoria se originou em Buffon, o naturalista francês que, comparando as espécies vegetais do Velho e do Novo Mundo, havia lançado a ideia da inferioridade americana. Nesse continente mais recentemente emergido das águas, ainda imerso em umidade, ainda frio, a natureza não havia tido tempo de perfazer sua obra: por isso essa natureza era a um só tempo imatura e degenerada (Gerbi [1955] 1973: 14, 27, 55, *passim*).

De Pauw, contrariamente a Rousseau, sustentava que a perfectibilidade humana só se realizava em sociedade e que, abandonado a si mesmo por dez anos numa ilha deserta, o maior filósofo se transformaria em um bruto imbecil (De Pauw 1774 apud Gerbi [1955] 1973: 53). Eco dessa visão é a passagem posteriormente tão citada de José Bonifácio: "Newton se nascera entre os Guaranis seria mais um bipede, que pezara sobre a superficie da terra: mas um Guarani criado por Newton talvez lhe ocupasse o seu lugar" (Bonifácio [1823] 1965: 23).

O argumento e o programa de José Bonifácio ajustam-se assim com perfeição. Os índios são humanos, capazes de perfectibilidade. Só o estado de sociedade, no entanto, lhes permite realizar a perfeição. Ora, eles carecem de sociedade, na medida em que não reconhecem chefes permanentes nem leis ou religião que os coíbam. Cabe ao Estado fornecer-lhes a possibilidade de saírem de sua natureza bruta e formarem uma sociedade civil: a educação que também assim lhes cabe supõe essas premissas. São condições para tanto que se sedentarizem em aldeias, se sujeitem a leis, à religião e ao trabalho.

É com todos esses subentendidos que o projeto da Constituição de 1823, no único artigo que trata de índios, o artigo 254, se resume a determinar a criação de estabelecimentos de catequese e civilização para os índios. E é assim que podem perceber as ressonâncias menos imediatas do pronunciamento, na Assembleia Constituinte de 1823, do deputado Montesuma:

> Os índios não são brasileiros no sentido político que aqui se toma; elles não entram comnosco na família que constitue o império, podem entrar e devem entrar sem grandes formalidades, logo que o queirão, basta-lhes esse simples facto. Estabeleça-se um capitulo que contenha os meios de os chamar e convidar ao nosso grêmio (*Diário da Constituinte*, sessão de 25 de setembro de 1823).

10. SOBRE A SERVIDÃO VOLUNTÁRIA, OUTRO DISCURSO ESCRAVIDÃO E CONTRATO NO BRASIL COLONIAL

Para Marianno, que nunca se submeteu

A venda de si

Em agosto de 1780, em Belém do Pará, uma mulher livre vende-se em escravidão.[1] O caso é inusitado, e requer um despacho do ouvidor: "caso bastardo", diz ele, mas que se deve deixar à vontade expressa dos envolvidos, a cafuza que vende sua liberdade e o catalão que lha compra. Uma escritura pública de venda é feita em tabelião, diante de testemunhas.

Joanna Baptista havia nascido livre, filha que era de uma índia e de um escravo negro, ambos a serviço de um mesmo padre. A escravidão seguia, como no direito romano, a linha do ventre: só afetava os filhos de mãe escrava, e os índios eram tidos *de jure* por universalmente livres no Maranhão e Grão-Pará, desde a lei pombalina de 6 de junho de 1755. Na realidade, perdurava o sistema de "serviço" indígena, que mal disfarçava uma escravidão de fato.

---

1. Este artigo foi originalmente publicado no número 23 da revista *Dédalo* do Museu de Arqueologia e Etnologia da USP, em 1985, em homenagem a José Marianno Carneiro da Cunha, meu marido, falecido em 1980. O artigo foi escrito no período em que estudei particularmente a história e a legislação indigenistas no Brasil. Relendo-o hoje, percebo que ele introduz sem nenhum realce uma discussão importante sobre a legalidade (e seus fundamentos) da escravização dos índios. O foco mais geral, no entanto, foi o processo no pensamento jurídico-teológico iniciado no século XVI que conseguiu compatibilizar noções de propriedade do capitalismo mercantil com a escravidão: uma escravidão moderna, pensada como um contrato e que difere profundamente da sua forma na Antiguidade.

O casamento ou o concubinato com escravos era favorecido pelos moradores, pois fixava os índios à casa. É o que parece ter ocorrido com os pais de Joanna Baptista. Mortos os pais e o senhor, Joanna Baptista declara-se desvalida – "sem Pay nem May que della podessem tratar e sustentar assim para a passagem da vida como em suas moléstias, e nem tinha meios para poder viver em sua liberdade" – e desejosa de ser escrava, supondo que quem a tivesse pago por dinheiro tivesse interesse em mantê-la e cuidar dela.

A idade da postulante à escravidão não é mencionada, embora, criada em casa de padre, não devesse ser desconhecida. Devia ser jovem, já que menciona os filhos que acaso viesse a ter, e a favor dos quais dispõe que não se lhes transmitirá a escravidão: cláusula provavelmente inócua. Quanto a ela própria, será escrava enquanto viver e poderá ser vendida a terceiros.

Joanna Baptista vende-se por oitenta mil-réis, quarenta em dinheiro, quarenta em adereços de ouro e "trastes" para se vestir. Declara ter recebido o dinheiro e as joias, e que irá receber adiante os trastes correspondentes aos 22 mil-réis que faltam.

O despacho do ouvidor é de uma singular displicência. Diante de matéria inaudita – "caso bastardo" –, ele evoca vagamente o direito romano, pede a presença dos interessados e, ante suas declarações, decide que prevaleça a livre vontade dos contratantes. Dois séculos antes, como veremos adiante, a questão da legalidade da venda de si próprio em escravidão havia sido discutida de forma exaustiva. Nenhuma menção é feita pelo ouvidor a esse amplo debate, por ignorância, descaso ou expediente.

Em posse do despacho, o tabelião lavra uma escritura pública de venda: dois soldados, vizinhos do comprador, são testemunhas, e Joanna Baptista, por não saber escrever, pede a um homem que assine por ela. Um ano mais tarde, tira-se uma cópia da escritura, a que figura no Fundo Cadaval, incorporado ao Arquivo Nacional da Torre do Tombo, em Lisboa, e que transcrevemos a seguir:

> Saibão quantos este publico Instrumento de es-/critura de venda de hoje e pa sempre, ou como melhor / em Direito dizerse possa virem / que sendo no anno do Nacimento de Nosso Sr JEZUS CHRISTO / de mil setecentos e outenta annos aos dezenove / dias do mes de Agosto do ditto anno, nesta cidade / do Pará em omeo escriptório aparecêrão prezentes / de huma parte a cafuza Joana Baptista, mo-

rad.ra / nesta Cid.e, na rua que vai por detrás de Mizaricórdia / e da otra Pedro da Costa, de Nação Catalã, morador / nesta Cid.e na rua de S. Vicente, ambos pessoas que/ eu Tabellião reconheço p.las próprias de que dou fé./ E Logo em presença das testemunhas aodiante / nomeadas, escritas e assinadas, pela dita Joana / Baptista foi dito, que ella de Seo nascimto sempre foi / Livre, e ezenta de cativeiro; e como ao prez.te Se / achava sem Pay, nem May, que della podessem tratar / e sustentar assim p.ª a passagem da Vida, como / em suas molestias, e nem tinha meios p.ª poder vi-/ ver em sua Liberd.e, cujos Pays della Outorgante / forão o preto Ventura, que foi Escravo do P.e Jozé / de Mello, já falecidos, e de sua May, a India Anna / Maria, que fora do Serviço do mesmo P.e, por cujo / motivo, e p.ª poder ella Outorgante viver em Socego, / empregando-se no Serviço de D.s, e de hum Senhor que tivesse / della Cuidado, e em suas moléstias a tratasse como, por lhe / ter custado o seu dinheiro assim o faria, ella de sua // De sua Livre, e espontanea vontade sem constrangimento de pessoa alguma se tinha ajustado, e / contratado com o d.º Pedro da Costa, venderse a Si / mesma por sua escrava, como se tivera nascido / de Ventre cativo, e nunca tivesse sido Livre, p.ª / como tal o servir até sua morte; com declara-/ção, que se ella algum dia tiver filhos, estes serão forros, e livres, e izentos de cativeiro; cuja venda fa-/zia unicam.te de si, ou de sua pessoa ao do. Pedro da / Costa por preço, e quantia de oitenta mil reis, a / saber metade em dinheiro, e otra metade que são / quarenta mil reis em fazenda, e trastes de ouro, e o / mais que precisa para seo ornato, de cuja quantia ella / outorgante vendedora se deo por paga, entregue / e satisfeita/de q.tia (quantia) de quarenta mil reis em dinheiro,/ e hum rosiclé/ouro, grande; e hum pár de brin-/cos do mesmo em dezoito mil reis, que faz a quantia de sincoenta e outo mil reis de que dá plena quitação / ao comprador; e o mais resto que falta p.ª completar/os oitenta mil reis, se obrigou elle comprador por /Si, e por sua pessoa, e bens moveis, sobremoventes e/ de raiz, e o mais bem parado delles a/entregar à mes-/ma sua escrava em fazenda; toda a vez que lhe pedir de que mandará passar recibo pa se por quitação / à margem desta, p.ª a todo tempo constar; pa cujo / fim tinhão obtido Licença do Dr Ouvidor Geral / como abáxo se declara; e desde logo disse ella // Ella outorgante dezistía todo o privilegio de Liber-/d.e, e foro que podesse allegar que ate agora tinha, e se submeter debáxo das Leys, e penas de escravidão, e que desde logo dimittia de si pa sempre tudo q^{to} pode-/ssa haver em Direito a seo favor pa allegar, e ir / desde logo p^a a servidão, e cativeiro do do. Pedro da / Costa, que desde já o reconhecia por seo Senhor, como se com efeito nunca tivéra sido forra, e Li-/berta, e como por tal queria a reconhecesse; e se em / algum tempo elle d^o. Seo S^r. comprador por algum / motivo a maltratar, e se não der bem no seo cativeiro, poderá vendella a q^m (quem) lhe parecer, como sua / escrava, que por esta fica sendo, e se nesta escritu-/ra faltar alguma clauzula, ou clauzulas espe-/ciaes em direito, as hão aqui todas por expres-/sas, e declaradas, como se de cada huma fizesse es-/pecial menção. E logo pelo d^o. comprador foi / dito que elle aceitava esta escritura na fr^a (forma) de decla-/rada. Em testemunho de verdade assim o outor-/garão, pedirão, e aceitarão, e eu Tabellião acei-/to por q^m (quem) tocar auzente a favor della; cujo ins/trumento lancei nesta notta, por me ser distri-/buido do theor seguinte = A folhas setenta/ e oito e Lyra (Lyra é o nome do tabelião)/ huma escritura de venda de Si/ propria, que fas a Cafuza Joanna Baptista por / preço de oitenta mil reis a Pedro da Costa. Pa-/rá dezanove de Agosto de mil Setecentos e Oitenta // E oitenta = Albuquerque = Dis a Cafuza/ Joanna Baptista filha da India Anna Maria / já defunta, senhora de Si, que ella Sup^e (suplicante) perten-/de sugeitarse ao Serviço de Pedro da Costa, co-/mo sua escrava, e o Sup^{do} (suplicado) comprar a pessoa / da Sup^e por Oitenta mil reis em trastes, a sa-/ber oiro, e fatto, e pa a vestir, como tem justo, / e a Sup^e como não tenha meios, e modos pa po-/der viver sobre Si, e nem dinr^o (dinheiro) pa passar, pedio / ao Sup^{do} que a comprasse pla da quantia assima de-/clarada, e o Sup^{do} asinar termo em como a com-/prou, e a Sup^e juntamte em como se vendeo, e ser-/vir ao Sup^{do} emq^{to} (enquanto) for viva; o que a Sup^e não póde/ fazer sem desp^o (despacho) de VM (Vossa Mercê), e concederlhe Licen-/ça p^a se poder sugeitar ao d^o Serviço = Pede / a VM S^r. D^r. Ouvidor, e Inten^{de} (Intendente) Geral seja ser-/vido asim o mandar: E recebi merce = o / Cazo he bastardo; eu entendo andão por aqui as Instituiçoens de Justiniano; mas antes que me / comforme com a sua Vontade, venha o compra-/dor, e a Suplicante à m^a prezença = Ribeiro. / = Otro Despacho = Do. Fação o que lhes parecer, que / asua vontade regula o contrato = Ribeiro = / Não se continha mais: pagou mil e duzentos / desta escritura, o que tudo ouvirão ler, e asinarão / com as testemunhas que preztes (presentes) forão, o soldado Jo-/zé Nicário, e Raimundo José Marques, mores (moradores) // Moradores na rua de S. Vicente; e p^la Outorg^te / vendedora não saber escrever, pedio a Luiz An-/tonio morador na rua dos Martyres. E eu Agos-/tinho Antonio de Lyra e Barros, Tabellião que / o escrevi = Asino a rogo da outorgante Luiz/Antonio = Pedro da Costa = José Nicário/ = Raimundo Jozé = E não se continha mais / em a d^a escritura que se acha em o d^o. livro de/ nottas, a que me reporto, que fica em meo poder, e car-/torio, de donde fis extrahir a prezente que vai por mim subscrita, concertada, e asinada nesta / dita Cid.^e do Pará aos tres dias do mes de Novem-/bro de mil setecentos oitenta e hum = Eu Fe-/lix Jozé dos S^tos de Faria que o sobescrevi, e asi-/nei = Felix Jozé dos S^tos de Faria = C. e C. por / mim Tabellião = Faria = //

(Arquivo Nacional da Torre do Tombo, Fundo Cadaval Brasil, Avulsos 7.1, fls. 157 a 159).

O documento do Fundo Cadaval é uma peça a mais no conhecimento das condições de vida dos livres pobres no Brasil colonial e imperial. Após o livro pioneiro de Franco (1969), os estudos de Mello e Souza (1982) e de Dias (1984) permitem uma visão mais clara das condições da pobreza livre no Brasil. O documento que aqui publico indica que, no fim do século XVIII, uma mulher pobre podia não ter meios suficientes para se manter livre. Alienar sua liberdade podia ser uma forma de conferir valor a si mesma e ganhar uma esperança de sobrevivência. O caso era, sem dúvida, raro e inusitado, mas não deixa de ser significativo que a cafuza Joanna Baptista passe da dependência na casa de um padre para a escravidão. Como comentei em outro lugar (Carneiro da Cunha 1985), escravidão e dependência pessoal eram as alternativas que o projeto dominante pretendia colocar.

Escravidão por contrato

A questão sobre a qual gostaria de me deter é, no entanto, outra: diz respeito ao paradoxo que é uma relação de escravidão ser estabelecida por meio de um contrato de compra e venda, em que o vendedor ("a outorgante") é ao mesmo tempo sujeito e objeto da venda; e, de forma mais ampla, diz respeito às relações complexas entre direito natural e escravidão.

A controvérsia sobre a legalidade de alguém se vender a si mesmo em escravidão tem uma longa história, desde o fim do século XV. Duas teorias afrontaram-se diretamente em torno desse tema: uma sustentava que a liberdade era uma propriedade do homem, em nada distinta de outras, e passível portanto de ser vendida; outra negava aos homens, a não ser *in extremis*, o direito de venderem sua liberdade, liberdade que era conferida por Deus.

Em parte, essa disputa inseriu-se no debate entre dominicanos e jesuítas. Os teólogos-juristas dominicanos espanhóis, e particularmente Francisco de Vitória e Domingos de Soto, afirmavam que, a não ser em caso de extrema necessidade, ou seja, em perigo de vida, um homem não podia vender sua liberdade. Pelo fim do século XVI, no entanto, os jesuítas começaram a atacar os dominicanos – acusados de serem criptoprotestantes – e coube a um jesuíta português, Luís de Molina, perfazer o ataque à teoria política dominicana. Para Luís de Molina, que foi professor em Évora, e para seu discípulo espanhol, Francisco Suárez, que ensinou em Coimbra, o homem era senhor de sua liberdade e podia vendê-la a seu critério, como a qualquer outra coisa sobre a qual tivesse *dominium* (Tuck 1971: 45-57; Skinner 1978, v. 2: 136-37).

A questão tinha incidência direta no Brasil: provavelmente no ano de 1567, a Mesa da Consciência e Ordens, fundada 35 anos antes e que opinava sobre dúvidas teológico-jurídicas, a havia dirigido a dois jesuítas: perguntava se alguém podia licitamente vender seu filho e vender-se a si mesmo em escravidão. Eram questões distintas: uma envolvia a discussão da pátria potestade, outra o *dominium* de sua própria liberdade. Ambas eram questões suscitadas pelo que vinha ocorrendo na Bahia e no Espírito Santo. Na Bahia, à peste de 1563, que teria matado três quartos dos índios da capitania, sucedeu a fome de 1564:

> nesta fome tão desumana, não acabavam os males com os que morriam: porque os vivos das aldeias vizinhas à cidade, levados do aperto, chegavam a vender-se a si mesmos por cousas de comer. Houve tal, que entregou sua liberdade por uma só cuia de farinha para livrar a vida: outros se alugavam para servir toda a vida, ou parte dela: outros vendiam os próprios filhos que geraram; outros aos que não geraram, fingindo-os seus: a tudo isso persuade a dura fome, e necessidade (Vasconcellos [1655] 1977, v. 2: 101-02).

E o cronista dos jesuítas encadeia dizendo dos "grandes embaraços e dúvidas de consciência" dos que, dessa forma, compravam os índios, o que levou a se recorrer a Lisboa, ao Tribunal da Mesa da Consciência.

A Mesa consulta, portanto, dois religiosos sobre os aspectos jurídicos da questão: as respostas encontram-se na Biblioteca Pública de Évora (Cod. CXVI/1-33: fls. 145-52v.). O primeiro a responder é o padre Quirício Caxa, professor de teologia moral no Colégio dos Jesuítas da Bahia (ver Leite 1937-49, v. 2: 201), que argumenta na linha de Molina.[2] Responde assim afirmativamente: um maior de vinte anos "se pode vender a si mesmo porque cada um é senhor de sua liberdade e ela é estimável, e não lhe é vedado por nenhum direito, logo pode a alienar e vender" (Biblioteca Pública de Évora, Cod. CXVI/1-33: fl. 145v.). Quanto a vender o filho, só em caso de extrema necessidade.

Segue-se o parecer, quanto às mesmas questões, do padre Manoel da Nóbrega. Ao discurso formal do padre Caxa, Nóbrega opõe um discurso substantivo: em vez de ilustrar a legitimidade da escravidão consentida com exemplos bíblicos que contesta, confronta a discussão jurídica com a manifesta injustiça que se está praticando com os índios da Bahia e do Espírito Santo.

> Ao pressuposto que o homem livre é senhor de sua liberdade, respondo que ora será senhor de sua liberdade ora não, que todos os textos e doutores, todos contrariam a maneira como se vendem os da Bahia a si mesmos depois que foram sujeitos, e é uma das maiores sem-justiças que no mundo se fez (Biblioteca Pública de Évora, Cod. CXVI/1-33: fl. 148v.).[3]

Juridicamente, seu argumento se insere na linha dos dominicanos: a liberdade e a preservação da vida são ambas regras de direito natural. Se entram em conflito, deve prevalecer "a de maior vigor", que é a regra da preservação da vida. Da mesma forma que é lícito furtar em caso de extrema necessidade, pois prevalece o dever de

---

2. A questão havia, na verdade, sido anteriormente submetida ao próprio Molina, além de Martim de Azpicuelta (o famoso doutor Navarro, sempre mencionado pelos jesuítas), Fernão Peres e Gaspar Gonçalves (ver Carta de Manoel da Nóbrega, in Leite 1954: 770).

3. A transcrição que aqui dou do parecer do padre Nóbrega difere da de Serafim Leite nesse trecho em que ele me parece ter cometido alguns enganos de leitura.

conservar a vida, é lícito, nesse mesmo caso, vender-se a si mesmo ou a seu filho. Assim, sem entrar na argumentação que coloca a liberdade entre as propriedades do homem, Nóbrega admite, no entanto, a possibilidade de alguém licitamente se vender ou a seu filho. Entrincheira-se na definição exata do que seja a extrema necessidade, que só pode ser entendida, insiste, como a necessidade premente de comer, e na definição de filho, lembrando o parentesco classificatório que faz com que os índios chamem de filho a quem não o é. Além disso, afirma, essa extrema necessidade não poderá ser precisamente provocada por aqueles que irão se assenhorear dos futuros escravos. Assim, enquanto os Potiguara estavam em estado de extrema penúria, sem que nisso tivessem culpa os moradores, que portanto podiam legitimamente comprá-los, se se quisessem vender, o mesmo não acontecia com os índios da Bahia e do Espírito Santo. Na Bahia, a repressão aos Caeté, contra os quais havia sido, em 1557, declarada guerra justa – em represália ao triste fim do bispo Sardinha –, foi estendida pelos moradores, lembra Nóbrega, a muitos outros índios. O terror foi tanto que

> ficaram todos tão desassossegados que uns fugiram para seus inimigos e foram muitos mortos, outros deixavam-se perecer à fome não tendo mãos para fazerem seus mantimentos donde por esta causa, os que ficaram à fome tinham os maus liberdade para usarem com eles de todos os seus enganos à sua vontade, porque dantes deste tempo nunca se viu em toda a costa um vender-se a si mesmo nem suas necessidades a isso os obrigavam. E depois que se isto praticou na Bahia, se acertou também na Capitania do Espírito Santo (Biblioteca Pública de Évora, Cod. CXVI/1-33: fl. 151v.).

O mesmo Nóbrega que, em 1558, chamava pela sujeição do gentio caeté, que deveria ser "senhoreado ou despejado" (Carta de Manoel da Nóbrega, Bahia, 8/5/1558, in Leite 1954, v. 2: 445), protesta, quase dez anos mais tarde, contra os que, após terem roubado aos índios suas terras e os haverem lançado na miséria, os queriam agora escravizar, aproveitando-se da fome a que os haviam reduzido.[4] Tornar lícita a venda que os índios quisessem fazer de sua li-

---

4. Deve-se entender a posição de Nóbrega não como uma contradição, ou como uma defesa parcial das aldeias jesuíticas, cujos habitantes estavam sendo escra-

berdade era sancionar tais abusos: "Pergunto eu agora se o ladrão pode levar com boa consciência o que faz cometer a um com medo da morte, e se disser que sim, da mesma maneira se dirá que com boa consciência podem os moradores do Brasil levar a liberdade dos índios" (Biblioteca Pública de Évora, Cod. CXVI/1-33: fl. 150v.).

A Mesa da Consciência e Ordens alinha-se com o primeiro parecer.

> Chegou a julgar as razões dos miseráveis índios e dos cobiçosos Portugueses, o Tribunal da Consciência, na Corte de Lisboa. Onde consultando o que dispunha o direito, se resolveo: *Que constrangido de extrema necessidade podia o pay vender o filho; e cada hum vender-se a si mesmo para gosar do preço* (Freyre [1675] 1977: 424, grifos no original; ver também Vasconcellos [1655] 1977: 102).

Brito Freyre encadeia imediatamente com os abusos que resultaram dessa decisão: "Provarão sem difficuldade os Moradores, pertencerlhes por justa posse, até os índios sujeitados por pior titulo, constrangendo-os facilmente, entre afagos, e ameaços, a dizer o que querião, quando os levarão a resistir". Assim são sancionados os cativeiros de muitos índios que, um ano mais tarde, se amotinam no Rio Real e são destroçados apenas em 1575 (notas de Capistrano de Abreu in Varnhagen 1978, t. 1: 348, 360-61).

Em 1574, quando uma junta regulamenta os casos de cativeiro lícito permitidos pela lei de 1570, a venda de si mesmo em escravidão é arrolada nos capítulos que enumeram os títulos legítimos para a escravização dos índios: "E assim serão escravos os que por sua própria vontade se venderem, passando de 21 anos, declarando-lhes primeiros que couza é ser escravo" (Souza 1894: 232).[5]

---

vizados (Vasconcellos [1655] 1977: 101), mas pelo que realmente é: um discurso teológico-moral. Nóbrega está preocupado com os escravos *ilegitimamente havidos*, não com a escravidão dos índios enquanto tal. É nesses termos que, em 1558, ele defendia a guerra justa contra os Caeté: "Sujeitando-se o gentio, cessarão muitas maneiras de haver escravos mal havidos e muitos escrúpulos, porque terão os homens escravos legítimos, tomados em guerra justa, e terão serviço e vassalagem dos índios" (Leite 1940: 76).

5. O procedimento de se "explicar" ao eventual vendedor de sua liberdade "que couza é ser escravo" lembra muito o da leitura obrigatória do "Requerimiento" de 1514, instituído pelo jurista real Palácio Rubios, leitura que devia ser feita

Um documento de 1625 vai permitir elucidar as implicações dessa postura jurídica. Nesse ano em que são proibidas as administrações de índios que se haviam estabelecido no Maranhão e Grão-Pará (Perdigão Malheiros [1867] 1976, t. 1: 81), os padres capuchos do Pará endereçam ao rei uma série de questões jurídicas (Arquivo Nacional da Torre do Tombo, *Memorial dos Capuchos do Pará a respeito dos Índios*, Livro 1116: fls. 593-98). A primeira, que nos interessa aqui, é "se os índios resgatados de corda são captivos para sempre ou até certo tempo".

A legalidade da escravização dos índios

Para se esclarecer essa questão, convém resumir os casos mais usuais de escravidão legítima dos índios. Poderíamos agrupá-los em três itens. Havia, primeiro, o aprisionamento em "guerra justa", categoria jurídica criada a partir das Cruzadas e das guerras com os sarracenos, e cujos critérios, altamente controvertidos no século XVI, fogem à discussão que aqui fazemos. Os prisioneiros havidos em guerra justa eram legítimos escravos. Excetuam-se aí os períodos em que leis especiais proibiam qualquer cativeiro (por exemplo, a lei de 1609 ou de 1680): no entanto, essas leis sistematicamente proibiam a escravização para prevenirem os "abusos" que grassavam, sem jamais negarem a legitimidade da guerra justa.

Havia, em segundo lugar, a compra de escravos dos índios, desde que *legitimamente havidos*. Critério, como se pode imaginar, complicado de ser decidido, pois importava em se julgar, por exemplo, se a guerra que um grupo indígena movia a outro e em que houvessem sido feitos os prisioneiros satisfazia aos requisitos da "guerra justa". Creio, no entanto, que essa dificuldade era um tanto irrelevante: todos sabiam que essas leis não eram obedecidas à risca e que os moradores queriam apenas brechas legais para poderem pretextar títulos legítimos sobre seus escravos. Se a dificuldade era em larga medida irrelevante, a coerência legal podia ser levada às últimas consequências, sem se embaraçar com questões

---

aos índios e onde se lhes explicavam os títulos da Coroa Espanhola sobre suas terras. Caso anuíssem, seriam vassalos. Se protestassem, seriam passíveis de escravização (Hanke 1949: 31-ss; Zavala 1948: 61-ss).

de implementação prática. Ainda sob esse item estavam os descendentes de cativos que, pela regra de descendência do grupo indígena, fossem também escravos (Arquivo Nacional da Torre do Tombo, *Memorial dos Capuchos do Pará a respeito dos Índios*, Livro 1116). A existência de escravos nos grupos indígenas da costa era no mínimo duvidosa, a não ser que convenientemente se chamassem de escravos aos prisioneiros de guerra dos Tupi e aos seus descendentes em linha paterna. Mas vale notar que esse último título de escravidão, ao invocar a regra de descendência do grupo, supunha o reconhecimento do direito interno das sociedades indígenas.

Além do apresamento em "guerra justa" e da compra de escravos "legítimos" dos grupos indígenas, havia um terceiro modo de se conseguirem cativos: era o "resgate". Tratava-se de resgatar, mediante pagamento, os índios prisioneiros de outros índios: eram os "presos à corda", termo que designava aqueles que, apresados na guerra, eram destinados a serem ritualmente mortos e devorados.

Os padres capuchos do Pará colocam assim a questão do fundamento da escravidão dos "resgatados". Fazem-no por questão de consciência, ou seja, para saberem se devem dar absolvição aos que detiverem escravos sob tais títulos, inquietos talvez pelas hesitações das leis que se sucederam entre 1570 e 1611. A resposta é surpreendente pelo fundamento que dá ao resgate:

> neste caso se julga e se reputa que o mesmo índio (entende-se aqui aquele preso à corda) se vende a si próprio apertado da extrema necessidade, em. q. se vê. Nem quem o compra, tem obrigação de o socorrer de graça, tendo o índio sua liberdade para vender. Porem sempre nesta matéria se pressupõe que o preço que o comprador dá, vale a liberdade do índio porq. sendo o preço menor, deve o comprador contentarse somente com o serviço de alguns annos, ou tempo outro limitado q., seja equivalente ao preço, e não querer maior serviço do índio (Arquivo Nacional da Torre do Tombo, Memorial dos Capuchos do Pará a respeito dos Índios, Livro 1116: fls. 593-98).

Assim, *não só a venda de si mesmo é lícita como é fundamento de outras fontes legítimas de escravidão*. É o mesmo raciocínio que se encontrava, implícito em vez de explícito, na lei de 1611. Os índios presos à corda podiam ser comprados: comprados *não* dos outros índios que os haviam aprisionado e os queriam comer, *e de quem não eram escravos legítimos*, e sim a si mesmos. Resta o embaraço de que não eram os prisioneiros que recebiam seu próprio preço e sim seus captores, embaraço provavelmente resolvido por uma ficção jurídica sobre a qual os textos silenciam. Na realidade, suspeito que se assentar juridicamente o resgate na venda de si mesmo seja prática antiga: por volta de 1565, o rei lembra ao governador Mem de Sá que "correm os resgates com título de extrema necessidade" (Souza 1894: 226). Vinda do século XVI, essa prática irá perdurar até pelo menos o fim do século XVII. Podem-se resgatar os cativos, especifica o alvará de 1688, que "a tanto não repugnem" e reconheçam poder desse modo "livrar a vida": ou seja, a escravização de índios "resgatados" legitima-se novamente pela ficção de uma venda livremente consentida de si mesmo, "em estado de extrema necessidade" (Alvará de 28/4/1688, in Leite 1937-49: 379).

Uma teoria contratual da escravidão

Creio que o caso de Joanna Baptista, a cafuza que se vende em escravidão no fim do século XVIII, em Belém do Pará, deva ser um dos últimos exemplos de servidão consentida. A essa altura, já era um "caso bastardo". No entanto, a questão subsiste, tanto teórica quanto prática. O bispo Azeredo Coutinho, grande pensador do fim do século XVIII e do início do XIX, defendendo a escravidão africana no Brasil, invocava o argumento de que era conforme à lei da natureza o homem optar pelo seu menor mal: "A lei natural, adaptável ao homem na sociedade, é aquela que lhe regula o maior bem, ou que lhe manda fazer um mal ainda a si mesmo para salvar a sua existência em tais e tais circunstâncias" (Coutinho [1808] 1966: 248, 254). Enquanto o argumento jurídico perdura, persistem também os casos de venda, senão de si mesmos, pelo menos de filhos de índios. Na metade do século XIX, durante a seca do Ceará, o americano Ewbank registra casos de indiozinhos vendidos pelos pais, premidos pela fome (Ewbank [1856] 1976: 242).

Percebe-se, através da discussão precedente, que as relações entre o discurso de direito natural e a escravidão não são unívocas. O direito natural, na sua forma jesuítica completa, ou seja, após Luís de Molina, presta-se à defesa da escravidão consentida. Levado noutra direção pelos filósofos franceses, irá desembocar na contestação radical de toda escravidão: quando, na virada do século XVIII para o XIX, Azeredo Coutinho defende a escravidão, fá-lo atacando os "novos filósofos" e a teoria da liberdade original, anterior ao pacto social.

O paradoxo da forma jesuítica é que ela pensa a escravidão sob a forma do contrato, sob a forma do capitalismo mercantil. Na verdade, parece o ascendente direto da interpretação liberal do direito natural, a versão anglo-saxã que Habermas (1974: 82-117) distingue enfaticamente da versão revolucionária francesa. Na versão jesuítica, liberal, a escravidão e a liberdade apenas diferem por aquilo que é colocado no mercado: o todo ou a parte, o trabalhador ou a força de trabalho. A liberdade é tornada mercadoria, o escravo e seu senhor estabelecem entre si um contrato a seu respeito.

A acomodação de uma linguagem liberal e da escravidão, que já foi tão discutida para o século XIX, teria portanto raízes mais profundas do que até agora se parece ter pensado. Nesse sentido, deixa de ser tão surpreendente a fórmula que a Constituinte de 1823 encontrou para falar da escravidão, o famoso artigo 265: "A Constituição reconhece os contratos entre os senhores e os escravos, e o governo vigiará sobre a sua manutenção". A mesma visão contratual está implícita, a meu ver, na alforria por compra, em que, desta vez, é o senhor que vende a liberdade ao escravo, criando aliás o problema formal de um ser sem capacidade jurídica, como é o escravo, poder realizar uma compra.

Assim, desde o fim do século XVI, o ajustamento entre o capitalismo mercantil e a escravidão se perfaz, permitindo pensar esta sob as espécies daquele. Coube aos juristas jesuítas esse ajustamento que faz da escravidão moderna algo absolutamente diferente da escravidão antiga.

Pós-escrito

Terminado este artigo, tive notícia por Luiz Mott de que o texto do Fundo Cadaval da venda de Joanna Baptista em escravidão já havia sido publicado por Carlos Pontes em Freyre (1937), e reproduzido a partir deste por Salles (1971: 328-30). Pensei em retirar o texto, mas, verificando a publicação de Vicente Salles, vejo que ele não o liga a qualquer discussão jurídica, retendo seu aspecto pitoresco. Acabei, por essa razão, optando por manter o artigo em sua forma original.

11. IMAGENS DE ÍNDIOS DO BRASIL NO SÉCULO XVI

Há vários discursos sobre os índios no século XVI: uma literatura e uma iconografia de viagens, com desdobramentos morais e filosóficos, firma seus cânones ao longo do século; um *corpus* legiferante e de reflexão teológica e jurídica elabora, passada a era do escambo, uma ordenação das relações coloniais; paralela à conquista territorial, a conquista espiritual, por sua vez, se expressa em um novo gênero, inaugurado pelos jesuítas e destinado a obter grande sucesso: as cartas, relatórios internos ou descrições edificantes.[1] Excepcionalmente, temos o relato de um colono, Gabriel Soares de Souza: quanto ao olhar curioso da Inquisição na Bahia e em Pernambuco, no finzinho do século, não se detém nos índios, já que eles não estão sob sua jurisdição.

Os índios do Brasil são, no século XVI, os do espaço atribuído a Portugal pelo papa no Tratado de Tordesilhas, ele próprio incerto

---

1. Este foi um artigo de encomenda, mas que escrevi com muito gosto. Foi publicado em 1990. Desde então, a crítica de textos tem progredido muito. Frank Lestringant e Suzanne Lassagnet comentaram com máxima erudição os textos dos principais autores franceses quinhentistas que falam do Brasil. Charlotte de Castelnau contextualizou admiravelmente o discurso dos jesuítas. Alberto Mussa restaurou a importância de Thevet e fez uma importante reavaliação das fontes seiscentistas. E Eduardo Viveiros de Castro escreveu um ensaio que nasceu clássico sobre a questão da conversão e da inconstância dos Tupi. Republicar um artigo baseado em aparato crítico mais frágil do que o disponível hoje só se justifica, a meu ver, pelos temas que introduzi e que se ampliaram em artigos mais recentes. Penso em particular no da construção pelos missionários de um patamar comum que autorize a comparação e no do tratamento da semelhança e da diferença em termos jesuíticos e indígenas.

em seus limites, algo entre a boca do Tocantins e a boca do Parnaíba a norte até São Vicente a sul, talvez um pouco além se incluirmos a zona contestada dos Carijó. Os índios do rio Amazonas, na época um rio mais "espanhol" do que "português", não contribuem propriamente para a formação da imagem dos índios do Brasil. Essa imagem é, fundamentalmente, a dos grupos de língua tupi e, ancilarmente, guarani. Como em contraponto, há a figura do Aimoré, Ouetaca, Tapuia, ou seja, aqueles a quem os Tupi acusam de barbárie.

Primeiros olhares

Os portugueses, fascinados pelo Oriente, pouco especularam sobre o Novo Mundo. Nem objeto de conhecimento ou reflexão, nem sequer ainda de intensa cobiça, o Brasil passou em grande parte despercebido durante os primeiros cinquenta anos de seu contato. Camões dedica-lhe quatro magros versos – evocando o pau-brasil – no último canto dos *Lusíadas* (estrofe 1086, versos 138-41), publicados em 1572, e até o espanhol Ercilla falará mais dos brasileiros do que o poeta português. É só na década de 1570 que Gândavo escreve seu *Tratado da Terra do Brasil* (c. 1570) e sua *História da Província de Santa Cruz* (1576), obras provavelmente de incentivo à imigração e a investimentos portugueses, semelhantes às que, bem mais cedo, os ingleses haviam feito para a Virgínia. No prólogo à *História da Província de Santa Cruz*, Gândavo fala do "pouco caso que os portuguezes fizerão sempre da mesma provincia" e diz que "os estrangeiros a tem noutra estima, e sabem suas particularidades melhor e mais de raiz que nós" ([1576] 1980: 76). Todo o interesse, todo o imaginário português se concentra, à época, nas Índias, enquanto espanhóis, franceses, holandeses, ingleses, estão fascinados pelo Novo Mundo, cada qual, aliás, a partir de regiões específicas: a América dos Espanhóis é antes de tudo o México e o Peru; a dos ingleses, a Flórida; e a dos franceses é sobretudo o Brasil (Broc 1984: 159).

A primeira carta sobre o Brasil, a belíssima carta de 1500, escrita por Pero Vaz de Caminha a el-rei dom Manuel, fica inédita e soterrada até 1773 nos arquivos portugueses. São as cartas de Américo Vespúcio – as autênticas e as apócrifas – talvez por serem endereçadas a Lourenço de Medici e, através dele, ao público letrado europeu, que notabilizaram a então Terra de Vera Cruz e seus habitantes.

Por mais exatas que sejam (e certamente são mais escrupulosas do que muitos relatos posteriores), as primeiras cartas já se assentam em ideias propagadas desde o *Diário da primeira viagem* de Colombo, elas próprias enraizadas nos relatos de viagens – reais ou imaginárias – de Marco Polo, de Mandeville, do Preste João: ideias de Paraíso terreno e de fonte da juventude à sua proximidade, de amazonas e de seus tesouros, mitos de origem medieval ou clássica que povoam o imaginário dos "descobridores",[2] e que se insinuam nas mais verazes descrições. Os viajantes veem por indícios e ouvem dos índios, sabe-se lá em que língua, o que a Europa procura e antecipa: seus relatos, confrontados às tradições clássicas, são por sua vez sistematizados por cosmógrafos – como Pedro Mártir, o milanês, que escreve em Sevilha – que, em pouco tempo, estabelecem um corpo canônico de saber sobre o Novo Mundo, realimentador da observação. Terão vida particularmente longa as primeiras notícias de Colombo sobre a inocência, a docilidade, a ausência de crenças da gente que encontrou, elaboradas, segundo Gerbi ([1975] 1978: 27-28), para convencer os Reis Católicos da facilidade de se dominarem terras tão prodigiosamente férteis e ricas de ouro e especiarias.

A carta de Pero Vaz de Caminha é, na verdade, um diário, que registra, de 22 de abril a 10 de maio de 1500, uma progressiva descoberta dos homens (desde o primeiro instante, não há dúvida de que são humanos) e das mulheres de Porto Seguro. A primeira imagem, a mesma que Colombo tivera nas Antilhas, é de que todos vão nus e são imberbes: "Homens pardos, todos nus, sem nenhuma coisa que lhes cobrisse suas vergonhas, traziam arcos nas mãos e suas setas" (Caminha [1500] 1968: 21). E Caminha compraz-se em um jogo de palavras e em uma primeira comparação, dizendo das moças que tinham "suas vergonhas tão altas, tão serradinhas e tão limpas de cabeleiras que, de as nós muito bem olharmos, não tínhamos nenhuma vergonha" (ibid.: 36-37). E, mais adiante, dirá de outra índia que era "sua vergonha (que ela não tinha) tão graciosa, que a muitas mulheres da nossa terra, vendo-lhe tais feições, fizera vergonha, por não terem a sua como ela" (id. ibid.: 40).

---

2. Uma excelente análise desses antecedentes e de sua repercussão encontra-se no livro clássico de Sérgio Buarque de Holanda, *Visão do paraíso* ([1958] 1977).

A essa imagem de nudez, que será retomada, com menos talento literário, por Vespúcio,[3] associa-se a ideia de inocência (id. ibid.: 25, 91): Caminha, com aparente candura, contrasta a ingenuidade comercial e a confiança inicial desses homens que, desde o primeiro dia, se estendem e dormem no convés do navio, com a deslealdade, a cupidez e a sede de ouro e prata dos portugueses (id. ibid.: 27, 30, 53, 49, 66, 76). Esses homens são formosos, gordos e sadios, como as "alimárias monteses às quais faz o ar melhor pena e melhor cabelo que às mansas" (id. ibid.: 59). Essa ideia de não domesticação dessa gente que nada domestica – nem plantas nem animais – é, em Caminha, tão poderosa, que o leva a ignorar a agricultura dos índios, a não dar realce às redes e jangadas que menciona, e a presumir, só para ser desmentido no dia seguinte, que eles sequer tenham casas onde se abriguem (id. ibid.: 81, 59, 65-66). Gente "bestial" a ser amansada (id. ibid.: 59, 58, 77, 82), por quem Caminha nutre uma evidente simpatia e sobre a qual inaugura uma série de duradouros e etnograficamente duvidosos lugares-comuns: não têm chefe ou principal (sequer distinguindo o capitão-mor que os recebe em toda a sua pompa) (id. ibid.: 46, 52, 27); não têm nenhuma idolatria ou adoração (id. ibid.: 90-91, 80); são uma argila moldável, uma tábula rasa, uma página em branco – "e imprimir-se-á com ligeireza neles qualquer cunho, que lhes quiserem dar" (id. ibid.: 80). Gente, em suma, que não sujeita a natureza como não se sujeita a si mesma a jugo algum: gente montesa, gente "selvagem".[4]

---

3. "*Encontramos que la tierra estaba habitada de gente toda ella desnuda, así los hombres como las mujeres, sin cubrirse ninguna verguenza. Son de cuerpo bien dispuestos y proporcionados, de color blanco*" [Encontramos que a terra estava habitada de gente toda ela desnuda, tanto os homens como as mulheres, sem cobrir nenhuma vergonha. São de corpo bem-dispostos e proporcionados, de cor branca] – Colombo dizia-os brancos também, mas Caminha dizia-os pardos e Vespúcio havia dito em 1500 "*de color pardo y leonado*" [de cor parda e fulva] aos habitantes do caribe – "*de cabellos negros y de poca o ninguna barba*" (Américo Vespúcio, Carta a Lourenço de Medici, Lisboa, outono de 1501, in D'Olwer 1963: 541).

4. Caminha não usa a palavra "selvagem". O termo é usado pelos franceses Thevet e Léry, e é glosado por Montaigne: "*Ils sont sauvages, de mesme que nous appellons sauvages les fruicts que nature, de soy et de son progres ordinaire, a produicts: là, où à la vérité, ce sont ceux que nous avons alterez par nostre artifice et detournez de l'ordre commun, que nous devrions appeller plutost sauvages*

Vespúcio era o cosmógrafo da segunda expedição, a que dom Manuel mandou em 1501, e que percorreu a costa durante dez longos meses, do cabo São Roque até São Vicente. Conta que passou 27 dias comendo e dormindo entre os "animais racionais" da Nova Terra, e é ele quem completa o inventário básico do que, daí por diante, se dirá dos índios.[5] Vespúcio, que fala da sua nudez, não fala mais da sua inocência: ao contrário, é ele quem relata pela primeira vez a antropofagia indígena. O retrato que faz é paradoxal: entre si, tudo têm em comum, mas vivem em guerra cruel contra seus inimigos. As razões dessa guerra perpétua, diz Vespúcio, são misteriosas já que não têm propriedade particular, já que não guerreiam para se assenhorearem de terras ou de vassalos, já que ignoram o que seja a cobiça, o roubo ou a ambição de reinar. Dizem eles apenas que querem vingar a morte de seus pais e antepassados. Fica assim introduzida a ideia de uma guerra desinteressada embora bestial e de uma antropofagia de vingança e não alimentar: distinção importante a que retornaremos mais adiante.

A ausência de propriedade e, portanto, de cobiça e de herança são elementos novos que Vespúcio acentua. É Vespúcio também quem, pela primeira vez – resquício do mito da fonte da juventude? –, fala da longevidade dos brasileiros:

> *Son gente que vive muchos años, porque según sus descendencias conocimos muchos hombres que tienen hasta la cuarta generación de nietos. No saben contar los días ni el año ni los meses, salvo que miden*

[eles são selvagens, do mesmo modo que chamamos selvagens os frutos que a natureza, por si e pelo seu progresso ordinário, produziu: assim, na verdade, eles são aquilo que nós temos alterado pelo nosso artifício e desviado da ordem comum, que deveríamos chamar propriamente selvagens] (Montaigne [1580] 1952: 234). Inversão típica que Rousseau retomará: a selvageria não antecede a civilização, ao contrário, é seu produto, enquanto corrupção e desvio do curso espontâneo da natureza.

5. A palavra "índios" é aqui usada anacronicamente: ela parece começar a ser empregada por meados do século aparentemente para designar os indígenas submetidos (seja aldeados, seja escravizados), por oposição ao termo mais geral "gentio", que designa os indígenas independentes. Caminha e Vespúcio dizem "gente", "homens" e "mulheres". Ao longo do século, usam-se para designar as etnias os termos "gerações", "nações" e "linhagens". Pela metade do século, começa-se também a empregar a expressão "negro da terra" por escravo – além dos termos tradicionais "gentio", "brasil" e "brasileiro".

> el tiempo por meses lunares, y quando quieren mostrar la edad de alguna cosa lo muestran con piedras, poniendo por cada luna una piedra, y encontré un hombre de los más viejos que me señaló con piedras haber vivido 1700 lunas, que me parece son 130 años, contando trece lunas por año (Américo Vespúcio a Lourenço de Medici, Lisboa, outono de 1501, in D'Olwer 1963: 542).[6]

De resto, com pequenos acréscimos sobre costumes matrimoniais não necessariamente corretos (mas também com boa descrição de casas, redes e adornos), Vespúcio repete Caminha: essa gente não tem lei, nem fé, nem rei, não obedece a ninguém, cada um é senhor de si mesmo. Vive *secundam naturam* e não conhece a imortalidade da alma.[7]

Está assim formado o lastro de uma concepção dos brasileiros que vigorará, com poucos retoques, entre os que praticarem o escambo de pau-brasil, papagaios, macacos e outras riquezas, ou seja, entre os portugueses, até 1549, e entre os outros europeus, até muito mais tarde. Os sucessivos navios de várias nacionalidades e os intérpretes normandos ou degredados portugueses aqui estabelecidos devem ter consolidado esse saber, de tal forma que, em 1519, o italiano Antonio Pigafetta, de passagem na expedição de Fernão de Magalhães, fornece já algo como um "*dictionnaire des idées reçues*" (dicionário de ideias aceitas) sobre o Brasil do início do século XVI. Condensado, já tudo está lá: brasileiros e brasileiras vão nus, vivem até 140 anos, "não são cristãos mas também não são idólatras, porque não adoram nada", comem seus inimigos, tecem redes, fazem canoas, moram em grandes casas (Pigafetta [1524?] 1985: 57-ss).

---
6. "São gente que vive muitos anos, porque, de acordo com suas descendências, conhecemos muitos homens que têm até a quarta geração de netos. Não sabem contar os dias nem o ano nem os meses, salvo que medem o tempo por meses lunares, e, quando querem mostrar a idade de alguma coisa, mostram-no com pedras, pondo por cada lua uma pedra, e encontrei um homem dentre os mais velhos que me assinalou com pedras haver vivido 1.700 luas, que me parece que são 130 anos, contando treze luas por ano." Até Jean de Léry ([1578] 1972: 73) ainda se fala da longevidade dos brasileiros.
7. Os jesuítas, por motivos teológicos e jurídicos, prestarão grande atenção, meio século mais tarde, aos usos matrimoniais e às crenças dos índios. Sua busca, como veremos, vai no sentido de encontrar, pelo menos em embrião, instituições ou crenças sobre as quais se possam assentar costumes cristãos: são eles que atestam, contrariando Vespúcio, a crença tupi na imortalidade da alma.

É somente a partir da década de 1550 que o conhecimento do Brasil se precisará, e agora de maneiras divergentes. São duas linhas divisórias básicas: uma, que passa entre autores ibéricos ligados diretamente à colonização – missionários, administradores, moradores – e autores não ibéricos ligados ao escambo, para quem os índios são matéria de reflexão muito mais que de gestão; a outra, que separa, nesse período de intensa luta religiosa, autores usados por protestantes de autores usados por católicos.

Nesta última categoria, temos o franciscano André Thevet, cujo interesse pela mitologia o torna a melhor fonte sobre a cosmologia tupinambá do século XVI.[8] Contrapondo-se a Thevet, direta ou indiretamente, temos também dois autores excepcionais que estiveram entre os Tupinambá mais ou menos na mesma época, mas em posições assimétricas, um como inimigo destinado a ser comido, outro como aliado: o artilheiro do Hesse, Hans Staden, que viveu prisioneiro dos Tupinambá, e os descreve com inteligência e pragmatismo em livro publicado originalmente em 1557 e que conheceu imediato sucesso – quatro edições em um ano –, e o calvinista Jean de Léry, que passa alguns meses, em 1557, com os mesmos Tupinambá quando a perseguição que Villegagnon move aos huguenotes os obriga a se instalarem em terra firme. O livro de Léry só é publicado em 1578, e embora o autor afirme que o redigiu em 1563, várias passagens atestam interpolações posteriores a essa data. Seja como for, a edição de 1592, em Frankfurt, da terceira parte da *Coleção de grandes viagens* ilustrada pelo ouri-

---

8. No livro *Meu destino é ser onça* (2008), Alberto Mussa fez um trabalho notável de restituição do aporte de Thevet à mitologia tupinambá seiscentista. Thevet conseguiu uma consagração invejável: nomeado "cosmógrafo do rei", conservador do "Cabinet" do rei, ou seja, um museu de curiosidades, ele foi comparado por Ronsard a Ulisses, aliás mais do que Ulisses, por ter visto e por ter descrito o que viu: "*Ainsi tu as sur luy un double d'avantage, C'est que tu as plus vue, et nous a ton voyage /Escrit de ta main propre et non pas luy du sien*" [Assim, você tem sobre ele [Ulisses] uma dupla vantagem, a de ter visto mais e nos ter escrito sua viagem pela sua própria mão e não ele [Ulisses], [da viagem] dele] (apud Broc 1984: 153). Mas Montaigne publica, nos seus "Canibais", um trecho ferino provavelmente dirigido a Thevet, preferindo-lhe seu próprio informante, o normando seu empregado que havia passado de dez a doze anos na França Antártica: "*Ainsi je me contente de cette information, sans m'enquérir de ce que les cosmographes en disent*" [Assim, contento-me com essa informação, sem indagar o que dizem os cosmógrafos] (Montaigne [1580] 1952: 233-34).

ves, gravurista e propagandista huguenote Theodor de Bry, que reunia os livros de Hans Staden e de Jean de Léry, publicados simultaneamente em alemão e em latim, consagra a influência desses autores fundamentais. Também republicado alguns anos mais tarde por de Bry, provavelmente por atestar os péssimos hábitos dos conquistadores espanhóis, que chegariam, entre outras coisas, a devorar enforcados, quando a fome os aperta em Buenos Aires, está o livro do mercenário alemão Ulrich Schmidel, que passou vinte anos perambulando pelo rio Paraguai a partir de 1537 e que fornece uma espécie de roteiro gastronômico das múltiplas etnias por que passou, entre as quais a dos Carijó.

O teu e o meu

Um dos traços mais celebrados nesse contexto, sobretudo por Jean de Léry, é, sem dúvida, o da suposta ausência de propriedade material e de cobiça, com sua crítica explícita a sociedades movidas pelo lucro e pelo entesouramento (por exemplo, Léry [1578] 1972: 125-26, 180, 230). Não que os Tupinambá não desejassem bens materiais, e todo o comércio baseava-se nesse desejo: simplesmente não acumulavam, não transmitiam a herdeiros e entre si partilhavam a comida (Staden [1557] 1974: 167; Thevet [1558] 1978: 144). "Têm estes Tupinambás uma condição muito boa para frades franciscanos", escreverá Soares de Souza que neste ponto concorda com os autores não ibéricos,

> porque o seu fato, e quanto têm, é comum a todos os da sua casa que querem usar dele; assim das ferramentas que é o que mais estimam, como das suas roupas se as têm, e do seu mantimento; os quais, quando estão comendo, pode comer com eles quem quiser, ainda que seja contrário, sem lho impedirem nem fazerem por isso carranca. ([1587] 1971: 313)

Sem f, sem l, sem r

Desde Caminha e Vespúcio, e, já vulgarizada a ideia, em 1515 na *Neue Zeitung* (*Nova Gazeta*, apud Holanda [1958] 1977: 106), menciona-se com certa ambivalência – seria o éden? seria a barbárie? – a ausência de jugo político e religioso entre os brasis. A ideia torna-se lugar-comum ao longo do século (por exemplo, Thevet [1558] 1978: 98), mas ganha com Gândavo uma forma canônica em que palavras e coisas se confundem:

> A lingua deste gentio toda pela Costa he huma: carece de três letras – scilicet, não se acha nella f, nem l, nem r, cousa digna de espanto, porque assi não têm Fé, nem Lei, nem Rei; e desta maneira vivem sem Justiça e desordenadamente (Gândavo [1570] 1980: 52).

Uma década e meia mais tarde, Gabriel Soares de Souza retoma a fórmula de Gândavo com particular graça:

> Faltam-lhes três letras das do abc, que são f, l, r grande ou dobrado, coisa muito para se notar; porque, se não têm f, é porque não têm fé em nenhuma coisa que adorem; nem nascidos entre os cristãos e doutrinados pelos padres da Companhia têm fé em Deus Nosso Senhor, nem têm verdade, nem lealdade e nenhuma pessoa que lhes faça bem. E se não têm l na sua pronunciação, é porque não têm lei alguma que guardar, nem preceitos para se governarem; e cada um faz lei a seu modo, e ao som da sua vontade; sem haver entre eles leis com que se governem, nem têm leis uns com os outros. E se não têm esta letra r na sua pronunciação, é porque não têm rei que os reja, e a quem obedeçam, nem obedecem a ninguém, nem ao pai o filho, nem o filho ao pai [sic], e cada um vive ao som da sua vontade; para dizerem Francisco dizem Pancico, para dizerem Lourenço, dizem Rorenço, para dizerem Rodrigo dizem Rodigo; e por este modo pronunciam todos os vocábulos em que entram essas três letras (Soares de Souza [1587] 1971: 302).

Na França, onde os mercadores normandos continuam prosperando com o comércio de pau-brasil obtido por escambo com os Tupinambá, essa carência de letras e de jugos não preocupa, mas ao contrário faz sonhar. Ronsard, em sua "Complainte contre fortune" de 1559, fala dessa América da Idade do Ouro para onde deseja ir:

> *Où le peuple incognu*
> *Erre innocemment tout farouche et tout nu*
> *D'habis tout aussi nu qu'il est nu de malice*

> *Qui ne cognoist les noms de vertu, ny de vice,*
> *De Sénat, ni de Roy, qui vit à son plaisir,*
> *Porté de l'apétit de son premier désir.*[9]

O Brasil e os brasileiros estão lá em tão alta estima que, em 1550, quando o rei Henrique II e a rainha Catarina de Medici fazem sua entrada triunfal em Rouen, é-lhes oferecida uma festa brasileira. Para a circunstância, trezentos figurantes, entre verdadeiros índios trazidos à França, marinheiros normandos e prostitutas, todos despidos à moda tupinambá, representam cenas de caça, de guerra, de amor, e até de abordagem a um navio português. Os choupos são pintados e carregados de bananas, papagaios e macacos são soltos no arvoredo (Denis 1851). O Brasil é o paraíso terreal.

Cães, canibais

Paradoxalmente, a outra imagem que se vulgariza e que se torna emblemática do Brasil é a dos índios como canibais. Em 1540, por exemplo, o mapa de Sebastian Munster, na *Geografia de Ptolomeu*, publicada em Basileia, coloca laconicamente, no espaço ainda largamente ignoto entre a boca do Amazonas e a boca do rio da Prata, a palavra *Canibali*, e a ilustra com um feixe de galhos de onde pendem uma cabeça e uma perna (Schwartz & Ehrenberg 1980: 50, il. 18, 45). "São cãis em se comerem e matarem", escreverá Nóbrega (in Leite 1954, v. 2: 321), implicitamente evocando a assimilação que o Renascimento fez entre canibais e cinocéfalos, homens com cabeça de cães, como explica Rabelais no seu glossário do *Quarto livro de Pantagruel*: "*Canibales, peuple monstrueux en Afrique, ayant la face comme chiens et aboyant au lieu de rire*"[10] (Rabelais [1552] 1955: 737). Os canibais são, na verdade, um fantasma, uma imagem, que flutua por muito tempo no imaginário medieval sem lograr ser geograficamente atribuído. Colombo, ao opor os pacíficos antilhanos aos caribes insulares que os devoram, permite

---
9. "Onde o povo desconhecido/Vagueia inocentemente todo arisco e todo nu/ De vestimentas quanto nu de malícia/Que não conhece as palavras virtude, nem vício,/Senado, nem Rei, que vive a seu bel-prazer,/ Portador do apetite de seu primeiro desejo."
10. "Canibais, povo monstruoso da África, têm a face como a de cães e ladram em vez de rir."

uma primeira localização americana desse fantasma, assimilando caribes e canibais numa sinonímia que irá perdurar, no século XVIII, até à *Enciclopédia*.[11]

Antropófagos mas não canibais

Os Tupi, no entanto, não são canibais, e sim antropófagos: a distinção, que é, num primeiro momento, léxica e, mais tarde, quando os termos se tornam sinônimos,[12] semântica, é crucial no século XVI, e é ela que permitirá a exaltação do índio brasileiro. A diferença é esta: canibais são gente que se *alimenta* de carne humana; muito distinta é a situação dos Tupi, que comem seus inimigos por vingança.

É assim que Pigafetta distingue os brasileiros que são antropófagos dos canibais, imediatamente ao sul (Pigafetta [1524?] 1985). Thevet, que assimila canibais, caribes insulares das Antilhas e possivelmente os Caeté ou os Potiguara, escreve:

> Os canibais, cujas terras vão do Cabo de Santo Agostinho às proximidades do Marinhão, são os mais cruéis e desumanos de todos os povos americanos, não passando de uma canalha habituada a comer carne humana do mesmo jeito que comemos carne de carneiro, se não até com maior satisfação (Thevet [1558] 1978: 199).

Thevet chega a declarar que os "canibais" alimentam-se exclusivamente de carne humana (id. ibid.: 100). Mas os Tupinambá, se comem os inimigos, "fazem isto, não para matar a fome, mas por hostilidade, por grande ódio" (Staden [1557] 1974: 176).

---

11. O verbete "canibais" na *Grande Encyclopédie* figura com a seguinte redação: "*Cannibales – voyez Caraibes ou Cannibales: Sauvages insulaires de l'Amérique qui possèdent une partie des les Antilles, tristes, rêveurs, paresseux [...] vivant communêment un siècle [...] Ils mangent leurs prisonniers rôtis et en envoient les morceaux à leurs amis...*" [canibais – ver Caraíbas ou Canibais: Selvagens insulares da América que possuem uma parte das Antilhas, melancólicos, sonhadores, preguiçosos [...] vivem comumente um século [...] Eles comem seus prisioneiros assados e enviam os bocados a seus amigos].
12. Segundo Michèle Duchet ([1971] 1977: 38), a sinonímia entre canibais e antropófagos vulgariza-se a partir de Montaigne. Mesmo depois de assimiladas as duas palavras, porém, a diferença que encerravam permanece, com a mesma conotação moral.

Quanto a Américo Vespúcio, o primeiro a falar da instituição entre os Tupi, uma leitura desatenta poderia sugerir que ele esteja relatando uma antropofagia alimentar. O que ele diz, no entanto, falando da dieta variadíssima dos índios (ervas, frutas ótimas, muito peixe, mariscos, ostras, camarões e caranguejos), é que, quanto à carne, por não terem cachorros que os ajudem na caça, a que mais comem é carne humana (Américo Vespúcio a Lourenço de Medici, Lisboa, outono de 1501, in D'Olwer 1963: 542). Um ano antes, em outra carta, relatando sua viagem à ilha de Trinidad, Vespúcio havia falado, aí sim, dos *canibais que vivem de carne humana* (Américo Vespúcio a Lourenço de Medici, Sevilha, 18/07/1500, in D'Olwer 1963: 43).

A antropofagia, nisso não se enganaram os cronistas, é a instituição por excelência dos Tupi: é ao matar um inimigo, de preferência com um golpe de tacape que lhe quebre a cabeça, no terreiro da aldeia, que o guerreiro recebe novos nomes, ganha prestígio político, acede ao casamento e até a uma imortalidade imediata. Todos, homens, mulheres, velhos e crianças, além de aliados de outras aldeias, devem comer a carne do morto. Uma única exceção a essa regra: o matador não come sua vítima. Comer é o corolário necessário da morte no terreiro, e as duas práticas se ligam: "Não se têm por vingados com os matar sinão com os comer" (Antonio Blázquez a Loyola, Bahia, 1557, in Navarro et al. 1988: 198). Morte ritual e antropofagia são o nexo das sociedades tupi.[13]

São esses canibais que conhecerão com Montaigne uma consagração duradoura. Tornam-se a má consciência da civilização, seus juízes morais, a prova de que existe uma sociedade igualitária, fraterna, em que o *meu* não se distingue do *teu*, ignorante do lucro e do entesouramento, em suma, a da Idade de Ouro. Suas guerras incessantes, não movidas pelo lucro ou pela conquista territorial, são nobres e generosas. Regidos pelas leis naturais ainda pouco corrompidas, estão próximos de uma pureza original e atestam que é possível uma sociedade com *"peu d'artifice et de soudeure humaine"*.[14] Em uma passagem que Shakespeare retomará na sua *Tempestade*, Montaigne resume essas virtudes:

---

13. Há uma extensa literatura a respeito da morte guerreira e do canibalismo tupinambá, instituição central dessa sociedade. Para análises, ver por exemplo Métraux [1928] 1967, Fernandes [1949] 1963, H. Clastres 1972 e cap. 4 deste volume.
14. "pouco artifício e solda humana".

> *C'est une nation... en laquelle il n'y a nulle espèce de trafique; nulle cognoissance de lettres; nulle science des nombres; nul nom de magistrat, ny de supériorité politique; nul usage de service, de richesse ou de pauvreté; nuls contracts; nulles successions; nuls partages; nulles occupations qu'oysives; nul respect de parenté que commun; nuls vestemens; nulle agriculture; nul métal; nul usage de vin ou de bled. Les paroles mesmes qui signifient le mensonge, la trahison, la dissimulation, l'avarice, l'envie, la détraction, le pardon, inouïes* (Montaigne [1580] 1952: 235-36).[15]

Até sua culinária é sem artifícios! Esse resumo das virtudes dos canibais, com seus lapsos evidentes – a agricultura, por exemplo, existe entre os Tupi[16] – não é um discurso de etnólogo e sim de moralista, e como tal deve ser entendido: constitui o advento de uma duradoura imagem, a do selvagem como testemunha de acusação de uma civilização corruptora e sanguinária. Não é fortuito que Montaigne, no fim de seu ensaio, mencione as objeções que ouviu de três índios brasileiros com quem o jovem rei Carlos IX (que en-

---

15. "É uma nação (...) na qual não há nenhuma espécie de tráfico; nenhum conhecimento de letras; nenhuma ciência de números; nenhum nome de magistrado, nem de superioridade política; nenhum uso de serviço, de riqueza ou de pobreza; nenhum contrato; nenhuma sucessão; nenhuma partilha; nenhuma ocupação sequer ociosa; nenhuma consideração de parentesco e de povo; nenhum vestuário; nenhuma agricultura; nenhum metal; nenhum uso de vinho ou de trigo. Até as palavras que significam a mentira, a traição, a dissimulação, a avareza, a inveja, a detração, o perdão, inexistem." Compare-se a versão de Shakespeare (de 1611), na tirada de Gonzalo na *Tempestade* (ato II, cena I):
I *'the commonwealth I would by contraries/ Execute all things; for no kind of traffic/ Would I admit; no name of magistrate;// Letters should not be known; riches, poverty,/ And use of service none; contract, succession,/ Bourn, bound of land, tilth, vineyard, none;/ No use of metal, corn, or vine, or oil;/ No occupation; all men, idle all;// And women too, but innocent and pure;/ No sovereignty...// All things in common nature should produce/ Without sweat or endeavour: treason, felony/ Sword, pike, knife, gun or need of any engine/, Would I not have; but nature should bring forth,/ Of its own kind, all foison, all abundance,/ To feed my innocent people.*
16. Essa "primitivização" do tupi, com eliminação sistemática da referência à sua agricultura, percorre o século XVI: Pero Vaz de Caminha poderia não tê-la observado nos curtos dias que passou na costa, mas Vespúcio e Pigafetta não a mencionam tampouco. Mais deliberadamente ainda, as gravuras com que Theodor de Bry ilustra o relato de Hans Staden omitem detalhes de agricultura que figuravam nas xilogravuras em que se inspirou, como observa Bucher (1977: 56).

trava em Rouen, em 1562, após ter sido subjugada a rebelião da cidade) conversou. Os índios, conta Montaigne, estranhavam que homens feitos obedecessem a uma criança – o rei. E estranhavam também que existissem na mesma sociedade ricos e mendigos (id. ibid.: 243-44).

Semelhanças, dessemelhanças

Procuram-se, de um lado, semelhanças, continuidades. Os índios são humanos, ninguém que os tenha visto o põe em dúvida no século XVI: a bula de Paulo III em 1534 que o afirma serve menos provavelmente para dissipar dúvidas a respeito do tema do que para reivindicar a jurisdição da Igreja sobre suas almas e uma parcela do globo. Com o Novo Mundo descobre-se também uma Nova Humanidade. Resta o problema crucial de inseri-la na economia divina, o que implica inseri-la na genealogia dos povos. Para isso, não há outra solução senão a da continuidade, senão abrir-lhe um espaço na cosmologia europeia. Porque a humanidade é por definição uma só, os habitantes do Novo Mundo descendem necessariamente de Adão e Eva, e portanto de um dos filhos de Noé, provavelmente do maldito, Cam, aquele que desnudou seu pai – razão, especula Nóbrega, da nudez dos índios –; como camitas e descendentes de Noé, os Tupi da costa guardariam aliás uma vaga lembrança do dilúvio – "sabem do dilúvio de Noé, bem que não conforme a verdadeira história" (Nóbrega [1549-60] 1988: 91) –, suficiente no entanto, para atestar sua origem.[17] E porque não poderiam ter ficado à margem da Boa Nova, teriam sido visitados pelo apóstolo São Tomé, que seria lembrado (e cujas pegadas Nóbrega teria ido ver em 1549, na Bahia, gravadas na pedra) sob o nome levemente deturpado de Sumé ou Zomé (id. ibid.: 78, 91, 101).[18] Há aí, claramente, toda uma problemática de confluência, em que a mitologia tupi de Sumé e do dilúvio é interpretada como

---

17. Sobre a lembrança e as versões do dilúvio, ver entre outros Staden [1557] 1974: 174; Léry [1578] 1972: 165-66; Thevet [1575] 1953: 39-40,43-45.
18. O mito missionário de Sumé e, no Peru, de Pay Tumé, amplia-se como bem observa Sérgio Buarque de Holanda em estudo magistral que lhe explicita as raízes e os desdobramentos, quando passa para as colônias espanholas. No Brasil, avalia Sérgio Buarque, a história "não passa, se tanto, de um mito vagamente propedêutico" (Holanda [1958] 1977: 125).

vestígio, confuso e distorcido, de uma origem e de um conhecimento comuns à humanidade. A essa reciclagem do mito de Sumé, já evocada desde 1515 na *Neue Zeitung*,[19] e que visa tornar inteligível e teologicamente aceitável para os jesuítas uma situação totalmente inédita, corresponderá, por parte dos índios, uma tentativa análoga de achar lugar para os recém-chegados em sua cosmologia, atribuindo-lhes inicialmente o lugar de caraíbas, ou seja, de profetas (Thevet [1558] 1978: 100), que Hans Staden saberá usar, quando prisioneiro dos Tupinambá, para salvar a pele.

Por outro lado, na França e, mais como eco, na Inglaterra, as viagens, ou melhor, os relatos de viagens, darão início a uma reflexão humanista sobre a dessemelhança. Para que haja comparabilidade, no entanto, é necessário postular um fundo de semelhança: pois a reflexão renascentista é muito menos uma tentativa de compreender o outro do que de se ver a si mesmo "em perspectiva", de se compreender a si mesmo em um mundo cuja ordem, com as guerras de religião, passou a ser relativa. O "selvagem" que Jean de Léry põe em cena e que é um dos únicos personagens tupi "falantes" do século, por mais real que seja sua fala – e a tradução interlinear que Léry fornece do diálogo atesta sua veracidade – é, não obstante, figura de retórica, contraponto positivo de todos os horrores que o huguenote perseguido quer denunciar em sua França natal (Lestringant 1983). Shakespeare com seu infame Caliban, anagrama de canibal e tão retórico quanto o Tupinambá de Léry, só inverte os valores, sem inverter os personagens e cria assim um anagrama semântico ao índio de Montaigne.

Muito diversa é a reflexão dos jesuítas sobre os mesmos temas. Gestores de almas, o que os preocupa não é a crítica virtual que a diferença pode introduzir e sim o estatuto a ser dado ao que, inversamente, parece semelhante. Reflexão cuidadosa de quem não se pode deixar enganar e que imputa à semelhança um caráter potencialmente ilusório. Ilusão que provém do grande deceptor, o Demônio, que faz da semelhança um arremedo: as santidades, santos ou caraíbas, profetas tradicionais que assumem, no proces-

---

19. Esse relato (*Neue Zeitung*), publicado em 1515 e baseado em expedição do ano anterior, já menciona entre os brasis a "recordação de São Tomé", suas pegadas e suas cruzes, expandindo assim a lenda de São Tomé, originalmente apóstolo das Índias Orientais (Holanda [1958] 1977: 104-ss).

so colonial, aspectos milenaristas, são obra de inspiração sua (Cardim [1625] 1980: 87-88; Manoel da Nóbrega aos padres de Coimbra, Bahia, agosto de 1549, in Leite 1954 v. 1: 150-51). Há nas santidades uma competição implícita pela liderança espiritual e material. Mas há também um esforço notável, simétrico ao dos missionários, de abranger o dessemelhante, de incorporar e tornar inteligíveis os estrangeiros e suas crenças.

Colocada sob suspeita e passada ao crivo dos valores que encerra, a semelhança passa a não ser percebida: em 1554, dois irmãos da Companhia, Pero Correia e João de Souza, são mortos a flechadas pelos Carijó, que teriam sido incitados por um espanhol. Os irmãos, relata Anchieta de segunda mão, aceitam seu martírio com força de alma: todos os missionários anseiam por fecundar com seu sangue a seara de almas que está sendo plantada – o *topos* é recorrente, por exemplo em Anchieta e em Nóbrega. "Não foi pequena", escreve Anchieta ao relatar a morte dos irmãos a Santo Inácio de Loyola, "a consolação que recebemos de morte tão gloriosa, desejando todos ardentemente e pedindo a Deus com orações contínuas morrer deste modo" (José de Anchieta a Inácio de Loyola, São Vicente, fim de março de 1555, in Anchieta [1553-84] 1984: 98). A descrição e os anseios encontram paralelos claros na descrição da morte ideal do guerreiro tupi. Digna do guerreiro, só a morte cerimonial nas mãos dos inimigos, após um enfrentamento em que se ressalta a dignidade e a altivez de quem vai morrer. A única sepultura almejada é o estômago dos inimigos:

> Até os cativos julgam que lhes sucede nisso coisa nobre e digna, deparando-se-lhes morte tão gloriosa, como eles julgam, pois dizem que é próprio de ânimo tímido e impróprio para a guerra morrer de maneira que tenham de suportar na sepultura o peso da terra, que julgam ser muito grande (José de Anchieta a Inácio de Loyola, São Paulo de Piratininga, 1/9/1554, ibid.: 74).

Esse trecho faz parte de carta escrita por Anchieta a Santo Inácio apenas seis meses antes da outra, e a semelhança com o martírio dos irmãos jesuítas chama nossa atenção, mas não a de Anchieta: mesmas cenas, mesmo ânimo, mesma crença no valor de tal morte. Mas são valores diferentes, e essa diferença cega o jesuíta, incapaz de perceber a estrita semelhança entre as cenas que descreve.

O índio dos jesuítas

Há vários gêneros na literatura jesuítica do período, e, talvez com exceção da lírica, todos eles pedagógicos. Há as cartas a que já nos referimos, que, mais do que simples relatos, são também assunto para reflexão e estudo na metrópole. Há o dicionário e o catecismo de Anchieta. Há o teatro, ainda de Anchieta, que pretende fornecer ao índio uma nova autoimagem. Há por fim uma peça bastante extraordinária pelo realismo de pelo menos sua primeira parte que é o *Diálogo da conversão do gentio*, em que Nóbrega põe em cena as dúvidas e os preconceitos dos missionários, deixando perceber que a visão jesuíta dos índios não é homogênea. Ele próprio, aliás, parte de uma posição humanista e letrada para chegar a um pragmatismo de administrador: comparem-se as cartas de 1549, ano da chegada de Nóbrega ao Brasil, em que louva aos índios por não entesourarem riquezas e partilharem seus bens, e por "em muitas coisas, guardarem a lei natural" (Nóbrega [1549-60] 1988: 100), com as cartas desencantadas dos anos subsequentes. O *Diálogo da conversão do gentio* é escrito por Nóbrega na Bahia em 1556 e 1557 e põe em cena dois jesuítas, que não são padres, e sim irmãos, e que representam a voz corrente entre os menos graduados da Companhia de Jesus. Um dos irmãos é pregador, outro ferreiro, e Nóbrega acaba evangelicamente dando ao ferreiro o papel de maior sabedoria. A conclusão de Nóbrega é otimista – não há por que os missionários desesperarem da conversão dos índios – mas a discussão inicial que ele imputa aos dois irmãos é reveladora de um hiato entre uma visão "vulgar" do missionário e uma versão teologicamente elaborada. O gentio não tem rei, se o tivera, poder-se-iam converter reinos, como se dera no tempo dos apóstolos, como se dava então na América espanhola e se estava tentando no Oriente.[20] A conversão portanto era, forçosamente, de natureza individual. Mas os gentios careciam de fé, não adoravam

---

20. A questão da lei e da sujeição é ponto de algumas hesitações por parte dos jesuítas. Ora declaram que de nada vale serem os índios cristãos por força e gentios na vida e nos costumes, ora mais frequentemente desabafam como Anchieta: "Não se pode portanto esperar nem conseguir nada em toda esta terra na conversão dos gentios, sem virem para cá muitos cristãos, que conformando-se a si e a suas vidas com a vontade de Deus, sujeitem os índios ao jugo da escravidão e os obriguem a acolher-se à bandeira de Cristo" (José de Anchieta a Inácio de Loyola,

coisa alguma. Como não se apegavam a velhos ídolos, tampouco se aferravam à nova fé: "Sabeis qual hé a mor dificuldade que lhes acho? Serem tãm fáceis de diserem a tudo si ou pâ, ou como vós quizerdes; tudo aprovão logo, em com a mesma facilidade com que dizem pâ (sim), dizem ani (não)" (Nóbrega in Leite 1954, v. 2: 322). Daí sua inconstância: "Com um anzol que lhes dê, os converterei a todos, com outro os tornarei a desconverter, por serem inconstantes, e não lhes entrar a verdadeira fee no coração" (id. ibid: 320). Falta aos gentios a lei que os tornaria "políticos", membros de uma sociedade civil que lhes conferiria a "razão", extirpando-lhes a rudeza e a bestialidade em que vivem. Esse diagnóstico cru de que os índios carecem de rei, de lei e de razão é o mesmo que o irmão Antonio Blázquez expõe sem rodeios teológicos em carta de 1555 aos irmãos de Coimbra.

> O Hermanos míos en Jesú Christo charíssimos, quántas lágrimas derramarían vuestros ojos si viéssedes estas criaturas de Dios vivir quassi a manera de vestias [quase à maneira de bestas] sin rey, sin ley y sin razón, encarniçados en comer carne humana y tan embebidos en esta bruteza que antes consentirán perder quanto tienen que dar un negro contrario, que tienen determinado de comer.[21] Entre ellos no ay amor ni lealtad. Véndense unos a otros estimando más una cuña o podón que la libertad de un sobrino o pariente más cercano que truecan por hierro, y es tanta su misseria que a las vezes se lo cambian por un poco de hariña.[22] No tienen a quien obedezcan sino a sus próprias voluntades, y de aquí es que hazen quanto se les antoja encinándose con ellas a vicios sucíssimos y tan torpes, que tengo por mejor callarlos debaxo de silencio que escriviendo descubrir maldades tan enormes (Antonio Blázquez, Bahia, 8/7/1555, in Leite 1954, v. 2: 252).[23]

São Vicente, fim de março de 1555, in Leite 1954, v.2: 207). Nóbrega acaba por optar pela sujeição, que é posta em prática pelo governador Mem de Sá.
21. Referência à resistência dos índios a venderem como escravos aos portugueses os prisioneiros destinados a serem ritualmente mortos em terreiro.
22. Essa passagem, que parece contradizer a frase anterior, é uma referência à questão de venda de si mesmo e dos seus filhos em escravidão, praticada em momentos de penúria, e que deu origem a uma discussão jurídica em que os jesuítas tomaram parte (ver cap. 10 deste volume).
23. "Ó irmãos meus em Jesus Cristo caríssimos, quantas lágrimas derramariam vossos olhos se vísseis essas criaturas de Deus viver quase à maneira de bestas,

A esse retrato negro e cheio de contradições da torpeza e da bestialidade dos índios, pode-se opor o discurso ainda humanista de Nóbrega, que contrasta os filósofos empedernidos da Antiguidade aos índios que apenas infringem a bagatela de dois ou três mandamentos e de resto "entre si vivem mui amigavelmente". Em suma, resume Nóbrega,

> sua bem-aventurança é matar e ter nomes, e esta é sua glória por que mais fazem. À lei natural, não a guardam porque se comem; são muito luxuriosos, muito mentirosos, nenhuma coisa aborrecem por má, e nenhuma louvam por boa; têm crédito em seus feiticeiros (Nóbrega in Leite 1954, v. 2: 344-45).

Eis tudo.

Sem fé, mas crédulos: os jesuítas imputam aos índios uma extrema credulidade, e a coisa é só aparentemente contraditória. No fundo, a fé é a forma centralizada da crença, excludente e ciumenta. A carência de fé, de lei, de rei e de razão política não são senão avatares de uma mesma ausência de jugo, de um nomadismo ideológico que faz *pendant* à atomização política. A credulidade é uma forma de vagabundagem da fé. É por isso que a sujeição tem de se dar em todos os planos ao mesmo tempo; nisso parecem convergir afinal tanto os jesuítas, quanto os colonos e os administradores. A sujeição política é a condição da sujeição religiosa.

Seja como for, entre "feiticeiros" e jesuítas instaura-se desde cedo uma concorrência, que se trava curiosamente no terreno ora de uns ora de outros: ou seja, os jesuítas competem em curas e milagres com os xamãs, arvorando-se em xamãs mais poderosos (por exemplo, Azpicuelta Navarro, Carta da Bahia, 1550, in Navarro *et. al.* 1988: 76), enquanto os xamãs desafiam aos padres: um caraíba,

---

sem rei, sem lei e sem razão, encarniçados em comer carne humana e tão embebidos nessa bruteza que antes consentirão perder quanto têm que dar um negro contrário, que têm determinado de comer. Entre eles não há amor nem lealdade. Vendem-se uns a outros estimando mais uma cunha ou podão que a liberdade de um sobrinho ou parente mais próximo que trocam por ferro, e é tanta sua miséria que às vezes o trocam por um pouco de farinha. Não têm a quem obedeçam senão a suas próprias vontades, e assim é que fazem quanto lhes apetece ensinando-se com elas vícios sucíssimos e tão torpes, que tenho por melhor calá-los debaixo de silêncio que, escrevendo, descobrir maldades tão enormes."

em 1550, afirma que transformaria a todos em pássaros, destruiria a igreja e o engenho, e a lagarta das roças que os padres não destruíam, ele a eliminaria (Manoel da Nóbrega a Torres, Bahia, 5/7/1559, in Leite 1954, v. 3: 53). É notável que os padres, embora muito mais céticos do que será o padre Montoya no século XVII, não contestam necessariamente aos feiticeiros a realidade de suas curas, milagres e prodígios, contestam-lhes sim a fonte desses poderes sobrenaturais que não viriam de Deus senão do demônio.

Em demônios ou espíritos – os *anhang* –, pelo menos, à falta de crerem em Deus, os índios acreditam (Staden [1557] 1974: 158), e, sem grandes hesitações, os europeus também (Thevet [1558] 1978: 115; Léry [1578] 1972: 159-60; Cardim [1625] 1980: 87). De Bry, a partir de xilogravura da edição original de Jean de Léry, difunde a imagem de índios atormentados constantemente por esses demônios. E Anchieta chega a montar todo o seu teatro destinado aos catecúmenos indígenas em cima de um roteiro único, em que vários demônios (entre os quais faz às vezes irreverentemente figurar seus próprios inimigos como o tupinambá Aimberê, que o manteve prisioneiro), tentam impedir as almas de chegarem ao céu. Numa das versões, inspirado, Anchieta encena o ritual máximo da antropofagia tupi: um principal quebra a cabeça a um diabo – o Macaxera – e sobre ela toma novo nome –*Anhangupiara*–, ou seja, inimigo de *Anhang*:

Pronto! Matei Macaxera!
Já não existe o mal que era...
Eu sou Anhangupiara!
(Anchieta [1589] 1977: 244)

Luxuriosos, sodomitas

A sexualidade indígena, como é de se prever, suscitou grande interesse tanto entre cronistas filosofantes quanto entre gestores de almas. Jean de Léry sustenta, segundo seu uso, que, em matéria de lascívia, os europeus são piores que os brasileiros (Léry [1578] 1972: 177). Os costumes matrimoniais, a poliginia associada ao prestígio guerreiro, o levirato, o avunculado – ou seja, o privilégio de casamento do tio materno sobre a filha da irmã –, a liberdade pré-nupcial contrastando com o ciúme pela mulher casada e o rigor com o adultério, a hospitalidade sexual praticada com aliados mas também com os cativos, a iniciação sexual dos rapazes por mulheres mais velhas, os despreocupados casamentos e separações sucessivos, tudo isso era insólito. Os jesuítas se debruçarão com especial cuidado sobre esses costumes (ver, por exemplo, Anchieta 1846), e isso por uma razão prática: tratava-se de construir famílias cristãs com os neófitos indígenas. Para tanto, era preciso reconhecer a verdadeira esposa entre as múltiplas esposas, sucessivas ou concomitantes, ou seja, a primeira que havia sido desposada com ânimo de ser vitalícia. Por outro lado, as regras de aliança dos índios contrariavam os impedimentos canônicos, e os missionários logo são levados a pedirem dispensas ao papa dos impedimentos pelo menos de terceiro e quarto graus.

Quanto à sodomia, fazia parte dos grandes tabus europeus e, na América, parece estar sempre associada ao canibalismo, como se houvesse equivalência simbólica entre se alimentar do mesmo e coabitar com o mesmo. Essa correspondência entre homofagia e homossexualismo é discernível entre outros em Michele de Cuneo, Cortés e Oviedo: significativamente, as duas acusações são rechaçadas em conjunto por Las Casas (Gerbi [1975] 1978: 48-49, 118, 412, 424). No Brasil, sua existência, como entre os portugueses – haja vista a Inquisição –, é certa, mas seu estatuto moral entre os índios é incerto. Jean de Léry e Thevet mencionam-na para dizer que é reprovada pelos índios (Léry [1578] 1972: 174; Thevet [1575] 1953: 137). Os jesuítas, curiosamente, não parecem falar dela. Mas o colono Gabriel Soares de Souza, já para o fim do século, carrega nas tintas:

> São os Tupinambo, tão luxuriosos que não há pecado de luxúria que não cometam [...] são muito afeiçoados ao pecado nefando, entre os quais se não têm por afronta; [...] e nas suas aldeias pelo sertão há alguns que têm tenda pública a quantos os querem como mulheres públicas. ([1587] 1971: 308)

Outras nações de índios

Aos poucos vão se conhecendo, sobretudo terra adentro, outras "castas de gentio". Na década de 1580, Gabriel Soares de Souza e o então visitador jesuíta Fernão Cardim fornecem inventários dessas outras etnias. Um dos atributos que é repartido entre elas é sintomático da colonização: as nações são leais ou traiçoeiras, o que supõe sua inserção na rede de alianças coloniais e deixa transparecer uma política indígena, com estratégias próprias, fazendo uso da política indigenista.

Mas, no século XVI, ainda prevalece uma visão que adere estreitamente ao etnocentrismo tupi. Denuncia-se assim a inaudita selvageria dos Aimoré de Porto Seguro e de Ilhéus: "São estes aimorés tão selvagens que, dos outros bárbaros são havidos por mais que bárbaros" (id. ibid.: 79). São nômades, não se lhes conhecendo aldeias. Não plantam roças e vivem de caça e coleta de frutos silvestres; sua fala é travada e não é passível de escrita. São traiçoeiros e não enfrentam os inimigos em campo aberto, senão lhes armam ciladas. Comem sua caça crua ou mal assada, omofagia que prenuncia o que constitui o paroxismo da selvageria, sua antropofagia alimentar (id. ibid.), tema crucial que tratamos acima. Distingue-se assim um canibalismo de vingança – o dos Tupi – e um canibalismo alimentar, dos bárbaros Aimoré, dos Oitacá, e alguns mais. Uns seguem à risca um ritual elaborado e se comem carne humana, "não é por gosto ou apetite que a comem" (Pigafetta [1524?] 1985: 58) mas por vingança. Os outros apenas comem para se alimentar: "Comem estes selvagens carne humana por mantimento, o que não tem o outro gentio que a não come senão por vingança de suas brigas e antiguidade de seus ódios" (Soares de Souza [1587] 1971: 79).

Reencontram-se aqui as oposições clássicas, entre uma antropofagia nobre, de vingança, e o apetite bestial por carne humana cujo paradigma são os citas nórdicos de Heródoto. A antropofagia e suas modalidades serão, no século XVI, um tema quase obsessivo e que servirá de operador para as grandes cisões do século. Os casos de antropofagia alimentar e de crueldades inauditas durante as guerras de religião, na França, ou na conquista espanhola das Américas, são rememorados acusatoriamente por católicos e protestantes. De um lado como de outro, publicam-se cenas de esquartejamento e suplícios atribuídos ora a calvinistas, ora a católicos. Dentro da selvageria em que a França se encontra imersa, é como se a antropofagia tupinambá figurasse como a forma mais civilizada dentro do gênero.

Em 1500, Caminha viu "gente" em Vera Cruz. Falava-se então de homens e mulheres. O escambo povoou a terra de "brasis" e "brasileiros". Os engenhos distinguiram o "gentio" insubmisso do "índio" e do "negro da terra" que trabalhavam. Os franceses que não conseguiram se firmar na terra, viram "selvagens".

Pelo fim do século, estão consolidadas, na realidade, duas imagens de índios que só muito tenuamente se recobrem: a francesa que o exalta, e a ibérica, que o deprecia. Uma imagem de viajante, outra de colono.

12. DA GUERRA DAS RELÍQUIAS AO QUINTO IMPÉRIO IMPORTAÇÃO E EXPORTAÇÃO DA HISTÓRIA NO BRASIL

Com o advento do Novo Mundo, há um trabalho de dupla tradução: trata-se primeiro de inserir esse mundo novo na memória, e portanto na topografia e nos eventos já conhecidos, perceber o novo nos quadros intelectuais do antigo.[1] É o trabalho de teóricos como o jesuíta José d'Acosta, por exemplo. O Velho Mundo tem de ser capaz de assimilar o Novo, descobrir seu lugar prefigurado em sua geografia, na história sagrada e no plano divino, ou seja, alocar-lhe o lugar que seria seu, desde o início dos tempos, e que lhe faltava apenas ocupar. Não se trata pois de uma "descoberta" no sentido contemporâneo. O conhecimento do Novo Mundo é o prelúdio para algo mais fundamental: seu "reconhecimento".

A segunda tradução opera no sentido inverso: em vez das chaves que traduzem o novo nos quadros de pensamento já conhecidos, ela imprime o antigo no novo e estabelece no presente, na colônia, os sinais tangíveis de ligação de um mundo com o outro. A empresa é levada a cabo em paralelo pelo poder temporal e pelo poder espiritual: a administração colonial, a imposição da língua portuguesa, a reivindicação de títulos jurídicos válidos no mundo antigo cuja transposição para o mundo novo é validada (a guerra justa, o domínio da terra...) são parte do processo. Trata-se de tecer os fios de uma memória local que se ate, que se ligue, ao mundo velho, e que se reconheça nessa ligação.

---

1. Elaborado para o seminário El Malestar de la Memória, organizado por Manoel Gutierrez Estévez e realizado em Trujillo, Espanha, de 4 a 10 de junho de 1995. Publicado em *Novos Estudos Cebrap*, n. 44, 1996.

Assim, o mundo antigo tem de *reconhecer* o novo, mas o mundo novo tem por sua vez de *se reconhecer* no antigo.

Tratarei aqui desse duplo aspecto através de dois episódios a meu ver paradigmáticos – uma guerra das relíquias que não houve e uma profecia que não se cumpriu – e de dois jesuítas seiscentistas que me são desigualmente caros: Francisco Pinto e o grande, incomparável, Antonio Vieira.

A disputa das relíquias

Em 1618, os ossos de um jesuíta por pouco não desencadearam uma guerra indígena no Ceará. Tinham dez anos os ossos, e haviam sustentado o corpo já velho do padre Francisco Pinto.

Eis a crônica, encontrada ao acaso de uma pesquisa na Biblioteca Nacional de Lisboa, na carta de um padre da Companhia: nesse ano de 1618, um jesuíta passou pelo Ceará a caminho do Maranhão. Aos índios que encontrou e que lhe faziam grandes festas, pediu que lhe entregassem um osso do padre Francisco Pinto, para levá-lo como relíquia ao Colégio da Bahia. Os índios não consentiram e ameaçaram pegar em armas para defender os ossos do padre Francisco Pinto, que lhes traziam a chuva e o sol, cada um a seu tempo, virtude particularmente preciosa no Ceará, que é sujeito a prolongadas secas. E se faltasse chuva ou sol, iam os índios aos ossos e diziam: "Pai Pinto, dai-nos água, ou dai-nos sol, conforme a sua necessidade" e, continua o narrador, "Deus Nosso Senhor para honrar o seu servo lhe concede tudo à medida de seu desejo" (*Crônica das relíquias do padre Francisco Pinto*, manuscrito 29, n. 31, fl. 3). "Ainda que me fora fácil com duas companhias de arcabuzeiros", prossegue o jesuíta,

> tirá-lo à força, tive por melhor deixá-los gozar daqueles tesouros com que Deus os enriquecia [...] Não desisti contudo por outro meio mais eficaz procurar algumas relíquias daquele sagrado corpo e pedi ao vigário de uma fortaleza, o qual estava de caminho para Pernambuco que de noite fosse à ermida onde estava o corpo num caxão enterrado, e desenterrando-o, tomasse alguns ossos e os levasse ao Colégio de Pernambuco porque lhe não poderia levar pedras preciosas de mais estima (id. ibid).

Em poucas palavras, o que o jesuíta fez foi pedir ao vigário que roubasse os ossos. Os índios, no entanto, prevendo o que poderia acontecer, já haviam desenterrado e escondido o corpo em lugar mais seguro. Mas, ao saberem da tentativa do vigário, pegaram em armas para persegui-lo e, tendo-o alcançado após vários dias de viagem, revistaram-no escrupulosamente, a ele e à sua escolta, para verificar se ainda assim não levavam algum osso roubado do padre Francisco Pinto.

Francisco Pinto havia sido morto a bordunadas pelos Tocariju, índios tapuias, e desde então tido por mártir. Açoriano de Angra, havia entrado na Companhia de Jesus aos dezessete anos, na Bahia. Conta o hagiógrafo que seu martírio lhe havia sido profetizado pelo padre Anchieta. Estando o padre Pinto desenganado para morrer, e já tendo recebido a extrema-unção, Anchieta teria entrado na enfermaria e mandado que se vestisse: sua hora não era chegada. Restavam-lhe muitas conversões a fazer e o martírio ao final.

Francisco Pinto foi, com o padre Figueira, um dos dois primeiros jesuítas a chegar ao Ceará, em 1607. Instalaram-se os padres na serra de Ibiapaba, entre os remanescentes dos Tabajara, que haviam sido dizimados uns três anos antes pela expedição de Pero Coelho de Sousa. Fizeram aliança com certo morubixaba, chamado "Diabo Grande" (Jurupariguaçu). Mas os Tapuia tocarijus (provavelmente de língua jê ou macro-jê), talvez instigados pelos franceses do Maranhão, investiram contra a aldeia e abateram o padre Pinto (Studart 1903; 1916-17). O padre Figueira, que escapou, levou o tacape de jucá, instrumento do martírio de Francisco Pinto, para o Colégio da Bahia, onde essa relíquia era tida em grande veneração (Leite 1938-50, v. 3: 11-ss).

Importante é salientar que, segundo seu cronista, Francisco Pinto tinha já em vida os preciosos poderes que seus ossos conservaram, os de fazer chover. Por isso teria sido alcunhado Amanijara, "senhor da chuva" (Studart 1903).

Relíquias

As relíquias têm diretamente a ver com a implantação da memória no Brasil, e isso de duas maneiras: como sinais do enxerto do Velho Mundo sobre o Novo, mas também como sinais do enraizamento da fé.

Difícil é tomar posse da terra.[2] Os portugueses são lavradores e os sinais da posse também são de camponeses, pedras com a marca do dono: os "padrões" que são corruptela de "pedrões". Igualmente agrícolas são os termos dos missionários. A cruz, marcada com armas de Portugal, é o equivalente da pedra, com uma diferença: a pedra assinala poderio, a cruz, que é lenho, tem de se enraizar, conforme a iconografia da época às vezes ilustra. Como o galho de São José que floresceu, único entre os pretendentes da Virgem, a cruz transplantada tem de tomar vida no Novo Mundo. Para tanto, é necessário regá-la e a rega por excelência é o sangue dos mártires: à falta destes ou como seu complemento, relíquias do Velho Mundo.

Como fizeram com as espécies naturais, os portugueses também transplantaram, de um lado ao outro do oceano, as relíquias dos santos. Os termos agrícolas que aqui uso são os da época: a catequese era um cultivo, que se iniciava seja com a semeadura seja com o transplante. Fincava-se na terra a cruz e semeava-se a palavra. Inspirado talvez na parábola do semeador, o uso desse vocabulário de cultivadores ultrapassava o da Escritura: até as travessias marítimas eram – para citarmos termos de José d'Acosta – uma forma de arar os mares, já que arar era a forma privilegiada de domesticar a natureza. Os portugueses são lavradores mesmo em alto-mar e suas metáforas são camponesas. A domesticação do Novo Mundo passava portanto por esse cultivo espiritual e os missionários eram seus hortelões.

A cruz é a planta, (trans)plantada. A palavra é a semente, o sangue dos mártires é a rega. Por isso os jesuítas tanto almejam por mártires: não é por uma questão de realização pessoal – motivo escuso que não se admite – que Nóbrega ou Anchieta anseiam pelo martírio, mas para que floresça enfim a fé entre os brasis. Mas os mártires são raros, ou melhor, os candidatos não são facilmente reconhecidos.[3] Os irmãos coadjutores Pero Correia e João

---

2. Sobre este tema, ver o importante trabalho de Patricia Seed (1992).
3. Como se verá adiante, Simão de Vasconcellos elabora uma lista de 64 "insignes e virtuosos jesuítas", alguns dos quais sobressaem como candidatos à santidade, mas não destaca os primeiros mártires. Do padre Francisco Pires diz simplesmente: "Varão esforçado e conhecido em toda a Província [do Brasil] e tão venerado dos índios da Capitania do Ceará, em cujo Sertão a mãos dos gentios Tapuias deu a vida em uma gloriosa Missão de Obediência" (Vasconcellos 1658: 19).

de Souza foram mortos pelos Carijó em 1554 e os dois índios que os acompanhavam foram devorados. Por que não foram considerados mártires? Na realidade, foram-no por um curto período (e Anchieta não tem dúvidas quanto ao mérito), mas a união de Portugal e da Espanha veio pôr obstáculos políticos a seu reconhecimento, já que o instigador das mortes dos dois irmãos havia sido um espanhol. Essa é pelo menos a interpretação muito plausível de Serafim Leite (1938-50, v. 2: 241-42). Os primeiros a serem oficialmente "martirizados" parecem ter sido os jesuítas que, em 1570, a caminho do Brasil, são atacados e mortos por corsários franceses no mar das Canárias; no ano seguinte, mais alguns jesuítas são mortos também por protestantes franceses e ingleses em pleno oceano Atlântico. Dessa vez, a condição de hereges dos corsários atacantes não se prestava a discussões. As quarenta vítimas de 1570, encabeçadas por Inácio de Azevedo, foram beatificadas e proclamadas padroeiros do Brasil, embora ainda não tivessem cá pisado, e razões burocráticas apenas explicam que o processo de Pero Dias e de seus companheiros mortos no ano seguinte até hoje aguarde providências (id. ibid.: 264-ss). Com aprovação romana, a festa dos quarenta mártires começou a ser celebrada no Brasil a 15 de julho de 1574, quatro anos precisamente após o primeiro desastre. Reconhecido ou não, o padre Pero Dias recebeu as mesmas honras. Anchieta compôs até um auto (não se sabe se em 1575 ou em 1592, se em São Vicente ou em Salvador), por ocasião da entronização da estátua do padre Pero Dias Mártir em uma igreja (Anchieta 1977: 17, 193-ss), e é provável que a ilha de São Pedro, em Sergipe, território dos índios xocó, tenha sido colocada sob a proteção desse "santo" (Leite 1938-50, v. 2: 266). Significativamente, em uma carta que comenta o seu martírio, vemos escrito:

> e, assim como o Brasil é mundo novo, província nova, cristandade nova; assim também Deus Nosso Senhor quis nele fundar sua Igreja com lhe dar novos santos, e novos padroeiros nos céus. Pelo qual, com muita razão podemos esperar que a Igreja de Deus naquelas partes virá a ser mui florente, e mui acrescentada e dará frutos de bênção, pois vemos que está prantada com sangue de tantos e tão grandes servos de Deus (Carta do Colégio de Santo Antão a Nosso Padre, Monumenta Brasiliae 15: 213-14, apud Leite 1938-50, v. 2: 265).

Novamente a linguagem é de cultivadores.

Na realidade, e apesar desses mártires locais, a década de 1570 parece encerrar um ciclo de expectativas em torno de santos locais. Já em 1575 tem início uma intensa exportação de relíquias de Portugal para o Brasil, organizada pelos jesuítas. Pelos dados de que disponho atualmente, a mais antiga menção a tais relíquias refere-se a duas cabeças das Onze Mil Virgens, companheiras de Santa Úrsula. Mandou-as de Lisboa o geral da Companhia de Jesus, Francisco de Borja, ao provincial padre Ignacio de Toloza. Chegaram a Salvador numa quinta-feira, dia de Corpus Christi, 2 de junho de 1575, a bordo do galeão *São Lucas*, e, após muitos regozijos públicos, foram distribuídas pela Bahia afora.[4] Data de 1577 a chegada de outra cabeça de mesma origem, dessa vez a São Vicente, e um auto de Anchieta celebra o acontecimento (Anchieta [1561-97] 1977: 18). Outros autos se sucedem sobre a mesma temática, que são adaptados do original, em 1581, 1583 (data em que o visitador padre Cristóvão de Gouveia teria trazido mais uma cabeça das Onze Mil Virgens) e 1584 na Bahia. Por fim, possivelmente em 1585, Anchieta compõe o auto de Santa Úrsula, *Quando no Espírito Santo se recebeu uma relíquia das Onze Mil Virgens*. Neste auto, não se sabe se de 1585 ou, mais provavelmente, de 1595 (id. ibid.: 277), por ocasião da chegada dessa relíquia incrustada em uma coluneta de prata, Anchieta (id. ibid.: 90, 276-ss) põe em cena Santa Úrsula sendo recebida por dois santos cujas relíquias já se encontravam na igreja de Vitória, São Maurício e São Vital, mártires da Legião Tebana (Leite 1938-50, v. 1: 222). Havia portanto em Vitória do Espírito Santo, na igreja de São Tiago, relíquias anteriores à voga das Onze Mil Virgens.[5] Em 1595, outro auto de Anchieta com-

---

4. Certidão de 18 de dezembro de 1719 passada pelo padre Jozeph Bernardino, reitor do Colégio de Jesus da Bahia, respectivamente a terem-se ali recebido as cabeças das Onze Mil Virgens em 1575, mandadas pelo geral de sua Ordem (Biblioteca da Ajuda, Cota 54-XIII-4, nº 76, antigo nº 21 do Catálogo de Carlos Alberto Ferreira).
5. Na Bahia, havia uma Confraria das Onze Mil Virgens, composta por estudantes do Colégio dos Jesuítas, que eram encarregados da festa que as celebrava, conforme relatado por Fernão Cardim em "Informação da Missão do P. Christóvão Gouvea as partes do Brasil – Anno de 83 ou Narrativa epistolar de uma viagem e Missão Jesuítica [...] escripta em duas Cartas ao P. Provincial em Portugal" (Cardim [1625] 1980: 165).

posto em Vitória celebra a cabeça de São Maurício, que era invocada contra as secas e as epidemias (Anchieta [1561-97] 1977: 285-ss).

Quando o padre Cristóvão de Gouveia procede à visita da província do Brasil, em 1583, assiste-se a uma distribuição geral de relíquias a particulares e a várias cidades: aos moradores e aos estudantes o visitador distribuía relíquias, relicários, além de ágnus-deis, imagens e contas bentas; aos índios, verônicas e nôminas (Cardim [1625] 1980: 143, 161). Para as cidades, as relíquias eram mais importantes: o visitador havia trazido para o Rio de Janeiro uma relíquia de São Sebastião engastada em um braço de prata (id. ibid.: 169) e para a Bahia a terceira cabeça das Onze Mil Virgens, "com outras relíquias engastadas em um meio corpo de prata, peça rica e bem-acabada" (id. ibid.: 143). Como de praxe, encenou-se um auto, em que as duas outras virgens cujas cabeças já estavam na sé da Bahia, além do estudante que representava a própria sé, acolhiam a nova virgem. Um outro ator representando a cidade entregou à nova santa as chaves da Bahia de Todos os Santos.

Por essa época, eram já tantas as relíquias na sé da Bahia (que incluíam um santo lenho engastado em uma cruz de prata, alemã, doada pela rainha da Espanha) que, para que ficassem mais bem acomodadas, o visitador mandou fazer dezesseis armários de jacarandá, forrados de cetim carmesim (id. ibid.: 69).

Finalmente, no século XVII, começam a aparecer relíquias de santos da própria Companhia de Jesus, particularmente de Santo Inácio de Loyola e de São Francisco Xavier.[6]

Relíquias e a geografia espiritual

A devoção cristã às relíquias dos mártires e mais tarde dos confessores surgiu no Oriente mas prosperou no Ocidente. Costuma-se atribuir o contraste entre a preeminência do culto dos ícones e do das relíquias, característicos respectivamente do leste e do oeste da cristandade, a uma maior rusticidade do Ocidente (Herrmann-Mascard 1975: 18-19). Mas se é verdade que a tensão entre correntes pró-icônicas e anti-icônicas é endêmica em toda a história do cristianismo antigo (Kitzinger 1954: 85), poderia-se perceber essa

---
6. Duas estátuas relicários encontram-se por exemplo no Museu de Arte Sacra de São Luís do Maranhão.

mesma tensão entre relíquias e imagens manifesta na alternância de sua popularidade.

Os medievalistas e historiadores do direito da Igreja parecem concordar na periodização do direito costumeiro relativo às relíquias na Igreja do Ocidente, que se distancia progressivamente do direito romano. Este assegura a inviolabilidade das sepulturas, desde que a inumação tenha sido feita em caráter definitivo (Herrmann-Mascard 1975: 27); e o mesmo preceito da intangibilidade dos corpos santos continuará oficialmente em vigência, tanto no Oriente quanto no Ocidente, desde após a queda do Império Romano até por volta da metade do século VII (id. ibid.: 33). Os restos dos mártires e confessores devem portanto ser honrados no próprio lugar de sua sepultura. Abrem-se algumas exceções, por exemplo para aqueles santos que morreram no exílio e que poderiam legitimamente ser retornados ao seu lugar de origem ou então em casos de risco de profanação (id. ibid.: 35-36). A translação de corpos começa a ser praticada, embora em caráter de excepcionalidade, no século IV, enquanto a interdição de fragmentar os corpos santos parece ser observada com maior rigor. Nada impede porém que se receba com alegria um fragmento cuja responsabilidade incumbe a outrem (id. ibid.: 39-40). As relíquias reais, ou seja, objetos ou roupas que tivessem pertencido ao santo, e as relíquias representativas (*brandea, pignora* etc.) derivadas do contato de um objeto com o corpo morto (tecidos, flores, líquidos, principalmente óleos, usados em contato com o cadáver ou os ossos) (id. ibid.: 45-48) constituem um modo usual de difusão da *potentia* do santo.

A partir da metade do século VII, e sobretudo nos séculos VIII e IX, as translações dos corpos dos santos entram nos costumes, mas as fragmentações dos corpos só se tornarão prática corrente após o século IX. Concomitantemente, as relíquias representativas vão perdendo importância (id. ibid.: 49-70).

Os corpos dos santos, como se sabe, eram frequentemente tidos por incorruptíveis. Mas a partir do século IX, a sede de relíquias do Ocidente realiza o que a morte não havia logrado fazer, e desmembra-se o corpo do santo, real ou suposto, espalhando-o por toda a cristandade. Peter Brown chama a atenção para o contraste entre a centralização dos lugares sagrados e relíquias islâmicas e a descentralização que a difusão das relíquias cristãs realiza (Brown 1981: 90), ligando esse padrão às relações de *amicitia* e solidariedade entre as elites cristãs do final do Império Romano (id. ibid.: 94-95). As relíquias seguiriam assim nessa época as rotas das relações sociais das elites, e o mesmo padrão parece perdurar até a primeira metade do século IX (Michalowski 1981: 410).

Durante vários séculos, a cristandade do Ocidente irá coincidir com os limites do antigo Império Romano, tanto na Europa quanto na África do Norte. É aparentemente quando a expansão do Império dos francos transborda dessas antigas fronteiras e alarga a cristandade que as relíquias se tornam verdadeiramente móveis e fragmentáveis, e desenham uma nova "geografia espiritual" – o termo é de Patrick Geary (1984: 268, 270).[7] Seja como for, ao cabo do processo, toda a cristandade estava mapeada por relíquias. O reverso do desmembramento dos corpos dos santos era precisamente a unidade virtual que eles expressavam através dessa imensa rede de fragmentos de ossos e gotas de sangue, cujos elos eram os caminhos das peregrinações e que cobria todo o território cristão. Era nesses termos que, no final do século IV, o bispo de Rouen, Victricius, chamava a atenção para a junção misteriosa que unia em uma unidade imensa e invisível os sítios de culto de todo o Mediterrâneo (Victricius de Rouen, *De laude sanctorum* 1, P/L 20/443B, apud Brown 1981: 96). A *praesentia* atribuída ao santo através de sua relíquia presentificava também a totalidade da Igreja em cada um desses territórios longínquos.

Patrick Geary (1984: 270) fornece elementos para se pensar que o período subsequente à quarta Cruzada, que inflacionou com o saque de Constantinopla (em 1204) a oferta de relíquias muito antigas e prestigiosas, foi também um período de centralização ou de globalização: santos "universais", mais conhecidos e em menor número, cujas relíquias estavam agora desmembradas por toda a Europa, passam, nos séculos XII e XIII, a dominar os santos locais. Mas, na mesma época, as imagens associadas ao culto da Virgem, sobretudo na Europa meridional, começam a competir com sucesso com o culto das relíquias (Geary 1984: 270; Christian 1981: 13). Seria de se perguntar se essa hiperdulia que é o culto ma-

---

7. Para ideias semelhantes, ver Brown 1981 e Lass 1987: 96-97, que escreve: "Assim, a cristandade conquistou a Europa, a Ásia Menor e o norte da África por meio da disseminação de milhares de pequenos fragmentos do corpo de Cristo e dos santos".

rial em relação ao culto de dulia dos santos (Herrmann-Mascard 1975) bem como o culto do Cristo crucificado nos séculos XVII e XVIII não estariam ligados à crescente centralização da Europa.

A questão da relação entre imagens milagrosas e relíquias, que ecoa as diferenças entre a Igreja do Oriente, com seu culto dos ícones, e a Igreja do Ocidente, reaparece pois nos séculos XII e XIII de forma surpreendente.[8] Conforme sugere W. Christian (1981: 20-21), às relíquias tornadas completamente móveis e desterritorializadas se opõem as imagens milagrosas que insistem em ser cultuadas no lugar em que foram encontradas. Histórias abundam na Espanha central e na Catalunha de estátuas achadas que não consentem em ser transportadas para a cidade e retornam milagrosamente ao lugar de sua descoberta. Na costa cantábrica e nas Astúrias, são os materiais de construção do santuário que voltam ao seu lugar original (id. ibid.: 13, 20-21). Histórias semelhantes, relativas à aversão dos santos a qualquer translação de seus corpos e a milagrosas voltas aos seus túmulos de origem, datam de uns oito séculos antes. É como se a tensão entre a universalidade da Igreja e a importância do nível local tivesse encontrado novas formas de expressão: dessa vez, são as imagens milagrosas, eminentemente enraizadas e resistentes a qualquer deslocamento, que encarnam os valores locais, tomando assim o lugar dos antigos santos puramente regionais, esquecidos. A Virgem de Monserrate realiza essa síntese entre a generalidade de ser a mãe de Deus e a peculiaridade de estar arraigada a um lugar específico e insubstituível, de tal forma que o culto que lhe é endereçado, ao mesmo tempo que diviniza o local, também localiza o divino. Tal como os antigos ícones, a janela para o outro mundo ancora o outro mundo neste.

É possível pensar-se que, com os descobrimentos, as relíquias teriam readquirido o *status* que tinham no momento da expansão da cristandade para além das fronteiras do antigo Império Romano. A Companhia de Jesus parece ter tido, aliás, uma coleção importante de relíquias: tanto a igreja do Gesú em Roma quanto a

---

8. Kitzinger (1954: 9, *passim*), analisando o período pós-justiniano e pré-iconoclástico da Igreja dos séculos VI e VII, chama a atenção para o paralelismo pelo menos de funções entre relíquias e imagens e para o fato de, no Oriente, o culto das relíquias ter aberto caminho para o culto das imagens, que só se emanciparia completamente do primeiro no século VII.

igreja de São Roque em Lisboa transbordam de relíquias. Na primeira, talvez predominem as dos santos da Companhia. Mas, na última, claramente, santos e santas antigos espalham-se pelos relicários, os dos homens à esquerda do altar-mor e os das mulheres à direita: até entre relíquias, o decoro é importante. A importação para o Brasil das cabeças das companheiras de Santa Úrsula insere-se nessa geografia espiritual, ultramarina desta vez: cabeças de santas que são também cabeças de ponte entre uma metrópole religiosa e seus novos domínios.

O que estou sugerindo é que os descobrimentos reatualizam a corrente metonímica da representação do sagrado e põem em nova voga as relíquias, se bem que, como veremos, não por toda a América. Não seria incongruente se pensar nas pegadas atribuídas a São Tomé que o padre Nóbrega confirmou estarem inscritas numa pedra do Brasil[9] como uma relíquia dita "secundária", do mesmo tipo daquela impressão de Seu torso e Suas mãos que Cristo teria deixado na coluna da flagelação (Kitzinger 1954: 104). As pegadas de São Tomé, que incontestavelmente são marcas de posse do Novo Mundo pela Igreja e podem ser postas em paralelo (e contraste) com os padrões régios, operam assim na lógica das relíquias, e não na lógica das imagens.

Salta aos olhos o contraste com o México: lá são as imagens milagrosas e santas que são implantadas, desde a Virgem de Guadalupe – supostamente trazida por Cortés mas reinventada pela sua aparição a Juan Diego por volta de 1530 em um tecido indígena, e tornada protetora dos índios e *mestizos* – até as várias outras Virgens que parecem se substituir às divindades dos diversos povos mexicanos (Turner & Turner 1978: 40-103). Embora os jesuítas ponham frequentemente suas aldeias sob a invocação da Virgem, não há registro no Brasil colonial de Virgens milagrosas. É tentador ver uma correlação entre tais Virgens e os velhos impérios pré-hispânicos, com sua centralização política, e as peregrinações do México e dos Andes (onde os Cristos crucificados são até mais numerosos que as Virgens) poderiam corroborar essa hipótese (id. ibid.; Sallnow 1991). Nas baixas terras da América do Sul, entre povos carentes de fé, de lei e de rei, as imagens talvez não tivessem onde se assentar.

---

9. Para detalhes e fontes, ver Carneiro da Cunha 1990 [cap. 11 deste volume].

Relíquias e memória

De certa forma, as relíquias são veículos de transporte de lugares. Não são lugares, mas aludem diretamente a lugares, o lugar do martírio, no caso de mártires, o lugar da morte, de forma geral. São mapas de enraizamento da fé. São também imagens vividas, geralmente assinaladas pelos instrumentos ou pelos órgãos do martírio: São Pedro Claver aparece com uma espada na cabeça, São Brás com a própria cabeça debaixo do braço, São Lourenço com a grelha, Santa Luzia e Santa Ágata com os olhos e os seios, respectivamente, em um prato, São Sebastião crivado de flechas, São Romão de Antioquia com sua língua cortada. São enfim sinais duráveis e tangíveis: ossos ou instrumentos de suplício, com a vantagem suplementar de serem móveis ou até semoventes, como nos casos de *translatio* em que os santos decidem mudar de cidade por conta própria.

Prestam-se assim de forma privilegiada a ser suportes de memória: a arte da memória, desde a sua suposta invenção atribuída a Simonides de Ceos, baseia-se com efeito na ligação mental de lugares (*topoi, loci*) com imagens. De preferência, conforme o *Ad Herennium* (século I a.c.), a principal fonte sobre o assunto na Antiguidade, imagens impressionantes, que se imprimam na imaginação (Yates 1966).

O transporte de relíquias do Velho ao Novo Mundo significa assim um translado de um espaço para outro, a implantação de uma memória, através de seus sinais tangíveis. Enquanto seus veículos privilegiados, as relíquias recriariam e imprimiriam a memória do mundo antigo no mundo novo. Ora, a memória cria identidade:[10] a toponímia real estabelece na colônia um fio que a liga à metrópole e assegura-lhe uma identidade portuguesa. As relíquias jesuítas criam uma memória alternativa na colônia, que estabelece uma identidade cristã. Porque sua topografia essencial é a dos santos, das relíquias e dos lugares do mundo antigo aos quais eles aludem, os jesuítas parecem sentir-se dispensados de batizar com nomes portugueses os lugares do Brasil e Maranhão.

---

10. A identidade enquanto fundamentada na memória é tema de muitos autores, entre os quais só mencionarei aqui uma passagem de Marcel Proust em *Sodoma e Gomorra II* (1921-22, v. II, cap. III), que responde implicitamente a Bergson. Ver também, sobre memória e identidade, Carneiro da Cunha 1995.

Essa é uma das censuras que o rancoroso mas perspicaz marquês de Pombal lhes fará ao expulsá-los em 1759. Suas primeiras medidas após a expulsão consistem, aliás, em renomear com nomes de cidades portuguesas as aldeias indígenas: é quando nascem Santarém, Soure, Olivença... A partir do final do século XVII,[11] com efeito, afastada a ameaça de outras potências europeias sobre o Brasil, os jesuítas se tornaram concorrentes diretos da Coroa.

Furta Sacra

Voltemos aos ossos do padre Francisco Pinto. Alguns temas, só em aparência exóticos, figuram em sua crônica. O primeiro é o do seu roubo, planejado pelo vigário.

O roubo de relíquias, que aparece pelo menos em intenção, senão em ação, no episódio do padre Francisco Pinto, é na realidade um tema clássico: roubar relíquias era tido como um dentre os modos legítimos de adquiri-las, e os venezianos, por sinal, parecem ter sido especialistas nesse modo (Herrmann-Mascard 1975: 368-ss). *Laudabile furtum, furtum sacrum*, este modo singular de transmissão da cadeia dominial repousava frequentemente sobre o princípio moral de que o santo cujo corpo ou fragmento de corpo era roubado consentia na sua translação. O próprio sucesso do roubo era prova desse consentimento, que Patrick Geary associa com razão ao casamento por rapto (Geary 1984; 1993: 166-ss).

O segundo tema, que irei apenas mencionar aqui, é o da disputa entre índios e jesuítas pelas relíquias do padre. Não existe nenhuma indicação de qualquer interesse, no que convencionalmente se pode chamar a "cultura tupi", pelos ossos ou qualquer outro resto de corpo. O rastro tupi se inscreve no corpo dos inimigos: literalmente no corpo do matador que se ornamenta de tatuagens – que o fazem semelhante, diz o cronista, ao couro de Córdoba – e no estômago dos que o devoram. Memória inscrita portanto no que há de mais transitório, o corpo, ela é feita para ser transmitida pela carne, não pelos ossos (ver cap. 4 deste volume).

---

11. No primeiro século e meio, enquanto perduram as rivalidades europeias sobre o domínio do Brasil, os religiosos nada têm de transnacional. Os jesuítas portugueses e espanhóis se dividem, os capuchinhos franceses caluniam os jesuítas no Maranhão.

Conversão indígena e agência: os homens-deuses

O que foi dito antes sobre o desinteresse tupi por ossos indicaria que o apego dos índios pelos ossos do padre Pinto, a ponto de enfrentarem e arrazoarem a tropa do vigário que os poderia estar roubando, deve ser entendido em outro registro. Ilustra em um modo menor uma das características importantes da conversão dos índios: sua busca de agência na nova religião.

Os índios aderiam sem dificuldades ao discurso cristão, mas sua adesão era, por assim dizer, excessiva: frequentemente, entendiam encarnar eles próprios as figuras sagradas (o que era compatível com a escatologia tupi que dos homens fazia deuses)[12] e deter o controle e a agência no domínio religioso. Desde a segunda metade do século XVI até inícios do século XVII, várias "santidades" agitaram o Brasil. O termo "santidade" designava, significativamente, tanto aqueles profetas que se diziam Deus ou Jesus Cristo, quanto seus rituais ou os movimentos que eles lideravam e que podiam incluir, como no caso da Santidade de Jaguaripe, iniciada em 1585, a Mãe de Deus e um papa (Vasconcellos 1658; Vainfas 1995).

Tão importante foi esse aspecto no Brasil que o tema da contrafação da religião, da similitude que não é senão obra do demônio, invade os escritos jesuíticos: em Montoya, por exemplo, e em Simão de Vasconcellos é patente essa preocupação. Os índios não se opõem, não resistem à verdadeira religião: mas contrafazem-na.

Essa contrafação tem a ver diretamente com o controle da Igreja e o domínio do sagrado. Não bastava aos missionários fazer crer no discurso cristão, também tinham de incutir nos espíritos o senso da autoridade da Igreja e de sua hierarquia. Nesse sentido, as relíquias vindas da Europa talvez se prestassem melhor para didaticamente distinguir a metrópole da colônia. Os ossos do padre Pinto podiam se prestar a contestações entre índios e jesuítas, mas as cabeças das companheiras de Santa Úrsula não deixavam dúvidas.

Exportação da memória: o Quinto Império

Terei de ser mais breve sobre este tópico, que mereceria um desenvolvimento à parte. Mas não queria deixar de mencioná-lo.

---

12. Ver Viveiros de Castro 1993.

Por volta de 1650, os bolandistas haviam iniciado sua gigantesca obra hagiográfica. Possivelmente no mesmo movimento de ideias, Simão de Vasconcellos, provincial dos jesuítas no Brasil, publica suas crônicas jesuíticas, uma das quais, a que versa sobre o padre João de Almeida, é uma transparente tentativa de promover canonizações no Brasil (Vasconcellos 1658). Ora, nessa mesmíssima época, Antonio Vieira estaria elaborando sua *História do futuro*.[13] Simão de Vasconcellos e Antonio Vieira ilustram, na realidade, as duas faces que mencionei do trabalho da memória. No seu conjunto, são um Janus bifronte, Simão de Vasconcellos enxertando laboriosamente a Igreja no Brasil, e Antonio Vieira enxertando o Brasil na história da Igreja. Antonio Vieira é parte de uma vasta efervescência messiânica que agita o século XVII, com avatares curiosos que vão de Esmirna e Salônica a Amsterdã e Lisboa. Esse aspecto profético já muito discutido de Vieira encontra-se sobretudo em três de suas obras. São elas: uma carta escrita em 1659 na Amazônia ao bispo do Japão ("Esperanças de Portugal, primeira e segunda vida de el-rei d. João IV"); a *História do futuro* (escrita entre 1649 e 1664); e a *Clavis Prophetarum*, iniciada em 1665. As duas primeiras foram o pretexto de seus dissabores, para usar de um eufemismo, com a Inquisição portuguesa, a partir de 1663. Comentarei aqui apenas alguns aspectos da questão.

Vieira espera o advento do Quinto Império – os Impérios anteriores teriam sido o Assírio, o Persa, o Grego e o Romano –, em que, conforme São João escreve, haveria um só rebanho e um só pastor: *et erit unum ovile et pastor*. Esse Império universal seria espiritual e temporal ao mesmo tempo e supunha a conversão de toda a humanidade à fé cristã, extirpadas todas as heresias, seitas e outras religiões. Assim, judeus e gentios se uniriam em um só povo, e os judeus, convertidos universalmente – e aí estariam incluídas as dez tribos perdidas de Israel –, seriam restituídos a sua pátria. Ao reino de Cristo no espiritual corresponderia um imperador no temporal, que reinaria sobre o globo. Esse Império, que duraria até o fim do mundo, quando então viria o Anticristo, seria fundado em Lisboa. O Imperador não seria d. Sebastião, o Encoberto, mas d. João IV, o Restaurador da Independência Portuguesa. Quan-

---

13. Sobre as datas de elaboração da *História do futuro*, ver Cantei 1964.

do morre d. João IV, em 1656, Vieira chega a afirmar que ressuscitaria para assumir seu papel –, ou possivelmente um de seus filhos, o infante d. Pedro ou d. Afonso VI.

O messianismo de Vieira não está, como dissemos, isolado. A base do messianismo do século XVII por toda a Europa assenta nas profecias de Daniel II: 31-45, Esdras e Isaías, e tem raízes no milenarismo de Joaquim de Fiori. As ligações do messianismo de Vieira com o do grande rabino português Menassé-ben-Israel, de Amsterdã, foram evidenciadas por Saraiva (1972). Mas a versão de Vieira também é essencialmente portuguesa, pois se apoia no sebastianismo, nas trovas do Bandarra, na tradição do milagre de Ourique – o Cristo crucificado que teria aparecido ao fundador do reino português, d. Afonso Henriques – e na profecia da fundação de um Império: "Quero em ti e teus descendentes fundar para mim um Império" (Cantel 1960: 250).

Estilo de Deus e estilo dos homens: Vieira historiador do futuro

Por que "história do futuro"?

Vieira, no capítulo primeiro dos seus prolegômenos, explica o paradoxo de seu título por razões puramente estilísticas. Poderia-se pensar simplesmente que aos historiadores competiria a narrativa do tempo passado; aos profetas, a do tempo futuro: mas não é assim. Os profetas, que podem narrar tanto o passado (como Moisés, diz Vieira, que desvenda a Gênese) quanto o futuro, diferem dos historiadores, não pelo seu objeto mas pelo seu estilo. Onde aqueles usam de metáforas e enigmas, estes fornecem em estilo claro a ordem e sucessão dos eventos, seus personagens, seus lugares de ocorrência, suas datas.[14] É isso que ele, Vieira, se propõe fazer. Na sua defesa perante o Santo Ofício (Vieira [1666-67] 1957, v. 1: 83-84), voltará ao assunto dizendo que a história é escrita no estilo dos homens, claro, vulgar e sem metáforas, que todos podem entender (como Deus recomendou a Isaías que escrevesse, fazendo dele assim ocasionalmente um historiador) (Vieira [1718] 1982: 47), enquanto as metáforas e enigmas são "pro-

---

14. Vemos aqui, de passagem, que o contraste história/profecia é paralelo ao de história/etnologia em Lévi-Strauss.

priedade do estilo profético, ou por melhor dizer, do estilo divino com que Deus fala pelos Profetas". Mas no capítulo nono à *História do futuro* (id. ibid.: 139-ss), se ele continua afirmando que estará fazendo obra de historiador, as fontes que ele utilizará, afirma, serão "os autores dos tempos futuros, que são somente os Profetas, pois só eles os conheceram" bem como, no que puder servir, a Escritura Sagrada, cujo autor é Deus. A "quase todos os profetas canônicos, desde Oseias até Malaquias", que Vieira afirma serem suas fontes, acrescente-se bem entendido o Bandarra, o sapateiro-profeta de Trancoso que, por prudência, só é evocado cripticamente na *História do futuro* (id. ibid.: 143), mas é veementemente defendido diante do Santo Ofício.

Assim, Vieira, historiador do futuro, não é senão aquele que é capaz de traduzir o estilo de Deus no estilo dos homens. Não profeta, senão historiador: aquele que articula (e com que maestria!) "o discurso como arquiteto de toda esta grande fábrica, dispondo, ordenando, ajustando, combinando, inferindo e acrescentando tudo aquilo que por consequência e razão natural se segue e infere" (id. ibid.: 140); que ajunta "o lume natural do discurso ao lume sobrenatural da profecia" (id. ibid.: 141). Para percorrer esse escuro labirinto, "as profecias e os Doutores nos servirão de tochas; o entendimento e o discurso de fio" (id. ibid.: 143).

Evitemos anacronismos: a história do século XVII é o plano divino, é uma teologia da história. Vieira não é um filósofo das luzes, o conhecimento cujo progresso ele preconiza, como bem observou Marcel Bataillon (1964: 11), é o conhecimento do plano de Deus. Assim, a tarefa do historiador do futuro é reconhecer os sinais presentes do plano divino. É aqui que o Brasil e a Amazônia figuram.

> O tempo, como o mundo, tem dois hemisférios: um superior e visível que é o passado, outro inferior e invisível, que é o futuro. No meio de um e outro hemisfério ficam os horizontes do tempo, que são estes instantes que imos vivendo, onde o passado se termina e o futuro começa. Desde este ponto toma seu princípio a nossa História, a qual nos irá descobrindo as novas regiões e os novos habitadores deste segundo hemisfério do tempo, que são os antípodas do passado. Oh que coisas grandes e raras haverá que ver neste novo descobrimento! (Vieira [1666-67] 1957: 45)

Essa passagem, que figura nas primeiras páginas da História do futuro (id. ibid.: 45), é elucidativa: queria destacar apenas dois de seus aspectos.

Primeiro, a ideia de uma simetria entre tempo passado e tempo futuro, e de que ambos se unem no equador que é o tempo presente. Acho provável que, nessa passagem, Vieira se refira implicitamente a Santo Agostinho e à sua célebre concepção de que existem três tempos: o passado no presente, o presente no presente e o futuro no presente.[15] A profecia seria, nessa concepção simétrica do tempo, uma forma de memória prospectiva, ou, se se preferir, uma antimemória, compartilhando com ela, no entanto, uma mesma natureza. É possível inserir Vieira na tradição neoplatônica da arte da memória que prosperou no Renascimento, derivada de Santo Agostinho, Raimundo Lulio e influenciada pela Cabala (Yates 1966). Há indícios de que Vieira estava perfeitamente a par dessa tradição. Suas referências a autores como Giordano Bruno, Pico della Mirandola e sua obsessão com o número 1666, data inaugural do Quinto Império, apontam nessa direção. O número 1666, como já muito se comentou, quando escrito em algarismos romanos, envolve em ordem decrescente todos os números, que não se repetem: MDCLXVI. Outras associações de Vieira com numerologia apontam na mesma direção.[16]

Segundo, na mesma passagem acima citada, a metáfora dos descobrimentos aponta para uma associação entre o hemisfério austral e a chave de leitura do futuro. O navegador e o historiador do futuro perseguem projetos análogos: um no espaço, outro no tempo, ambos buscam os antípodas. Essa ilação é corroborada pela longa exegese de uma terrível profecia de Isaías (cap. XVIII) que figura no capítulo doze dos "Prolegômenos ou Livro Ante Primeiro à História do Futuro" (Vieira [1718] 1982: 209-19). Vieira sustenta, usando de recursos ecléticos mas eruditíssimos e etnograficamente interessantes, que a visão de Isaías se aplica aos índios do Brasil, do Maranhão e Grão-Pará. Dá testemunho, de passagem, do desastre que significou para os índios a chegada dos portugueses: *gentem conculcatam et dilaceratam,* gente arrancada e despedaçada.

---

15. É possível argumentar também que há uma referência irônica a Santo Agostinho na menção aos antípodas.
16. Talvez seja até possível associar o *topos* do teatro, que Vieira usa como tantos em sua época (Bataillon 1964: 20), aos teatros de memória (F. Yates 1966).

Vieira, para atribuir essa profecia de Isaías aos índios, apoia-se em uma longa lista de predecessores que ele cita, dentre os quais José d'Acosta é o mais conhecido. Marcel Bataillon acrescenta-lhe um outro avatar, contemporâneo de Vieira, o auditor d. Diego Andrés Rocha (Bataillon 1964), que desloca a interpretação americanista de Isaías para o Peru e o México. É de se notar uma relação que Bataillon não faz mas que se esclarece à luz de um artigo de António José Saraiva, qual seja, a questão de saber se os índios (ou alguns deles) seriam as dez tribos perdidas de Israel. A controvérsia é antiga, e José d'Acosta e Oviedo a discutem. Na mesma época de Vieira, o provincial Simão de Vasconcellos (1655) a menciona.[17] O auditor Rocha parece opinar que sim e Vieira não se pronuncia, pelo menos no que sobrou de seu livro. Mas a questão com certeza o interessava, pois tinha tudo a ver com sua *História do futuro*.

António José Saraiva identifica no sapateiro-profeta de Trancoso, Bandarra, perseguido pela Inquisição em 1541, a popularidade do tema do ressurgimento das Tribos Perdidas de Israel mencionadas no profeta Esdras. No sonho do Bandarra, as tribos perdidas saem de detrás dos rios e se dirigem a Jerusalém. No plano do livro quarto da *História do futuro*, a questão da conversão

---

17. "Outros dizem também que os Índios deste Novo mundo são aqueles mesmos judeus que, levados cativos por Salmanasar, rei dos Assírios, no tempo do rei Oseias, se apartaram dos gentios para melhor guardarem sua lei, conforme escreve Esdras em seu quarto livro, que alguns julgam apócrifo. São essas as dez tribos perdidas que Deus guiou para longe dos gentios, abrindo-lhes caminho pelas águas do Eufrates, e detendo a corrente do rio. E esses judeus foram levados por caminhos mui compridos de ano e meio de viagem, até Arsareth, onde jamais habitara gente humana, e de onde voltarão com a mesma proteção do Altíssimo. Dizem que estes Índios são essas mesmas gentes, o que o padre d'Acosta nega igualmente: pois se se apartaram as dez tribos dos gentios, com evidente proteção divina, para guardarem suas cerimônias e leis, como teriam perdido qualquer lembrança dessas práticas, sendo hoje idólatras como os do Peru e os do México, ou despidos de fé como os brasis, tendo perdido toda memória de sua origem e todo seu judaísmo? E como do Eufrates teriam vindo ao Novo mundo e deste Novo mundo retornariam, conforme se anuncia em Esdras, ao mesmo Eufrates?" (Vasconcellos 1658: 16-18). "Que fossem descendentes de hebreus não seria de muito espanto: como os hebreus, tomam demasiados banhos, e lavam-se a cada rio por que passam. Como eles também, têm por costume casar com a viúva do irmão defunto, para conservarem-lhe a geração. Como os hebreus, têm mais de uma mulher. E mostram ainda muitas pedras nos rios com inscrições em letras hebreias" (D'Acosta 1590, livro primeiro, caps. 7-ss).

das dez tribos perdidas de Israel é abordada: sim, as dez tribos entrarão na conversão dos judeus. Ora, essa conversão – um só rebanho sob um só pastor – e a volta dos judeus a Jerusalém eram prolegômenos do milênio, não só em Vieira mas, como mostrou Saraiva, no messianismo judeu do século XVII.[18] Em 1644, ao voltar da América, um judeu português, Antônio Montesinos, cujo nome hebraico era Aarão Levy, anuncia em Amsterdã ter encontrado a tribo de Rubem na Colômbia (Saraiva 1972: 36). Como foi dito, a questão não era nova mas alimentava a efervescência que culminou com o advento do messias Sabbatai Zevi em 1666 em Esmirna, e com o anunciado início do Quinto Império de Vieira.

O Brasil e o Maranhão, para Vieira, são assim sinais que permitem uma leitura adequada do plano divino. Das relíquias ao Quinto Império, tentei mostrar aqui a ida e a volta da história do Novo Mundo. Pois se o Brasil importa uma história através das relíquias, que lhe enxertam uma memória de outros tempos e lugares, ele também, por sua vez, exporta uma história: a do final dos tempos. Ou melhor, o Brasil fornece uma chave de leitura para uma história que, nessa metade do século XVII, ainda encerra um plano, que se trata de desvendar. Dialética da colônia e da metrópole, onde, em filigrana também, se percebem os movimentos indígenas de que, no entanto, não tratei aqui.

---

18. Tão difundido é o assunto, que aparece em um quadro atualmente na Alt Pinakothek de Munique, datado do comecinho do século XVII, de Jan Brueghel, o velho, e Hendrik von Ballen. Intitulado *As profecias de Isaías*, o quadro retrata o desarmamento universal e a ideia de "um só rebanho sob um só pastor", que é central no messianismo da época.

Etnicidade, indianidade e política

13. RELIGIÃO, COMÉRCIO E ETNICIDADE
UMA INTERPRETAÇÃO PRELIMINAR DO
CATOLICISMO BRASILEIRO EM LAGOS NO
SÉCULO XIX

Este trabalho pretende esboçar algumas hipóteses que vêm surgindo de uma pesquisa sobre a comunidade de descendentes de brasileiros iorubanos em Lagos, na atual Nigéria.[1] Minha apresentação será esquemática, pois sua finalidade é, basicamente, provocar ideias e comentários: assim, desenvolverei meu tema sem entrar em minúcias ou detalhar as fontes nas quais minha argumentação se baseia.

A pesquisa refere-se à chamada comunidade "brasileira" de Lagos,[2] formada a partir do século XIX pelos nagôs e seus descendentes, que, alforriados ou libertos, voltavam do Brasil para a costa ocidental da África. Possivelmente, seu núcleo original era constituído de nagôs muçulmanos (os chamados "malês"), expulsos do Brasil por haverem fomentado revoltas na Bahia (Verger 1966). Se assim for realmente, a chegada dos "brasileiros" a Lagos e a Badagry teria sido, contrariamente ao que se crê, anterior à volta dos "saros" ou "Sierra Leone". Estes eram os iorubanos que o Esquadrão Preventivo inglês havia libertado, interceptando ao

---
1. Publicado originalmente em *Religião e Sociedade*, v. 1, n. 1, 1977. Uma primeira versão deste trabalho foi apresentada à IX Reunião da Associação Brasileira de Antropologia, em Salvador, em fevereiro de 1976. Quero agradecer a meus colegas antropólogos do Instituto de Filosofia e Ciências Humanas, da Universidade Estadual de Campinas (Unicamp), que ouviram pacientemente e discutiram versões anteriores, e de modo particular Diana Brown, Mario Bick e Marianne Ligeti, que me ajudaram a explicitar meus subentendidos
2. Essa comunidade já foi descrita por Anthony Laotan, Pierre Verger, Antônio Olinto e J. M. Turner.

largo da costa da África os navios negreiros em que eram conduzidos para as Américas. Esses escravos eram libertos e conduzidos a Freetown em Serra Leoa: educados nessa cidade por missionários protestantes, sobretudo anglicanos e metodistas que neles depositavam grandes esperanças para a evangelização e a "civilização" do país iorubano, iniciaram, em 1839, seu próprio movimento de retorno e estabeleceram-se em Badagry, Abeokuta e Lagos. Os movimentos de retorno de saros e de brasileiros foram, portanto, mais ou menos contemporâneos, embora este último se tenha prolongado além do outro, chegando até ao começo século XX. As duas comunidades conviveram em Lagos, associaram-se frequentemente, embora tivessem mantido suas identidades.

Neste trabalho, quero tratar do tema da identidade étnica desses "descendentes de brasileiros", como até hoje a si mesmos se chamam, durante o período de formação da comunidade, ou seja, essencialmente no século XIX. Há, porém, várias limitações. A mais importante é a quase total ausência de documentação sobre a comunidade brasileira de Lagos antes de 1851. A partir dessa data, que é a do estabelecimento de um consulado inglês, contamos com a extensa correspondência do cônsul com o Foreign Office, que se estende até 1861, data da "cessão" de Lagos à Coroa britânica. Daí por diante, as fontes tornam-se cada vez mais numerosas, já que, além da correspondência do Colonial Office, podemos recorrer às cartas pessoais e aos relatórios dos missionários católicos franceses, operando primeiro de Ouidah e, a partir de 1868, de Lagos.

Pode parecer paradoxal que a maioria desses iorubanos, que afinal retornavam à pátria,[3] tivesse preferido identificar-se como membro de uma comunidade "brasileira". É preciso ter em mente, no entanto, que nem Lagos nem Badagry, nem qualquer das cidades costeiras em que se estabeleceram, eram na realidade suas cidades de origem e sim pontos de passagem, entrepostos do tráfico transatlântico de escravos. Como mostrei alhures (Carneiro da Cunha 1976), a maioria dos escravos nagôs da Bahia eram egbas (de Abeokuta), ijeshás (de Ilesha) e iorubás propriamente ditos

---

3. "Pátria" é obviamente aqui um anacronismo. Além de não existir um Estado iorubano e sim múltiplas cidades-Estado autônomas, a própria identidade iorubana só se firma no final do século XIX, subproduto em larga medida da visão unificadora do Estado colonial britânico.

(isto é, de Oyó, a antiga capital do império que se havia esfacelado).

Além disso, por várias décadas, o acesso a regiões além de Abeokuta permaneceu difícil, devido às guerras entre as cidades--Estado, que tumultuaram o interior do país ao longo do século XIX: consequentemente, reatar laços com as cidades de origem era empresa perigosa, e se Abeokuta e Ilesha eram relativamente acessíveis, tanto não se pode dizer de Oyó.

Não me parece, no entanto, que a formação de comunidades "brasileiras" ao longo da costa possa se explicar apenas por essas razões negativas, e tentarei mais adiante explicitar meu ponto de vista.

A identidade brasileira se manteve por meio de vários sinais distintivos, entre os quais o uso de nomes portugueses, a construção de sobrados no estilo baiano, a celebração de festas típicas, como a "burrinha", o "boi" e o "Bonfim", a preservação de uma cozinha considerada tipicamente brasileira (e que no Brasil é tida por africana), com seu feijão-de-leite, seu munguzá, sua canjica, grude, tapioca e pirão; o uso da língua portuguesa, ensinada nas escolas católicas de Lagos até 1879, mas conservada até muito mais tarde; enfim, a fidelidade ostensiva à religião católica, e é nesse ponto que gostaria de me aprofundar mais um pouco. Eram tão religiosos os brasileiros católicos de Lagos que o termo "aguda" passou a denotar, ao mesmo tempo, "brasileiro" e "católico", apesar da grande comunidade de brasileiros muçulmanos que, conforme vimos, foram provavelmente os primeiros a retornarem à África.

Parece-me elucidativo contrapor as afiliações religiosas das comunidades iorubanas no exílio e as de depois de seu retorno. No Brasil, escreve Donald Pierson,

> o culto malê ou maometano, florescente durante algum tempo, parecia ter sido abandonado quase completamente, em favor do culto fetichista, pelos afro-brasileiros, da Bahia. Embora Nina Rodrigues calculasse, em 1905, que um terço dos africanos que viviam ainda na cidade fosse maometano, acentuava também que eles faziam pouquíssimos adeptos, ou nenhum, entre os pretos nascidos no Brasil e que o maometanismo, com toda a probabilidade, morreria com eles (Pierson 1971: 305).

No entanto, em Serra Leoa, entre os iorubás que o Esquadrão Preventivo inglês havia libertado dos navios negreiros apresados, a identidade foi preservada não pelos cristãos, anglicanos sobretudo, mas pelos muçulmanos. Como escreve Michael Banton em seu estudo de Freetown, "aqueles que se haviam convertido ao cristianismo tendiam a estar mais próximos dos outros africanos libertos, e foi apenas a minoria muçulmana quem manteve alguma solidariedade enquanto tribo e conservou a língua viva". E acrescenta, antecipando o argumento que desenvolverei aqui: "É pouco provável que muitos houvessem adotado o Islã antes de terem sido levados cativos, mas muito provável que muitos tivessem aderido porque, através da mesquita, podiam preservar o sentido de sua identidade enquanto tribo" (Banton 1957: 5).

Diante de tais dados, de comunidades de mesma origem tendo-se, essencialmente, por católicas em Lagos, muçulmanas em Serra Leoa e animistas na Bahia, vê-se o quanto pode ser falacioso fundamentar apenas e simplisticamente numa bagagem cultural, a explicação de traços de identificação étnica. As implicações para os estudos afro-americanos são evidentes: não me parece que se possa manter – se ainda houvesse alguém para querer fazê-lo – a ideia de uma tradição cultural que se adapta a novos meios ambientes e se perpetua como pode diante dos obstáculos que esse novo meio lhe antepõe. Ao contrário, a noção que se depreende é que a tradição cultural serve, por assim dizer de reservatório onde se irão buscar, à medida das necessidades no novo meio, traços culturais isolados do todo, que servirão como *sinais diacríticos* para uma identificação étnica. A tradição cultural seria, assim, seletivamente reconstruída, e não uma instância determinante.

Tudo isso, é claro, não é propriamente novo e filia-se mais diretamente ao magistral estudo de Abner Cohen (1969) sobre os auçá de Ibadã, no qual grupos étnicos são vistos como formas de organização *novas* e adaptadas ao "aqui e agora", e que compartilham uma identidade *porque* também compartilham interesses econômicos e políticos. Organizam-se em grupos que possam disputar com grupos rivais o acesso às fontes de recursos. Esse enfoque parece-me dar conta satisfatoriamente do caso de catolicismo da comunidade brasileira de Lagos no século XIX, e para tentar ser convincente também traçarei sucintamente o quadro econômico de Lagos nessa segunda metade do século XIX.

A passagem do comércio de escravos para o chamado comércio "inocente" de azeite de dendê e, posteriormente, de caroços de dendê não foi uma substituição tão simples quanto o pretendiam seus promotores e defensores britânicos. Na realidade, como mostra Hopkins (1973), a natureza do novo produto oferecido, de pouco valor unitário, podendo ser produzido em pequena escala e tendo de ser transportado em grandes quantidades, veio quebrar os monopólios dos grandes "produtores" de escravos para exportação. Por outro lado, os produtos de troca, principalmente tecidos manufaturados na Inglaterra, baratearam mercê da Revolução Industrial e da introdução dos navios a vapor. Em consequência, as importações e as mercadorias distribuídas no interior do país avolumaram-se também consideravelmente.

Uma das múltiplas decorrências dessas transformações, e a que mais nos interessa aqui, é a emergência de uma vasta rede de intermediários (Hopkins 1973: 148), ocupada em recolher azeite de dendê no interior e em distribuir produtos manufaturados. Essas redes existiam anteriormente, no tempo do tráfico dos escravos, mas sob uma forma muito específica: os lagosianos só podiam comerciar com o interior através de reinos-mercados intermediários. Como bem resumiu certa feita o rei de Ijebu: "As pessoas de Lagos vendem aos Jebus, os Jebus ao seu vizinho e o vizinho para o interior" (apud Newbury 1969: 69).

Como vimos, a maioria desses "brasileiros" e "saros" e seus antepassados vinham dos reinos do interior, vítimas das guerras do século XIX. Achavam-se em Lagos, em situação privilegiada, pois, valendo-se de suas origens Ijexá, Ibadã, Ondo etc., podiam, por vezes, ter acesso ao interior, revolucionando o sistema tradicional de mercados intermediários e furando bloqueios.

O prestígio de que eventualmente gozavam em suas terras de origem dependia de sua influência e riqueza em Lagos e do acesso que porventura tivessem, a partir da instauração do Consulado britânico em 1851, às fontes de poder europeias. Em Lagos, por sua vez, junto ao cônsul e, posteriormente, ao governador, o prestígio dependia de sua suposta influência na terra de origem e de uma demonstração de fidelidade aos valores "europeus": traços como uma religião cristã, de preferência protestante, trajes e modos europeus eram importantes para tal demonstração.

Assim, aqueles "brasileiros" que comerciavam com o interior se assimilavam geralmente aos saros e passavam a ser conhecidos pelo termo mais amplo de "repatriados". A maioria parece ter abandonado sua afiliação católica e aderido ao metodismo ou ao anglicanismo.[4] É significativa uma figura como a de Philippe José Meffre, brasileiro de origem Ijexá, babalaô famoso, que se convertera ao wesleyanismo em Badagry e que tivera uma influência preponderante tanto em Ijexá e em grande parte do sudeste iorubano quanto junto ao governador inglês em Lagos. E este frisa bem as fontes do prestígio de Meffre quando, ao enviá-lo em 1882 ao rei de Ilesha para que sondasse seus sentimentos em relação à paz com Ibadã e à intervenção britânica, descreve-o em sua carta como um "homem altamente respeitado em Lagos, e bem conhecido [do rei] sob o nome de Arije" (Colonial Office 147/47, Griffith to Rows Dispatch n. 456, Lagos, 31/12/1881).

Graças a sua condição de "repatriados" e a suas origens últimas no interior, esses comerciantes gozavam de uma dupla afiliação que favorecia seu papel de intermediários e portanto suas carreiras políticas e econômicas.

Mas nem todos seguiam essa carreira de intermediários. Os brasileiros (pelo menos o que suspeitamos por ora) teriam aproveitado seu conhecimento da língua portuguesa e, eventualmente, suas conexões na Bahia para tentarem monopolizar as relações comerciais com o Brasil. Estas, ao contrário do que pensa, por exemplo, Rodrigues (1961), não haviam cessado com o fim do tráfico de escravos. Na realidade, o que se depreende das estatísticas oficiais da colônia de Lagos é que houve uma inversão de corrente durante a segunda metade do século XIX: de importador maciço, o Brasil tornou-se, principalmente, exportador. As exportações de aguardente de cana e de fumo de rolo para Lagos eram bem anteriores a essa época e desde muito o fumo constituía, como mostrou Verger (1968), a moeda em que se pagavam os escravos. Aguardente e fumo continuaram a ser fornecidos a sua clientela africana, em troca, daí por diante, de azeite de dendê. Mas a volta de ex-escravos para a costa do Benin, assim como o deslocamento de populações escravas para

---

4. Os brasileiros protestantes eram mais numerosos do que hoje se pensa. Assim, um certo J. A. Lisboa foi, segundo seu necrológio (*Lagos Standard*, 26/4/1899), por muitos anos o secretário leigo do Church Missionary Society [CMS] (anglicanos) em Lagos; Cândido Morondiya Pinheiro era, em 1899, catequista wesleyano de St. Paul, Breadfruit (*Lagos Standard*, 27/9/1899), assim como era ministro metodista um certo reverendo F. J. Martins (*Lagos Standard*, 15/5/1895).

o Brasil, havia criado novos mercados. Em Lagos, os "brasileiros" reclamavam carne do sertão, enquanto na Bahia os africanos compravam quantidades espantosas de panos da costa e de nozes de kola (o obi e orobô da Bahia). Para se ter uma ideia, em 1857, só de Lagos saíram 50 mil panos da costa para o Brasil, e 130 mil dos outros portos (Foreign Office 84/1051, Campbell, 2/2/1958).

Em 1869, o Brasil era o terceiro exportador para Lagos, com quase 30 mil libras esterlinas, muito longe da Inglaterra, mas antes da França e não muito distanciado da Alemanha, que ainda não desafiava a hegemonia inglesa (*Blue Book* 1870). Em contrapartida, importava apenas umas 9.500 libras quando os outros três países eram, sobretudo, importadores de matérias-primas.

A partir de 1880, registra-se um declínio nas exportações do Brasil para Lagos, até que, a partir de 1900, a Inglaterra e, em segundo lugar, a Alemanha passam a fornecer quase todo o tabaco para a colônia. As importações do Brasil mantêm-se mais ou menos estáveis, consistindo em panos da costa, nozes de kola, azeite de dendê, cabaças, sabão (ori), palha e outros artigos de uso religioso. Quanto às importações para Lagos provenientes do Brasil, sua diversidade é espantosa: além do fumo, dos charutos, da caninha, do açúcar e da carne de sertão, importavam-se coisas como carruagens, remédios, louças e móveis! (*Blue Books*, por exemplo, 188/89)

Até a década de 1880, em que se propagaram as compras em espécie, Lagos gozava de um sistema de crédito em que havia lugar para negociantes africanos independentes,[5] no mesmo pé que seus competidores europeus instalados na costa. Compravam a crédito carregamentos dos exportadores europeus ou americanos e vendiam-lhes os produtos da terra. Uma rede de intermediários unia, como vimos acima, esses negociantes aos mercados do interior. Os brasileiros e saro, juntamente com alguns nativos de Lagos, tentaram entrincheirar-se nas posições de intermediários, a tal ponto que, em 1855, os egbas de Abeokuta se queixavam de que os brasileiros e os saro não lhes permitiam acesso direto aos negociantes europeus (Foreign Office 84/976, carta do Alake a Campbell, 11/7/1855, in Campbell a Clarendon, 30/8/1855).

O principal problema, em um sistema de crédito, era, como evidencia Newbury (1972: 92-93), assegurar a cobrança das dívidas:

---

5. Baseado em Newbury 1972.

a partir de 1854, os agentes das firmas europeias tentam obter garantias do rei de Lagos. Muito mais difícil era controlar a outra extremidade da cadeia, as cidades do interior que tão facilmente, a pretexto de guerras ou por desavenças com Lagos, podiam interromper o comércio, fechando as estradas e deixando seus credores em sérias dificuldades.

Podia-se tentar controlar toda a rota comercial de ponta a ponta, como me parece ter sido o caso do caminho da Ondo e da fundação por *repatriates* da colônia de Ayesan, etapa obrigatória nesse caminho oriental (Akintoye 1969: 590; CMS, CA 2/098). Mas nem sempre isso era possível, pelo menos sob essa forma extensa. Um tipo de controle mais informal baseado em obrigações morais sancionadas por um grupo pareceria ter sido mais viável. Ora, o estudo de Abner Cohen sobre os auçá de Ibadã, que vendem gado vindo do norte e para lá expedem nozes de kola, através de um extenso sistema de crédito, analisou justamente os mecanismos de controle informal que uma "minoria étnica" é capaz de exercer sobre seus membros e correlacionou esse controle com a necessidade de se confiarem grandes somas e crédito sem intervenção de instituições bancárias. Ser membro de um grupo étnico na diáspora implica exibir permanentemente sinais diacríticos que atestem o pertencimento ao grupo e a observância de suas regras, e portanto uma garantia implícita de ser um depositário fiel. A etnicidade permitiria então a um grupo, em situações como essa, se apropriar de um nicho econômico.

É tentador, pelo menos como hipótese preliminar, entender que o catolicismo dos brasileiros de Lagos permitiu definir as fronteiras de um grupo de interesses, desejoso de se apropriar do comércio com o Brasil e da posição de intermediários no comércio com o interior. Resta evidentemente uma pergunta: por que o catolicismo?

Parece-me que essa religião fornecia ao grupo uma identidade exclusiva, que o distinguia ao mesmo tempo dos saro protestantes e dos lagosianos animistas. Havia, como vimos, muitos brasileiros muçulmanos, mas o Islã não poderia talvez servir de identificação por ser uma religião em plena expansão desde o começo do século XIX (Gbamadosi 1969: 10). Seria evidentemente crucial pesquisar a história da comunidade brasileira muçulmana, mas por enquanto parecem escassas as fontes sobre sua situação no século XIX. Em todo caso, o catolicismo brasileiro, contrastando com o Islã, evitou o quanto pôde qualquer proselitismo. Quando os missionários franceses, cujas atividades proselitistas haviam sido controladas pelos brasileiros, rebelaram-se e conseguiram converter os que os brasileiros chamavam desdenhosamente de "negros da terra", foram-lhes dados nomes de batismo e sobrenomes portugueses, confirmando a implicação de que ser católico era ser brasileiro. Como disse Barth (1969), a passagem pelas fronteiras não as dilui se acarretar *ipso facto* mudança de identidade. Parece-me também possível correlacionar a proliferação de sociedades católicas exclusivas com o aumento das conversões, no fim do século XIX, numa tentativa de continuar controlando as fronteiras do grupo.

Em síntese, teríamos três opções para aqueles que retornavam do Brasil e seus descendentes: um primeiro grupo voltava à sua cidade de origem, retraçava sua parentela e reassumia plenamente os costumes tradicionais e sua identidade de antes da escravidão. Esse grupo não fazia, portanto, parte da comunidade brasileira. Um segundo grupo, como vimos, explorava ao mesmo tempo sua identidade de membro das cidades-Estado do interior e de *repatriate*. Enfim, o terceiro grupo, situado principalmente nas cidades costeiras, em virtude das oportunidades de comércio lá existentes e, eventualmente, das dificuldades de acesso ao interior, continuava ostentando a identidade brasileira.

Os limites da comunidade brasileira não abrangiam, portanto, todos os que haviam voltado do Brasil e seus descendentes. Reciprocamente, nem todos os que ela abrigava tinham as mesmas origens, já que, como vimos, os "negros da terra" convertidos ao catolicismo eram, até certa época, assimilados aos brasileiros. Isso me parece corroborar a ideia de Cohen, que expus no início, segundo a qual grupos étnicos são formas de organização que respondem às condições políticas e econômicas contemporâneas e não vestígios de organizações passadas. Elas se servem do arsenal cultural não para conservá-los como um todo – no caso dos brasileiros, eles dispunham, aliás, de um duplo arsenal, iorubá e brasileiro – mas para selecionar traços que servirão de sinais diacríticos para se exibir a afiliação a um grupo.

Os dados apresentados sugerem três pontos, analiticamente diferentes, na utilização da etnicidade em sociedades multiétnicas:

1) Um mesmo grupo pode usar identidades diferentes. Assim, pode-se dizer que, no caso dos brasileiros, uma fração reassumiu uma identidade tradicional em termos religiosos, animista ou muçulmana. Isso se deu, por exemplo, em Abeokuta. Uma segunda fração, formada por saros e brasileiros, interessados no comércio interior, adotou dupla identidade, ressaltando suas origens e seu cristianismo. Uma terceira fração, enfim, aquela empenhada em controlar o comércio com o Brasil, se identificou com o catolicismo.

2) Deslocando agora o foco para a adaptação de um grupo específico, diria que a estrutura interna desse grupo, apesar de aparentes diferenças culturais, tende a refletir as estruturas que definem os outros grupos com os quais deve relacionar-se. Em outras palavras, a estrutura é compartilhada enquanto os símbolos diferenciam. Baseando-me numa análise preliminar de dados, parece-me ser esse o caso da sociedade católica de Lagos, cuja organização interna mostra-se mais próxima das associações voluntárias iorubanas do que das irmandades religiosas brasileiras. Daí chego à minha terceira ideia.

3) Para poder diferenciar grupos é preciso dispor de símbolos inteligíveis a todos os grupos que compõem o sistema de interação. É óbvio que cada grupo só pode usar alguns desses símbolos para manter sua identidade. Assim, um novo grupo, ao entrar no sistema, deve escolher símbolos ao mesmo tempo inteligíveis e disponíveis, isto é, não utilizados pelos outros grupos.

Acredito ser essa uma explicação para a diversidade religiosa das comunidades iorubanas: muçulmanos entre os protestantes de Serra Leoa; animistas na Bahia e em Cuba; e, finalmente, católicos entre muçulmanos, animistas e protestantes em Lagos, Porto Novo e Ouidah. Em cada caso, é a religião que estabelece a identidade do grupo.

Em suma, não estou senão parafraseando o padre Bouche que escrevia, ao chegar em 1869 a Lagos para fundar uma promissora missão:

> Os cristãos de Lagos (entenda-se os católicos) pertencem *a uma mesma classe da sociedade* que se poderia manter em uma união estreita. Há entre eles um *espírito de corpo* muito pronunciado e que se traduz por cerimônias, por festas onde a ideia religiosa predomina... Embora exterior, essa devoção não deixa de encerrar promes-

sas para o futuro: *é o corpo que espera uma alma*. A alma é a graça, é o Espírito Santo, é Jesus, este bom Jesus que os missionários lhes devem levar (Arquivos da Société des Missions Africaines de Lyon, Bouche a Planque, 4/11/1868, diário de 6 de agosto, grifos meus).

Pós-escrito

Hesitei em incluir este artigo nesta coletânea, por considerar essencialmente equivocada a visão utilitarista que ele sugere. Em suma, arrependi-me de o ter escrito, o que fica patente nos desmentidos que lhe dei no artigo de 1979 sobre a "cultura irredutível" [cap. 14 deste volume] e no livro *Negros, estrangeiros*.

Não havia relido o artigo desde sua publicação em 1977. Quando fui questionada sobre ele pelos perspicazes entrevistadores da revista *Sexta Feira*, já só me lembrava dele sob a ótica da revisão que se operou nos trabalhos posteriores. Agora, relendo-o, fiquei muito mal impressionada. Boa parte do artigo era marcada por um funcionalismo econômico – para não dizer barato – e até por um utilitarismo vulgar. Não pude me resignar a republicá-lo sem amenizar (embora não as apagando completamente) as expressões mais flagrantes desses defeitos.

Isso posto, não há como negar que escrevi esse artigo e que foi um momento (preliminar como diz seu título) de minha reflexão. Um momento funcionalista, influenciado pela leitura de Abner Cohen, mas temperado, no final, por uma reação estruturalista que já está ali patente e se reafirmou nos trabalhos posteriores.

Quero responder aqui (para depois questioná-la) a uma pergunta na qual insistiram meus entrevistadores da *Sexta Feira*, a saber se seria ou não consciente a manipulação da tradição cultural. Sim e não. Recuperar tradições culturais é parte consciente de qualquer revivalismo. Os grupos de repatriados de Lagos, anteriormente ocidentalizados, que fundaram em finais do século XIX associações empenhadas em estudar o "folclore" de seus antepassados, que lançaram a voga de nomes iorubanos, de roupas tradicionais e do abandono dos ternos ingleses estavam cientes do que faziam, uma busca de "raízes culturais". Muitos estavam também conscientes do proto nacionalismo que essa busca implicava e do protesto que continha contra a administração inglesa que os excluía. Outra dimensão desse mesmo processo é no entanto inconsciente: a saber, que a recuperação cultural, por mais fiel que seja às formas "tradicionais", por mais escrupulosa e completa que seja, não se dá conta de que a mudança de contexto altera profundamente o sentido daquilo que foi recuperado. Consciente também – outro exemplo – é a fé religiosa, mas talvez não o papel organizatório das diferenças religiosas. Quando falei em "manipulação", termo infeliz, não era a uma escolha estratégica por atores sociais a que eu me referia e sim a uma espécie de auto-organização largamente inconsciente em sistema de diferenças: a mesma que me faz ser mãe em um sistema doméstico, em contraste com filhos e marido; paciente em um sistema médico; professora em sistema acadêmico.

Mas quero agora criticar a própria pergunta que, distinguindo o consciente do inconsciente, parece aceitar uma explicação utilitarista (que considero equivocada), desde que se lhe dê a escusa de que seus beneficiários devem ser perdoados porque "não sabem o que fazem". Que a identidade, além de atender a imperativos cognitivos, possa ter uma "função" e até ser estrategicamente usada, que possa beneficiar pessoas ou grupos de interesse e frequentemente o faça, não significa que ela não passe de um cálculo estratégico, de uma manipulação.

O principal pecado do artigo, repito, é ter enfatizado demais, em sua primeira parte, a "funcionalidade utilitária" da identidade étnica e só ter tratado ao final de seu aspecto cognitivo e estrutural.

14. ETNICIDADE: DA CULTURA RESIDUAL MAS IRREDUTÍVEL

Nos redutos tinha mistério.
DEPOIMENTO LEMOS, APUD DUGLAS T. MONTEIRO

É assim ainda que as palavras servem para expressar ideias novas sem que sua textura se altere.
ÉMILE DURKHEIM

Suponho que me chamaram a esta mesa-redonda, composta também por um psicólogo experimental, um lógico e um linguista, para falar de como a relação entre linguagem e pensamento é percebida pela antropologia.[1] Diante disso, há que estabelecer dois pontos preliminares, ou melhor, dois deslocamentos.

---

1. Este artigo nasceu de um debate oral mas sobretudo debate político, a pretexto da mesa-redonda Linguagem e Pensamento, na XXX Reunião da SBPC de 1978. A época era pós Ato Institucional 5 e pós luta armada. A identificação dos verdadeiros portadores de uma mudança institucional era assunto candente. A questão era separar o joio do trigo, a ideologia equivocada da consciência de classe correta. A respeito da questão indígena, o governo e os pensadores marxistas pareciam na época concordar. Ambos achavam irrelevantes os esboços de protesto dos índios e dos que os apoiavam. Ambos se enganavam.
   É nesse contexto político que o artigo se insere. Ele tem o propósito, antes de tudo, de discutir a legitimidade do movimento indígena. Mas soma-se a essa agenda a retomada de minha própria posição sobre etnicidade, corrigindo o meu artigo anterior [cap. 13 deste volume]. Em particular, é neste artigo que, pela primeira vez, falo da cultura como uma "categoria nativa".
   Agradeço a Mário Bick e a Mariano Carneiro da Cunha seus comentários à versão apresentada deste texto, publicado mais tarde na *Revista de Cultura e Política*, Cedec, v. 1, n. 1, São Paulo, 1979.

O primeiro é que o termo "linguagem" é, nessa disciplina, algo geralmente tomado em seu sentido mais lato: formas institucionais tanto quanto crenças, práticas e valores são linguagem, são representações. E uma relação central em antropologia é a que articula as representações com a organização da vida material e das relações de poder em cada sociedade. É dessa relação, portanto, que eu poderia aqui falar.

Isso leva ao segundo ponto preliminar: pois tal relação é precisamente a arena onde se afrontam as várias escolas e tendências da antropologia, oscilando e hesitando entre os imperativos da razão prática – uma sociedade e seus membros têm de sobreviver – e os da razão simbólica – uma sociedade e seus membros sobrevivem de uma maneira culturalmente marcada em um mundo significante. Não vou enumerar as várias versões dessas duas correntes – um livro de Sahlins (1976) fá-lo admiravelmente. Falarei antes de um assunto sobre o qual tenho trabalhado, pois a sua história enquanto objeto de reflexão reproduz as descobertas e as hesitações da antropologia, estratégico, portanto, para a discussão da questão da cultura. Tomemos a etnicidade.

Uma maneira de colocar a questão é indagar-se sobre a substância da etnicidade, substância que já foi pensada em termos biológicos, quando se falava de raças e de sua heterogeneidade. A noção de cultura veio substituir-se à de raça, dentro de um movimento que se quis generoso – e certamente o foi – mas que acabou transferindo à noção de cultura reificação semelhante à da noção de raça. Mas essa não é agora a questão: como cultura era adquirida, inculcada e não biologicamente dada, também podia ser perdida. Inventou-se o conceito de aculturação e com ele foi possível pensar – para gáudio de alguns, como os engenheiros sociais, e para pesar de outros, entre eles vários antropólogos – na perda da diversidade cultural e em cadinhos de raças e culturas.

Não se trata só do Brasil, é claro. Esse foi um problema de quantos países se viram diante da tarefa de constituir uma nacionalidade. Na África das lutas de independência e pós-colonial, a etnicidade era vista como um empecilho à constituição de uma nação moderna, e acusava-se o chamado "tribalismo" de dificultar sua construção. Esse argumento ainda é encontradiço e supõe uma ligação arraigada de cada homem com sua cultura materna. A cultura, como o complexo de Édipo e outros pecados originais, teria de ser redimida. E acreditava-se na benéfica influência das cidades, onde a vida seria regida por laços principalmente contratuais. Até que se descobriu que não só o chamado "tribalismo" não desaparecia nas cidades modernas africanas, como, ao contrário, ele se exacerbava. Em outras palavras, longe de proceder em Roma como os romanos, nunca se era tão apegado às tradições culturais quanto na diáspora.

E, olhando-se à volta, começou-se a perceber que a etnicidade vigorava nos quatro cantos do mundo, e que era a hidra do século XX. Em Nova York, que se julgava ser um cadinho de raças, grande parte das atividades de um cidadão comum processava-se dentro de suas comunidades étnicas (Glazer & Moynihan 1963), inclusive as pensadas como mais racionais: o crédito e o comércio utilizavam amplamente esses canais. A máfia seria apenas a mais notória dessas grandes empresas construídas sobre a etnicidade. Na Irlanda, França, Bélgica, no Canadá, na Espanha, havia movimentos separatistas de toda sorte. E na União Soviética, a questão das nacionalidades sempre voltava à ordem do dia.

Todos esses dados levaram à redescoberta do que Max Weber havia escrito há bastante tempo: de que as comunidades étnicas podiam ser formas de organizações eficientes para resistência ou conquista de espaços, em suma, que eram formas de organização política. Descobriu-se que a etnicidade podia ser uma linguagem. Ou melhor, em um primeiro momento, que podia ser uma retórica. Foi o momento em que se salientou o caráter manipulativo da etnicidade. Acho que deveria passar, a esta altura, resolutamente para o tempo presente, pois são essas tendências muito atuais.

Retomando: se, como vimos, não se trata em Roma de falar *como* os romanos, trata-se, no entanto, de falar *com* os romanos. O que significa que a etnicidade é linguagem não simplesmente no sentido de remeter a algo fora dela, mas no de permitir a comunicação. Pois como forma de organização política, ela só existe em um meio mais amplo (daí, aliás, seu exacerbamento em situações de contato mais íntimo com outros grupos), e é esse meio mais amplo que fornece os quadros e as categorias dessa linguagem. A cultura original de um grupo étnico, na diáspora ou em situações de intenso contato, não se perde ou se funde simplesmente, mas adquire uma nova função, essencial e que se acresce às outras, enquanto se torna *cultura de contraste*: esse novo princípio que a subtende, a do contraste, determina vários processos. A cultura tende ao mesmo tempo a se acentuar, tornando-se mais visível, e a se simplificar e enrijecer, reduzindo-se a um número menor de traços que se tornam diacríticos. A questão da língua é elucidativa: a língua de um povo é um sistema simbólico que organiza sua percepção do mundo, e é também um diferenciador por excelência: não é à toa que os movimentos separatistas enfatizam dialetos e os governos nacionais combatem a polilinguismo dentro de suas fronteiras. No entanto, a língua é difícil de conservar na diáspora por muitas gerações, e quando se o consegue, ela perde sua plasticidade e se petrifica, tornando-se por assim dizer uma língua fóssil, testemunha de estados anteriores. Ora, quando não se consegue conservar a língua, constrói-se muitas vezes a distinção sobre simples elementos de vocabulário, usados sobre uma sintaxe dada pela língua dominante. Quando os negros do Cafundó, estudados por Carlos Vogt, Peter Fry e Maurizio Gnerre, usam termos bantos sobre uma estrutura gramatical e sintática portuguesa, estão fazendo precisamente isso: usando elementos dispersos de uma língua, elementos apenas de vocabulário, para manterem sua distintividade.

Assim, a escolha dos tipos de traços culturais que irão garantir a distinção do grupo enquanto tal depende dos outros grupos em presença e da sociedade em que se acham inseridos, já que os sinais diacríticos devem poder se opor, por definição, a outros de mesmo tipo. Há aquela famosa anedota: qual a diferença entre a França e os Estados Unidos? É que na França há três religiões e quatrocentos queijos e nos Estados Unidos há três queijos e quatrocentas religiões. O que levaria a dizer que uma linguagem para se pensar as diferenças, nos Estados Unidos, seriam as religiões. Talvez no Brasil também. Deixemos de lado por enquanto a questão de saber se os sinais diacríticos escolhidos são puramente aleatórios.

É igualmente em termos de religião que os ex-escravos de origem iorubá que voltaram do Brasil para a África Ocidental se distinguiram dos demais. Como tentei mostrar em outro artigo [cap. 13 deste volume], esses homens, que se afirmam principalmente animistas na Bahia e são os mais ortodoxos dos muçulmanos em Serra Leoa, tornaram-se os paradigmas de catolicidade entre os protestantes, muçulmanos e animistas de Lagos, na Nigéria. Pois, cruamente, não se contrasta uma religião com um tipo de roupa, mas religião com religião, e roupa com roupa. Agora, a roupa que se irá escolher é tirada do guarda-roupa. Em suma, e com o perdão do trocadilho, existe uma bagagem cultural, mas ela deve ser sucinta: não se levam para a diáspora todos os seus pertences. Manda-se buscar o que é operativo para servir ao contraste. E isso até em sentido literal, como relata Pedro Agostinho dos Pataxó do sul da Bahia, que mandam alguns de seus membros aprenderem maxakali em Minas Gerais, para se afirmarem como índios. Tudo isso leva à conclusão óbvia de que não se pode definir grupos étnicos *a partir* de sua cultura, embora, como veremos, a cultura entre de modo essencial na etnicidade. Foram essas considerações que levaram antropólogos interacionistas, como Moerman e Barth, a definirem adequadamente a identidade étnica em termos de adscrição: assim, é índio quem se considera e é considerado índio. Portanto, os Pataxó são índios porque assim se consideram, não obstante ostentem uma cultura forjada, precisamente criada para afirmá-lo. No limite, podiam até se vestir de comanches ou de "caboclo pena verde". Quando o Ministério do Interior quer se arrogar, como tentou fazer em 1978, o direito de decidir, com dados culturais, quem é e quem não é mais índio, está justamente incorrendo nesse logro e nesse impasse: pois não há critérios culturais para tanto. Os Terena não são nem mais nem menos índios por terem um vereador, trabalharem com os regionais e fazerem festas de São João.

Em suma, a cultura não é algo dado, posto, algo dilapidável também, mas sim algo constantemente reinventado, recomposto, investido de novos significados; e é preciso perceber (como muito bem apontou Eunice Durham, ver [1977] 2004) a dinâmica, a produção cultural. A perspectiva que esbocei acima chama a atenção para processos importantes nessa produção: o uso de símbolos e de signos dados para promover significações novas ou não oficiais, seja pela ambiguidade dos primeiros ou pelo rearranjo dos últimos. Pois o significado de um signo não é intrínseco, mas função do discurso em que se encontra inserido e de sua estrutura. A construção da identidade étnica extrai assim, da chamada tradição, elementos culturais que, sob a aparência de serem idênticos a si mesmos, ocultam o fato essencial de que, fora do todo em que foram criados, seu sentido se alterou. Em outras palavras, a etnicidade faz da tradição ideologia, ao fazer passar o outro pelo mesmo; e faz da tradição um mito na medida em que os elementos culturais que se tornaram "outros", pelo rearranjo e simplificação a que foram submetidos, precisamente para se tornarem diacríticos, se encontram por isso mesmo sobrecarregados de sentido. Extraídos de seu contexto original, eles adquirem significações que transbordam das primitivas.[2] Um barrete frígio não é só para esquentar a cabeça. Polissemia que permite a existência de uma cultura de resistência operando com um discurso que é propriamente refratado. E isso nos dois sentidos, pois os símbolos distintivos de grupos, extraídos de uma tradição cultural e que podem servir para resistência, são frequentemente abocanhados em um discurso oficial – ver o trabalho de Peter Fry (1977) sobre a apropriação nacional da feijoada e do samba.

Mas, nessa perspectiva também, a etnicidade, tanto quanto a noção de cultura que lhe servia de substrato, vê-se privada de qualquer substância; ou melhor, abolida a ideia de uma cultura estática, dada *ab initio*, ela permanece ainda algo que não se põe, apenas se contrapõe, e cujo motor e lógica lhe são externos.

Mas aqui surgem novos problemas: os aspectos que privilegiamos provêm de uma opção metodológica que toma por foco *as funções* desempenhadas pela etnicidade. Se observarmos o argumento, veremos que as propriedades que evidenciamos no fenômeno decorrem, em um primeiro passo, das "necessidades" de estabelecer fronteiras claras para grupos que "funcionam" como grupos políticos e/ou econômicos. Ora, com tais determinações, dois níveis pelo menos permanecem indeterminados: o de quais traços diacríticos serão selecionados e, mais amplamente, a razão de se escolher precisamente a etnicidade como veículo para tais conteúdos. Ambos problemas de formas, portanto, resíduos inevitáveis em qualquer explicação funcional.

Tratemo-los por ordem. Vimos que a questão de saber quais os traços diacríticos que serão realçados para marcar distinções depende das categorias comparáveis disponíveis na sociedade mais ampla, com as quais poderão se contrapor e organizar em sistema. Poderão ser a religião, poderão ser roupas características, línguas ou dialetos, ou muitas outras coisas.[3] Mas essa dependência que limita as opções possíveis não é ainda uma determinação positiva. E tivemos de recorrer então à ideia de um "acervo cultural" do

---

2. É o que fazemos comumente com as montagens de citações com que operamos.
3. Poderão ser também vários desses traços ao mesmo tempo, e novamente uma perspectiva funcional não dá conta da redundância que então se introduz.

qual se retiram esses traços diacríticos, eventualmente reconstruindo-os. Novo resíduo, esse recurso à cultura, resíduo que é o quinhão de uma abordagem estruturalista, levada a invocar uma inércia, uma permanência das formas culturais.[4]

Se tais formas culturais situam-se dentro de um sistema estruturado de significantes, este sistema, embora confira seu sentido aos elementos que o compõem, por meio de oposições, correlações etc., não determina, no entanto, inteiramente esses elementos. Ou seja, ao considerarmos essa dinâmica cultural, podemos parafrasear o que Lévi-Strauss objetou aos funcionalistas: os traços culturais selecionados por um grupo ou fração de uma sociedade não são arbitrários, embora sejam, no entanto, imprevisíveis. Resignemo-nos epistemologicamente e alegremo-nos com as surpresas que essa imponderabilidade nos reserva: a de vermos, por exemplo, instituições como a Igreja ou sociedades de amigos de bairro tomarem significações e alcance inesperados.

O segundo problema, o do uso da etnicidade, levanta muito mais poeira, na medida em que toca diretamente na questão da adequação da identidade étnica como autoconsciência de grupos. E portanto subentende juízos de valor e questões de legitimação, tanto de tais organizações quanto de estudos sobre elas. Há quem tente nos convencer de que a questão "racial" se dissolve na de classe, e nessa negação da especificidade da questão étnica conjugam-se às vezes os defensores da democracia racial com os da democracia *tout court*, expulsando, por exemplo, os negros como uma falsa categoria. Os índios, pelo contrário, no momento, são uma categoria legítima. Porém, escreve Cardoso de Oliveira (1976), sua identidade étnica, como a de qualquer grupo, é uma ideologia. Seja, mas em que sentido?

No sentido muito lato de um modelo mental usado para interpretar e organizar o mundo, certamente o é. Mas essa caracterização abrange praticamente qualquer conjunto de ideias, e não é portanto operatória. Mais frutífera, à primeira vista, parece ser a consideração das implicações usuais da noção de ideologia. Seu atributo primeiro, ligado à questão da reprodução da socieda-

---

4. É o que Lévi-Strauss evoca sob o nebuloso nome de "função secundária", que se manteria "apenas devido à resistência do grupo a renunciar a um hábito" (Cf. Lévi--Strauss [1958] 2017: 25).

de, talvez seja a legitimação, o tornar "natural", dado na ordem das coisas, o que é socialmente arquitetado. Nesses termos, a etnicidade parece à primeira vista cumprir adequadamente seu papel. Já foi visto – e Dumont expressa-o muito bem – que o racismo do século XIX permitia operar a equivalência entre diferenças dadas na biologia, na raça, e desigualdades dadas na sociedade. Nesse processo, as desigualdades acabavam inseridas na natureza. A tradição, aliás, remonta a Aristóteles, que afirmava que os bárbaros tinham nascido para serem escravos, cuja função estava inscrita em sua natureza. O evolucionismo permitiu resultados análogos na medida em que a desigualdade era agora reificada sob a espécie de uma diferença temporal: os dominantes – irmãos mais velhos – dominavam os seus irmãos mais novos. Como isso operou, por exemplo, na *intelligentsia* brasileira foi bem comentado por Skidmore, em seu livro *Preto no branco*.

Isso é legitimação em seu sentido clássico. Supõe aliás, em geral, a noção de que a legitimação é algo aposto àquilo que deve legitimar, sobrepondo-se a uma realidade já dada de antemão. É verdade que esse pressuposto pode ser abandonado, como o faz Godelier, quando afirma que "as realidades ideacionais aparecem não como efeitos no pensamento de relações sociais, mas como um de seus componentes internos necessários, e como condição tanto de sua formação quanto de sua reprodução" (1977: 35-37).

O verdadeiro problema, no entanto, não me parece estar aí. A noção da legitimação supõe que, numa sociedade de classes, as ideias legitimadoras beneficiem interesses de classe. Isso pode dar conta de culturas de resistência que enfatizam diferenças culturais como formas de protesto. Pode dar conta, como vimos, também do racismo: as desigualdades dadas no sistema são convertidas em diferenças dadas na natureza. Mas que fazer com o processo que, inversamente, a partir de diferenças dadas na cultura introduz desigualdades no sistema? Seria o caso, por exemplo, das etnias da União Soviética, e parece-me significativo dessa dificuldade que um antropólogo soviético (Bromley 1973, apud Dunn 1975-76) tenha apelado para uma noção extremamente reificada de cultura, introduzindo o conceito de *ethnos*, fundado em última análise na existência de uma cultura comum.

Critério insuficiente esse da legitimação, portanto, para se poder apontar a etnicidade como ideologia. Opor também o caráter sistemático e organizado da ideologia às representações, que seriam fragmentárias, é algo que dificilmente antropólogos poderiam hoje sustentar.

Então? Em que sentido etnicidade seria ideologia? No sentido lato de fazer passar o outro pelo mesmo, certamente o é, como já vimos acima. Mas vejam que isso não diz qual dos dois, o outro ou o mesmo, é o mais verdadeiro: seria uma simples questão de anterioridade? O significado original seria real enquanto o novo seria errôneo, ilusório? Ou melhor e num outro plano, ambos os significados seriam ilusórios, enquanto se referem a relações sociais baseadas na etnicidade, que dissimulariam a verdadeira articulação que as motiva? Isso introduz o outro critério habitual para se desmascararem ideologias, o seu caráter ilusório, e com ele a espinhosa questão de saber para quem é ilusório. A etnicidade é então apontada, dependendo de onde se manifesta, se em sociedade socialista ou em sociedade capitalista, seja como uma sobrevivência arcaica, seja como um modo inadequado, pré-político, de reivindicações. Em ambos os casos, ideia fora de seu tempo, seja por ultrapassá-lo, enquanto vestígio de idades revolutas, seja por não alcançá-lo, prefiguração de consciências mais ajustadas.

Não que não se reconheçam formas distintas de organização que possam não ser falsas, não ser "ilusórias": Godelier, por exemplo, seguindo Marx – que admite princípios específicos na organização indiana, fundada no religioso, ou na grega, fundada no político –, tenta levantar essa dificuldade, mostrando que certas ideias parecem ser mais verdadeiras do que outras. Ele afirma que são dominantes e aparecem, portanto, como mais verdadeiras, em uma sociedade, as relações sociais que funcionam como relações de produção (1977: 53). Assim, por exemplo, se o político é dominante na *polis* grega, não é porque os problemas de *status* pessoal e de poder se colocassem mais fortemente lá do que alhures, mas porque as relações políticas funcionavam em Atenas como relações de produção (id. ibid.: 29, 56).

Esse é, precisamente como vimos, outro aspecto da etnicidade. Ela pode, em muitos casos, ser um poderoso veículo organizatório: como o clientelismo ao qual está quase sempre associada, ela pode ser a armação interna das relações de produção. Tentei mostrar, por exemplo, em outro lugar (e nas pegadas da análise de Abner Cohen), que os ex-escravos nagôs que voltaram do Brasil para sua terra de origem usaram suas várias identidades de brasileiros e de iorubás para organizarem redes comerciais com o interior e se assegurarem o monopólio do comércio com a Bahia. Nesse caso, a identidade assumida de "brasileiro" parece totalmente fictícia, construída, destinada apenas a garantir os limites de um grupo privilegiado em seu acesso a recursos econômicos e, se seguirmos o argumento de Godelier, apresentando-se à consciência como uma categoria "verdadeira", na medida que constituía o princípio organizatório das relações de produção.

Resta porém um problema. A tese de Godelier, no artigo a que me referi, é que, em sociedades como a *polis* grega, na Índia e na Austrália respectivamente, o político, o religioso, o parentesco fossem dominantes porque assumiam as funções de armar, de organizar as relações de produção. Vá lá, nos dirão, em sociedades pré-capitalistas, em que o econômico se acha imbricado em outras instituições e práticas. Mas em sociedades capitalistas ou socialistas, com o domínio do econômico separado em instituições claras e delineadas, como explicar fenômenos de etnicidade e nacionalismos, a não ser vendo neles retrocessos ou manobras diversionistas destinadas a ofuscar a consciência de classe?

Voltaríamos então à noção tão pouco fecunda da ideologia como falsa consciência? Na verdade, é o próprio uso do conceito, se conceito houver, de ideologia para pensar a etnicidade que me parece infecundo. Não que deva ser abandonado, mas talvez, como sugere Eunice Durham, deva ser usado mais estritamente. Tal como vinha sendo invocada, a palavra ideologia assemelhava-se antes aos sinais diacríticos a que nos referíamos: mais do que um conceito, era um sinal de filiação teórica.

Talvez então, e aí voltamos por caminhos tortuosos ao tema inicial – "linguagem e pensamento" – devamos chegar, a respeito da cultura, a uma conclusão análoga à de Stalin a respeito da linguagem, de que esta entraria em uma categoria separada de fenômenos, não pertencendo nem à base nem à superestrutura, e que portanto poderia ser considerada em si neutra, num sentido de classe (Stalin 1975, apud Dunn 1975-76: 68).

Recapitularei um pouco – não será inútil – o que andei dizendo. Tentei mostrar que a etnicidade pode ser mais bem entendida se vista em situação, como uma forma de organização política: essa perspectiva tem sido muito fecunda e tem levado a considerar a cultura como algo constantemente reelaborado, despojando-se então esse conceito do peso constituinte de que já foi revestido. Mas essa perspectiva acarreta também que a etnicidade não difere, do ponto de vista organizatório, de outras formas de definição de grupos, tais como grupos religiosos ou de parentesco. Difere, isto sim, na retórica usada para se demarcar o grupo, nesses casos uma assunção de fé ou de genealogias compartilhadas, enquanto na etnicidade se invocam uma origem e uma cultura comuns. Portanto, não mais que esses outros grupos, a etnicidade não seria uma categoria analítica, mas uma categoria "nativa", isto é, usada por agentes sociais para os quais ela é relevante, e creio ter sido um equívoco reificá-la como tem sido feito, destino que, aliás, partilha com outras categorias, nativas como ela. Isso posto, não decorre que essa linguagem em que se expressa a etnicidade se reduza a uma retórica, que lhe seja exterior ou aposta, quer aleatória, quer por ela constituída: na verdade, como sustenta Godelier, a linguagem é conata, dada simultaneamente, com a realidade que expressa. Ou seja, tendo em vista quão pouco elucidativo é o recurso à noção de ideologia em suas várias acepções, é-se conduzido a admitir uma categoria irredutível, que seria a cultura. Pois não há o que determine o *como* as coisas são ditas: nesse reduto há mistério.

Isso não significa devolver ao conceito de cultura um significado ontológico e o peso determinante que já teve. Talvez até acabe sendo uma categoria residual. Mas as objeções que levantamos têm também outro alcance: o de lembrar o respeito que cada país deve à diversidade cultural dos povos que o compõem.

Parece-me que ficou claro que a etnicidade, como qualquer forma de reivindicação de cunho cultural, é uma forma importante de protestos eminentemente políticos. Reconhecer o que ela diz, o protesto, a resistência, há quem o faça. Mas o que ela diz, di-lo de certa maneira. Não há por que pensar que essa maneira seja um balbuciar.

15. TRÊS PEÇAS DE CIRCUNSTÂNCIA SOBRE DIREITOS DOS ÍNDIOS

Os três artigos reunidos aqui, dois deles publicados na grande imprensa e um em uma coletânea de textos, se complementam e respondem em tons diferentes a um mesmo debate, cuja história remonta pelo menos a 1978. A Fundação Nacional do Índio (Funai) – criada em substituição ao antigo SPI, acusado de corrupção e dissolvido – dependia do Ministério do Interior. Como Dalmo Dallari enfatizava à época, era uma contradição flagrante colocar um órgão que devia defender os direitos dos índios sob a autoridade de um ministério cuja missão era o "desenvolvimento", entendido da forma mais predatória possível. Os custos ambientais e sociais, para a população em geral e para os índios em particular, eram considerados secundários quando não simplesmente ignorados: assim se entende que, nessa época, políticos e militares pudessem abertamente declarar que os índios eram "empecilhos para o desenvolvimento".

As terras indígenas e o usufruto exclusivo de seus recursos pelos índios gozavam de proteção constitucional e o governo manifestava orgulho de sua legislação indigenista. Para levantar o embargo legal sobre as terras indígenas, imaginou-se um expediente: era só emancipar os índios ditos aculturados. Na realidade, o que se tentava emancipar eram as terras, que seriam postas no mercado, como os Estados Unidos haviam feito no século XIX.

Apesar de engavetado em 1978, em virtude de uma oposição cuja magnitude surpreendeu a todos, o projeto voltou várias vezes sob formas pouco diferentes. Uma das tentativas de ressurreição se deu em 1980 e foi nessa ocasião que publiquei o primeiro destes textos. O segundo foi provocado por uma disputa legal em torno dos Pataxó Hã-hã-hãe que envolvia a mesma problemática de etnicidade.

Critérios de indianidade ou lições de antropofagia[1]

O presidente da Fundação Nacional do Índio (Funai) vem manifestando há longos meses uma inquietação persistente, a de saber afinal "quem é e quem não é índio" (veja-se, por exemplo, a *Folha de S.Paulo*, 17/9/1980), inquietação que culmina agora no anúncio de modificação de pelo menos dois artigos do Estatuto do Índio, um que define índios e comunidades indígenas e outro que especifica as condições necessárias para a emancipação. Não se trata, ao que parece, de um problema acadêmico, para o qual, aliás, a antropologia social tem respostas que veremos a seguir. Como a modificação anunciada permite resolver por decreto "quem é e quem não é", dando à Funai a iniciativa, até agora reservada aos interessados, de emancipar índios mesmo à sua revelia, vemos que não parece ser a curiosidade científica o móvel da pergunta. Esta indaga e não decreta. Trata-se, isto sim, segundo tudo indica, da tentativa de eliminar índios incômodos, artimanha em tudo análoga à do frade da anedota, quando, naquela sexta-feira em que devia se abster de carne, declarava ao suculento bife que cobiçava: "Eu te batizo carpa"... e comia-o em sã consciência.

O alvo mais imediato desse afã classificatório parece ser os líderes indígenas que estão aprendendo a percorrer os meandros da vida administrativa brasileira, agora ameaçados de serem declarados emancipados *ex officio*. A medida poderia acarretar até a proibição de entrarem em áreas indígenas, se continuarem incorrendo na ira do Executivo. Ou seja, os líderes poderiam ser separados de suas comunidades.

O que torna a ameaça de modificação do Estatuto mais acintosa é ter sido ela anunciada logo depois do julgamento do Tribunal Federal de Recursos, autorizando a viagem do chefe xavante Mario Juruna, impedida pelo Ministério do Interior, num claro revi-

---

1. Publicado originalmente na seção "Tendências e Debates", *Folha de S.Paulo*, 12/1/1981. Republicado nas revistas *Tempo e Presença*, n. 167, abr. 1981, e em inglês na *Survival International Review*, v. 6, nos 5-6, 1982.

de a essa manifestação de independência da Justiça. O procedimento, a bem dizer, não deveria surpreender: não é a primeira vez que se mudam as regras do jogo durante a partida.

A questão real, em tudo isso, é saber o que se pretende com a política indigenista. O Estatuto do Índio, seguindo a Convenção de Genebra, da qual o Brasil é signatário, fala em seu artigo primeiro em preservar as culturas indígenas e em integrar os índios, progressiva e harmoniosamente, à comunhão nacional. Distingue, portanto, como o faz a Convenção de Genebra, entre a assimilação, que rechaça seu artigo 2º (2c) e a integração. Integração não pode, com efeito, ser entendida como assimilação, como uma dissolução na sociedade nacional, sem que o artigo 1º do Estatuto se torne uma contradição em termos. Integração significa, pois, darem-se às comunidades indígenas verdadeiros direitos de cidadania, o que certamente não se confunde com emancipação, enquanto grupos etnicamente distintos, ou seja, provê-los dos meios de fazerem ouvir sua voz e de defenderem adequadamente seus direitos em um sistema que, deixado a si mesmo, os destruiria: e isto é, teoricamente pelo menos, mais simples do que modificar uma lei. Trata-se – trocando em miúdos – de garantir as terras, as condições de saúde, de educação; de respeitar uma autonomia e as lideranças que possam surgir: lideranças que terão de conciliar uma base interna com o manejo de instituições nacionais e parecerão por isso mesmo bizarras, com um pé na aldeia e outro – por que não? – em tribunais internacionais.

Tudo isso parece longe das preocupações da presidência da Funai, mais interessada em "critérios de indianidade" que a livrassem de uns quantos índios "a mais". Esses critérios já estão consagrados na antropologia social e são aplicados na definição de qualquer grupo étnico. Entre eles, não figura o de "raça", entendida como uma subdivisão da espécie, que apresenta caracteres comuns hereditários, pois esta não só foi abandonada enquanto critério de pertinência a grupos sociais, como também enquanto conceito científico. Raça não existe, embora exista uma continuidade histórica de grupos de origem pré-colombiana. Tampouco podem ser invocados critérios baseados em formas culturais que se mantivessem inalteradas, pois isso seria contrário à natureza essencialmente dinâmica das culturas humanas: com efeito, qual o povo que pode exibir os mesmos traços culturais de seus antepassados? Partilharíamos nós os usos e a língua que aqui vigoravam há apenas cem anos? Na realidade, a antropologia social chegou à conclusão de que os grupos étnicos só podem ser caracterizados pela própria distinção que eles percebem entre eles próprios e os outros grupos com os quais interagem. Existem enquanto se consideram distintos, não importando se essa distinção se manifesta ou não em traços culturais. E, quanto ao critério individual de pertinência a tais grupos, ele depende tão somente de uma autoidentificação e do reconhecimento pelo grupo de que determinado indivíduo lhe pertence. Assim, o grupo pode aceitar ou recusar mestiços, pode adotar ou ostracizar pessoas, ou seja, ele dispõe de suas próprias regras de inclusão e exclusão.

Comunidades indígenas são pois aquelas que, tendo uma continuidade histórica com sociedades pré-colombianas, se consideram distintas da sociedade nacional. E índio é quem pertence a uma dessas comunidades indígenas e é por ela reconhecido. Parece simples. Só que se conserva às sociedades indígenas o direito soberano de decidir quem lhes pertence: em última análise, é esse direito que a Funai lhes quer retirar. Claro está que índio emancipado continua índio e, portanto, detentor de direitos históricos. Mas tal não parece ser a interpretação corrente da Funai, que lava as mãos de qualquer responsabilidade em relação aos índios emancipados.

Assestadas – como já dissemos – contra as incipientes lideranças indígenas, as modificações no Estatuto podem trazer malefícios adicionais: a emancipação leva, por caminhos que já foram amplamente discutidos em 1978, à exploração de terras das comunidades indígenas. Salta aos olhos, com efeito, que se trata de uma nova versão do famigerado decreto de regulamentação da emancipação, rechaçado pela opinião pública em 1978 e, em vista disso, engavetado. Desta vez, porém, a versão é mais brutal: se o projeto do decreto era ilegal por contrariar o Estatuto do Índio, projeta-se agora alterar o próprio Estatuto, e conferem-se poderes discricionários a um tutor cuja identidade de interesses com seus tutelados não é patente.

Na verdade, o que deveria estar claro é que a posição especial dos índios na sociedade brasileira lhes advém de seus direitos históricos nesta terra: direitos constantemente desrespeitados mas essenciais para sua defesa e para que tenham acesso verdadeiro a uma cidadania da qual não são os únicos excluídos. Direitos, portanto, e não privilégios, como alguns interpretam. Uma maneira de se tratar a questão é fazer como o frade do apólogo: batizar os índios de emancipados... e comê-los.

Parecer sobre os critérios de identidade étnica[2]

A questão proposta diz respeito aos critérios pelos quais se poderá decidir se uma comunidade é ou não indígena. Começarei por discutir os critérios que a antropologia social rechaçou formalmente, antes de apresentar o critério que ela reconhece.

1) Durante muito tempo, pensou-se que a definição de um grupo étnico pertencesse à biologia. Um grupo étnico seria um grupo racial, identificável somatica ou biologicamente. Grupo indígena seria, nessa visão, uma comunidade de descendentes "puros" de uma população pré-colombiana. Esse critério ainda é vigente no senso comum popular. Ora, é evidente que, a não ser em casos de completo isolamento geográfico, não existe população alguma que se reproduza biologicamente sem miscigenação com os grupos com os quais está em contato. Segundo esse critério, raríssimos e apenas transitórios seriam quaisquer grupos étnicos. A maior parte dos que nós conhecemos e entendemos como tais sem sombra de dúvidas não estaria incluída na definição. A rigor, nela só se enquadrariam alguns grupos tribais da Oceania e da América em completo isolamento.

A miscigenação, no caso do indígena brasileiro, foi fruto primeiro de alianças entre portugueses e índios, no período que antecedeu a colonização propriamente dita (1500-49), acrescida mais tarde de uniões por meio da violência. Foi corrente também, a partir do século XVII, o casamento, estimulado pelos senhores de escravos, entre escravas negras e índios das aldeias temporariamente cedidos para serviço, no intuito de atrair os índios para fora das aldeias em que haviam sido estabelecidos após terem sido "descidos" dos sertões. Tentava-se, assim, escravizar de fato os índios que estavam sob a jurisdição dos missionários. Tudo isso é explicitamente descrito na Carta Régia de 19 de fevereiro de 1696,

---

2. Escrito para informar o processo de disputa de terras dos índios Pataxó Hã--hã-hãe, do sul da Bahia, este artigo foi publicado originalmente em *O índio e a cidadania*, 1983.

que tenta reprimir esses abusos. A partir de 1755 e em toda a legislação pombalina, é o próprio Estado quem promove a miscigenação, recomendando casamentos de brancos e índias e até favorecendo-os com regalias. Lembremos, enfim, que a própria política de aldeamento reunia grupos indígenas distintos e favorecia a miscigenação entre eles.

Essa política de miscigenação, iniciada por Pombal no intuito confesso de criar uma população homogênea livre, acaba servindo, cem anos mais tarde, de pretexto à espoliação das terras dos aldeamentos em que haviam sido instalados os índios. Logo após a chamada Lei das Terras (Lei nº 601, de 18/9/1850), várias aldeias indígenas de Goiás, Ceará, Sergipe, Pernambuco, Rio de Janeiro e São Paulo são declaradas extintas, sob a alegação de ser sua população apenas mestiça. É de se notar, como o fez Beatriz Góis Dantas (1980: 168), que, se até os anos 1840 ninguém punha em dúvida a identidade indígena dos habitantes dos aldeamentos, a partir da Lei das Terras haverá, ao contrário, esforço explícito de usar a mestiçagem para descaracterizar como índios aqueles de quem se cobiçavam as terras.

2) O critério que veio substituir o de raça após a Segunda Guerra Mundial – essa guerra que praticou um genocídio em nome da pureza racial – foi o critério da cultura.

Grupo étnico seria, então, aquele que compartilharia valores, formas e expressões culturais. Especialmente significativa seria a existência de uma língua ao mesmo tempo exclusiva e usada por todo o grupo. No entanto, essa existência de uma língua própria não seria imprescindível: os judeus e irlandeses, por exemplo, mantiveram-se como grupos étnicos antes da recuperação de uma língua nacional, que só foi promovida há menos de um século em ambos os casos.

Embora seja relativamente satisfatório o critério cultural, na medida em que corresponde a muitas das situações empíricas encontradas, ele deve ser usado de modo adequado. Isso significa que devem dele ser erradicados dois pressupostos implícitos: a) o de tomar a existência dessa cultura como uma característica primária, quando se trata, pelo contrário, de consequência da organização de um grupo étnico; e b) o de supor em particular que essa cultura partilhada deva ser obrigatoriamente a cultura ancestral.

Para estabelecer a inadequação desses pressupostos, bastará lembrar o seguinte: se, para identificarmos um grupo étnico, recorrêssemos aos traços culturais que ele exibe – língua, religião, técnicas etc. –, nem sequer poderíamos afirmar que um povo qualquer é o mesmo grupo que seus antepassados. Nós não temos os mesmos hábitos, as mesmas instituições, nem certamente as mesmas técnicas, nem os valores e preponderância do catolicismo dos brasileiros de há cem anos. A língua que hoje falamos diverge significativamente da que falavam nossos antepassados. Uma segunda objeção deriva de que um mesmo grupo étnico exibirá traços culturais diferentes, conforme a situação ecológica e social em que se encontra, adaptando-se às condições naturais e às oportunidades sociais que provêm da interação com outros grupos, sem, no entanto, perder com isso sua identidade própria.

Grupos indígenas do Brasil, sobretudo os de contato mais antigo com a população neobrasileira, foram induzidos a falar línguas novas, primeiro a língua geral, derivada do tupi e propagada pelos jesuítas, mais tarde o português, por imposição expressa do Diretório dos Índios pombalino (artigo 6º). Processos de discriminação contra as línguas indígenas foram usados nas escolas salesianas contemporâneas. São conhecidas ainda as situações, impostas pelo desprezo dos regionais pelos "caboclos" ou "bugres", em que os índios se envergonhavam do uso de suas línguas. A interferência nas culturas tradicionais atingiu também a religião, os costumes matrimoniais, a organização política, a tecnologia, os hábitos alimentares, estes já afetados pelo depauperização dos territórios de caça e pesca. A resistência indígena a essa interferência manifestou-se no apego a alguns traços culturais que, enfatizados, preservavam a identidade do grupo. Esse é um processo recorrente na afirmação étnica: a seleção de alguns símbolos que garantem, diante das perdas culturais, a continuidade e a singularidade do grupo. Assim, quase todas as comunidades indígenas do Nordeste preservam o ritual do *ouricuri* ou *toré* – a que ninguém, a não ser os índios, tem acesso – enquanto abandonaram muitas outras tradições.

Se tal processo de se pôr em realce certos, mas não todos, os traços culturais é generalizado, e foi amplamente descrito por antropólogos em todas as latitudes, verificou-se, porém, que era impossível predizer *quais* entre todos os traços culturais seriam enfatizados. Essa imprevisibilidade é um argumento a mais, o terceiro, contra o tomar-se a cultura como o princípio primeiro de um grupo étnico.

3) Essas objeções são levantadas quando se adota o critério, hoje vigente, que define grupo étnicos como formas de organização social em populações cujos membros se identificam e são identificados como tais pelos outros, constituindo uma categoria distinta de outras categorias da mesma ordem (Barth 1969: 11).

Essa definição dá primazia à identificação do grupo em relação à cultura que ele exibe. Assim fazendo, resolve-se a questão da continuidade no tempo de um grupo e de sua identidade em situações ecológicas diferentes, o que, conforme vimos, seria problemático caso tomássemos os traços culturais como critérios. Em suma, traços culturais poderão variar no tempo e no espaço, como de fato variam, sem que isso afete a identidade do grupo. Essa perspectiva está, assim, em consonância com a que percebe a cultura como algo essencialmente dinâmico e perpetuamente reelaborado. A cultura, portanto, em vez de ser o pressuposto de um grupo étnico, é de certa maneira produto deste.

Sublinhemos que essa perspectiva remonta a Weber, que, em 1922, a expõe em sua *Economia e sociedade,* e foi admiravelmente argumentada por Sartre em suas *Reflexões sobre a questão judaica* ([1946] 1960); na antropologia social, foi defendida por figuras da expressão de Leach (1954) e consagrou-se nos anos 1960 com o artigo de Moerman (1965) e, sobretudo, por dois livros fundamentais: a coletânea *Ethnic Groups and Boundaries,* de 1969, cuja introdução essencial se deve ao antropólogo norueguês Fredrik Barth, e a monografia, igualmente de 1969, *Custom and Politics in Urban Africa,* do antropólogo inglês Abner Cohen.[3] No Brasil, todos os antropólogos que se ocuparam da questão adotaram essa concepção de identidade étnica: Roberto Cardoso de Oliveira, certamente o antropólogo brasileiro que mais trabalhos dedicou ao assunto,

---

3. A partir dos anos 1970, não há trabalho de antropólogo sobre questões étnicas que deixe de assumir essa definição como ponto de partida, e é de se notar que talvez tenha sido esse ramo da disciplina o que maior produção teve a partir da década de 1970, existindo dúzias de revistas especializadas que se dedicam exclusivamente a tais estudos.

alinha-se formalmente com a definição de Barth (ver Cardoso de Oliveira 1971 e 1976, entre outros). Darcy Ribeiro explicita a mesma definição ao escrever:

> [as entidades étnicas] sobrevivem à total transfiguração de seu patrimônio cultural e racial [...] a língua, os costumes, as crenças, são atributos externos à etnia, suscetíveis de profundas alterações, sem que esta sofra colapso ou mutação [...] as etnias são categorias relacionais entre grupos humanos, compostas antes de representações recíprocas e de lealdades morais do que de especificidades culturais e raciais (Ribeiro 1970: 446).

A definição de índio ou silvícola, contida no artigo 3º da Lei nº 6.001, de 19/12/1973, o chamado Estatuto do Índio, incorporou a mesma noção de que o fundamental na definição do índio é considerar-se e ser considerado como tal.

Grupos étnicos distinguem-se de outros grupos – por exemplo, de grupos religiosos – na medida em que se entendem a si mesmos e são percebidos pelos outros como contínuos ao longo da história, provindos de uma mesma ascendência e idênticos malgrado a separação geográfica. Entendem-se também a si mesmos como portadores de uma cultura e de tradições que os distinguem de outros. Origem e tradições são, portanto, o modo como se concebem os grupos, mas, em relação ao único critério de identidade étnica, o de serem ou não identificados e se identificarem como tais, origem e tradições são, porém, elaborações ideológicas, que podem ser verdadeiras ou falsas, sem que com isso se altere o fundamento da identidade étnica.

O foco de pesquisa, como sublinha Barth (1969: 15), passa a centrar-se, portanto, nas fronteiras sociais do grupo, e não mais na cultura que essas fronteiras encerram. Uma consequência importante que *deve* ser sublinhada é que a passagem por tais fronteiras não dilui a existência do grupo nem a rigidez dessas fronteiras: pessoas podem mudar de identidade, alterando os traços culturais que demonstram e, ao fazer isso, longe de negar a pertinência da distinção entre grupos étnicos, estarão reforçando a existência de identidades distintas.

A identidade étnica de um grupo indígena é, portanto, exclusivamente função da autoidentificação e da identificação pela sociedade envolvente. Setores desta poderão, portanto, ter interesse, em dadas circunstâncias, em negar essa identidade aos grupos indígenas, conforme já vimos acima, e é importante levar-se em conta esse fator. Uma pesquisa mais minuciosa e aprofundada, além de imparcial, na região, permitirá dirimir essas dúvidas. Poderá ter havido, dados os preconceitos regionais contra os "caboclos" ou os "bugres", tendência à ocultação dessa identidade. Mas esta não desapareceu nem na consciência do grupo indígena nem na da população regional.

Enfim, cabe dizer que todos os grupos étnicos têm mecanismos de adoção ou de exclusão de indivíduos. Quanto à inclusão de um indivíduo no grupo étnico, esta depende de sua aceitação pelo grupo, o que, evidentemente, supõe sua disposição em seguir seus valores e traços culturais. Isso, como já afirmei acima, não dilui a identidade específica do grupo.

A hora do índio[4]

Retomemos uma tradição. Há cinquenta anos não se fala mais oficialmente nos direitos históricos dos índios. Instalou-se no senso comum a ideia de que os índios gozam de privilégios (e não de direitos) porque – e enquanto – não chegaram (ainda) à civilização. Até lá, outorga-se-lhes uma proteção paternalista, que concede ou reprime conforme as circunstâncias, mas que tenta se substituir à vontade dos índios, a quem não ouve ou, se ouve, não respeita.

Que direitos são esses? Minimamente, direitos históricos a seus territórios, que o Estado tem o dever de garantir, direito a serem reconhecidos como povo, e direito, como todos os segmentos sociais deste país, à cidadania, isto é, a organização e representação.

Senhores das terras

Os direitos específicos dos índios fundamentam-se numa situação histórica igualmente específica: eles eram os senhores destas terras antes dos colonizadores. Se isto é coisa que pouco se invoca

---

4. Publicado originalmente no caderno "Folhetim", *Folha de S.Paulo*, 24/5/1981, e republicado em *Índios, direitos históricos – Cadernos da Comissão Pró-Índio*, n. 3, 1981.

hoje, existe, no entanto, uma sólida tradição jurídica que o sustenta: frei Francisco de Vitória, dominicano espanhol, do século XVI, considerado um fundador do direito internacional, não só argumentava que os índios eram "verdadeiros senhores [de suas terras] pública e privadamente", mas, até, que o papa não tinha autoridade para atribuir os territórios da América à Espanha e Portugal. Quanto ao alegado (na época) "direito de descoberta", ele era tão injustificado, argumentava Vitória com humor seco, quanto se os índios americanos houvessem "descoberto" os espanhóis e se declarassem, por tal razão, senhores das terras ibéricas.

Os reis portugueses reconheceram, em várias leis, os direitos dos índios sobre suas terras: o alvará de 1º de abril de 1680, mais tarde incorporado na lei pombalina de 1755, isentava os índios de

> foro ou tributo algum sobre as terras (tanto os índios silvestres quanto os aldeados), ainda que dadas em sesmarias a pessoas particulares, porque na concessão destas se reserva sempre o prejuízo de terceiro, e quero que se entenda ser reservado o prejuízo e direitos dos índios primários e naturais senhores delas.

José Bonifácio, em 1823, começa sua proposta para a "civilização dos índios bravos" pedindo "justiça, não esbulhando mais os índios, pela força, das terras que ainda lhes restam, e de que são legítimos senhores, pois Deus lh'as deu" [ver cap. 9 deste volume]. E Rondon e Roquette Pinto, no começo do século XX, insistem que nossa relação com os índios é a da "grande dívida, contraída desde o tempo dos nossos maiores, que foram invadindo seu território, devastando sua caça, furtando o mel de suas matas, como ainda agora nós mesmos fazemos".

Juristas como João Mendes de Almeida Júnior ([1921] 1980) e Octavio de Langgaard Menezes (1930), este em conferências diante da Academia de Direito Internacional de Haia, sustentam argumentação que vai no mesmo sentido, lembrando, o primeiro, que o indigenato é um título congênito de posse territorial, não sujeito à legitimação, em contraste com a ocupação, que é um título adquirido. É na mesma perspectiva que deve ser entendido o artigo 198 da Constituição de 1967 e de todas as Constituições Republicanas desde 1934, que garante as terras indígenas: reconhecimento de um direito histórico.

Tutela: a grande dívida

A tutela é consequência dessa dívida: supõe uma espécie de custódia em que o Estado ficaria responsável pela integridade das terras indígenas (que restam) e decorre de imperativos de justiça (aliás, a tutela surge no direito relativo aos índios apenas em 1831, no momento em que eles são definitivamente libertos da escravidão). Como escreve Rondon: "Longe de ser o índio pesado ao Tesouro Nacional, representa ele uma vítima social do descuido da Nação perante os princípios da Moral e da Razão". É por isso, prossegue, que o Estado tem o dever de proteger e de respeitar a organização dos povos indígenas, não procurando transformar o aborígene em trabalhador nacional. Assim, não é (como às vezes se pensa) por serem ignorantes dos usos e costumes da sociedade brasileira que os índios têm direito à proteção especial de Estado, mas em razão da grande dívida histórica.

De onde viria então essa alteração no sentido da tutela? Paradoxalmente, é também a partir da doutrina positivista que a tutela vai assumir o sentido espúrio que fez raízes no senso comum: pois se Comte repudiava julgamentos valorativos sobre outras culturas – que manifestavam passos da "marcha progressiva do espírito humano" –, era, no entanto, dever dos povos que já estavam no "estado positivo ou científico" acelerar o "desenvolvimento mental e social" dos povos no estado teológico. Havia pois, subentendida, uma missão civilizadora, que hoje aparece estreitamente paralela à ideologia cristianizadora que animava a colônia até Pombal. O valor universal da fé cristã não era questionável como não o era, para Comte, o da civilização ocidental onde desaguava o "progresso".

É curioso, aliás, seguir-se o diálogo de surdos que, sob a aparência de harmonia de propósitos, se travava entre Rodolfo Miranda, ministro da Agricultura em 1910, quando da fundação do Serviço de Proteção ao Índio (SPI, que dependia desse Ministério), e Rondon, seu primeiro diretor. Enquanto Rondon proclama que sua ação é destinada a "redimir os índios do abandono e integrá-los na posse de seus direitos, respeitando sua organização social fetíchica [...] e aguardando sua evolução", Rodolfo Miranda fala explicitamente em "catequese indígena com feição republicana".

A metáfora de Comte (ou melhor, seu pressuposto) de maior sucesso e mais duráveis consequências foi, creio, a que associava o desenvolvimento da espécie e do indivíduo. Essa metáfora, que serviu de base a argumentos tautológicos, faz povos não ocidentais passarem a "primitivos" e se tornarem, para o Ocidente, testemunhas de estágios históricos anteriores. Adquiriram o *status* da "infância da humanidade" e seus membros eram, em decorrência, "grandes crianças".

Observe-se que ao ser fundada a sociologia propriamente dita, a discussão das diferenças, até então travada no plano da natureza dos homens (o século XVI se pergunta se os índios são homens, os séculos XVIII e XIX se, sendo humanos, eles pertencem à mesma espécie zoológica dos outros povos), desloca-se para o plano da natureza das sociedades, que passam a se dispor ao longo do gradiente do progresso que desemboca – onde mais? – na nossa sociedade.

Integração e cidadania

Dentro dessas premissas, a tutela passa, portanto, a ser o instrumento da missão civilizadora, uma proteção concedida a essas "grandes crianças" até que elas cresçam e venham a ser "como nós". Ou seja, respeita-se o índio enquanto homem, mas exige-se que se despoje de sua condição étnica específica. É esta, mostrava Sartre, a propósito dos judeus, a forma democrática, liberal, do racismo.

Essa concepção leva, também, a entender a integração como sinônimo da assimilação cultural. E se há algo nefasto é essa confusão de termos. O homem é um ser social, de início. Ele é dado em sociedade e não é concebível fora dela. Os direitos do homem se aplicam, portanto, a um homem em sociedade: supõem, assim, direitos das sociedades, direitos dos povos. Ora, um direito essencial de um povo é poder ser ele próprio. Querer a integração não é, pois, querer assimilar-se: é querer ser ouvido, ter canais reconhecidos de participação no processo político do país, fazendo valer seus direitos específicos.

Politicamente, os índios foram, no início da Colônia, percebidos como nações autônomas. Numa Provisão de 9 de março de 1718, o rei de Portugal chega a declarar os índios não somente livres, mas isentos de sua jurisdição. Se não foram estabelecidos tratados políticos com eles, como aconteceu nos EUA, foi em grande parte, sustenta João Mendes Júnior, pela pouca concorrência dos países europeus pelas terras brasileiras. De fato, nunca se tratou tanto os índios como nações quanto em épocas de litígios e busca de alianças: no início da Colônia, em momentos de alargamento das fronteiras portuguesas, e na questão do marquês de Pombal contra os jesuítas.

Enquanto nessas épocas se invocavam os princípios da justiça, no restante, valiam sobretudo as chamadas razões de Estado. E é sabido que o Estado tem razões que a justiça desconhece. Dentro dessa razão, os índios foram essencialmente tratados como mão de obra (escrava na maior parte) e fornecedores das "drogas do sertão". Hoje, sem peso significativo enquanto mão de obra, suas terras são o que resta a cobiçar. Trata-se, agora, de substituí-los por gado, construir barragens, explorar minérios. O índio, em suma, é hoje totalmente supérfluo: um luxo.

Os povos do Brasil

No entanto, a proposta positivista para a Primeira Constituição Republicana declarava o Brasil constituído pelos seus Estados e pelas "hordas fetichistas empiricamente confederadas". Era o reconhecimento do Brasil como um Estado constituído de povos diversos, sujeitos à supremacia de um Estado único. Ao Brasil cumpria, nas palavras de Rondon, "reconhecer o dever que lhe cabe de respeitar a confederação empírica das hordas fetichistas espalhadas pelo território da República, mantendo com elas as relações amistosas devidas e garantindo a proteção do governo federal contra qualquer violência, quer em suas pessoas, quer em seus territórios".

Hoje, os índios têm reivindicações concretas: reclamam que se respeitem seus direitos coletivos sobre suas terras e o usufruto exclusivo de suas riquezas; que possam decidir sobre seu futuro e participar das decisões que os afetam; que sejam reconhecidos seus direitos à organização e a canais de representação, direitos individuais, por exemplo o de ir e vir livremente. Ora, as terras são constantemente violadas por particulares, mas sobretudo por obras públicas que não respeitam as garantias do artigo 198 da Constituição; as tentativas de organização são coibidas e o chefe da Casa Civil da Presidência encaminha, ao Ministro do Interior, parecer do Serviço Nacional de Informação (SNI) contendo instruções explícitas nesse sentido, conforme consta de documentos divulgados em abril de 1981 pelo Conselho Indigenista Missionário-

-Norte (Cimi); a tutela, enfim, é exercida pela Funai como coação sobre os índios, tidos como "grandes crianças". Quando o Tribunal Federal de Recursos pronuncia-se em julgamento exemplar, em novembro de 1980, contra essa interpretação coativa da tutela, o governo propõe uma mudança da lei, que permite punir os líderes com emancipação compulsória... Em suma, se a lei é aplicada, mude-se a lei.

Para os índios, também, está na hora de voltar ao Estado de direito.

Conhecimentos, cultura e "cultura"

16. POPULAÇÕES TRADICIONAIS E CONSERVAÇÃO AMBIENTAL
(COM MAURO W. B. DE ALMEIDA)

Numa surpreendente mudança de rumo ideológico, as populações tradicionais da Amazônia, que até recentemente eram consideradas como entraves ao "desenvolvimento", ou na melhor das hipóteses como candidatas a ele, foram promovidas à linha de frente da modernidade.[1] Essa mudança ocorreu basicamente pela associação entre essas populações e os conhecimentos tradicionais e a conservação ambiental. Ao mesmo tempo, as comunidades indígenas, antes desprezadas ou perseguidas pelos vizinhos de fronteira, transformaram-se de repente em modelos para os demais povos amazônicos despossuídos.

Escrevemos esta resenha em boa parte como resposta a dois mal-entendidos correntes. O primeiro consiste em questionar os fundamentos do compromisso das populações tradicionais para com a conservação: será que esse compromisso é uma fraude? Ou, para formular a questão de forma mais branda, será que não se trata de uma caso de projeção ocidental de preocupações ecológicas sobre um "bom selvagem ecológico" construído *ad hoc*? O segundo mal-entendido, articulado ao primeiro, afirma que as organizações não governamentais e as ideologias "estrangeiras" são responsáveis pela nova conexão entre a conservação da biodiversidade e os povos tradicionais. Este mal-entendido causou no Brasil estranhas convergências entre militares e a esquerda. Para refutar essas concepções, dedicaremos algum tempo ao esclareci-

---

1. Publicado em João Paulo Capobianco *et alii* (org.), *Biodiversidade na Amazônia brasileira*. São Paulo: Estação Liberdade/Instituto Socioambiental, 2001.

mento do contexto histórico no qual ocorreu esse processo e dos papéis respectivos de distintos agentes na construção dessa conexão. Finalmente, falaremos do significado que essa conexão assumiu localmente, de sua importância para o Brasil e para a comunidade internacional, e de algumas condições necessárias para o seu êxito.

Quem são as populações tradicionais?

O emprego do termo "populações tradicionais" é propositalmente abrangente. Contudo, essa abrangência não deve ser tomada por confusão conceitual.

Definir as populações tradicionais pela adesão à tradição seria contraditório com os conhecimentos antropológicos atuais. Defini-las como populações que têm baixo impacto sobre o ambiente, para depois afirmar que são ecologicamente sustentáveis, seria mera tautologia. Se as definirmos como populações que estão fora da esfera do mercado, será difícil encontrá-las hoje em dia. Nos textos acadêmicos e jurídicos descrevem-se em geral as categorias por meio das propriedades ou características dos elementos que as constituem. Mas as categorias sociais também podem ser descritas "em extensão" – isto é, pela simples enumeração dos elementos que as compõem. Por enquanto, achamos melhor definir as "populações tradicionais" de maneira "extensional", isto é, enumerando seus "membros" atuais, ou os candidatos a "membros". Essa abordagem está de acordo com a ênfase que daremos à criação e à apropriação de categorias, e, o que é mais importante, ela aponta para a formação de sujeitos por meio de novas práticas.

Isso não é nenhuma novidade. Termos como "índio", "indígena", "tribal", "nativo", "aborígene" e "negro" são todos criações da metrópole, são frutos do encontro colonial. E embora tenham sido genéricos e artificiais ao serem criados, esses termos foram progressivamente habitados por gente de carne e osso. É o que acontece, mas não necessariamente, quando ganham *status* administrativo ou jurídico. Não deixa de ser notável o fato de que com muita frequência os povos que de início foram forçados a habitar essas categorias tenham sido capazes de se apossar delas, convertendo termos carregados de preconceito em bandeiras mobilizadoras. Nesse caso, a deportação para um território conceitual estrangeiro acabou resultando na ocupação e defesa desse território.

A partir daí, passa-se da definição da categoria mediante a descrição "em extensão" para uma redefinição analítica a partir de suas propriedades.

No momento, a expressão "populações tradicionais" ainda está na fase inicial de sua vida. Trata-se de uma categoria pouco habitada, mas já conta com alguns membros e com candidatos à entrada. Para começar, tem existência administrativa: o Centro Nacional de Populações Tradicionais, um órgão do Ibama. No início, a categoria congregava seringueiros e castanheiros da Amazônia. Desde então expandiu-se, abrangendo outros grupos que vão de coletores de berbigão de Santa Catarina a babaçueiras do sul do Maranhão e quilombolas do Tocantins. Todos esses grupos apresentam, pelo menos em parte, uma história de baixo impacto ambiental e demonstram, no presente, interesse em manter ou em recuperar o controle sobre o território que exploram. Além disso, e acima de tudo, estão dispostos a uma negociação: em troca do controle sobre o território, comprometem-se a prestar serviços ambientais.[2]

Como gente (pequena) faz história

Na década de 1970, governadores não se pejavam de se referir aos índios na Amazônia como "entraves ao progresso". Políticos de direita e militares colocavam-nos sob suspeição. Nesse período, lamentar o "fim do índio" era lugar-comum. Uns atribuíam esse "fim" à marcha inexorável do "desenvolvimento", enquanto alguns intelectuais de esquerda atribuíam-no à não menos inexorável marcha da história. Essas macroexplicações tinham a grande vantagem de se afigurarem impessoais, independentes da agência e da vontade humanas. E encobriam assim causas mais imediatas

---

2. Embora, como buscaremos mostrar, as populações tradicionais tenham tomado os povos indígenas como modelos, a categoria "populações tradicionais" não os inclui. A separação repousa sobre uma distinção legal fundamental: os direitos territoriais indígenas não têm como fundamento a conservação ambiental, mesmo quando se verifica que as terras indígenas figuram como "ilhas" de conservação em contextos de acelerada devastação. Para realçar essa especificidade da legislação brasileira que separa os povos indígenas das "populações tradicionais", não os incluiremos nesta categoria, e usaremos, quando necessário, a expressão "populações indígenas e tradicionais".

e estruturais – estas de responsabilidade humana. Eram menos impressionantes e inexoráveis do que os exércitos da história, mas mais específicas e eficazes: a corrupção em muitos níveis, a cooptação por parte de madeireiros e mineradoras, a expulsão de camponeses que se viam impelidos a intrusar as terras indígenas, e sobretudo as políticas governamentais que produziam projetos de infraestrutura e incentivos agropecuários. Analogamente, a mobilização política de uma ampla gama de atores brasileiros e internacionais – e não uma história sem agentes – é que iria alterar o curso dos acontecimentos.

No fim da década de 1970, as questões indígenas transformaram-se em uma importante preocupação nacional.[3] Na Constituição de 1934, e em todas as constituições brasileiras promulgadas desde então (1937, 1946, 1967 e 1969), as terras indígenas e suas riquezas foram destinadas ao usufruto coletivo e exclusivo de sociedades indígenas específicas. A propriedade da terra é da União, e as terras indígenas não podem ser vendidas nem alienadas. No Código Civil de 1916, os povos indígenas foram agrupados junto a indivíduos entre 16 e 21 anos, como "relativamente capazes". Foi um remendo de última hora, já que o Código Civil não pretendia tratar das questões indígenas. "Pessoas com capacidade relativa", por serem fáceis de enganar, gozam de proteção especial em assuntos comerciais. Embora o conceito de tutela sobre populações indígenas pareça no mínimo paternalista e anacrônico, na prática deu-lhes uma proteção jurídica eficaz. Qualquer negócio feito em prejuízo de indígenas e sem assistência jurídica pode ser questionado e anulado na Justiça. Além disso, como não havia caso de título fundiário coletivo na Legislação brasileira, o *status* jurídico da tutela costumava ser com-

---

3. A única mobilização nacional comparável em torno das terras indígenas ocorreu na primeira década do século XX e resultou na criação do Serviço de Proteção ao Índio (SPI) em 1910. Os exemplos da Colônia são menos claros, mas pode-se, com certo anacronismo, incluir as lutas dos jesuítas do século XVIII contra a escravidão indígena entre os movimentos de grande escala. A criação do Parque Nacional do Xingu em 1961, embora tenha tido muito apoio nas grandes cidades, foi uma experiência isolada, a ponto de se chegar a dizer que se tratava de um cartão-postal. Os massacres, expulsões e outras formas de violência não eram normalmente tratados como temas nacionais, e sim como lamentáveis atos de violência localizada. Não se percebia que havia condições estruturais para essas formas de violência.

preendido como a base para a excepcionalidade dos direitos fundiários indígenas – o que é um erro, já que é a ocupação prévia (isto é, a história) que fundamenta os direitos indígenas à terra.

Em 1978, um ministro propôs um decreto de emancipação dos chamados "índios aculturados". A proposta determinava que eles receberiam títulos individuais de propriedade que poderiam ser colocados no mercado. Em outras palavras, a terra indígena era passível de ser vendida. Os efeitos de uma medida como essa são fáceis de avaliar, havendo precedentes na história do Brasil: as leis de 1850 e 1854, por exemplo, resultaram em três décadas de liquidação dos títulos indígenas (Carneiro da Cunha 1993).

Também em 1978, a ditadura militar manietava todas as manifestações políticas. A insatisfação reprimida, para surpresa de muitos, encontrou nas questões indígenas um desaguadouro para se expressar. A proibição de manifestações políticas pode ter sido a razão pela qual o chamado projeto de emancipação, tema bastante distante para a maioria dos brasileiros urbanos, canalizou um protesto de amplitude inédita. O projeto de emancipação foi finalmente descartado, embora ressuscitado periodicamente desde então sob diferentes disfarces. A campanha contra a emancipação das terras indígenas marcaria porém o início de uma década de intensa mobilização em torno das lutas indígenas. Foi fundada a primeira organização indígena de caráter nacional,[4] bem como um número significativo de Comissões Pró-Índio, formadas basicamente por voluntários, sobretudo antropólogos e advogados. O Conselho Indigenista Missionário (CIMI), integrante da influente Conferência Nacional dos Bispos do Brasil (CNBB), fortaleceu-se com a inclusão de advogados militantes. A Associação Brasileira de Antropologia (ABA), que àquela época tinha cerca de seiscentos membros, também foi ativa na questão dos direitos indígenas. As principais instituições que apoiavam esse tipo de trabalho eram ICCO, uma organização holandesa de igrejas protestantes, a Fundação Ford, sediada no Rio de Janeiro e, em menor grau, algumas ONGS alemãs e a Oxfam Britânica. Iniciaram-se ações judi-

---

4. A União das Nações Indígenas (UNI) iria desempenhar um importante papel na década de 1980, a despeito de suas origens urbanas, ou exatamente por causa delas. Essa organização seria sucedida no fim da década de 1980 e no decorrer da década de 1990 por organizações indígenas de base étnica ou regional.

ciais, a maioria delas vitoriosas, e campanhas para a demarcação e proteção das terras indígenas.

Não obstante os resultados desiguais dessas campanhas, elas tiveram consequências importantes. Em primeiro lugar, ajudaram a delinear as principais ameaças enfrentadas pelas populações indígenas. Além disso, geraram uma coalizão baseada na confiança mútua que resultou de estudos, metas e campanhas em comum. Sublinharemos apenas dois exemplos.

O primeiro foi a aliança entre antropólogos e o Ministério Público Federal, construída em torno da necessidade de o governo se defender contra as ações de indenização, em geral fraudulentas, movidas por supostos proprietários de terras indígenas. Depois de perder ação após ação na Justiça, e insatisfeitos com a assistência que recebiam da Funai (Fundação Nacional do Índio), a Procuradoria-Geral da República solicitou a ajuda da ABA para auxiliá-la na investigação dos fatos. Os resultados positivos cimentaram um relacionamento duradouro de confiança mútua que daria frutos na Constituição de 1988.

O segundo exemplo foi o apoio da Coordenação Nacional de Geólogos (Conage) à proibição da prospecção mineral em terras indígenas, visando proteger as reservas minerais brasileiras contra um poderosíssimo lobby de mineradoras nacionais e multinacionais. Esse apoio foi construído em torno de um projeto colaborativo desenvolvido pelo Centro Ecumênico de Documentação e Informação (CEDI), com a finalidade de mapear a superposição de terras indígenas e de áreas solicitadas para prospecção mineral. O Projeto Radambrasil – cujo objetivo era realizar um levantamento por radar na Amazônia nos anos 1970 – havia suscitado grandes expectativas de riquezas minerais, causando uma corrida por concessões para pesquisa e mineração. Como na Legislação a propriedade da terra não coincide com a do subsolo, que é de domínio federal, travou-se uma acirrada batalha sobre a legalidade da pesquisa e mineração em subsolo indígena.

Em 1987, quando a Assembleia Constituinte começou a debater a nova Constituição, estabeleceu-se uma eficiente frente de líderes indígenas, antropólogos, advogados e geólogos. Havia uma definição clara dos direitos indígenas que deveriam ser assegurados na nova Constituição, e havia uma quase unanimidade no programa para a Constituinte, com a exceção parcial do CIMI.

Não surpreende que as questões mais controversas girassem em torno da permissão para a construção de hidroelétricas e de mineração em terras indígenas. Os interesses das empresas privadas eram muito fortes no que diz respeito à mineração. Enquanto se discutia um anteprojeto de Constituição no qual se proibia qualquer tipo de acesso ao subsolo indígena, orquestrou-se uma enorme campanha de imprensa contra os direitos indígenas. Poucos dias antes de o relator submeter o novo texto, cinco dos principais jornais em cinco capitais fizeram cobertura de primeira página durante uma semana sobre uma suposta conspiração internacional para manter elevados os preços do estanho. A ficção sugeria que interesses internacionais sob alegação de defenderem direitos indígenas estavam na realidade querendo dificultar a extração de cassiterita das terras indígenas para impedir que o estanho amazônico chegasse ao mercado e os preços caíssem. Outra bateria de acusações foi dirigida contra o CIMI, que insistia no uso do termo "nações" para as sociedade indígenas – um termo arcaico, por sinal corrente em documentos históricos até o final do século XIX, quando foi substituído pela palavra "tribo". O uso do termo "nações", insinuavam os jornais, poderia significar uma reivindicação de autonomia. A assinatura de um abaixo-assinado por austríacos em favor dos direitos indígenas foi usada como prova da conspiração estrangeira. Essas e outras acusações igualmente criativas, juntamente com a publicação de documentos forjados, mantiveram a temperatura alta até a divulgação da nova minuta da Constituição. Não surpreende que nessa versão os direitos indígenas tivessem sido drasticamente mutilados. A recuperação da maioria dos direitos no texto definitivo da Constituição foi uma façanha política cujo mérito cabe à maciça presença indígena, sobretudo de kayapós, à habilidade de negociação do falecido senador Severo Gomes e à eficiência de um grande número de ONGs.

Finalmente os direitos indígenas ganharam um capítulo próprio na Constituição de 1988. A definição de terra indígena no artigo 231 explicitamente incluiu não somente os espaços de habitação e as áreas cultivadas, mas também o território demandado para a "preservação dos recursos ambientais necessários ao bem-estar dos povos indígenas, bem como a terra necessária para sua reprodução física e cultural, em conformidade com seus hábitos, costumes e tradições".

Os direitos sobre as terras indígenas foram declarados como sendo "originários", um termo jurídico que implica precedência e que limita o papel do Estado a reconhecer esses direitos, mas não a outorgá-los. Essa formulação tem a virtude de ligar os direitos territoriais às suas raízes históricas (e não a um estágio cultural ou a um situação de tutela). Reconheceu-se a personalidade jurídica dos grupos e das associações indígenas, em especial sua capacidade de abrir processos em nome próprio, independentemente da opinião do tutor, incumbindo-se a Procuradoria da República da responsabilidade de assisti-los perante os tribunais. Todas essas medidas constituíam instrumentos básicos para a garantia de seus direitos (Carneiro da Cunha 1989).

Ao longo desse processo, o êxito das reivindicações fundiárias indígenas ganhou destaque, a ponto de, por inesperado e paradoxal que pareça, outros setores despossuídos da sociedade, como os quilombolas e, veremos, os seringueiros, começarem a emulá-las.

Seringueiros e ambientalistas

O governo do estado do Acre publicou em 1975 anúncios de jornal convidando interessados a "plantar no Acre e exportar para o Pacífico". A decadência econômica dos antigos seringais baseados no sistema de aviamento criava oportunidades para compra de terra barata. O fato de essas terras não terem títulos legais fazia com que a primeira iniciativa dos compradores fosse expulsar os seringueiros que podiam reivindicar direitos de posse. Reagindo à invasão de fazendeiros e especuladores que viam nas terras do Acre uma nova fronteira para enriquecimento fácil, criou-se a partir de 1977 uma rede de sindicatos rurais que, aliada à ação da Igreja, foi o canal da resistência dos seringueiros à expulsão e à destruição da floresta da qual tiravam seu sustento, para ceder lugar às pastagens e aos bois. Essa luta contra a derrubada das florestas tomou a forma de "empates" – do verbo "empatar", atrasar, obstruir – liderados originalmente pelo sindicalista Wilson Pinheiro, presidente do Sindicato de Trabalhadores Rurais de Brasileia, assassinado no início da década de 1980. Chico Mendes, líder do sindicato no município vizinho de Xapuri, continuou e ampliou a tática dos empates. Por essa época, o trabalho dos sindicatos era apoiado não apenas pela Igreja (em sua diocese do rio Purus, e não pela do rio Juruá) mas também por novas organizações de apoio às lutas indígenas e dos seringueiros.

Durante a reunião nacional da Contag em 1984, vários sindicatos amazônicos propuseram uma solução de reforma agrária para seringueiros que previa módulos de terra de 600 hectares, chocando muitos de seus companheiros que não entendiam a necessidade de tanta floresta para uma família só. A partir de 1985, Chico Mendes começou a agir audaciosamente para tirar o movimento dos empates da situação de defensiva em que havia sido colocado. Uma das ações consistiu em chamar os moradores das cidades para participar dos empates: assim, em 1986, a jovem professora e sindicalista Marina Silva, dois agrônomos, um antropólogo e um fotógrafo participaram ao lado de uma centena de seringueiros de mais uma operação de empate, com a diferença de que agora o movimento era claramente voltado, como as ações de desobediência civil organizadas por Gandhi na Índia e por Martin Luther King nos Estados Unidos, para a nação como um todo. Sob a emergente liderança de Marina Silva e o comando de Chico Mendes, o empate de 1986 terminou com a ocupação do Instituto Brasileiro de Desenvolvimento Florestal (IBDF) e a atenção da imprensa para as irregularidades envolvidas nas autorizações para derrubar a mata.

Em outra ocasião, Chico Mendes proporia a Mary Allegretti uma ação de impacto público em apoio aos seringueiros, que acabou ocorrendo em 1985. Mary Allegretti organizou em Brasília, junto a entidades não governamentais e ao governo, um surpreendente encontro em que 120 lideranças sindicais de toda a Amazônia, com perfil de seringueiros, se defrontaram diretamente com técnicos governamentais responsáveis pela política da borracha, com deputados e ministros, com intelectuais e especialistas. Ao final do encontro, eles haviam criado uma entidade igualmente estranha e não planejada: o Conselho Nacional dos Seringueiros, cujo nome espelhava o do Conselho Nacional da Borracha. Igualmente significativa foi a produção de uma carta de princípios que incluía, em sua seção agrária, a reivindicação de criação de "reservas extrativistas" para seringueiros, sem divisão em lotes, e com módulos de no mínimo 300 hectares.

Embora os seringueiros estivessem havia anos lutando por uma reforma agrária que permitisse a continuidade de suas atividades extrativas, era a primeira vez que a palavra "reserva" era utilizada, numa transposição direta da proteção associada às terras indígenas. Nos anos que se seguiram, os seringueiros perceberam que a conexão entre os empates contra o desmatamento e o programa de conservar as florestas em forma de Reservas Extrativistas tinha o potencial de atrair aliados poderosos.

Os seringueiros que, poucos anos antes, formavam uma categoria supostamente condenada ao rápido desaparecimento, assumiram no final dos anos 1980 uma posição de vanguarda em mobilizações ecológicas. No final de 1988, emergiu no Acre uma aliança para a defesa das florestas e de seus habitantes nomeada Aliança dos Povos da Floresta, abrangendo seringueiros e grupos indígenas por meio das duas organizações nacionais formadas nos anos anteriores: o Conselho Nacional dos Seringueiros e a União das Nações Indígenas. A reunião de Altamira, organizada pelos Kayapó contra o projeto da represa do Xingu, tinha uma conotação ambiental explícita. No final do decênio de 1980, a conexão ambientalista tornara-se inevitável. Em contraste com o modelo de Yellowstone que procurava criar um ambiente norte-americano "intocado" sem população humana, reivindicava-se que as comunidades locais, que protegiam o ambiente no qual baseavam sua vida, não fossem vítimas e sim parceiros das preocupações ambientais.

Ao contrário, elas deveriam responsabilizar-se pela gestão e pelo controle dos recursos naturais nos ambientes em que viviam como condição para protegê-los. O fato novo era o papel ativo atribuído às comunidades locais. No início de 1992, a conexão explícita entre povos indígenas e conservação ganhou dimensão internacional com a criação da Aliança Internacional dos Povos Tribais e Indígenas das Florestas Tropicais, da qual uma das organizações fundadoras era a Confederação das Organizações Indígenas da Bacia Amazônica (COICA). A Convenção para Diversidade Biológica e a Agenda 21, aprovadas em 1992, reconheceram explicitamente o papel relevante desempenhado pelas comunidades indígenas e locais. Caberia à Colômbia, em 1996, implementar em grande escala a ideia de tornar as populações indígenas oficialmente responsáveis por uma grande extensão de florestas tropicais. No Brasil, como veremos a seguir, essa ideia havia sido aplicada seis anos antes, numa escala menor mas nem por isso menos importante, nas Reservas Extrativistas. Foram aqui os seringueiros, e não os grupos indígenas, os primeiros protagonistas da experiência.

Terra indígena e unidades de conservação

Na ausência de um censo indígena, as estimativas para a população indígena no Brasil variam entre 450 e 700 mil. Embora essa população seja relativamente pequena, é riquíssima em diversidade social. Há cerca de 230 sociedades indígenas e aproximadamente 195 línguas diferentes. Calcula-se que haja ainda uns cinquenta grupos indígenas isolados.

Com exceção do curto e violento ciclo da borracha que durou de 1870 a 1910, a maior parte da Amazônia afastada da calha principal do rio Amazonas permaneceu relativamente à margem da ocupação. Em consequência, a maioria dos grupos indígenas que sobreviveu e a maior parte das terras indígenas que foi possível conservar estão na Amazônia, que concentra quase 99% da área total das terras indígenas brasileiras.

Embora estejam disseminadas, a extensão das terras indígenas em conjunto impressiona. Os índios têm direito constitucional a quase 12% do território brasileiro, com terras distribuídas em 574 áreas diferentes e abrangendo 20% da Amazônia brasileira. As unidades de conservação ambiental de uso direto, ou seja, aquelas onde é permitida a presença humana, cobrem outros 8,4% da região. Somadas, as áreas indígenas e as áreas de conservação de uso direto, chegam a 28,4% da Amazônia.

Na década de 1980, a extensão das terras indígenas no Brasil parecia exagerada: "muita terra para pouco índio". Esse enfoque mudou. A matéria de capa da *Veja* de 20 de junho de 1999 falava dos 3,6 mil índios xinguanos que "preservam um paraíso ecológico" do tamanho da Bélgica. O ponto era que um pequeno número de índios podia cuidar bem de um vasto território. A ideia de que as pessoas mais qualificadas para fazer a conservação de um território são as pessoas que nele vivem sustentavelmente é também a premissa da criação das Reservas Extrativistas.

É claro que nem todas as áreas de conservação podem ser administradas pelos habitantes preexistentes nelas. Mas também é claro que no Brasil uma política ecológica sólida e viável deve incluir as populações locais. Além disso, expulsar as pessoas das áreas de preservação sem lhes oferecer meios alternativos de subsistência é rota segura para desastres.

Os povos tradicionais são mesmo conservacionistas?

Quem se opõe à participação das populações tradicionais na conservação argumenta que 1) nem todas as sociedades tradicionais são conservacionistas e 2) mesmo as que hoje o são podem mudar para pior quando tiverem acesso ao mercado.

Durante muito tempo existiu entre antropólogos, conservacionistas, governantes e as próprias populações uma essencialização do relacionamento entre as populações tradicionais e o meio ambiente. Um conjunto de ideias que imaginam os grupos indígenas como sendo "naturalmente" conservacionistas resultou no que tem sido chamado de "mito do bom selvagem ecológico" (Redford & Stearman 1991, 1993). É claro que não existem conservacionistas *naturais*, porém, mesmo que se traduza "natural" por "cultural", a questão permanece: as populações tradicionais podem ser descritas como "conservacionistas culturais"?

O ambientalismo pode designar um conjunto de práticas e pode referir-se a uma ideologia. Há, portanto, três situações diferentes que tendem a ser confundidas quando se utiliza um único termo para designar todas as três.

Primeiro, pode-se ter a ideologia sem a prática efetiva – trata-se aqui do caso de apoio verbal à conservação. Em seguida, vem o caso em que estão presentes tanto as práticas sustentáveis como a cosmologia. Muitas sociedades indígenas da Amazônia sustentam uma espécie de cosmologia lavoisieriana na qual nada se perde e tudo se recicla, inclusive a vida e as almas. Essas sociedades têm uma ideologia de exploração limitada dos recursos naturais, em que os seres humanos são os mantenedores do equilíbrio do universo, que inclui tanto a natureza como a sobrenatureza. Valores, tabus de alimentação e de caça, e sanções institucionais ou sobrenaturais lhes fornecem os instrumentos para agir em consonância com essa ideologia. Essas sociedades podem facilmente se enquadrar na categoria de conservacionistas culturais, da qual os Yagua peruanos são um caso exemplar (Chaumeil 1983).

Finalmente, pode-se estar diante de práticas culturais sem a ideologia (Gonzales 1992). Nesse caso, podemos pensar em populações que, embora sem uma ideologia explicitamente conservacionista, seguem regras culturais para o uso dos recursos naturais que, dada a densidade populacional e o território em que se aplicam, são sustentáveis. Vale observar que, para conservar recursos, uma sociedade não necessita evitar completamente a predação, basta que a mantenha sob limites. Se uma sociedade aprova a matança de um bando de macacos, inclusive fêmeas e prole, e se esse massacre, embora repugnante, não altera o estoque da população, então a sociedade não está infringindo as práticas de conservação. O que se pode perguntar é se os hábitos em questão são compatíveis com o uso sustentável, e não se eles são moralmente condenáveis. Podemos levantar objeções à caça esportiva em nossa sociedade; o fato é que associações norte-americanas cuja origem são organizações de caçadores, como a Wildlife Federation, foram e são importantes para a conservação ambiental. Os grupos indígenas poderiam, da mesma maneira, conservar e gerir o ambiente em que vivem, com criatividade e competência.[5] Contudo, isso não decorre necessariamente de uma cosmologia de equilíbrio da natureza e pode resultar, antes, de considerações ligadas ao desejo de manter um estoque de recursos.

Grupos indígenas e mesmo alguns grupos migrantes como os seringueiros de fato protegeram e possivelmente tenham enriquecido a biodiversidade nas florestas neotropicais. As florestas amazônicas são dominadas por espécies que controlam o acesso à luz solar. Grupos humanos, ao abrirem pequenas clareiras na floresta, criam oportunidades para que espécies oprimidas tenham uma janela de acesso à luz, causando o mesmo efeito que a queda de uma grande árvore (Balée 1994: 119-23).

O segundo argumento sugere que, embora as sociedades tradicionais possam ter explorado o ambiente de forma sustentável no passado, as populações de fronteira com as quais interagem irão influenciá-las com estratégias míopes de uso dos recursos. Na ausência de instituições adequadas e pouca informação sobre oportunidades alternativas, a anomia dissolveria moralmente os grupos sociais, à medida que jovens com espírito empresarial entrassem em conflito com os antigos costumes e com valores de reciprocidade.

---

5. Balée faz uma revisão pormenorizada das evidências de que as sociedades amazônicas enriquecem os recursos naturais, sejam eles rios, solos, animais ou diversidade botânica (ver Balée 1989, Balée & Gely 1989, Anderson 1991, Kaplan & Kopischke 1992).

Segundo essa linha de argumentação, embora a "cultura tradicional" tenha promovido a conservação no passado, as necessidades induzidas pela articulação com a economia de mercado levarão inevitavelmente a mudanças culturais e à superexploração dos recursos naturais. De fato, é certo que haverá mudanças, mas não necessariamente superexploração. Pois a situação equilibrada anterior ao contato também implica que, dadas certas condições estruturais, as populações tradicionais podem desempenhar um papel importante na conservação.

O que este cenário deixa de reconhecer é que a situação mudou, e com ela a validade dos antigos paradigmas. As populações tradicionais não estão mais fora da economia central, nem estão mais simplesmente na periferia do sistema mundial. As populações tradicionais e suas organizações não tratam apenas com fazendeiros, madeireiros e garimpeiros. Elas tornaram-se parceiras de instituições centrais como as Nações Unidas, o Banco Mundial e as poderosas ONGs do "Primeiro Mundo".

Tampouco o mercado no qual hoje atuam as populações tradicionais é o mesmo de ontem. Até recentemente, as sociedades indígenas, para obter renda monetária, forneciam mercadorias de primeira geração: matérias-primas como a borracha, castanha-do-pará, minérios e madeira. Elas pularam a segunda geração de mercadorias com valor agregado industrial, e mal passaram pelos serviços ou mercadorias de terceira geração para diretamente participar da economia da informação – as mercadorias de quarta geração – por meio do valor agregado do conhecimento indígena e local (Cunningham 1991; Nijar 1996; Brush 1996; Carneiro da Cunha *et al.* 1998; Carneiro da Cunha 1999). Elas entraram no mercado emergente dos "valores de existência", como a biodiversidade e as paisagens naturais: em 1994, havia compradores que pagavam por um certificado de um metro quadrado de floresta na América Central, mesmo sabendo que nunca veriam esse pedaço de terra.

Como é que a conservação adquire sentido local? Um estudo de caso

Uma dificuldade no envolvimento de comunidades locais em projetos de conservação é que, por via de regra, estas só se "envolvem" nos projetos *a posteriori*, como decorrência da iniciativa de uma pessoa em posição de poder. Mas mesmo nos casos em que projetos conservacionistas surgem de iniciativas de grupos locais, resta a dificuldade de ajustar os planos de ação em diferentes esferas, de angariar recursos externos, de obter a capacidade técnica necessária para executá-los.

A seguir, descreveremos sumariamente o processo que combinou conservação e reforma agrária, e que culminou com a invenção das Reservas Extrativistas. Ao fazer isso, entraremos em detalhes, minúsculos na aparência, para evidenciar o papel desempenhado pela iniciativa local e também por universidades e organizações não governamentais e governamentais, brasileiras e estrangeiras.

Em 23 de janeiro de 1990 foi criada a Reserva Extrativista do Alto Juruá, pelo Decreto nº 98.863. Era a primeira unidade de conservação desse tipo, um território de meio milhão de hectares que passaria do controle de patrões para a condição jurídica de terra da União destinada ao usufruto exclusivo de moradores, por meio de contrato de concessão, e cuja administração poderia ser por lei realizada pelos convênios entre governo e as associações representativas locais.

Essa conquista foi resultado de uma articulação de organizações e pessoas em diferentes níveis, incluindo militantes das delegacias sindicais da floresta, lideranças do Conselho Nacional de Seringueiros (sediado na capital do Acre), pesquisadores e assessores, o Banco Nacional de Desenvolvimento Econômico e Social, a Procuradoria-Geral da República e algumas ONGs brasileiras e estrangeiras. E foi também decorrência de acontecimentos inesperados e de conexões contingentes, de um efeito do "desenvolvimento desigual e combinado", que colocou na linha de frente do ambientalismo uma das localidades mais remotas e isoladas do país, onde a luta dos seringueiros não se dava ainda contra os novos fazendeiros e sim contra os patrões de barracões (Almeida 2002: 172; 2004: 35).

Nos anos anteriores, a ideia das Reservas Extrativistas havia se difundido no Brasil e no exterior com sucesso, associando-se às ideias de programas sustentáveis baseados nas comunidades locais (Allegretti 1990; Schwartzman 1989). Quando a palavra "reserva" veio a público em 1985, lida por Chico Mendes na declaração que encerrou o Encontro Nacional de Seringueiros realizado em Brasília, ela não tinha um significado preciso. O que ela indicava, conforme a delegação de Rondônia que a introduziu no texto, era que as terras de seringueiros deveriam ter a mesma proteção que as reservas indígenas.

O termo só veio a ganhar um significado mais específico em dezembro de 1986 na zona rural do município de Brasileia, Acre, num cenário de castanheiras sobreviventes em uma paisagem devastada. Nessa reunião de trabalho, que incluía os membros do Conselho Nacional dos Seringueiros e um pequeno grupo de assessores, um dos temas era o estatuto fundiário das Reservas Extrativistas. A condição expressa no documento de Brasileia dizia apenas que as terras não podiam ser "divididas em lotes", devendo-se respeitar o sistema tradicional das colocações. Uma antropóloga com experiência na Funai explicou a situação jurídica das terras indígenas e as outras alternativas fundiárias. Líderes seringueiros socialistas inclinavam-se para o sistema das terras indígenas, pois era o único que impedia por completo qualquer possibilidade de reprivatização da floresta pela venda da terra. Assim, após deliberar a portas fechadas, sem interferência da assessoria, o Conselho optou pela solução de "propriedade da União" e "usufruto (coletivo) exclusivo da terra" por seringueiros.

Outra questão importante dessa reunião de Brasileia foi de ordem econômica. Até então, todas as lideranças sindicais dos seringueiros, inclusive Chico Mendes, estavam convencidas de que a produção da borracha amazônica era fundamental para a economia nacional. Essa crença era aparentemente confirmada pela importância da atividade extrativa na economia do estado do Acre. Uma exposição realizada por um dos assessores resumiu alguns fatos básicos, dentre eles o de que a borracha natural amazônica fornecia apenas uma pequena parcela da borracha utilizada pela indústria nacional e com preços protegidos pelo governo, já que era mais barato para as empresas importar do que comprar no país. Mesmo que a população dos seringais nativos fosse apoiada pelo governo, a produção total da Amazônia provavelmente não passaria das 40 mil toneladas que havia atingido no ápice do ciclo da borracha, ainda muito aquém do volume de matéria-prima demandado pela indústria nacional, e um volume quase insignificante no mercado mundial. Além do mais, naquela ocasião, em 1986, começavam a ser desmantelados os mecanismos de proteção aos preços e de subsídios aos patrões seringalistas. Um dos líderes presentes, exatamente aquele que defendera a solução coletivista para as Reservas, e que havia perguntado anteriormente o que era "ecologia", quebrou o silêncio dizendo que se não queriam borracha, pelo menos havia quem quisesse a ecologia. E isso eles sabiam fazer.

No ano de 1987, a conexão entre reforma agrária de seringueiros e a questão ambiental foi ampliada com a aliança entre seringueiros e ambientalistas (Mendes 1989; Hecht & Cockburn 1989; Shoumatoff 1991). Mas a essa altura as Reservas Extrativistas eram parte de um programa agrário, e não de um programa ambiental, e as primeiras iniciativas legais dirigiam-se para o Incra, e não para o Ibama. Antes de 1988, de fato, poucas pessoas, como Mary Allegretti, cogitavam a possibilidade de as Reservas Extrativistas serem instituídas como áreas de conservação. Para os seringueiros, a questão de fundo era ainda agrária e sindical.

Em outubro de 1989, o Partido dos Trabalhadores perdeu as eleições presidenciais no segundo turno, com a vitória de Collor sobre Lula. À vista da base política de direita do recém-eleito presidente, a esperança por uma reforma agrária em nível federal esmoreceu, aliás já seriamente abalada desde a derrota sofrida pelo programa agrário da esquerda em 1985. Mas havia uma possibilidade: se as reservas extrativistas fossem decretadas como áreas de conservação, o procedimento de desapropriação não precisaria enfrentar todas as dificuldades encontradas no âmbito do Incra. Assim, logo após as eleições de outubro, o Conselho Nacional dos Seringueiros, baseado no caso específico da Reserva Extrativista do Alto Juruá – com meio milhão de hectares completamente fora dos planos do Incra –, deu o sinal verde para o encaminhamento de uma solução no âmbito do Ibama. Ao ser decretada a Reserva Extrativista de Juruá, em 23 de janeiro de 1990, com uma vitória dos seringueiros daquela remota região contra os patrões liderados por Orleir Cameli, outros três projetos foram preparados e submetidos em regime de urgência, seguindo o mesmo modelo. Esses três projetos – no Acre (Reserva Extrativista Chico Mendes), em Rondônia e no Amapá – foram aprovados na noite do último dia do governo Sarney, em 15 de março de 1990, após uma demorada sabatina com militares na Sadem.

A aliança conservacionista foi assim uma estratégia, e criar as Reservas Extrativistas como unidades de conservação foi uma escolha tática. Porém, dizer que a aliança conservacionista foi uma estratégia não quer dizer que ela era uma mentira, quer em substância, pois os seringueiros de fato estavam protegendo a biodiversidade, quer em projeto, já que este ainda está sendo traduzido para o plano local. No Alto Juruá, como já foi dito, a borracha era explorada havia mais de 120 anos, e a área comprovou-se um *hot spot* de diversidade biológica, com 616 espécies de aves, 102 espécies de anfíbios e 1.536 espécies de borboletas, das quais 477 da família Nimphalidae (Brown Júnior & Freitas 2002).

É verdade que, como Monsieur Jourdain que não sabia que falava em prosa, os seringueiros não sabiam que estavam conservando a biodiversidade. Pensavam que estavam produzindo borracha, e não biodiversidade. A borracha é tangível e individualizada. Não obstante as oscilações de preço, tinha um valor relativamente estável em comparação com o poder de compra da moeda. Quando a inflação devastava o país inteiro, e os salários valiam no fim do mês menos da metade do que valiam no começo do mesmo mês, os seringueiros conseguiam medir o valor de seu trabalho em borracha, tanto para trocas entre eles mesmos como para compras externas. Se alguém quisesse contratar os serviços de um seringueiro como diarista, o preço de uma diária seria o valor de 10 kg de borracha. Em comparação com o resto do país, essa diária era alta. Isso não significa que todo seringueiro produzia 10 kg de borracha por dia todos os dias. Um seringueiro médio explorava duas estradas de seringa e cada árvore era sangrada duas vezes por semana, por um período de no máximo oito meses. Com duas estradas, ele trabalharia quatro dias por semana e no tempo restante caçaria no inverno e pescaria na estação seca. Além do mais, 10 kg de borracha por dia não eram a produtividade de toda a região, e sim um padrão das áreas mais produtivas. Como diária, porém, esses 10 kg representavam dignidade e independência: o que um homem *podia* ganhar num dia se ele quisesse, cuja dimensão monetária é o que os economistas chamam de custo de oportunidade do trabalho (os raros empresários que tentaram estabelecer plantações de seringueiras no Alto Juruá logo descobriram que um dos problemas principais era achar mão de obra). A casa de um seringueiro depende simultaneamente da extração de borracha (para conseguir dinheiro), da agricultura de coivara (para obter a base alimentar que é a farinha), de uma pequena criação de galinhas, patos, ovelhas, porcos ou algumas vacas (que são depósito de valor, poupança para o futuro), da caça e da pesca. Também tem importância a coleta sazonal de frutos das palmeiras, itens medicinais e alimentares, e materiais para a construção. Mesmo quando não estão fazendo borracha, os seringueiros estão longe do desemprego.

Sabe-se que as plantações de seringueiras não prosperam na Amazônia, principalmente por causa do mal das folhas – pelo menos se plantadas com a mesma densidade das plantações asiáticas. As seringueiras permanecem saudáveis sob a condição de estarem dispersas pela floresta. Uma estrada de seringa consiste em cerca de 120 árvores do gênero Hevea. Uma casa de seringueiro utiliza em média duas estradas e às vezes três, e a área total cobrirá no primeiro caso pelo menos 300 ha, ou 3 km^2. Essa é uma área mínima: na Reserva Extrativista do Alto Juruá, que inclui não apenas as zonas atravessadas por estradas de seringa, mas toda a floresta, as casas se distribuem em uma área média de 500 ha ou 5 km^2. Este fato – a baixa densidade natural das próprias seringueiras na floresta virgem – explica a baixa densidade humana nos seringais, que é por volta de 1,2 pessoa por quilômetro quadrado (uma família com 6 pessoas por 5 km^2). Essa densidade é compatível com a conservação da floresta. Nessa área total, a extensão desmatada para os pequenos roçados dos seringueiros (mas incluindo aqui os pastos de pequenas fazendas à margem do rio Juruá) mal chega a 1%.

Como seria de esperar, a tradução local do projeto de conservação variou de acordo com as situações e os planos. Enquanto no leste acriano os compradores "paulistas" derrubavam a floresta e enfrentavam seringueiros, no oeste ainda prevalecia na década de 1980 o antigo sistema dos seringais. Algumas empresas paulistas haviam comprado a terra, mas não para uso imediato, e sim como investimento especulativo, à espera da pavimentação da estrada BR-364. Enquanto isso não era realizado, arrendavam a floresta para os patrões locais como Orleir Cameli, que por sua vez subarrendavam a outros patrões comerciantes. Em cada boca de um rio importante estabelecia-se um depósito ou barracão de mercadorias fornecidas a crédito, onde o candidato a seringueiro registrava-se como "titular" de uma parelha de estradas, sob a condição de pagar 33 kg de borracha anuais por cada uma. Assim, um chefe de família era por um lado arrendatário de estradas de seringa junto ao patrão, e por outro freguês devedor de mercadorias junto ao mesmo patrão.

O importante para o patrão era manter o monopólio sobre o comércio. Os patrões procuravam controlar o fluxo de borracha, para evitar que seringueiros endividados (que correspondiam à grande maioria) vendessem borracha para regatões e marreteiros, o que sempre ocorria em alguma medida. Esse contrabando era motivo de expulsão de seringueiros de suas colocações, com o recurso a policiais da cidade para esse fim.

Assim, os seringueiros do Juruá, em contraste com os seringueiros do leste acreano, eram considerados *cativos*. Os seringueiros do vale do Acre, a leste, abandonados pelos antigos patrões que haviam vendido seus títulos aos recém-chegados fazendeiros, eram *libertos*, podiam vender a quem quisessem. Na prática, porém, era impossível controlar pessoas espalhadas por um grande território de floresta. Durante os anos 1980, os patrões do Juruá mais bem-sucedidos economicamente eram aqueles que ofereciam mercadorias abundantes em seus barracões, graças a fartos financiamentos subsidiados pelo Banco do Brasil. O valor de um patrão era medido pelo tamanho de sua dívida. E o de um seringueiro também.

Os latifundiários acrianos que eram também os monopolistas comerciais tinham uma base legal muito frágil para suas pretensas propriedades. Na década de 1980, quando havia algum título legal, ele cobria uma fração mínima da terra, em torno de 10% quando muito. A renda de 33 kg de borracha por estrada de seringa, e não pela terra em si, era uma renda pré-capitalista. Sendo fixa e em espécie, ela não dependia da produção efetiva ou potencial das estradas, nem dos preços vigentes. Mas representava o reconhecimento por parte dos seringueiros de que o patrão era "dono das estradas", e legitimava assim o status duvidoso de proprietário de que gozavam os patrões: proprietários portanto *de facto*, senão *de jure*. A batalha dos seringueiros do Alto Juruá não era contra os fazendeiros como no leste acriano, e sim contra uma situação humilhante de servidão. O programa básico das primeiras reuniões sindicais era a recusa do pagamento da renda e o protesto contra a violência usada para proibir o livre comércio. As primeiras escaramuças dessa luta, bem antes do projeto de reserva extrativista, foram as exceções ao pagamento da renda (caso de seringueiros, ou de velhos, que abriam suas próprias estradas), e mais adiante a luta contra o pagamento de qualquer renda (Almeida 1993).

A rebelião contra o pagamento da renda e contra a violência do monopólio explodiu de vez em 1988, depois de uma reunião com setecentos seringueiros na pequena cidade de Cruzeiro do Sul, capital do oeste acriano. Nesse ano, a proposta de uma Reserva Extrativista começou a ser discutida. No início de 1989, seguindo-se ao assassinato de Chico Mendes no final de 1988, foi fundada no rio Tejo uma associação de seringueiros para gerir uma cooperativa com capital de giro, concedido pelo BNDES. Isso significava um desafio direto ao monopólio patronal, juntamente com a recusa ao pagamento da renda. Vencendo ações judiciais de interdito patrocinadas pela União Democrática Ruralista (UDR), conflitos violentos, prisões e ameaças, por volta de maio de 1989 uma procissão de barcos da "cooperativa" entrou triunfalmente no rio Tejo, no que viria a se tornar a Reserva Extrativista, carregada de mercadorias, numa viagem apoteótica e simbólica que representava o fim de uma era. Essa primeira tentativa de criar um sistema de comercialização e abastecimento cooperativista descapitalizou-se após dois ou três anos de funcionamento, devido especialmente à inexperiência administrativa, agravado por um ambiente de altíssima inflação. Outro problema foi a recusa de muitos seringueiros em pagar suas dívidas, diante de uma rede de boatos patronais que diziam que "o dinheiro é do governo, não precisa pagar".

Mas o fundamental da iniciativa foi, após o primeiro ano de funcionamento da Associação, a criação da Reserva Extrativista do Alto Juruá, em 23 de janeiro de 1990, sob jurisdição do Ibama. Era uma solução para o problema fundiário e social (entre os quais os indícios da "escravidão por dívidas" em seringal arrendado por Orleir Cameli), mas era também uma solução para o problema de conservação, apoiada por pareceres de peritos e relatórios de biólogos.

À diferença dos embates contra a derrubada das árvores em Xapuri, no Juruá as mobilizações não eram abertamente ecológicas – exceto pelo fato de que os delegados sindicais antecipavam o início iminente da exploração de mogno de estilo praticada por Orleir Cameli, e denunciavam o desleixo com as estradas de seringa. Mas após a criação da Reserva, e ao lado da atividade cooperativista, surgiram atividades dirigidas para a construção de novas instituições em torno da Associação dos Seringueiros e Agricultores, a começar pelo Plano de Utilização elaborado e aprovado em assembleia no final de 1991. Iniciaram-se projetos de saúde e um projeto que envolvia pesquisa, assessoria e formação de pessoal, com patrocínio de entidades que englobavam da Fundação McArthur à Fapesp e ao CNPT-Ibama e com a participação de várias universidades do país, cuja meta era demonstrar que, em condições adequadas, era possível que populações locais gerenciassem uma área de conservação. Essas condições incluem direitos legais bem-definidos, qualidade de vida aceitável, instituições democráticas no plano local, acesso a recursos tecnológicos e científicos. O projeto apoiou a Associação em muitas atividades, como na realização de cadastros, mapas e projetos, e na intermediação junto a organismos nacionais e internacionais. Numa fase seguinte, o próprio Ibama passou a canalizar recursos dos países europeus (projeto PPG-7) para a área, como uma das "experiências-piloto" de conservação.

O impacto dessas políticas sobre todos os aspectos da vida no Alto Juruá foi notável, mas não surpreende que tenha sido bem diferente do esperado. Um exemplo é que o povo do Juruá desenvolveu sua própria versão de conservação ambiental. Enquanto os jovens tendiam a entrar na arena política por meio da Associação e mais tarde ocupando cargos eletivos locais, os homens mais maduros e respeitados constituíram um quadro de "fiscais de base", cuja linha de conduta seguia o modelo dos velhos "mateiros" dos seringais. Os mateiros eram trabalhadores especializados que fiscalizavam o estado das estradas de seringa e tinham autoridade para impor sanções (por exemplo, interditar estradas) em caso de corte malfeito que ameaçasse a vida das árvores. Os novos "fiscais de base", em contraste com os velhos mateiros, não tinham autoridade para impor punições, e reclamaram muito por isso, até receberem o *status* do Ibama de "fiscais colaboradores" com autoridade limitada para realizar autos de infração.

Com ou sem autoridade formal, os fiscais de base conduziram sua missão com grande zelo. As principais infrações eram relativas à caça. Toda e qualquer forma de atividade de caça era proibida sob o Código Florestal com penas draconianas, como se sabe; mas localmente essa legislação severa era traduzida como uma política de equidade social. Assim, no Plano de Utilização aprovado em assembleia após muito debate, foi proibida pelos seringueiros não apenas a caçada comercial (e havia um pequeno mercado local para a carne de caça onde era então a vila Thaumaturgo, logo depois transformada em capital municipal), mas também a "caçada com cachorros". Há dois tipos de cachorros na área: os cachorros "pé-duro" e os caros "cachorros paulistas". Ninguém sabe com certeza se esses cachorros mestiços vieram mesmo de São Paulo, ou se o nome vem de suas capacidades predatórias exageradas, mas em todo caso os "paulistas" são cachorros que tão logo localizam uma caça grande, perseguem-na com muita persistência, sem desviar a atenção; ao contrário dos pequenos cachorros "pé-duro" que vão atrás do rastro de qualquer animal. O problema dos cachorros paulistas, segundo o raciocínio da região, é que eles assustam a caça – "quando não matam, espantam" – e tornam a caça de animais maiores (veados, porcos silvestres) quase impossível para quem não os possui. Havia então um conflito local em torno do acesso equitativo à caça, e os seringueiros decidiram igualar todos por baixo: ninguém poderia ter cachorros. Essa proibição tornou-se a principal bandeira do conservacionismo local: a extinção dos cachorros, primeiro os paulistas e depois de todo e qualquer tipo, tornou-se o sinal exterior de adesão ao projeto da Reserva, talvez até maior do que comprar da cooperativa e não dos patrões, que continuavam a atuar como comerciantes itinerantes.

Há uma dissonância importante que tem relação com a própria noção de produzir e manter a biodiversidade. Como mencionamos acima, os seringueiros pensavam estar produzindo antes de mais nada o seu sustento, e para isso a borracha destinada ao mercado. Em relação a tudo o que está na floresta, eram regras gerais a moderação e o compartilhamento da comida com grupos de vizinhos e parentes, as precauções mágicas e os pactos de vários tipos entabulados com mães e protetores do que podemos chamar de "domínios-reinos", tais como a mãe-da-seringueira, a mãe-da-caça e assim por diante. A agricultura, em contraposição, não tem "mãe". São as pessoas, pensa-se, que controlam aqui todo o processo. Há assim uma radical separação entre o que é explorado na natureza e o que é controlado por homens e mulheres, uma aguda disjunção entre o domesticado e o selvagem. Pode-se perceber isso, por exemplo, no fato de que não existe categoria correspondente ao que chamamos de "plantas": a palavra "planta" existe, é claro, mas refere-se apenas ao que chamaríamos de plantas cultivadas, um significado que parece aliás evidente para quem sabe que "planta" vem de "plantar". E como as espécies silvestres não são plantadas, como chamá-las de "plantas"?

Outra pista na mesma direção é a distinção entre brabo e manso. No uso regional, "brabo" se traduz aproximadamente por "selvagem, silvestre, não civilizado ou inculto", em oposição a "domesticado". Em termos mais gerais, pode se referir ao contraste entre criaturas que fogem do homem e as que não têm medo dele. No sentido mais restrito de não domesticado ou inculto, a palavra "brabo" é aplicada aos recém-chegados, inexperientes com o trabalho e a sobrevivência na floresta: na Segunda Guerra Mundial, os soldados da borracha eram chamados de "brabos", ou "selvagens", o que não deixa de ser um tanto surpreendente. Eram deixados na floresta com víveres e instruções, às vezes sob a orientação de seringueiros mais experientes, a fim de serem "amansados". A oposição entre o brabo e o domesticado é ampla e radical.

> De tudo nesse mundo tem o brabo e tem o manso: tem a anta e tem a vaca, tem o veado e tem o cabrito, tem o quatipuru e tem o rato, tem a nambu e tem a galinha. Até com gente tem os mansos e tem os brabos, que são os cabocos (Seu Lico, fiscal de base).

Produzir a biodiversidade, produzir a natureza, é um oxímoro, uma contradição em termos (locais). Mas é justamente isso que os recursos do G7 estão financiando. Como se deveria traduzir isso em termos de políticas? Uma resposta econômica ortodoxa seria pagar diretamente aos seringueiros por aquilo em que o mercado mundial está realmente interessado hoje em dia, que é a biodiversidade. Mas isso vai contra a percepção local. A biodiversidade é um subproduto de um modo de vida, é o equivalente do que os economistas chamam de externalidade positiva. As externalidades são produtos que resultam de uma atividade do produtor e que são "consumidos" por outros livremente, como a fumaça de uma fábrica que é inalada pelo vizinho (externalidade negativa) ou como a segurança da rua que é trazida por uma casa bem-protegida (externalidade positiva). O mercado ignora externalidades. Mas a biodiversidade e os serviços (e desserviços) ambientais começam a ser levados em consideração, e seus benefícios começam a ser tratados como algo a ser remunerado. Isso é consequência, aliás, de uma noção ampliada do que é o sistema como um todo. Se os serviços ambientais forem pagos diretamente na Reserva, isso inverte o que é figura e o que é fundo: o que era um subproduto, uma consequência não planejada de um modo de vida, tornaria-se o próprio produto.

Em contraposição, o Ibama e outros órgãos concentraram seus esforços no desenvolvimento dos chamados produtos florestais sustentáveis, e esperam que as Reservas sejam economicamente viáveis com base nesses produtos, sem incluir em sua contabilidade os serviços de conservação. O problema poderia ser resolvido por meio de uma combinação criteriosa de produtos florestais de boa qualidade, por exemplo uma fonte de renda monetária para as famílias, e um fundo que remunerasse globalmente a diversidade biológica proporcionando benefícios coletivos relacionados ao bem-estar da população, bem como recursos para financiar as organizações coletivas locais e projetos sustentáveis. Deve-se lembrar que até agora, com base na ideia naturalizada de que povos da floresta são essencialmente conservacionistas, não se reservam fundos permanentes para os custos de governo local na floresta, apesar dos altíssimos custos de viagem para todas as lideranças que moram nos altos rios.

A conservação foi inicialmente uma arma política em uma luta pela liberdade e por direitos fundiários. Hoje, os recursos para a conservação estão sendo utilizados para conseguir motores de canoa, barcos, escolas, instalações de saúde. A conservação está se tornando parte de projetos locais e sua importância está crescendo.

Revisitando a definição de povos tradicionais

Começamos com uma definição "em extensão" e afirmamos que a seu tempo iria emergir uma definição analítica. Do que vimos, já podemos dar alguns passos nessa direção e afirmar que *populações tradicionais são grupos que conquistaram ou estão lutando para conquistar (prática e simbolicamente) uma identidade pública conservacionista que inclui algumas. das seguintes características: uso de técnicas ambientais de baixo impacto, formas equitativas de organização social, presença de instituições com legitimidade para fazer cumprir suas leis, liderança local e, por fim, traços culturais que são seletivamente reafirmados e reelaborados.*

Não é portanto absurdo dizer que um grupo específico como o dos coletores de berbigão de Santa Catarina são, ou tornaram-se, "povos tradicionais", já que se trata de um processo de autoconstituição. Internamente, esse processo autoconstituinte requer o estabelecimento de regras de conservação, bem como de lideranças e instituições legítimas. Externamente, precisa de alianças com organizações externas, dentro e fora do governo.

Deve estar claro agora que a categoria de "populações tradicionais" é ocupada por sujeitos políticos que estão dispostos a conferir-lhe substância, isto é, que estão dispostos a constituir um pacto: comprometer-se a uma série de práticas conservacionistas, em troca de algum tipo de benefício e sobretudo de direitos territoriais. Nessa perspectiva, mesmo aquelas sociedades que são culturalmente conservacionistas são, não obstante e em certo sentido, neotradicionais ou neoconservacionistas.

17. RELAÇÕES E DISSENSÕES ENTRE SABERES TRADICIONAIS E SABER CIENTÍFICO

Talvez vocês estejam esperando que eu diga que saberes tradicionais são semelhantes ao saber científico.[1] Não: eles são diferentes, e mais do que se imagina. São diferentes no sentido forte, ou seja, não apenas por seus resultados. Às vezes se acha que são incomensuráveis na medida em que, por exemplo, um permite a uma expedição da NASA (finalmente) tentar consertar o telescópio Hubble em plena órbita, e o outro não. Concordo, mas a incomensurabilidade entre conhecimento científico e conhecimento tradicional não reside primordialmente em seus respectivos resultados. As diferenças são muito mais profundas.

Poderíamos começar notando que, de certa maneira, os conhecimentos tradicionais estão para o científico como religiões locais para as universais. O conhecimento científico se afirma, por definição, como verdade absoluta, até que outro paradigma o venha a sobrepujar, como mostrou Thomas Kuhn. Essa universalidade do conhecimento científico não se aplica aos saberes tradicionais – muito mais tolerantes –, que acolhem frequentemente com igual confiança ou ceticismo explicações divergentes, cuja validade entendem seja puramente local. "Pode ser que, na sua terra, as pedras não tenham vida. Aqui elas crescem e estão portanto vivas."

A pretensão de universalidade da ciência talvez seja herdeira das ideias medievais de uma ciência cuja missão era revelar o plano divino. Desde o século XVII, ao se instaurar a ciência moderna,

---

1. Conferência realizada na Reunião da SBPC em Belém, Pará, 12/7/2007, publicada na *Revista da USP*, n. 75, set.-nov. 2007.

ela foi deliberadamente construída como una, através de protocolos de pesquisa acordados por uma comunidade. Um exemplo sintomático: colocada diante do escândalo lógico que é a coexistência de uma mecânica quântica e de uma mecânica newtoniana, a física é levada a uma esperança quase messiânica em uma compatibilização futura entre ambas. Mas essa é uma distinção conceitual. Quando se passa da física enquanto disciplina para as físicas e os físicos e no que eles acreditam, no que pensam e como agem, tudo muda. Estes se acomodam bem com trabalhar de manhã com física quântica, de tarde com a newtoniana e de noite irem consultar um pai de santo ou rezar numa Igreja. Napoleão perguntava: "Senhor Laplace, qual o lugar de Deus em sua teoria?", ao que este famosamente respondeu: "Majestade, não preciso dessa hipótese". Ele não disse que Deus existia ou não, disse apenas que a teoria se sustentava sem admitir Sua existência. Laplace poderia perfeitamente acreditar em Deus. Vários físicos famosos eram e são teístas ou acreditam concomitantemente em vários sistemas. Newton, como é sabido, era ao mesmo tempo físico e alquimista. Há outros exemplos, contemporâneos.

Bruno Latour chamou a atenção para esse problema. A ciência não passa ao largo de seus praticantes, ela se constitui por uma série de práticas e estas certamente não se dão em um vácuo político e social. Há também o problema comparativo de saber se saberes tradicionais e saber científico são unidades em si mesmas comparáveis, com algum grau de semelhança. A isso, uma resposta genérica mas central é *sim*, ambos são formas de procurar entender e agir sobre o mundo. E ambos são também obras abertas, inacabadas, se fazendo constantemente.

É curioso que o senso comum não as veja assim. Para este, o conhecimento tradicional é um tesouro no sentido literal da palavra, um conjunto acabado que se deve preservar, um acervo fechado transmitido por antepassados e ao qual não se deve acrescentar nada. Nada é mais equivocado: o conhecimento tradicional consiste tanto ou mais em seus processos de investigação quanto nos acervos já prontos transmitidos pelas gerações anteriores. Processos. Modos de fazer. Outros protocolos.

As semelhanças genéricas não podem eclipsar as profundas diferenças quanto à definição e ao regime. Há pelo menos tantos regimes de conhecimento tradicional quanto existem povos. É só por comodidade abusiva, para melhor homogeneizá-lo, para melhor contrastá-lo ao conhecimento científico, que podemos usar no singular a expressão "conhecimento tradicional". Pois enquanto existe por hipótese um regime único para o conhecimento científico, há uma legião de regimes de saberes tradicionais.

Em cada sociedade, inclusive na nossa, contemporânea, o que vem a ser, só de início de conversa, "conhecimento" ou "saber"? Em que campo se enquadram? Quais são suas subespécies, seus ramos, suas especialidades? E como se produz? A quem é atribuído? Como é validado? Como circula? Como se transmite? Que direitos ou deveres gera? Todas essas dimensões separam já de saída o conhecimento tradicional e o conhecimento científico. Nada ou quase nada ocorre no primeiro da mesma forma em que ocorre no segundo.

Não há dúvida, no entanto, de que o conhecimento científico é hegemônico. Essa hegemonia manifesta-se até na linguagem comum em que o termo "ciência" é não marcado, como dizem os linguistas. Isto é: quando se diz simplesmente "ciência", "ciência" *tout court*, está se falando de ciência ocidental; para falar de "ciência tradicional", é necessário acrescentar o adjetivo.

Se estamos de acordo em que saberes tradicionais e saber científico são diferentes, o passo seguinte é perguntar sobre as pontes entre eles. Há várias maneiras, novamente, de se colocar essa pergunta. Uma é se perguntar se as operações lógicas que sustentam cada um deles são as mesmas ou não, e se são, de onde provêm suas diferenças. Evans-Pritchard no final dos anos 1930 e Claude Lévi-Strauss no início dos anos 1960 deram respostas incisivas a essa questão. Em seu estudo sobre a bruxaria e oráculos entre os Azande do Sudão, Evans-Pritchard argumenta que não se trata de lógicas diferentes mas antes de *premissas diferentes* sobre o que existe no mundo. Dada uma ontologia e protocolos de verificação, o sistema é de uma lógica impecável a nossos olhos.

Em *O pensamento selvagem* (1962) Lévi-Strauss defende que saber tradicional e conhecimento científico repousam ambos sobre as mesmas operações lógicas e, mais, respondem ao mesmo apetite de saber. Onde residem então as diferenças patentes em seus resultados? As diferenças, afirma Lévi-Strauss, provêm dos níveis estratégicos distintos a que se aplicam. O conhecimento tradicional opera com unidades perceptuais, o que Goethe defendia contra o iluminismo vitorioso. Opera com as assim chamadas qualidades segundas, coisas como cheiros, cores, sabores... No conhecimento científico, em contraste, acabaram por imperar definitivamente unidades conceituais. A ciência moderna hegemônica usa conceitos, a ciência tradicional usa percepções. É a lógica do conceito em contraste com a lógica das qualidades sensíveis. Enquanto a primeira levou a grandes conquistas tecnológicas e científicas, a lógica das percepções, do sensível, também levou, segundo Lévi-Strauss, a descobertas e invenções notáveis e a associações cujo fundamento ainda, talvez, não entendamos completamente. Sem negar o sucesso da ciência ocidental, Lévi-Strauss sugere que esse outro tipo de ciência, a tradicional, seja capaz de perceber e até antecipar descobertas da ciência *tout court*. Reflexão profunda que encontra eco em posições de cientistas contemporâneos, como veremos adiante.

Note-se que as reflexões que precedem são elas próprias puramente conceituais: ao contrastar ciência e ciências tradicionais, esquecem a práxis dessas atividades e fazem abstração das dimensões institucionais, legais, políticas, econômicas, além de boa parte dos modos como são vistas e se veem a si mesmas. Ora, ciência, já se viu, não se faz no vácuo.

Voltando às pontes: o que as ciências tradicionais podem aportar à ciência? A questão, utilitarista, é antiga e muito controvertida. Na farmacologia, é um sub-ramo de uma controvérsia maior, a que opõe pesquisa baseada em produtos existentes na "natureza" àquela que parte de combinações sintéticas. Com efeito, há um ramo forte da farmacologia que nega qualquer vantagem em se partir de produtos naturais, sobretudo desde que métodos de testes em laboratório (*high through put screening*) foram exponencialmente acelerados. É verdade, admitem eles, que os produtos naturais são fruto de adaptações que já se provaram viáveis e eficientes, mas a possibilidade de simplesmente testar, em tempo curtíssimo, a atividade de milhões de combinações inventadas em laboratório teria reduzido, senão anulado, a vantagem comparativa de produtos naturais.

Se compararmos agora a frequência de acertos de atividade biológica em produtos naturais conhecidos e usados pelos saberes tradicionais com a de produtos naturais em geral, chega-se ao resultado seguinte: é várias centenas de vezes mais provável chegarmos a resultados positivos com os primeiros do que com estes últimos. Se partirmos de moléculas sintéticas, a diferença aumenta exponencialmente. Mas, argumenta a grande indústria, essa diferença de rendimento entre produtos usados na etnomedicina e moléculas sintéticas tornou-se negligenciável diante da velocidade dos métodos atuais de testes. Há, portanto, um argumento tecnológico aqui presente. No entanto, há fortes indícios – passados sob silêncio porque se reverencia a tecnologia e a ciência – de que problemas políticos, jurídicos e econômicos estão em ação aqui.

Mesmo de farmacólogos brasileiros que partem de substâncias existentes na natureza, ouvem-se juízos extraordinariamente arrogantes. Geralmente argumentam que os conhecimentos tradicionais em nada contribuem para o "progresso da ciência" porque a atividade que eles apontam, os seus usos tradicionais, não coincidem necessariamente com a atividade que a ciência descobre. Há muitos contraexemplos dessa assertiva e mencionarei alguns, embora isso nem me pareça ser uma questão central. Artigos científicos recentes sobre plantas amazônicas e do cerrado, por exemplo, mostram que o sangue de drago (*Croton lechleri*), usado por índios amazônicos no Peru como cicatrizante, contém um alcaloide, taspina, que tem precisamente esse efeito; várias plantas medicinais usadas como antidiarreicos na medicina tradicional brasileira têm efeito no combate aos rotavírus que causam diarreia e são o maior fator de mortalidade infantil; o barbatimão realmente contém moléculas com efeitos cicatrizantes.

Esses farmacólogos refratários aos conhecimentos tradicionais argumentam em suma que mesmo que estes tenham mostrado a existência de princípios ativos, eles raramente são úteis para os mesmos fins para que foram tradicionalmente usados. O uso tradicional não seria o que acaba sendo o "verdadeiro" uso ou o mais importante.

A isto outros farmacólogos retrucam que mesmo que assim fosse, a descoberta de princípios ativos em si mesma é uma contribuição importante a ser valorizada. O exemplo clássico disso é uma planta nativa de Madagascar que chamamos no Brasil de "beijo". Usada em diferentes partes do mundo como medicina tradicional, em 1950 passou a ser objeto de pesquisa científica. Por um lado, confirmaram-se as propriedades antidiabéticas que eram conhecidas por exemplo na Jamaica e na Europa. Por outro, descobriram-

-se nela várias outras substâncias com propriedades anticancerígenas, que desembocaram em drogas para tratar leucemia infantil e mal de Hodgkins. Como o câncer não constava entre as aplicações do beijo na medicina tradicional, farmacólogos em geral não reconheceram a dívida que tinham em relação a ela.

Outra forma ainda de diminuir a ciência tradicional é dizer que, contrariamente à ciência *tout court*, ela não procede por invenção, somente por descoberta e até, quem sabe, por imitação de outros primatas, macacos que usam plantas medicinais. Bastaria lembrar o ayahuasca, uma preparação de duas plantas, em que uma só tem efeito por via oral na presença da outra, para desmontar esse argumento. Não me consta que primatas façam essas preparações. Há vários outros argumentos e estudos que sustentam a utilidade e valor econômico da ciência tradicional mas, como veremos adiante, o "x" da questão é outro. Mais interessante é a posição de etnofarmacólogos como a professora gaúcha Elaine Elisabetsky, que vê na ciência tradicional um potencial de renovação dos próprios paradigmas de ação das substâncias ativas. De fato, escreve ela, "a compreensão dos conceitos de medicina tradicional em geral, e de suas práticas médicas em particular, pode ser útil na gênese de verdadeira inovação nos paradigmas de uso e desenvolvimento de drogas psicoativas" (Elisabetski 2004). Essa postura é particularmente importante: não se trata aqui, como muitos cientistas condescendentemente pensam, de simples validação de resultados tradicionais pela ciência contemporânea, mas do reconhecimento de que os paradigmas e práticas de ciências tradicionais são fontes potenciais de inovação da nossa ciência. Um dos corolários dessa postura é que as ciências tradicionais devem continuar funcionando e pesquisando. Não se encerra seu programa científico quando a ciência triunfante – a nossa – recolhe e eventualmente valida o que elas afirmam. Não cabe a esta última dizer: "Daqui para a frente, podem deixar conosco".

Um exemplo em outra área é elucidativo. Costuma-se chamar de saber ecológico tradicional ao conhecimento que populações locais têm de cada detalhe do seu entorno, do ciclo anual, das espécies animais e vegetais, dos solos etc. A relevância desse saber em geral não é disputada. Mais controverso é o problema da validade dos modelos locais. O que tenho visto é biólogos – mesmo aqueles que se dispõem a ouvi-los – "ensinarem" a seringueiros e índios qual é o modelo científico. Vejam o modelo de sustentabilidade da caça (estou me baseando na comunicação pessoal de Mauro Almeida com Glenn Shepard Júnior e Rossano Ramos e simplificando o exemplo): no início da década de 1990, dois biólogos importantes, Redford e Robinson (1991), produziram um modelo largamente aceito de "produção sustentável" que previa quantos indivíduos de cada espécie poderiam ser caçados de forma sustentável, baseado nas suas taxas de reprodução. Os seringueiros do Alto Juruá tinham um modelo diferente: a quem lhes afirmava que estavam caçando acima do sustentável (dentro do modelo Redford & Robinson), eles diziam que não: que o nível da caça dependia da existência de áreas de refúgio em que ninguém caçava. Ora, esse acabou sendo o modelo batizado de "fonte-ralo"(*source-sink*) proposto dez anos depois do modelo de "produção sustentável", por Novaro, Bodmer e o próprio Redford (2000), e que o suplantou.

Qual o ambiente legal que rege essas questões?

Até 1992, tal qual o que acontecia em relação aos recursos genéticos, o conhecimento tradicional era considerado patrimônio da humanidade. Com o advento da Convenção da Diversidade Biológica, aberta para adesões em 1992, no Rio de Janeiro, e hoje com quase duzentos países aderentes, instaurou-se um escambo.

A Convenção, no seu artigo 8j, reza o seguinte:

Cada Parte Contratante deve, na medida do possível e conforme o caso: [...]

> j) Em conformidade com sua legislação nacional, respeitar, preservar e manter o conhecimento, inovações e práticas das comunidades locais e populações indígenas com estilo de vida tradicionais relevantes à conservação e à utilização sustentável da diversidade biológica e incentivar sua mais ampla aplicação com a aprovação e a participação dos detentores desse conhecimento, inovações e práticas; e encorajar a repartição equitativa dos benefícios oriundos da utilização desse conhecimento, inovações e práticas.

O Brasil foi um dos primeiros países a assinar a Convenção, em 5 de junho de 1992, e o Congresso ratificou-a em 28 de fevereiro de 1994. É na regulamentação, no entanto, que os conflitos aparecem. Em consequência, apesar de vários projetos de lei tramitarem no

Congresso desde 1994, a regulamentação continua até hoje se dando através de Medida Provisória datada de 2001 e reeditada sucessivamente.

Depois de vários anos de debates e de impasses, em 2006, a Casa Civil tomou a matéria para si e tenta costurar com vários ministérios e a SBPC um projeto de lei a ser enviado ao Congresso. Esse anteprojeto de lei, entre outras coisas, quer conciliar as posições da Embrapa e as do Ministério do Meio Ambiente promovendo uma divisão que se quer salomônica: a agrobiodiversidade não estará sujeita às mesmas regras da biodiversidade em geral.

Tem-se dado muita importância nos debates ao valor financeiro potencial dos aportes da ciência tradicional para a farmacologia. Mas tão ou mais significativo é o aporte da ciência tradicional para a agronomia, em particular no que se refere a defensivos naturais e à variedade de espécies cultivadas ou semicultivadas pelas populações tradicionais *in situ*. Na versão atual do Projeto de Lei, a contribuição das populações tradicionais para a agrobiodiversidade terá um reconhecimento mais restrito do que o conhecimento tradicional em geral.

Em relação ao conhecimento tradicional, o Brasil encontra-se, como vários países megadiversos, entre dois fogos. Por um lado, é dos membros mais ativos, para não dizer o líder, do chamado "Disclosure Group", o grupo de países megadiversos[2] que postulam junto à Organização Mundial do Comércio que a origem e a legalidade do acesso aos recursos genéticos e/ou ao conhecimento tradicional sejam um requisito internacional para patentes. Ou seja, reivindicam que as patentes não sejam concedidas em lugar algum a menos que forneçam a prova de que o eventual acesso aos recursos genéticos ou ao conhecimento tradicional foi feito de forma legal. Da mesma forma, o Brasil tem se destacado junto a órgãos da ONU, por exemplo a Organização Mundial para a Proteção Intelectual (OMPI) na defesa dos direitos intelectuais que resultam de conhecimentos tradicionais. Esta é a posição do Brasil no âmbito internacional. Mas internamente, o governo está dividido e um dos mais ferrenhos opositores a que se reconheçam direitos intelec-

---

2. A saber, Brasil, China, Colômbia, Cuba, Índia, Paquistão, Peru, Tailândia, Tanzânia, Equador, África do Sul e, desde junho de 2007, Venezuela, o grupo africano e o grupo dos países menos desenvolvidos.

tuais aos saberes tradicionais é, curiosamente, o Ministério de Ciência e Tecnologia.

As populações indígenas e tradicionais em geral (entendam-se ribeirinhos, caiçaras, seringueiros e extrativistas, por exemplo) estão para o Brasil como o Brasil está para os países do G8, os países mais completamente industrializados. Ou seja, enquanto o Brasil protesta, com razão, contra a biopirataria – o acesso indevido a recursos genéticos e ao conhecimento tradicional –, enquanto ele arregimenta as populações tradicionais para serem vigilantes contra os biopiratas, estas, por sua vez, depois de serem por cinco séculos desfavorecidas, não percebem grande diferença entre biopirataria por estrangeiros e o que consideram biopirataria genuinamente nacional. Estamos (mal-)habituados em nosso colonialismo interno a tratar os índios e seringueiros no Brasil como "nossos índios", "nossos seringueiros", sem nos darmos conta de que isso é um indício de que os consideramos como um patrimônio interno, comum a todos os brasileiros (exatamente aquilo contra o que protestávamos quando nossos recursos eram ventilados como "patrimônio da humanidade").

O Brasil se encontra em uma situação muito especial: se por um lado é um país megadiverso em recursos genéticos e conhecimentos tradicionais, é também, contrariamente a vários outros desses países, suficientemente equipado cientificamente para desenvolver e valorizar esses recursos internamente. Em suma, encontra-se em uma posição privilegiada. Mas está perdendo uma oportunidade histórica, a de instaurar um regime de colaboração e intercâmbio respeitosos com suas populações tradicionais.

É sabido que a tecnologia que foi desenvolvida pela Embrapa dirigiu-se sobretudo ao setor agropecuário. O avanço desastroso em termos ecológicos da soja valeu-se dessa tecnologia. Está mais do que na hora, conforme Bertha Becker e Carlos Nobre têm insistido, de se desenvolver uma ciência e tecnologia para a floresta em pé. A valorização dos recursos genéticos e conhecimentos tradicionais é uma oportunidade chave dentro desse programa. Mas para que ele deslanche, algumas coisas são necessárias, entre elas, encontrar uma forma para o conhecimento científico e o conhecimento tradicional viverem lado a lado. Viverem lado a lado não significa que devam ser fundidos. Pelo contrário, seu valor está justamente na sua diferença. O problema então se torna achar os meios institucionais adequados para a um só tempo preencher três condições: reconhecer e valorizar as contribuições dos saberes tradicionais para o conhecimento científico; fazer participar as populações que as originaram nos seus benefícios; mas sobretudo, e essa é a mais complexa, preservar a vitalidade da produção do conhecimento tradicional. Essa tríplice condição parece mais fácil de dizer do que de fazer. A introdução da confidencialidade e do monopólio, por exemplo, que fazem parte do sistema ocidental contemporâneo de Direitos de Propriedade Intelectual, se estendidos a todos os regimes de conhecimentos tradicionais, pode ser causa de sérias distorções. Não que estes por definição sejam considerados coletivos, muito pelo contrário. Os sistemas tradicionais têm suas próprias regras de atribuição de conhecimentos que podem ou não ser coletivos, esotéricos ou exotéricos. Mas essas regras frequentemente entram em conflito com exigências de confidencialidade ou de monopólio. Introduzi-las pode ter consequências sérias e o uso e desenvolvimento dos resultados do conhecimento tradicional não pode se dar de forma que o paralise e destrua.

As outras duas condições são relativamente mais fáceis de ser implementadas, desde que se abandone o arraigado paternalismo do colonialismo interno e a arrogância da ciência ocidental. É preciso também encarar as dificuldades de implementação, como a de se estabelecer a legalidade (sem falar da legitimidade) de contratos com populações tradicionais. Um dos problemas que se colocam de saída, com efeito, é a ausência nos sistemas costumeiros, de representantes com autoridade sobre toda a população. Nas sociedades indígenas no Brasil, a regra é antes que cada chefe de aldeia tenha alguma autoridade sobre sua aldeia e que, em havendo dissensões, as aldeias se cindam. Criam-se para atender ao problema da legalidade de contratos Associações Civis cuja legitimidade pode ser frequentemente contestada.

Nessas condições, entende-se que poucas indústrias queiram se expor aos riscos para sua imagem pública de se ver confrontadas com acusações de biopirataria e que poucos cientistas queiram ter de negociar acesso e repartição de benefícios com populações que, além do mais, se tornaram extremamente desconfiadas entre outras coisas pela sua arregimentação na luta contra a biopirataria. Por sua parte, as sociedades tradicionais, bombardeadas que foram por campanhas que as acautelavam contra qualquer pesquisador, suspeito *a priori* de biopirataria, foram levadas a alimentar expectativas muitas vezes excessivas em relação ao potencial econômico de seus conhecimentos tradicionais, expectativas que só podem provocar desapontamentos.

Há, em suma, muitos obstáculos a transpor, mas se não soubermos construir novas instituições e relações equitativas com as populações tradicionais e seus saberes, estaremos desprezando uma oportunidade única.

18. "CULTURA" E CULTURA: CONHECIMENTOS TRADICIONAIS E DIREITOS INTELECTUAIS

Cantes de ida y vuelta[1]

Cantes de ida y vuelta, como guajiras, colombianas e milongas, são um gênero tradicional do flamenco andaluz desde pelo menos o

---

[1]. Este ensaio tem uma longa história. Começou com uma comunicação em Barcelona em 2002 e se expandiu em 2004 quando foi apresentado como a Conferência Marc Bloch da École des Hautes Études en Sciences Sociales. Sua forma final, muito aumentada, se inseriu na coleção de panfletos dirigida por Marshall Sahlins, a Prickly Paradigm. Esta última incarnação, traduzida do inglês por Beatriz Perrone-Moisés, explica a forma inusitada do texto. A ordem editorial era suprimir referências bibliográficas e notas de rodapé. A falta de referências bibliográficas me atrapalhou um pouco para dar o seu ao seu dono e o jeito foi mencionar por extenso pelo menos os autores mais relevantes. A falta de notas de rodapé, ao contrário, veio a calhar. De certa maneira, o que em outros gêneros acadêmicos seriam notas acabou inserido no próprio texto, que vem portanto eivado de digressões.

Relendo recentemente um artigo de Terence Turner de 1991, surpreendi-me em vê-lo todo anotado, e descobrir convergências flagrantes com minha reflexão, que me levaram a pensar no papel que ele teria desempenhado na gestação do meu próprio texto. Não se trata da adoção das aspas entre as quais se grafou e apertou "cultura". Esse recurso tipográfico já foi abundantemente usado para significar elisão, distanciamento ou deslizamento de sentido. De minha parte, pensei seriamente em usar *caltura* ou *calture* ou até *kaltura* ou *kalture* em vez de "cultura" ou "culture". A alusão seria a *kastom*, a corruptela da palavra inglesa *custom* adotada na Melanésia e que, segundo consta, está em todas as bocas por lá e atesta a extensão do recurso à "cultura" e sua reificação. Se finalmente optei pelo menos exótico "cultura", foi por uma razão específica: esse recurso tipográfico era mais consistente com o uso da lógica e se adaptava mais à conotação de sistema metacultural que eu queria lhe imprimir.

século XIX, quando se iniciou a era pós-colonial do império espanhol. A Espanha saía do colonialismo quando a maioria dos outros países ocidentais ingressava nele: ela sempre esteve adiante de seu tempo. Os *cantes de ida y vuelta* eram produtos coloniais introduzidos na Espanha, frutos da apropriação e da transformação de gêneros musicais flamencos praticados nas colônias – as atuais Cuba, Colômbia e Argentina. Daí serem conhecidos como cantos de ida e volta.

A situação pós-colonial não caracteriza apenas as ex-colônias. É também um traço importante das ex-metrópoles, quando mais não fora porque estas agora tentam conter a onda de imigração de seus antigos súditos. As categorias analíticas – e evito aqui de propósito o altissonante "conceito" – fabricadas no centro e exportadas para o resto do mundo também retornam hoje para assombrar aqueles que as produziram: assim como os *cantes flamencos*, são coisas que vão e voltam, difratadas e devolvidas ao remetente. Categorias de *ida y vuelta*.

Uma dessas categorias é "cultura". Noções como "raça", e mais tarde "cultura", a par de outras como "trabalho", "dinheiro" e "higiene", são todas elas bens (ou males) exportados. Os povos da periferia foram levados a adotá-las, do mesmo modo que foram levados a comprar mercadorias manufaturadas. Algumas foram difundidas pelos missionários do século XIX, como bem mostraram Jean e John Comaroff, mas num período mais recente foram os antropólogos os principais provedores da ideia de "cultura", levando-a na bagagem e garantindo sua viagem de ida. Desde então, a "cultura" passou a ser adotada e renovada na periferia. E tornou-se um argumento central – como observou pela primeira vez Terry Turner – não só nas reivindicações de terras como em todas as demais.

Há ainda paralelos com itinerários imprevistos de outras categorias. O cristianismo, por exemplo, também foi exportado do Ocidente como produto colonial e imposto a grande parte da África. Um tanto paradoxalmente, porém, o cristianismo africano veio a desempenhar um papel proeminente na resistência contra as potências coloniais. Do mesmo modo, a "cultura", uma vez introduzida no mundo todo, assumiu um novo papel como argumento político e serviu de "arma dos fracos", o que ficará particularmente claro nos debates em torno dos direitos intelectuais sobre os conhecimentos dos povos tradicionais. Isso não porque o "conhecimento" figurasse com destaque na lista que um dos patriarcas da antropologia, Edward Tylor, elaborou para definir cultura, e sim porque as questões de direitos intelectuais relançaram os debates sobre cultura com novo vigor.

Há no entanto diferenças significativas na comparação entre cristianismo e cultura. No século XVI, por mais que se debatesse se os povos do Novo Mundo eram as tribos perdidas de Israel ou se São Tomé teria pregado a Boa Nova nas Américas, pressupunha-se que os povos periféricos não haviam conhecido a verdadeira religião ou a haviam perdido até que ela lhes fosse trazida pelas potências coloniais e pela Igreja. Com a cultura o caso é mais complicado, porque supostamente trata-se de algo que esses povos já previamente teriam e conservariam. Na linguagem marxista, é como se eles já tivessem "cultura em si" ainda que talvez não tivessem "cultura para si". De todo modo, não resta dúvida de que a maioria deles adquiriu essa última espécie de "cultura", a "cultura para si", e pode agora exibi-la diante do mundo. Entretanto, como vários antropólogos apontaram desde o final dos anos 1960 (e outros redescobrem com estrépito de tempos em tempos), essa é uma faca de dois gumes, já que obriga seus possuidores a demonstrar performaticamente a "sua cultura".

Acredito firmemente na existência de esquemas interiorizados que organizam a percepção e a ação das pessoas e que garantem um certo grau de comunicação em grupos sociais, ou seja, algo no gênero do que se costuma chamar de cultura. Mas acredito igualmente que esta última não coincide com "cultura", e que existem disparidades significativas entre as duas. Isso não quer dizer que seus conteúdos necessariamente difiram, mas sim que não pertencem ao mesmo universo de discurso, o que tem consequências consideráveis. Em suma, tratarei de mostrar aqui que esse é um caso especialmente enganador de "falsos amigos": uma vez que nem sempre percebemos ou observamos o uso das aspas, cultura e "cultura" se confundem.

Era desse tipo de ida e volta que eu falava. Enquanto a antropologia contemporânea, como Marshall Sahlins apontou, vem procurando se desfazer da noção de cultura, por politicamente incorreta (e deixá-la aos cuidados dos estudos culturais), vários povos estão mais do que nunca celebrando sua "cultura" e utilizando-a com sucesso para obter reparações por danos políticos. A política acadêmica e a política étnica caminham em direções contrárias. Mas a academia não pode ignorar que a "cultura" está ressurgindo para assombrar a teoria ocidental.

As aventuras da "cultura", contudo, não param por aí. As idas e voltas continuam. E já que cultura e "cultura" se desencontraram, surge um interessante problema para a pesquisa etnográfica: quais são os processos, as questões e as transformações implicadas no ajuste e na tradução da categoria importada de "cultura" por povos periféricos? Formulada com o recurso a uma expressão e uma fértil ideia de Marshall Sahlins, a questão passa a ser esta: como se dá a indigenização da noção de cultura?

Uma primeira história

O velho levantou-se, imponente. Olhou para o auditório e disse com indignação, em português: "Alguém aqui acha que *honi* é cultura? Eu digo que não. Não é! *Honi* não é cultura!".

Estávamos ali, em junho de 2005, discutindo os direitos intelectuais indígenas sobre itens culturais, mais especificamente os direitos sobre o uso de uma secreção de rã de que falaremos mais adiante. Todos os presentes compreenderam imediatamente a menção do velho chefe yawanawa a *honi*, que à primeira vista é coisa totalmente diferente. Como essa é uma longa história, por ora direi apenas que *honi* é a palavra yawanawa (e de várias outras línguas do tronco pano) para uma bebida alucinógena com base na combinação de um cipó e das folhas de um arbusto, conhecida no mundo indígena da Amazônia ocidental sob diversos nomes – tais como *ayahuasca*, *nishi pae*, *yagé*, *kaapi* – e no Acre, de um modo genérico, como "cipó". Desde a década de 1930, pelo menos, a *ayahuasca* foi incorporada como parte essencial de diversas religiões populares não indígenas atuantes em localidades urbanas do Acre e de Rondônia. A partir do final dos anos 1970, essas religiões conheceram retumbante sucesso nas grandes cidades do país, atraindo intelectuais com preocupações ecológicas, atores de TV, jovens *new age* e até, o que é bastante interessante, ex-guerrilheiros. Algumas dessas religiões acabariam sendo exportadas a partir dos anos 1990 para os Estados Unidos e para a Europa.

De volta à cena. Era o segundo dia de um complexo encontro em Rio Branco, capital do Acre, reunindo representantes de vários grupos étnicos que vinham de um encontro mais amplo em que haviam fundado uma organização indígena abrangendo o Acre e parte do Amazonas. O primeiro dia havia sido tomado por longas explicações de uma advogada do Ministério do Meio Ambiente acerca dos aspectos legais da reivindicação de direitos intelectuais sobre conhecimentos tradicionais. No segundo dia teria início um debate sobre a repartição dos eventuais benefícios. O encontro tinha a ver com um assunto surgido dois anos antes, relacionado aos direitos intelectuais sobre o uso de uma secreção de perereca (ou seja, uma rã arborícola) conhecida localmente como "vacina de sapo" e que se popularizou no país com um de seus nomes pano, *kampô* (voltaremos a essa história com pormenores). Poderiam reivindicar o conhecimento tradicional do uso da secreção todos os grupos indígenas com sufixo *-nawa* ou *-bo* em seus etnônimos (mais precisamente, todos os falantes de línguas pano do interflúvio Ucayali-Juruá tanto no Brasil como no Peru, além de alguns de seus vizinhos setentrionais), mas somente os Yawanawa, os Kaxinawa e os Katukina estavam ali representados. Alguns Apurinã, que não reivindicavam aquele conhecimento específico, tinham ficado para assistir ao debate e pareciam bastante intrigados com a discussão, que provavelmente lhes abria novos horizontes. Francisco Piyãko, então secretário do Estado do Acre para os Povos Indígenas, também estava presente. Sua atitude ponderada e sua influência, e também o fato de que desde o início descartara qualquer reivindicação naquele sentido por parte dos Ashaninka, conferiam-lhe grande autoridade moral. Segundo Piyãko, embora os Ashaninka, falantes de língua aruaque, utilizassem a secreção da rã, haviam aprendido a fazê-lo com seus vizinhos de língua pano.

A questão crucial do encontro era chegar a um consenso quanto às formas legais de encaminhar as negociações em torno do conhecimento ligado ao uso do *kampô*. Os Katukina estavam na origem de toda a mobilização, e tinham angariado o apoio do Ministério do Meio Ambiente. Porém, os três katukina presentes viram-se numa posição desconfortável, acusados pelos Yawanawa, e em menor medida pelos Kaxinawa, de pretenderem monopolizar um conhecimento que era comum a todos os grupos de língua pano ali presentes. Os Yawanawa e os Katukina compartilham uma terra indígena à beira do rio Gregório, uma situação *sui generis* e com grande potencial de conflitos. Essas diferenças resultaram, entre outras coisas, em alianças com diferentes atores externos. Os Yawanawa haviam expulsado os missionários protestantes, estreitado laços com a comunidade empresarial ambientalista norte-americana, sobretudo a Aveda, e se distinguiam por sua experiência em assuntos urbanos e em conexões internacionais. Os Katukina, mais observantes então de seus "costumes tradicionais", constituíam de certo modo uma reserva cultural para os Yawanawa. Na assembleia, estes predominavam sobre a delegação katukina numérica e retoricamente. Mas a situação era um tanto irônica, uma vez que os Katukina é que haviam tomado a iniciativa da mobilização em torno da secreção do *kampô*.

Para se entender o que estava acontecendo no evento é preciso ampliar a contextualização, incluindo diferentes campos e escalas: instrumentos legais internacionais, grupos de interesse transnacionais, políticas nacionais, subnacionais e locais, política indígena e política científica. Isso provavelmente é muito mais do que o leitor quer saber, mas é preciso elucidar cada um desses domínios para que se possa entender plenamente o contexto. Passemos então a uma história de detetive: a história da rã, com seu elenco completo de personagens. Qual o interesse dela? Bem, no mínimo é uma etnografia de eventos relativamente recentes – que surgiram com essa configuração em meados dos anos 1990 – e que têm equivalentes em muitas partes do mundo. Mas estou interessada na história especialmente pelos seguintes motivos.

Em primeiro lugar, acho que nos ressentimos de falta de cronistas. Os historiadores contemporâneos que estudam o século XIX, por exemplo, apoiam-se em boa medida nos relatos produzidos por viajantes ao longo daquele século. Esses relatos constituíam um gênero em si mesmo. Eram crônicas de acontecimentos e atmosferas que não mereciam registro por parecerem triviais, modestos demais para serem notícia. Os diários pessoais eram reservados aos sentimentos e eventos notáveis. Somente os viajantes achavam que havia interesse em escrever sobre costumes ou episódios que sem eles passariam em branco, e que em nada se destacavam na percepção de quem os vivia. É certo que os viajantes tinham um olhar enviesado e ouvidos mal sintonizados, mas nestes tempos de reflexividade representacional e de ansiedade intelectual quero fazer o elogio desses viajantes e etnógrafos ingênuos. Quem, hoje em dia, faria tal crônica detalhada de eventos miúdos em lugares remotos? Seja como for, achei que devia assumir a tarefa de escrever a crônica dessa história específica, que ilustra os processos pelos quais a questão dos direitos intelectuais vem sendo apropriada por grupos locais.

Creio ainda que essa história nos leva de volta à tão debatida questão da cultura. Mas não tanto como uma categoria analítica da antropologia, e sim como uma categoria vernácula. O que me interessa aqui é sobretudo o uso local que se faz dessa categoria de cultura. Uma abordagem pragmática, se quiserem. Interessa-me, por exemplo, entender por que o velho chefe yawanawa declarava que *honi* não era cultura.

Além disso, estou interessada na relação entre uma categoria e outra, isto é, entre o que os antropólogos costumavam chamar de cultura e o que os povos indígenas estão chamando de "cultura". Não estou interessada apenas na relação lógica entre as duas categorias, embora isso me interesse muito. Mais importante, porém, é procurar entender os efeitos de sua copresença. A coexistência de cultura e "cultura" produz efeitos e consequências?

Como surgem negociações em torno de conhecimentos tradicionais

Hoje, o acesso a conhecimentos tradicionais sobre recursos genéticos e a sua utilização exigem negociações com consentimento formal e repartição de eventuais benefícios com populações tradicionais, tudo isso intermediado ou ratificado pelo Estado. Essas exigências decorrem de um construto legal e institucional firmado em âmbito internacional em 1992: a Convenção sobre Diversidade Biológica, das Nações Unidas.

Esse construto legal, por sua vez, encerra vários pressupostos quanto ao status, à natureza, à produção e à circulação de conhecimentos, sejam eles "tradicionais" ou "científicos". Contém ainda pressupostos relativos aos tipos de direitos daí resultantes. Procura-se, por exemplo, "projetar", no sentido da geometria projetiva (que é também o sentido psicanalítico), os atributos do conhecimento tradicional sobre os do conhecimento científico, reduzindo-se a complexidade do conhecimento tradicional à do conhecimento científico: fecham-se deliberadamente os olhos para os aspectos que os diferenciam, na esperança de uma universalidade que os transcenda. Mas os pontos frágeis desses pressupostos são pragmaticamente desconsiderados no afã de se chegar a algum entendimento, mesmo que (sabidamente) o acordo sobre os termos não necessariamente traduza um entendimento compartilhado pelas partes.

A primeira e mais importante consequência do novo construto legal é a definição ou redefinição da relação entre pessoas e conhecimento. Como veremos adiante, a convenção fala em "detentores" e não em "proprietários" de conhecimentos tradicionais. Também fala em "soberania" e não em "domínio" ou "propriedade" de Estados nacionais sobre recursos genéticos. Apesar dessas precauções, porém, as efetivas transações sobre conhecimentos tradicionais – quer se trate de consentimento informado para a pesquisa ou de contratos para a repartição de benefícios – acabam produzindo uma relação de propriedade, ou muito próxima dela, entre os detentores e o "seu" conhecimento. O pronome possessivo já diz tudo. *Mutatis mutanda*, poderia-se subscrever o que Mark Rose escreveu com tanta eloquência a respeito do direito autoral no século XVII, matriz dos conceitos gêmeos de autoria e de relação de propriedade entre um autor e seu trabalho:

> A principal encarnação institucional da relação entre autor e obra é o direito autoral, que [...], dotando-a de realidade legal, produz e afirma a própria identidade do autor [...]. Observa-se aí [...] a emergência simultânea, no discurso da lei, do autor proprietário e da obra literária. Os dois conceitos estão atrelados um ao outro.

Note-se que Foucault também disse mais ou menos isso ao discutir a "função-autor".

Recorrendo-se ao caso do encontro de junho de 2005 em Rio Branco, pode-se perceber como o conceito de propriedade sobre o conhecimento foi apropriado por povos indígenas em sua interface com a sociedade ocidental e levado a novos desdobramentos. Alguém no auditório, por exemplo, levantou a questão dos direitos intelectuais sobre línguas indígenas: "Por que é que esses missionários e antropólogos querem aprender a nossa língua? Estamos ensinando nossa língua a eles até hoje. Mas como é que eles estão usando isso?". *Nota bene*: por mais surreal que possa parecer hoje, essa reivindicação pode ter algo a ver com o uso da língua navajo pelos Estados Unidos para codificar mensagens durante a Segunda Guerra Mundial.

Discursos das Nações Unidas sobre conhecimento tradicional: o Relatório Brundtland e a Cúpula da Terra

O discurso internacional sobre conhecimento tradicional do meio ambiente foi oficializado pela primeira vez, em 1987, no relatório da Comissão Mundial sobre Meio Ambiente e Desenvolvimento da ONU intitulado "Nosso futuro comum", também conhecido como "Relatório Brundtland". Encomendado pela ONU em 1983 e coordenado por Gro Harlem Brundtland, então Primeira-ministra da Noruega, o Relatório foi apresentado à Assembleia Geral das Nações Unidas em 1989. O parágrafo 46 da sua Introdução afirma:

> Povos indígenas e tribais precisarão de atenção especial diante das ameaças trazidas pelas forças de desenvolvimento econômico a seus modos de vida – modos de vida estes que podem oferecer às sociedades modernas muitas *lições de manejo de recursos em complexos ecossistemas de floresta, montanha e zonas áridas*. Alguns destes povos estão ameaçados de virtual extinção por um desenvolvimento insensível e sobre o qual não possuem controle. Seus direitos tradicionais devem ser reconhecidos e deve ser-lhes dada voz decisória na formulação de políticas de desenvolvimento dos recursos em suas áreas [grifo meu].

Um dos resultados institucionais do Relatório Brundtland e de sua discussão na Assembleia Geral das Nações Unidas foi a convocação da Conferência das Nações Unidas sobre Meio Ambiente e Desenvolvimento (UNCED), a chamada "Cúpula da Terra" realizada no Rio de Janeiro em 1992, que adotou explicitamente como diretriz o conceito de "desenvolvimento sustentável". A Declaração sobre Meio Ambiente e Desenvolvimento do Rio, lançada na Cúpula, afirma em seu princípio 22 que "os povos indígenas [...] possuem um papel fundamental no manejo e desenvolvimento do meio ambiente, devido a seu conhecimento vital e a suas práticas tradicionais".

O relatório oficial da Cúpula, a chamada "Agenda 21", expõe em detalhes um programa de desenvolvimento sustentável para o século XXI. Um capítulo inteiro, o de número 26, intitulado "Reconhecimento e fortalecimento do papel de povos indígenas e de suas comunidades", trata dessa questão. Note-se que a expressão "conhecimento científico tradicional" (sobre recursos naturais, terra e meio ambiente) aparece nesse capítulo ao lado de formulações mais habituais, tais como "práticas tradicionais de manejo de recursos". O qualificativo "científico" é ainda mais digno de nota na medida em que está ausente de outros documentos. Assim, ao detalhar as bases para o reconhecimento e inclusão de povos indígenas e tradicionais a Agenda 21 declara:

> Durante muitas gerações [as populações indígenas e suas comunidades] desenvolveram um *conhecimento científico tradicional* e holístico de suas terras, dos recursos naturais e do meio ambiente. [...] Tendo em vista a inter-relação entre o meio natural e seu desenvolvimento sustentável e o bem-estar cultural, social, econômico e físico dos povos indígenas, os esforços nacionais e internacionais de implementação de um desenvolvimento ambientalmente saudável e sustentável devem reconhecer, acomodar, promover e fortalecer o papel dos povos indígenas e de suas comunidades [grifo meu].

A Agenda 21 abrange múltiplos aspectos da questão e traz recomendações sobre as condições legais necessárias, em âmbito global e nacional, para garantir aos povos indígenas o controle sobre terras e sobre processos decisórios, bem como seus direitos intelectuais e culturais. Não aborda porém – à diferença da Convenção sobre Diversidade Biológica, comentada a seguir – a repartição de benefícios com os povos indígenas.

Objetivos
26.3. Em cooperação plena com as populações indígenas e suas comunidades, os Governos e, quando apropriado, as organizações intergovernamentais, devem se propor a cumprir os seguintes objetivos:
(**a**) Estabelecer um processo para investir de autoridade as populações indígenas e suas comunidades, por meio de medidas que incluam:

(i) A adoção ou fortalecimento de políticas e/ou instrumentos jurídicos adequados em nível nacional;

(ii) O reconhecimento de que as terras das populações indígenas e suas comunidades devem ser protegidas contra atividades que sejam ambientalmente insalubres ou que as populações indígenas em questão considerem inadequadas social e culturalmente;

(iii) O reconhecimento de seus valores, seus conhecimentos tradicionais e suas práticas de manejo de recursos, tendo em vista promover um desenvolvimento ambientalmente saudável e sustentável;

(iv) O reconhecimento de que a dependência tradicional e direta dos recursos renováveis e ecossistemas, inclusive a coleta sustentável, continua a ser essencial para o bem-estar cultural, econômico e físico das populações indígenas e suas comunidades;

(v) O desenvolvimento e o fortalecimento de mecanismos nacionais para a solução das questões relacionadas com o manejo da terra e dos recursos;

(vi) O apoio a meios de produção ambientalmente saudáveis alternativos para assegurar opções variadas de como melhorar sua qualidade de vida, de forma que possam participar efetivamente do desenvolvimento sustentável;

(vii) A intensificação do fortalecimento institucional e técnico para comunidades indígenas, baseada na adaptação e no intercâmbio de experiências, conhecimentos e práticas de manejo de recursos tradicionais, para assegurar seu desenvolvimento sustentável;

(b) Estabelecer, quando apropriado, mecanismos para intensificar a participação ativa das populações indígenas e suas comunidades na formulação de políticas, leis e programas relacionados com o manejo dos recursos no plano nacional e em outros processos que possam afetá-las, bem como as suas iniciativas de propostas para tais políticas e programas;

(c) Participação das populações indígenas e suas comunidades, nos planos nacional e local, nas estratégias de manejo e conservação dos recursos e em outros programas pertinentes estabelecidos para apoiar e examinar as estratégias de desenvolvimento sustentável, tais como as sugeridas em outras áreas de programas da Agenda 21.

A Convenção sobre Diversidade Biológica

A Convenção sobre Diversidade Biológica (CDB) também resultou da Cúpula da Terra, e foi aberta a assinaturas já em 1992. Desde então, foi ratificada por quase duzentos países, com a notável exceção dos Estados Unidos, que a assinou mas nunca a ratificou.

O principal propósito por trás da Convenção era regular o acesso aos recursos genéticos e garantir a repartição de benefícios que deles se originassem. Até então, os recursos genéticos eram considerados patrimônio comum da humanidade, e havia plena liberdade de acesso a eles. No entanto, os direitos de propriedade intelectual sobre as invenções derivadas desses recursos eram totalmente privatizados. Ademais, os recursos genéticos e as patentes se concentravam em áreas geograficamente distintas e complementares. De um modo geral, enquanto os países ricos em recursos genéticos eram carentes em tecnologia de ponta, aqueles tecnologicamente mais avançados careciam de riqueza em recursos genéticos. Visto que as patentes estavam fortemente concentradas no hemisfério norte, essa disjunção logo viria a ser espacializada como um "conflito Norte/Sul", que opunha os sete países mais ricos do mundo, o G7, às demais nações. Um Sul aliás *sui generis*, já que incluía a China mas não a Austrália.

Como a riqueza em recursos genéticos e a riqueza industrial eram inversamente proporcionais, não surpreende que o Sul, ou pelo menos alguns de seus representantes, tenha visto na CDB um instrumento de justiça redistributiva. A CDB estabelece a soberania de cada país sobre seus recursos genéticos. Ela é pensada essencialmente como uma solução de compromisso por meio da qual os países permitem o acesso regulamentado a seus recursos genéticos em troca de transferência de tecnologia e repartição de benefícios de um modo geral.

Na década de 1990 a categoria "Sul" já operava politicamente em diferentes arenas, podendo representar diferentes agregados de países e regiões. Em sua versão "recursos genéticos", representava um bloco de países "megadiversos" cada vez mais articulados, uma coalizão que incluía quase todos os países tropicais da América Latina e do Sudeste Asiático, além da China e de vários países africanos. Esse bloco político consolidou-se e ganhou o nome de "Países megadiversos alinhados" (Like-Minded Mega Diverse

Countries). Dele faziam parte a Bolívia, o Brasil, a China, a Colômbia, a Costa Rica, a República Democrática do Congo, o Equador, a Índia, a Indonésia, o Quênia, Madagascar, Malásia, México, Peru, as Filipinas, a África do Sul e a Venezuela. Essa coalizão opunha-se regularmente ao bloco dos representantes dos países industrializados, detentores da vasta maioria dos direitos de propriedade intelectual – a saber, os Estados Unidos, a União Europeia e o Japão. Como os Estados Unidos nunca ratificaram a CDB, embora a tivessem assinado desde a primeira hora, não participavam oficialmente dos fóruns da Convenção, mas seus interesses eram representados pelos governos do Canadá, da Austrália e da Nova Zelândia.

Cabe ressaltar que os direitos indígenas nunca estiveram no centro dos interesses dos países megadiversos: eram os interesses em seus recursos genéticos que os levavam aos direitos indígenas. A Índia e o Brasil assumiram a liderança do bloco dos países megadiversos desde o início. Os dois países também estiveram à frente de alguns dos casos mais notórios de licenciamento compulsório, invocando a saúde pública e outros argumentos para justificar a quebra de patentes (o licenciamento compulsório é previsto pela Organização Mundial do Comércio em casos excepcionais, mas daí a colocá-lo em prática vai uma longa distância). O primeiro caso de licenciamento compulsório (que equivale a poder fabricar produtos genéricos ignorando a vontade dos detentores das patentes) foi o da produção de medicamentos de baixo custo contra a Aids estabelecida pelo Ministério da Saúde durante o governo Fernando Henrique Cardoso (1994-2002). Desde 2003, já na gestão Lula, o governo brasileiro manifestou uma crescente tendência à contestação da rigidez dos direitos autorais em todas as áreas. O ex-Ministro da Cultura Gilberto Gil apoiou o movimento pela flexibilização dos direitos autorais e endossou o sistema de licenciamento Creative Commons, o sistema de *direitos autorais à la carte* no qual este panfleto foi publicado em sua versão original.

No que se refere aos povos indígenas no Brasil, a questão é mais complexa, como veremos depois de discutirmos a história dos dispositivos legais relativos ao conhecimento tradicional.

A contribuição da CDB às questões do conhecimento tradicional e da repartição de benefícios aparece no Preâmbulo (parágrafo 12) e em pelo menos dois outros trechos do documento, mas é marcante no parágrafo j do artigo 8º:

Cada Parte Contratante deve, na medida do possível e conforme o caso: [...]
j) Em conformidade com sua legislação nacional, respeitar, preservar e manter o conhecimento, inovações e práticas das comunidades locais e populações indígenas com estilo de vida tradicionais relevantes à conservação e à utilização sustentável da diversidade biológica e incentivar sua mais ampla aplicação com a aprovação e a participação dos detentores desse conhecimento, inovações e práticas; e encorajar a repartição equitativa dos benefícios oriundos da utilização desse conhecimento, inovações e práticas.

Repare-se que onde a Agenda 21 fala de direitos intelectuais e culturais, fonte indiscutível de direitos materiais e morais, a cdb fala, em termos mais específicos, de "repartição equitativa dos benefícios". Além disso, o artigo 8j refere-se de modo abrangente a comunidades indígenas e locais, ao passo que a Agenda 21, no capítulo 26, se refere unicamente a povos indígenas. Note-se ainda que a CDB trata do conhecimento tradicional tanto no tocante a recursos genéticos como no que diz respeito ao "manejo" sustentável de sistemas ecológicos, o chamado "conhecimento ecológico tradicional".

Graças a uma rede de organizações indígenas e a ONGs de apoio, essas breves menções ao conhecimento tradicional na CDB deflagraram uma discussão muito mais ampla. No âmbito das atividades das partes integrantes da Convenção cabe destacar os seguintes desdobramentos. Desde 1996, o tema do conhecimento tradicional figura na agenda da conferência bienal em que as partes discutem as implicações da CDB. Em 1997, foi realizado em Madri um *workshop* sobre o tema. Em 1998, foi criado um grupo de trabalho *ad hoc* para investigar o conhecimento tradicional, de modo que o secretariado da CDB conta com um grupo permanente de peritos encarregados de examinar o artigo 8j, que se reúne a cada dois anos. Em 2000, criou-se um grupo permanente dedicado à repartição de benefícios, pensada a princípio entre países. Os movimentos indígenas logo interligaram os dois temas, reivindicando sua participação tanto na discussão do artigo 8j como naquela da repartição de benefícios. Afirmavam assim que a repartição de benefícios não era apenas um problema entre Estados nacionais, mas também um problema interno dos Estados com relação às suas populações tradicionais.

Em compasso com a CDB, várias outras instituições da ONU assumiram ativamente a discussão sobre conhecimentos tradicionais e produziram uma intensa atividade em torno do tema, da qual daremos alguns exemplos.

A Organização Mundial da Propriedade Intelectual (OMPI) e a Organização para a Educação, a Ciência e a Cultura (Unesco) já haviam elaborado em 1982 uma primeira proposta de instrumento internacional que de certo modo tratava da questão do conhecimento tradicional: "Modelos de regras para leis nacionais de proteção a expressões do folclore contra a exploração ilícita". Em 1998-99, a OMPI enviou missões de levantamento de informações ao mundo todo e convocou duas mesas-redondas sobre propriedade intelectual e conhecimento tradicional. Em 2000, criou um órgão específico para o exame desses temas: o Comitê Intergovernamental sobre Propriedade Intelectual e Recursos Genéticos, Conhecimento Tradicional e Folclore.

A Organização para a Alimentação e a Agricultura (FAO) revisou seu "Compromisso sobre recursos fitogenéticos para a alimentação e a agricultura" de modo a harmonizá-lo com a CDB, e em 2001 propôs um "Tratado Internacional sobre Recursos Fitogenéticos para a Alimentação e Agricultura", em cujo preâmbulo (parágrafo 7º) se afirma:

> As Partes Contratantes reconhecem a enorme contribuição que as comunidades locais e indígenas e os agricultores de todas as regiões do mundo, particularmente aquelas nos centros de origem e diversidade de cultígenos, têm dado e continuarão dando ao desenvolvimento de recursos genéticos vegetais que constituem a base da produção de alimento e da agricultura no mundo todo.

A Conferência sobre Comércio e Desenvolvimento (UNCTAD) convocou em 2000 um encontro de especialistas para discutir "sistemas e experiências nacionais para a proteção de conhecimento, inovações e práticas tradicionais", enquanto a Organização Mundial de Saúde (OMS) começava a examinar o tema da repartição de benefícios em casos de uso comercial da medicina tradicional.

Fora da esfera da ONU, os bancos multilaterais começaram a reconhecer pelo menos nominalmente o conhecimento tradicional. No Banco Mundial, por exemplo, em 2001 havia o cargo de "diretor de conhecimentos da África". Em certa ocasião, Nicolas Gorjestani, seu titular, citou James D. Wolfensohn, então presidente do Banco: "O conhecimento indígena é parte integrante da cultura e da história de uma comunidade local. Precisamos aprender com as comunidades locais a enriquecer o processo de desenvolvimento".

A própria OMC, que havia tentado permanecer alheia à questão, está tendo de enfrentá-la. Por trás disso há conflitos significativos tanto de jurisdição como de autoridade, já que a CDB é um instrumento da ONU. Os Estados Unidos, como já assinalado, jamais ratificaram a Convenção e portanto não participam desse tratado, mas por outro lado são um membro ativo e proeminente da OMC, que, ao contrário da ONU, tem o poder de impor pesadas sanções aos membros que deixem de cumprir suas determinações. A OMC está particularmente preocupada com direitos de propriedade intelectual, tanto assim que exige dos países interessados em nela ingressar que se comprometam a respeitar o Acordo sobre Aspectos dos Direitos de Propriedade Intelectual Relacionados ao Comércio (TRIPS – Trade Related Aspects of Intellectual Property Rights), firmado em seu âmbito em 1994. Como as determinações da OMC não são necessariamente compatíveis com as da CDB, a questão da precedência continua em discussão. Embora a OMC afirme não ter nenhuma obrigação para com a CDB e tenha procurado manter-se alheia aos debates sobre os conhecimentos locais e indígenas, acabou por ser envolvida no assunto. Desde o final de 1998, segundo documento oficial da entidade, "a questão da proteção de recursos genéticos, conhecimento tradicional e folclore, incluindo os de povos indígenas, tem estado em discussão no Conselho do TRIPS".

Até a década de 1990, alguns órgãos da ONU, em especial a FAO, defendiam basicamente o domínio público. Contudo, aquela foi a década da Rodada Uruguai e do Acordo TRIPS. Como acabamos de ver, para se tornar membros da OMC os países tinham de adequar suas legislações ao TRIPS – ou seja, tinham de adotar medidas rigorosas de proteção dos direitos de propriedade intelectual internacional, tendo como modelo o sistema norte-americano. Nesse embate entre a ONU e a OMC em várias frentes, não há dúvida de que a "propriedade" levou a melhor sobre o "domínio público". Tanto assim que a expressão "direitos de propriedade intelectual" tornou-se corriqueira – como se não pudesse haver direitos intelectuais sem haver a propriedade.

Declarações internacionais indígenas

Nos anos 1970, acompanhei a constituição de uma organização indígena brasileira num país que conta com mais de 220 grupos étnicos espalhados por um imenso território. Posso, portanto, atestar as enormes dificuldades enfrentadas por organizações desse tipo, particularmente no que se refere à representação, à legitimidade e à operacionalidade, e é de se esperar que tais dificuldades aumentem exponencialmente no âmbito internacional. Com raras exceções, os movimentos indígenas não contam com apoio dos governos de seus países, e isso explica que tenham se valido das Nações Unidas para apoiar suas reivindicações. Foi a ONU que lançou a Década dos Povos Indígenas em 1994, renovada dez anos depois; foi também a ONU que criou o Grupo de Trabalho sobre Populações Indígenas, seguido do Foro Permanente de Povos Indígenas, órgão assessor do Conselho Econômico e Social da ONU que se reúne anualmente desde 2002. Isso sem falar da sua adoção, em 2007, da Declaração dos Direitos dos Povos Indígenas.

Foi portanto no quadro das Nações Unidas que as organizações e coalizões indígenas internacionais emergiram como atores políticos de peso. Assim como ocorreu no Brasil, porém, em pouco tempo passaram a se apresentar por conta própria e se tornaram interlocutores independentes.

As organizações indígenas regionais e internacionais fizeram várias resoluções, recomendações e declarações sobre direitos culturais e intelectuais. Até o final dos anos 1980, essas manifestações incluíam direitos culturais sobre artefatos, padrões gráficos, objetos arqueológicos e a cultura material de modo geral – num momento em que órgãos da ONU como a Unesco e a OMPI se ocupavam apenas com a proteção do folclore. Esses direitos culturais poderiam ter suscitado a questão mais geral dos direitos intelectuais, já que incluíam algo semelhante a direitos autorais sobre padrões gráficos tradicionais, mas foi com a questão do conhecimento tradicional levantada pela CDB que emergiu com vigor a reivindicação de direitos intelectuais sobre conhecimentos tradicionais.

Ocorreu ainda uma interessante virada que reflete nitidamente a passagem da posição universalista do pós-guerra, que enfatizava a não discriminação e a participação política, e da qual a Declaração dos Direitos Humanos de 1948 pode ser considerada um marco, para a ênfase nos direitos das minorias que se verificou no final do século XX. Sinal dessa mudança: em 1984 o Conselho Mundial de Povos Indígenas ratificou uma declaração de princípios que afirmava que "a cultura dos povos indígenas é parte do patrimônio cultural da humanidade", ao passo que, em 1992, a Carta dos Povos Indígenas e Tribais das Florestas Tropicais, lançada em Penang, na Malásia, afirmava os direitos de propriedade intelectual sobre tecnologias tradicionais, enquanto num evento pan-indígena paralelo à Eco-92, no Rio de Janeiro, foi aprovada uma Carta da Terra dos Povos Indígenas na qual os direitos culturais apareciam ao lado dos direitos de propriedade intelectual. Ou seja, em menos de dez anos passou-se da cultura dos povos indígenas como patrimônio da humanidade à cultura como patrimônio *tout court*, e mais especificamente ainda à "cultura" como propriedade particular de cada povo indígena.

Regimes de conhecimento tradicional como fruto de diferentes imaginações

Percebe-se em todos esses documentos a marca da influência e da imaginação das ideias metropolitanas dominantes. A influência opera em dois sentidos aparentemente contraditórios. De um lado, os movimentos indígenas formulam reivindicações nos termos de uma linguagem de direitos dominante, passível de ser reconhecida e portanto de ser bem-sucedida. Em seu texto sobre o julgamento do caso Mashpee [distrito de Cape Cod, estado de Massachusetts], James Clifford mostrou que um relato histórico convence um júri muito melhor do que uma discussão de conceitos antropológicos sobre identidade étnica. Não se vence uma causa questionando o senso comum. Foi provavelmente isso o que Marilyn Strathern quis dizer quando afirmou, a propósito do feminismo, que as políticas radicais são conceitualmente conservadoras. As declarações indígenas também.

No entanto, essas declarações introduzem questões nas quais se afirmam a especificidade e a diferença do conhecimento tradicional. E esse é o segundo sentido em que os conceitos metropolitanos exercem sua dominação. Esses conceitos supõem, ao falar em "conhecimento tradicional" no singular, que um único regime possa representar uma miríade de diferentes regimes históricos e sociais de conhecimento tradicional. Eles unificam o conhecimento tradicional à imagem da unificação operada historicamente no conhecimento científico. Ainda mais especificamente, pode-se ver a imaginação metropolitana em ação no modo como os povos tradicionais são levados a representar seu conhecimento e os direitos que lhe podem ser associados. Uma vez mais Marilyn Strathern oferece a melhor formulação: "Uma cultura dominada pelas ideias de propriedade só pode imaginar a ausência dessas ideias sob determinadas formas".

Não é muito difícil detectar como diversos setores imaginam o conhecimento indígena. Numa formulação simples: o conhecimento indígena é conceitualizado como o avesso das ideias dominantes. Assim, os povos indígenas parecem estar inextricavelmente condenados a encarnar o reverso dos dogmas individualistas e de posse do capitalismo. São obrigados a carregar o fardo da imaginação do Ocidente se quiserem ser ouvidos. Mas ao passarem a viver num mundo de propriedade intelectual eles têm poucas chances de libertar dele a sua própria imaginação. Os conceitos não chegam a mudar propriamente, de modo que a imaginação indígena fica restrita à reversão de escolhas ou à inversão de agentes. Num artigo de longa data (cap. 1, *supra*), mostrei que um movimento messiânico entre os Ramkokamekra-Canela do Maranhão invertia estruturalmente no seu desenrolar o mito de origem do homem branco e de seu poder. Uma reversão de destinos era o resultado esperado da inversão do mito, com os índios vivendo em cidades e os neobrasileiros vivendo na floresta e caçando com arco e flecha. O roteiro permanecia o mesmo, mas invertido. Não havia conceitos novos, apenas novas escolhas e novos protagonistas.

Ao lidar com conceitos e regimes de conhecimento tradicional, a imaginação ocidental não se afasta muito do terreno conhecido. A conceitualização dominante do conhecimento tradicional raciocina como se a negação do individual fosse sempre o coletivo (na qualidade de um indivíduo corporativo). O raciocínio é o seguinte: em contraste com a nossa autoria individual, a cultura e o conhecimento deles certamente devem ter autoria coletiva! Ao contrário da invenção que emana do gênio individual, as invenções culturais deles devem ser fruto de um gênio coletivo, mas não menos endógeno. É isso o que se pode considerar como a versão dominante nas sociedades industrializadas acerca do conhecimento tradicional: que povos inteiros, como veremos, possam pensar suas culturas como exógenas, obtidas de outrem – isso não cabe na sua restrita imaginação.

Há também uma conceitualização radical que se apoia no papel ideológico de críticos da propriedade e da acumulação de capital atribuído aos povos indígenas do Novo Mundo pela filosofia política desde o século XVI. Nesse avatar, os povos indígenas não teriam nenhuma noção de propriedade intelectual, apenas conhecimentos e informações que circulam livremente, e assim foram erigidos em exemplo para o resto do mundo e exibidos como antídoto contra a cobiça. De acordo com essa visão, os índios deveriam ser paladinos dos movimentos contra a OMC; deveriam lutar contra a exorbitante ampliação dos direitos de propriedade e aliar-se a Robert Crumb no protesto contra a extensão quase perpétua dos direitos autorais sobre Mickey Mouse; e deveriam sobretudo estar à frente dos movimentos contra os direitos de propriedade intelectual.

Segundo tais construtos (não muito) imaginativos, os povos indígenas só têm duas opções: ou direitos de propriedade intelectual coletiva ou um regime de domínio público. Ambas as opções obrigam os regimes indígenas a se encaixar em leitos de Procusto. Diante dessas alternativas limitadas, não é de espantar que os povos indígenas tenham pragmaticamente preferido a opção dominante, reivindicando direitos intelectuais de propriedade coletiva e com isso frustrando as esperanças daqueles que os defendiam, os setores progressistas que se opõem aos direitos absolutos de propriedade intelectual.

E se houvesse, no entanto, outras formas possíveis de direitos sobre coisas entre pessoas (a definição de propriedade de Macpherson) além daquelas configuradas ao longo dos últimos três séculos? E se este não for um caso de lógica booliana? E se houver mais do que a alternativa entre "sim ou não"? Tais caracterizações binárias não apenas impõem uma camisa de força aos povos indígenas quanto ao modo de formular suas reivindicações, mas também apagam as diferenças entre regimes. Há muito mais regimes de conhecimento e de cultura do que supõe nossa vã imaginação metropolitana. Na verdade, bastaria levar a etnografia a sério para reunir todo um catálogo de modos alternativos. Para atingir seus objetivos, porém, os povos indígenas precisam se conformar às expectativas dominantes em vez de contestá-las. Precisam operar com os conhecimentos e com a cultura tais como são entendidos por outros povos, e enfrentar as contradições que isso possa gerar.

Legislações nacionais, conhecimento tradicional e nacionalismo

Em contraste com a rápida proliferação de instrumentos e estudos internacionais acerca da proteção ao conhecimento tradicional e da repartição de benefícios no contexto do acesso aos recursos genéticos, demoraram a surgir leis nacionais específicas sobre essas questões. Os países ricos em biodiversidade ainda estão avaliando cuidadosamente os efeitos das leis promulgadas por alguns países mais ousados, como Filipinas, Costa Rica e Peru. As ONGs que se dedicam a esses temas, tanto nacionais como internacionais, não têm uma posição consensual sobre eles. E no Brasil, não obstante uma proposta de legislação pioneira lançada em 1994 e uma medida provisória baixada em 2001, ainda há por parte do governo federal muita hesitação quanto à forma que deveria assumir uma regulamentação (pelo menos até meados de 2009, no momento em que reviso este texto).

Nos âmbitos regional e nacional, as ações têm sido no mais das vezes "defensivas": protesta-se contra a apropriação e a privatização de itens considerados de domínio público ou relevantes para a identidade territorial. Assim, a Índia conseguiu invalidar uma patente norte-americana sobre o uso do *neem*; a Coordenadoria das Organizações Indígenas da Bacia Amazônica (COICA) contestou o registro norte-americano de uma das plantas com que se produz a *ayahuasca*; e o governo brasileiro contestou com êxito uma marca registrada japonesa de "cupuaçu".

Tal estado de coisas, evidentemente, tem toda sorte de efeitos. Um deles, bastante significativo, é o de realinhar as sociedades indígenas com os nacionalismos de países latino-americanos. Quaisquer que tenham sido as políticas reais desses Estados nacionais para com os povos indígenas, estes nunca deixaram de ocupar posição de destaque na imaginação nacionalista. É notável como realidade e ideologia trilharam tranquilamente caminhos totalmente independentes e em geral divergentes. O papel ideológico que os povos indígenas são chamados a desempenhar na autoimagem brasileira varia bastante segundo o período histórico e conforme os índios em questão estejam vivos ou extintos, sendo estes claramente preferidos àqueles.

Desde a Independência do Brasil, os índios extintos foram repetidamente promovidos a elementos fundadores da identidade nacional. Suas antigas alianças, ou pelo menos suas ligações comerciais, com portugueses, holandeses e outras potências coloniais foram invocadas nas disputas de fronteira com a Venezuela e a Guiana no início do século XX, num movimento que os arregimentou como parte interessada e como agentes de reivindicações brasileiras de soberania territorial. Já com relação aos povos indígenas da atualidade a história é outra. Índios estabelecidos em seus territórios tradicionais foram concebidos desde os tempos coloniais como antagônicos ao progresso, ao desenvolvimento, à civilização ou seja lá qual for o termo empregado para justificar a expropriação de suas terras ou sua escravização. Desde meados dos anos 1970, quando foram localizadas ricas jazidas minerais em toda a região amazônica, povos indígenas estabelecidos sobre o solo desses recursos foram alvo de sucessivas campanhas na mídia no sentido de questionar sua lealdade ao Estado nacional. Até os dias de hoje a cobiça por terras tenta jogar a opinião pública na mesma direção, haja vista a dificuldade verificada em 2008 na terra indígena Raposa Serra do Sol, em Roraima, para a remoção de arrozeiros – invasores que se alardeavam em portadores de progresso.

As questões interligadas da biodiversidade e do conhecimento tradicional introduziram uma tendência oposta, em que os indígenas são incorporados a uma nova onda nacionalista. Assim é que em anos recentes foi implantado na Amazônia, com apoio do governo federal, um projeto desenvolvido por uma ONG local sob a denominação "aldeias vigilantes", mediante o qual grupos indígenas são recrutados como aliados nas frentes de combate à biopirataria. Uma outra questão, particularmente sensível, provocou indignação pública nacional: a das amostras de sangue de indígenas brasileiros mantidas em instituições estrangeiras, que podem ser utilizadas ou compradas por pesquisadores. Enquanto os Yanomami protestam contra o fato de o sangue de seus parentes ser estocado em vez de destruído por ocasião da morte, como seria devido, a indignação nacional transforma a reivindicação culturalmente específica dos Yanomami num protesto contra a permanência de sangue e DNA de nativos em instalações científicas fora do Brasil. Em suma, o conhecimento e o sangue indígenas foram incorporados ao patrimônio nacional brasileiro. Fazer parte de um patrimônio nacional, claro está, é uma faca de dois gumes: se por um lado valoriza o status simbólico indígena, por outro transforma os povos indígenas em "nossos índios", uma fórmula que condensa a ambiguidade inerente à condição de indígena.

Desconfianças extremas e a ascensão do conhecimento esotérico

Se o indígena recuperou um pouco de seu valor ideológico no cenário nacional graças à repercussão das questões relativas à biodiversidade e aos conhecimentos tradicionais, isso não necessariamente se traduziu em benefícios concretos. Vale lembrar que entre as grandes inovações da CDB estava o reconhecimento da soberania de cada país sobre seus recursos genéticos. Para os Estados nacionais, nada mais fácil que traduzir soberania como propriedade – tradução que entretanto nada tem de óbvio e suscitou intensa controvérsia, uma vez que povos e organizações indígenas argumentaram que recursos genéticos e biodiversidade, se ainda existiam em terras indígenas, era porque eles agiam como seus guardiões. Decorre desse argumento que os povos indígenas, bem como os povos tradicionais de modo geral, não podem ser expropriados de algo que só subsistiu graças a eles, e que a biodiversidade em terras indígenas não pode ser dissociada do chamado "conhecimento ecológico tradicional".

Uma evidência desse conhecimento tradicional é o notável contraste das baixas taxas de desmatamento nos territórios indígenas com as áreas altamente desmatadas à sua volta. Outra evidência é aquilo que se pode chamar de "cultivo florestal indígena", particularmente bem documentado pelo etnobiólogo William Balée, que estudou as práticas ecológicas de vários grupos indígenas. Segundo Balée, boa parte daquilo que parece mata primária é floresta há muito tempo manejada por indígenas. A tese da produção indígena de diversidade biológica é especialmente convincente quando aplicada à agrobiodiversidade, isto é, à diversidade biológica em variedades de plantas domesticadas. É sabido que a hiper seleção de variedades é uma opção arriscada, já que uma variedade única pode ser dizimada de um só golpe por uma praga. A história da Grande

Fome na Irlanda entre 1845 e 1849, uma catástrofe que causou a morte de um milhão de pessoas por inanição e a diáspora de um outro milhão de irlandeses, é um exemplo paradigmático: as batatas, que constituíam a dieta básica da população pobre, pertenciam a uma única variedade que foi totalmente destruída por uma praga. Os bancos de germoplasma conservam hoje em dia um estoque de variedades, mas fora de sua área de origem esses cultivares não são capazes de gerar variedades resistentes a novas doenças. É aí que se torna crucial a chamada conservação *in situ* ou *on farm* ["no local de proveniência" ou "na roça"], em que as plantas coevoluem com seu meio ambiente. Essa atividade tem sido realizada há séculos pelos pequenos agricultores, em sua maioria indígenas que se orgulham da diversidade de seus roçados. Os povos tradicionais conservaram e aumentaram a diversidade agrícola nas regiões de origem dos principais cultígenos: centenas de variedades de batata no Peru, de mandioca no Alto Rio Negro e de arroz na Índia, por exemplo, foram conservadas por esses agricultores.

A CDB não apenas atribui a soberania sobre recursos genéticos aos Estados nacionais. Como vimos, também reconhece direitos de indígenas e comunidades locais ao controle dos seus conhecimentos e à participação nos benefícios.

Com essas normas, países megadiversos como o Brasil são apanhados em fogo cruzado. Por um lado, esses países lutam nos fóruns internacionais por mecanismos de implementação da repartição de benefícios, enfrentando uma forte resistência dos países industrializados e dos seus aliados. Por outro, esses mesmos países têm de lidar internamente com as reivindicações dos povos tradicionais sobre seus conhecimentos e recursos genéticos – reivindicações que apresentam uma desconcertante semelhança com as dos próprios Estados nacionais diante de outros Estados. Além disso, a CDB é um instrumento da ONU, e os povos indígenas se utilizam cada vez mais dos fóruns dessa organização internacional para encaminhar suas preocupações e reivindicações independentemente da representação dos governos de seus países, criando assim situações de constrangimento para eles. Um exemplo paradigmático é a regra da obrigatoriedade de se revelar a origem dos recursos genéticos em pedidos de patente, um dispositivo que propicia verificar a legalidade de acesso aos recursos genéticos e pode assim facilitar a repartição de benefícios. A implementação internacional da revelação obrigatória é uma importante reivindicação dos países megadiversos e portanto do Brasil, tanto no contexto da CDB como no âmbito da OMC; internamente, porém, embora a declaração de origem tenha se tornado obrigatória no país, o Instituto de Propriedade Intelectual brasileiro se mostra visivelmente moroso na implementação da regra.

Dada a longa história de políticas colonialistas internas em relação aos povos indígenas, reconhecer-lhes direitos sobre recursos genéticos e conhecimentos tradicionais não é um passo fácil para a maioria dos países megadiversos. Quem e em que condições deveria conceder acesso a recursos genéticos nas terras de povos tradicionais? No Brasil, enquanto o Ministério do Meio Ambiente tem apoiado as reivindicações de povos tradicionais, outros ministérios opõem-se a elas. Os biólogos brasileiros, apoiados pelo Ministério da Ciência e Tecnologia, lutam pelo acesso livre ou pelo menos simplificado aos recursos genéticos nacionais. Diante da bioparanoia generalizada em relação a pesquisadores, eles se ressentem de ser tratados pelos povos indígenas com a mesma suspeita lançada contra seus colegas estrangeiros.

Com efeito, o aliciamento de povos indígenas para uma milícia vigilante contra a biopirataria estrangeira gerou extrema desconfiança para com qualquer pesquisador, estrangeiro ou não. Conhecimentos tradicionais virtualmente se transformaram em segredos de Estado. Nesse contexto, foram também alimentadas expectativas de lucros quase escatológicas, com frustrações proporcionais. Por fim, como observaram Alcida Ramos e Beth Conklin, tornaram-se esotéricos conhecimentos e práticas que antes eram perfeitamente corriqueiros (discutiremos um exemplo revelador dessa tendência mais adiante, na história da perereca). Atualmente, quase todos os tipos de conhecimento são atribuídos aos "nossos xamãs", ou melhor, aos "nossos *pajés*", expressão que discuto mais adiante no contexto do caso krahô. Os encontros indígenas sobre conhecimentos tradicionais são apresentados como encontros xamânicos, e impõe-se extremo sigilo a seus participantes. Pode não ser mera coincidência o fato de que as vocações xamânicas, apesar das dificuldades e do alto custo pessoal da carreira, estejam aumentando entre jovens líderes políticos na Amazônia.

A suspeita é regra em todos os campos, não apenas entre os indígenas. A indústria farmacêutica multinacional tenta distanciar-

-se tanto quanto possível de qualquer conflito potencial, seja alegando que os atuais testes de atividade biológica de moléculas são tão eficazes que tornam irrelevantes quaisquer informações que o conhecimento tradicional venha a oferecer sobre moléculas achadas na natureza, seja, de forma ainda mais radical, defendendo a opção por moléculas exclusivamente sintéticas criadas ao acaso, tornando irrelevante a própria natureza.

A intensa mobilização internacional e nacional em torno dos conhecimentos tradicionais tem muitos outros efeitos, alguns dos quais examinarei a seguir.

Contratos, associações, projetos

Tomemos a questão da representação, por exemplo. O acesso ao conhecimento tradicional depende crucialmente da chamada "anuência prévia informada": para que se realize qualquer pesquisa acerca de conhecimentos tradicionais, seus detentores devem ser adequadamente informados sobre o que se trata e dar seu consentimento ao modo como esses conhecimentos serão utilizados, e no caso de bioprospecção (pesquisa para fins comerciais) também à forma como lhes caberá receber parte dos eventuais lucros e benefícios. Sem entrarmos aqui nos interessantíssimos aspectos do processo de obtenção da "anuência prévia informada", um problema se coloca de imediato: quem tem autoridade para consentir? Isso nos leva a duas outras questões centrais. Que sistema de representação está sendo introduzido pelo processo? Qual construção de representação legítima está em jogo e como ela se relaciona com outras estruturas de autoridade? Comecemos pela última questão.

Contratos e acordos na verdade produzem aquilo que implicitamente pressupõem, ou seja, criam suas próprias condições de possibilidade. Já abordei a redefinição das relações entre pessoas e conhecimento que é produzida por eles. Agora considerarei a questão dos representantes legais para assinar contratos e dar "anuência ou consentimento informado". Participei de uma comissão instituída por uma universidade norte-americana para certificar-se de que os consentimentos dados aos seus pesquisadores haviam sido obtidos conforme a legislação dos Estados Unidos, e em meu trabalho de campo no Médio Rio Negro tive a experiência de seguir o procedimento exigido para a obtenção da "anuência prévia". Tenho assim uma razoável percepção das múltiplas traduções e ficções legais necessárias a esse tipo de empreitada.

Contratos, enquanto formas de troca (legal), criam sujeitos (legais), segundo a lógica descrita por Mauss e mais tarde por Lévi-Strauss. No Brasil, embora as formas de representação indígenas sejam legalmente reconhecidas como sujeitos de direito conforme a Constituição de 1988 (art. 232), de um modo geral encoraja-se a constituição de associações da sociedade civil com estatutos aprovados e explícitos como a forma mais conveniente (para todos os envolvidos) de lidar com "projetos", contratos, bancos, governos e ONGs. Daí decorre que povos indígenas venham adotando novas formas associativas e surjam por toda parte associações indígenas locais com um formato legal que lhes permite alegar representatividade, incluindo presidentes e diretores eleitos. O problema, evidentemente, é como ajustar a legalidade à legitimidade. Por vezes essas associações se destinam a representar apenas um determinado segmento, como o dos professores indígenas, cuja influência sobre a política indígena é aliás crescente. Quando se trata de associações que pretendem representar a etnia como um todo, rapidamente facções ou famílias indígenas influentes se investem dos cargos de presidente e diretores, de preferência na pessoa de um homem alfabetizado e ligado a elas genealogicamente ou politicamente. Nesses casos há uma conveniente convergência entre chefes de aldeia e presidentes de associações. No entanto, as associações tendem a representar mais de uma aldeia. O problema com a maior parte das sociedades indígenas das "Terras Baixas" (como os etnólogos costumam chamar a América do Sul não andina) é que cada aldeia é uma unidade política autônoma, de modo que as disputas políticas entre facções no interior de uma aldeia facilmente se traduzem na criação de uma nova aldeia. Mas as associações, em princípio, não seguem a mesma lógica de fissão, e logo pode surgir uma forte contradição entre autoridades tidas como legítimas e os representantes legais nas associações.

Como a norma é a autonomia de cada aldeia, a emergência de algo como uma "representação étnica" na forma de líderes de associações é inevitavelmente acompanhada de conflitos, já que nada é mais difícil do que atribuir legitimidade a representantes legais. Os elos entre as instituições políticas que enfatizam a autonomia das aldeias e as instituições associativas que visam representar o grupo étnico como um todo (e que são uma fonte de poder econômico e político) não são uma coisa dada. Só podem ser construídos e validados à custa de muito esforço. E podem ser facilmente desfeitos, dando origem a associações rivais e à troca de acusações. Foi o que ocorreu, por exemplo, no caso do contrato entre os Aguaruna, a indústria farmacêutica Searle e o Jardim Botânico de Missouri, no Peru, e também com a equipe chefiada por Brent e Elois Berlin para conduzir uma pesquisa sobre a etnomedicina maia na Guatemala.

Um exemplo particularmente revelador é o caso da disputa que envolveu, no estado do Tocantins, os Krahô e a Escola Paulista de Medicina (EPM). A disputa se deu nos anos iniciais da década de 2000 e teve origem num projeto de bioprospecção: uma doutoranda da EPM havia realizado uma pesquisa sobre plantas usadas ritualmente pelos Krahô que atuam sobre o sistema nervoso central, a partir da qual a EPM desenvolveu um projeto para realizar um estudo mais amplo sobre as plantas terapêuticas krahô. Para tanto, a instituição firmou um acordo com uma associação que abrangia algumas das aldeias krahô. Como era de se esperar, porém, uma outra associação krahô contestou a representatividade da primeira. Após uma longa controvérsia, em março de 2003 chegou-se a um acordo provisório com a EPM mediante um documento assinado pelos presidentes de quatro associações krahô e *também* pelos chefes de dezoito aldeias krahô. Representantes do Ministério Público assinaram como testemunhas e representantes da Funai assinaram com os índios. Chamo a atenção para a aparente redundância nas assinaturas krahô: a legitimidade dos presidentes das quatro associações tinha de ser apoiada pelos chefes de aldeia que coassinaram o documento, como se a representação por meio de associações precisasse da garantia e do mandato explícito das autoridades políticas "costumeiras". Como veremos a seguir, a história se complicava ainda mais na medida em que os Krahô afirmam que são a justaposição de dois grupos jê que mantêm entre si uma certa separação geográfica.

Até agora lidamos com a minha segunda questão: o que pode ser construído como forma de representação legal e legítima? Insisto na palavra "construído", pois pode ser que a própria ideia de representação estivesse totalmente ausente entre os Krahô. Mas o que significa, afinal, "costumeiro" no contexto em pauta? Escrevi há algum tempo [ver cap. 8 deste volume] que há uma falácia no conceito de direito costumeiro, no sentido de que ele é talhado para espelhar o direito positivo em todos os seus atributos. A noção de "costumeiro" apresenta vários problemas em sua utilização pragmática. Ela supõe que "costume" (outra palavra para cultura) seja algo dado que precisaria apenas ser explicitado ou codificado. Além disso, supõe que unidades étnicas como "os Krahô", "os Katukina", "os Kaxinawa" ou tantas outras sejam entidades não problemáticas do mesmo tipo que um país, por exemplo. Isso é relativamente simples de entender. Mas o que acontece se todo o nosso construto de coisas como sociedade, representação e autoridade não tiver (ou não tiver tido) nenhum equivalente entre esses povos?

Os dois movimentos aparentemente opostos de subjugar nações indígenas e de lhes conferir poder se fundam na ideia da existência de coisas como nações e autoridades locais, isto é, de papéis sociais específicos com atributos tanto de autoridade quanto de representação legítima. Assim, já no início do século XVI Francisco de Vitória falava de "príncipes" indígenas e de seu "domínio" sobre territórios, como se a existência destes fosse dada. Todo o procedimento do *requerimiento*, que exortava as "nações indígenas" a aceitar a pregação do cristianismo, supõe a existência de autoridades indígenas locais com atributos comparáveis aos dos reis espanhóis. Em 1755, o marquês de Pombal ordenou o reconhecimento de "principais" indígenas, numa prefiguração do *indirect rule* britânico que demonstra um interessante exercício de imaginação política. Chefes amazônicos receberam insígnias e supostos territórios sujeitos à sua autoridade, quer tal autoridade tivesse ou não existido anteriormente, ainda que essas "autoridades indígenas", na prática, tivessem um papel pouco mais que decorativo.

A atual ênfase arqueológica na existência de cacicados ao longo do rio Amazonas, isto é, de estruturas centralizadas de poder, parece invalidar meu argumento. Afirma-se que as populações indígenas interfluviais acéfalas seriam sobreviventes de unidades políticas centralizadas ao longo das margens dos grandes rios. É certo que chefes poderosos foram encontrados e descritos por viajantes, e que alguns deles foram recrutados pela política colonial e tomaram parte ativa nela. No entanto, notou-se a ausência de alguns dos atributos que definem a autoridade, já que todos os testemunhos quinhentistas informavam ou repetiam que os índios brasileiros não tinham "nem fé, nem lei, nem rei".

Pierre Clastres explorou esse *tópos* em sua célebre tese sobre as "sociedades indígenas (constituídas) *contra* o Estado", e não apenas sociedades *sem* Estado. Embora eu não subscreva o argumento inteiramente, e ainda que o conceito de "sociedade" mereça hoje mais escrutínio, o fato é que Clastres tocou em algo importante. A saber, que é possível que esses povos tivessem instituições diferentes das nossas numa escala muito mais ampla do que conseguimos perceber por estarmos confinados numa ontologia política gerada no século XVII. Quais são as consequências desse abismo entre as instituições deles e as nossas? Pode parecer que essa discussão leve a afirmar diferenças irreconciliáveis. Não é o caso. A imaginação política sempre foi perfeitamente capaz de fazer essas pontes. Os termos, é claro, são dados pelos poderes instituídos – por quem segura a pena, como diria Isaac Bashevis Singer. Onde autoridades e chefes não (pre)existem, inventam-se. Não obstante, como afirma Mauro Almeida de acordo com Newton da Costa, é bem possível haver um entendimento pragmático acerca de diferenças ontológicas aparentemente irreconciliáveis.

De fato, a autoridade para representar um grupo indígena é produzida no próprio processo de realizar atos jurídicos em seu nome. Isso significa que essa representação seria ilegítima ou "inautêntica" (um conceito aliás que só trouxe problemas para o nosso mundo)? Conforme Bruno Latour em sua interpretação de Gabriel Tarde, fazer emergir coletividades em contexto em vez de encontrá-las *"ready made"* é algo propriamente universal. São o discurso político e outros atos políticos, eu acrescentaria, que constituem sociedades, grupos, coletividades.

Voltemos então ao caso krahô. Como minha tese de doutorado sobre os Krahô data do final da era jurássica, utilizarei aqui basicamente dados extraídos da arguta pesquisa contida na tese de Thiago Ávila, de 2004.

Um território de 3.200 km² foi reconhecido como terra krahô em 1944, quatro anos após um ataque de fazendeiros a duas aldeias que causou a morte de mais de vinte índios. Os Krahô provavelmente resultam da fusão histórica de dois grupos jê e de alguns remanescentes de outros grupos timbira orientais desaparecidos.

Indivíduos provenientes de grupos indígenas linguisticamente aparentados (principalmente Apinayé) e também brasileiros de pequenas cidades da região foram se juntando a eles, geralmente casando-se com mulheres krahô. Já que os Krahô, como todos os demais grupos jê, são uxorilocais, os homens de fora casados com mulheres locais podem reivindicar direitos de residência com relativa facilidade. Além de uma aldeia que se destaca das demais por ser particularmente misturada, há uma clara distinção política entre dois subgrupos localizados respectivamente ao sul e ao noroeste (com uma extensão setentrional) do território, que estabeleceram laços, respectivamente, com uma ONG e com um funcionário público. Seria difícil afirmar com segurança se as diferentes origens afirmadas pelas duas facções são a causa ou o efeito dessa divisão política. Mas não resta dúvida de que afirmações de diferença de origem são reforçadas em determinadas conjunturas políticas, se é que não surgem delas.

Por mais que as aldeias krahô se dividam ou (mais raramente) se juntem segundo linhas de fissão ou fusão estruturais, um outro princípio de organização foi introduzido pela política dos "projetos". Como mostrou Bruce Albert, os "projetos" de instituições privadas ou governamentais se tornaram um elemento central da política indígena contemporânea, o que poderia ser estendido aos movimentos sociais em geral. A "caça aos projetos" é uma atividade constante para a qual os antropólogos são recrutados. No vernáculo dos movimentos sociais amazônicos, a expressão "fazer um projeto" adquiriu um significado muito próximo de solicitar uma doação, um presente, um financiamento (certa vez, por exemplo, um seringueiro pediu a Mauro Almeida e a mim que "fizéssemos um projeto" a fim de que ele pudesse adquirir um aparelho de karaokê – que seria entesourado junto com outras geringonças, já que não há eletricidade na mata). Embora a linguagem local enfatize a natureza econômica da atividade, sugiro que se deva entender por "projeto" qualquer combinação de empreendimentos culturais, políticos e econômicos que dependam de agentes externos tanto quanto da população indígena. A demarcação de terras, a recuperação de peças depositadas em museus, a participação em uma organização política indígena nacional, bem como atividades econômicos subsidiadas, são exemplos de "projetos", que sempre são simultaneamente políticos, culturais e econômicos. O que importa notar aqui é que "projetos" bem-sucedidos geram uma modalidade associativa que por definição deve transcender a política local dos conflitos de aldeias e de facções que constituem a vida cotidiana. Não surpreende, portanto, que associações floresçam e declinem com o início e o fim de "projetos".

As associações krahô não foram exceção. A primeira a surgir, em 1986, foi a Mãkrare, formada por ocasião de uma iniciativa regional em defesa das terras indígenas com apoio de uma ONG, que culminou na demarcação da terra krahô em 1990. Em 1993, foi criada uma segunda associação, a Kapey, diretamente ligada a uma pesquisa sobre cultivos e sementes tradicionais em parceria com a Embrapa. Em 1994, surgiu a Vyti-Cati, que atuou num empreendimento voltado para a produção de polpa de fruta em catorze aldeias de cinco grupos jê. Essa associação era interétnica, além de não incluir todas as aldeias krahô.

A noção de que a Mãkrare representaria todos os Krahô não foi questionada desde a sua criação em 1986 até o início dos anos 1990. Em 1993, contudo, a fundação da Kapey deu início à erosão de sua legitimidade pan-krahô. Instituída como uma ramificação da Mãkrare, a Vyti-Cati tinha a mesma base política de sua predecessora. Havia a percepção de que a Vyti-Cati e a Kapey representariam espaços geográficos e políticos diferentes, e foi nesse contexto que foram reacesas as afirmações de origens étnicas distintas. A Vyti-Cati foi a associação que assinou o primeiro acordo com a EPM permitindo a pesquisa sobre plantas medicinais tradicionais, em 1999. O caso que estamos discutindo decorreu desse fatídico acordo.

Posteriormente surgiu um novo grupo social em nossa história. No primeiro dia do encontro organizado para resolver a mencionada disputa com a EPM, em 24 de março de 2003, os pajés krahô se reuniram sentando-se em círculo. Em torno deles havia um outro círculo, formado por chefes de aldeia, anciãos e representantes da associação. Como todos os grupos jê utilizam uma linguagem sociológica espacializada, essa disposição espacial era um indício seguro de que se distinguia uma coletividade em um contexto específico. Nesse caso, a linguagem espacial operava em dois níveis. Em primeiro lugar, o encontro acontecia numa "aldeia" *sui generis*, uma espécie de "Nações (Krahô) Unidas": era um conjunto circular de casas em torno de um pátio central, muito parecido com todas as aldeias krahô e seguindo aliás o modelo ideal de aldeia dos povos de língua jê, mas as casas não eram unidades uxorilocais tais como nas aldeias reais, e sim algo como "embaixadas" das diferentes aldeias. O padrão circular era eloquente e compreendido por todos. A segunda encenação espacial – o círculo de pajés circunscrito pelo anel de anciãos e chefes de aldeia – era igualmente fácil de compreender, pois assim os Krahô traduziam e representavam visualmente em termos explicitamente krahô a novidade do regime representativo no qual estavam sendo introduzidos.

Cabe aqui uma nota acerca da nomenclatura. A palavra krahô para o que se costuma chamar de "xamã" no jargão antropológico seria *wayaká*. No entanto, como sabemos, existe ainda um termo pan-brasileiro para xamã que deriva do tupi falado pelos grupos indígenas da costa atlântica entre os quais a instituição foi descrita pela primeira vez, no século XVI: "pajé". Do mesmo modo que "xamã" se tornou um termo corrente na língua franca antropológica, "pajé" se tornou um termo corrente tanto em português como na língua franca dos movimentos sociais indígenas. Assim, é "pajé" que se usa como um termo geral para indicar os especialistas em conhecimentos médicos ou esotéricos. Evidentemente, a categoria genérica "pajé" apaga uma série de distinções significativas que são importantes em quase todas as sociedades indígenas. É comum não haver em línguas indígenas uma palavra única que abranja os vários especialistas agrupados pelo termo "pajé". Stephen Hugh-Jones faz uma reveladora discussão sobre tais distinções entre os Barasana, na Colômbia.

Independentemente de distinções entre categorias, e se nos ativermos ao termo krahô *wayaká*, antes desses acontecimentos não existia nada que se pudesse chamar de uma coletividade de *wayakás*. Segundo as etnografias dos Krahô de Harald Schultz e de Julio Cezar Melatti a partir de trabalhos de campo nos anos 1950 e 60, respectivamente, em geral não havia mais de um ou dois *wayakás* por aldeia e eles praticavam seu ofício independentemente uns dos outros. A carreira desses pajés parece não ter sido das mais promissoras: como eram responsabilizados tanto pelas curas quanto pelas mortes, e como costumavam cobrar caro por seus serviços, o que não os tornava muito populares, geralmente acabavam sendo acusados de feitiçaria. E quando as coisas chegavam a esse ponto, fugiam ou eram expulsos da aldeia ou então eram mortos.

De todo modo, não havia nada de semelhante a um colegiado de pajés, e a instauração de um coletivo desse tipo foi uma verdadeira inovação. Como os *wayakás* acompanham seus procedimentos de cura com grandes quantidades de tabaco, receberam uma denominação coletiva (talvez com alguma ironia) que poderia ser traduzida como "gente da fumaça de tabaco". Pediram a um *wayaká* que também é chefe de aldeia, tido como o "representante" da coletividade de pajés, que convencesse seus colegas a colaborar com as associações krahô. O recém-instituído colegiado de pajés passou à discussão de temas como a hierarquia de especialistas, o encaminhamento de pacientes e outras questões de procedimento. Entre os temas discutidos, o principal era a reivindicação de que o Estado apoiasse, e na prática financiasse, o exercício da medicina tradicional. O raciocínio era transparente: se o conhecimento médico krahô era considerado importante por uma faculdade de medicina, então devia ser tratado do mesmo modo que a assistência médica ocidental (pública). Devia haver instalações adequadas e os pajés e seus auxiliares deviam ser pagos pelo Estado. A mera sugestão dessa proposta horrorizou a EPM e deixou constrangida a representante do Ministério da Saúde. A EPM estava disposta a fornecer assistência médica ocidental aos Krahô, como vinha fazendo no Parque Nacional do Xingu havia décadas, mas estava longe de tolerar a medicina indígena e mais ainda de se dispor a patrociná-la.

Esse episódio aponta para os efeitos de espelhamento que fazem parte de qualquer negociação, mas particularmente de transações de ordem jurídica ou política que envolvem povos indígenas e a sociedade mais ampla. Senão vejamos. Ainda que os *wayakás* krahô estivessem bem descritos pela literatura etnográfica e pudessem ser facilmente entendidos como tradicionais, um colegiado de *wayakás* com procedimentos acordados era uma novidade institucional decorrente de uma situação ou negociação específica: a reivindicação de uma "medicina tradicional" apoiada pelo Estado, espelhando explicitamente a estrutura da biomedicina e ao mesmo tempo exigindo reconhecimento por parte dela. O colegiado seria por isso menos autêntico? Mas então o que fazer com a forma espacial sob a qual havia se apresentado? O colegiado propriamente dito foi encenado por meio de dispositivos espaciais e linguísticos estritamente tradicionais entre os Krahô, mostrando que recursos culturais krahô haviam sido mobilizados na empreitada. A questão "tradição *versus* inovação" se torna extraordinariamente intrincada. Em que bases há de se julgar a autenticidade do procedimento como um todo? Na forma de reivindicar (que pode ser entendida como "tradicional"), no objeto da reivindicação (que parece inovar), na coletividade (que também inova mediante linguagem tradicional)? A moral da história, ao contrário do que se possa pensar, não diz respeito a decidir sobre a "autenticidade" do procedimento. A moral é que *a "autenticidade" é uma questão indecidível*.

A história do *kampô*

Já está mais do que na hora de contar a história da perereca. A agitação começou em abril de 2003, quando uma carta assinada por índios katukina do Acre chegou ao Ministério do Meio Ambiente. A carta afirmava que o uso da secreção de certa rã arborícola (como a zoologia chama uma perereca), difundido em várias cidades do país havia alguns anos, derivava do conhecimento tradicional katukina, e que este estava sendo indevidamente apropriado. A então ministra Marina Silva, que como se sabe é acriana e filha de seringueiros, se comprometeu a fazer desse caso um exemplo positivo de defesa de direitos sobre conhecimentos tradicionais – um desafio considerável, mas também uma oportuna mudança num contexto de atitudes puramente defensivas, marcado pela desconfiança mútua entre indígenas e pesquisadores. Fui então chamada pelo Ministério a participar de um grupo de trabalho para examinar o caso, mas logo fiz notar que ele envolvia questões complexas e portanto não era particularmente promissor para estabelecer o desejado paradigma positivo. Lembrei que o conhecimento e o uso da secreção da perereca eram compartilhados por muitos povos indígenas amazônicos no Brasil e no Peru, bem como que se encontravam descritos nas literaturas etnográfica e bioquímica já havia algum tempo. Desse modo, seria difícil conseguir que os vários grupos indígenas chegassem a um acordo quanto à repartição dos eventuais benefícios, sem contar que o Peru e o Brasil tinham leis diferentes sobre esse assunto. Entretanto, como o Ministério insistisse em assumir esse caso específico, pus-me a trabalhar com herpetólogos, biólogos moleculares e médicos, além dos povos indígenas e dos agentes públicos envolvidos, evidentemente. Também integrei ao grupo a antropóloga Edilene Cofacci de Lima, que trabalhara entre os Katukina e atualmente é professora da Universidade Federal do Paraná.

Não há espaço aqui para entrar nos detalhes desse trabalho, de modo que irei direto a alguns resultados. A perereca em questão é a *Phyllomedusa bicolor*, embora outras pertencentes ao mesmo gênero zoológico também possam ser usadas. Foi descrita já em 1772 e é encontrada em toda a Bacia Amazônica, mas tudo indica que apenas algumas sociedades indígenas no oeste e no sudoeste da Amazônia – tais como os Katukina, os Kanamari, os Marubo, os Mayoruna (conhecidos no Peru como Matsés), os Yawanawa e os Kaxinawa – utilizam sua poderosa secreção em seres humanos (e também em cães, como veremos a seguir). Fontes escritas atestam o uso (ou antigo uso) dessa secreção entre os povos indígenas de língua pano, com exceção dos que vivem perto de grandes rios, como os Conibo e os Shipibo das margens do Ucayali. O termo usado para designar tanto a perereca como a secreção em diversas línguas pano varia entre *kampô*, *kambô*, *kampu* etc. Adotarei a primeira dessas variantes.

Para extrair a secreção da rã, os índios prendem o animal e provocam uma irritação em sua pele, aquecendo-lhe a barriga sobre o fogo ou cutucando-lhe as costas, por exemplo. Depois disso a perereca é solta. A secreção pode ser utilizada imediatamente ou posta a secar em um bastão para uso ulterior. A substância é ministrada mediante esfregadura sobre pequenas queimaduras feitas na pele, para que atinja a circulação sanguínea. Seguem-se efeitos desagradáveis como enjoo, inchaço, taquicardia e diarreia, que podem ser mitigados com um simples banho de rio. Na maioria dos grupos, a terapêutica tem por finalidade mais comum curar caçadores empanemados, ou seja, azarados na caça (e seus cães, que muitas vezes passam pelo mesmo tratamento). Também curaria aquilo que os índios por vezes chamam em português de "preguiça", o que compreende manifestações como o desânimo para atividades sociais ou tarefas cotidianas. O tratamento com *kampô* teria ainda como resultado o sucesso com as mulheres, mas pode-se especular se esse não seria um efeito colateral do sucesso como caçador. De todo modo, parece que o sucesso erótico foi em grande parte responsável pela popularidade regional do *kampô*: visitar os Katukina das proximidades para tomar "vacina de sapo" ou "injeção de sapo" é uma prática de longa data, ainda que ocasional, entre seringueiros e moradores de Cruzeiro do Sul. Mas como essa prática teria se difundido nas grandes cidades brasileiras? Segundo a pesquisa de Edilene Lima, teria sido disseminada junto com as religiões baseadas na *ayahuasca*.

Como já mencionado, a *ayahuasca* é uma bebida alucinógena preparada basicamente a partir de um cipó e das folhas de um arbusto. A concocção é bem conhecida pelos grupos indígenas de toda a Amazônia ocidental, que acrescentam diferentes ingredientes a essa receita básica. Os grupos indígenas de língua pano do Acre consomem-na regularmente, em geral sob a orientação de um pajé. Os pajés, por sua vez, usam-na para suas viagens incorpóreas.

O uso da *ayahuasca* se difundiu entre seringueiros do vale do Juruá, que passaram a consumi-la sob a direção de "pajés de cipó" de um modo semiclandestino, já que se tratava de um hábito indígena considerado "selvagem" e reprimido pelos patrões. O status da bebida mudou drasticamente quando ela passou a fazer parte de religiões urbanas. A primeira religião a usar o "chá de cipó" foi o Santo Daime, fundada no início dos anos 1930, nos arredores de Rio Branco, por Mestre Irineu, um ex-seringueiro maranhense. Dentre as várias cisões e variantes que surgiram mais tarde figura a União do Vegetal, que, como apontam Bia Labate e Sandra Goulart, nasceu em 1961 entre ex-seringueiros, mas ao migrar dos arredores de Porto Velho e instalar-se nas cidades grandes parece ter atraído praticantes provenientes sobretudo da classe média, tornando-se cada vez mais hierarquizada. É conhecida hoje por usar uma linguagem cientificista, sob a influência da crescente presença de médicos, psiquiatras e psicólogos em suas fileiras.

Coube ao Santo Daime, menos hierarquizado, a ampla difusão dessas religiões nas grandes capitais do país a partir do final da década de 1970, que explicaria então a respectiva difusão do *kampô* no final dos anos 1990. Além disso, um ex-seringueiro que viveu entre os Katukina começou a ministrar o *kampô* aos habitantes da cidade acreana de Cruzeiro do Sul nos anos 1990, e a partir de então os próprios Katukina começaram a ser procurados. Como mostraram Edilene Lima e Bia Labate, alguns katukina foram recrutados por terapeutas *new age* para atestar a origem espiritual indígena da terapia. Num caso que testemunhei em São Paulo, o *kampô* foi apresentado como uma espécie de *exocet* terapêutico capaz de descobrir por si só o órgão afetado no corpo do paciente para então curá-lo. No final de 2007, o *kampô* já era amplamente conhecido no Brasil. Apareceu um condomínio "verde" com esse nome no Rio de Janeiro, e um filme infantil lançado no Natal desse ano, por exemplo, girava em torno de jovens heróis em busca do maior tesouro da Amazônia, o *kampô*.

A história do bioquímico

Vittorio Erspamer (1909-99) foi um proeminente médico e farmacólogo italiano que desde cedo se interessou pelas aminas produzidas por organismos animais. Depois de identificar a enteramina junto com seu professor de histologia em Pavia, em 1937, passou a procurar aminas produzidas na natureza, inclusive a enteramina, substância que mais tarde foi isolada independentemente e denominada serotonina. Pouco depois da Segunda Guerra, já como professor da Universidade de Bari, Erspamer começou a trabalhar com moluscos e rãs, conseguindo encontrar a enteramina nas glândulas salivares dos polvos *Octopus vulgaris* e *Eledone moschata*, em dois outros moluscos e também na pele da rã *Discoglossus pictus*, comum no sul da Europa. Essa descoberta foi publicada na revista *Nature* em 1951. Animado com esses resultados, Erspamer consagrou sua pesquisa ao estudo dos compostos ativos existentes na pele de anfíbios e nos tecidos de moluscos. Continuou interessado nessa linha de pesquisa depois de transferir-se para o Instituto de Farmacologia de Parma, em 1956, e para o Instituto de Farmacologia Médica da Universidade de Roma, em 1967. Ao todo, Erspamer e sua equipe estudaram quinhentos anfíbios e cem moluscos de espécies diferentes desde 1948.

Ao longo dessa persistente pesquisa, chamaram a atenção de Erspamer, em pelo menos duas ocasiões, os efeitos de certos peptídeos encontrados nas glândulas salivares do polvo *Eledone moschata* em 1949 e posteriormente, já em 1962, na pele da rã *Physalaemus biligonigerus*, espécie que ocorre em regiões meridionais da América do Sul. "Nesse ponto de nossa pesquisa sobre peptídeos", relatou ele, "deixamos de lado os felizes acasos e começamos a fazer uma coleta sistemática de anfíbios no mundo todo, com o propósito específico de investigar a ocorrência de peptídeos e outras moléculas ativas em suas peles". Essa coleta resultou em cerca de quinhentas espécies de anfíbios provenientes de diversas partes do mundo. O maior contribuinte para a coleção foi o Dr. José M. Cei, professor de biologia na Universidade de Mendoza, Argentina, que coletou rãs da Patagônia ao México e enviou duzentas espécies de anfíbios para a coleção de Erspamer. Outras cem espécies da Austrália e de Papua Nova Guiné foram enviadas pelo Dr. Robert Endean, da Universidade de Queensland, Brisbane, Austrália. As duzentas espécies restantes vieram de colaboradores de vários países, como a África do Sul, as Filipinas e a Malásia, e também da Holanda, onde foram adquiridos alguns anfíbios mais comuns. O próprio Erspamer realizou expedições de coleta na Grande Barreira de Corais, na Austrália, nas Filipinas e na África do Sul.

Esse grande interesse foi particularmente motivado por uma constatação singular. Por volta de 1962, evidenciou-se que alguns peptídeos encontrados em secreções de pele de rãs também estão presentes (ou possuem análogos) em tecidos de mamíferos, especialmente no sistema gastrointestinal e no cérebro, o que levou àquilo que Erspamer chamaria, em 1981, de "triângulo cérebro-intestino-pele". A partir de então generalizou-se o interesse em localizar peptídeos de rã, analisar suas propriedades farmacológicas e buscar moléculas análogas em intestinos e cérebros de mamíferos. Em virtude dessa propriedade notável, por volta de 1983, já haviam sido publicados mais de dois mil artigos sobre peptídeos de pele de rãs.

Erspamer certamente foi um ator pioneiro e fundamental nesse campo científico. Estava mais interessado em explorar a espantosa variedade de moléculas contidas nas secreções de rã do que em investigar as moléculas mais promissoras do ponto de vista farmacológico – durante cerca de quarenta anos a equipe de Erspamer em Roma trabalhou em cooperação com pesquisadores do laboratório farmacêutico milanês Farmitalia Carlo Erba, que foram responsáveis pela maior parte dos estudos de estrutura e síntese das moléculas (Ada Anastasi e Pier Carlo Montecucchi eram os principais especialistas em peptídeos na Farmitalia). Erspamer isolou cerca de cinquenta peptídeos de dez famílias diferentes, descrevendo sua estrutura e suas atividades funcionais. Publicou centenas de artigos científicos, foi indicado mais de uma vez ao Prêmio Nobel e nunca patenteou nada.

Foi na segunda metade dos anos 1960 que começou seu interesse sistemático pelas rãs *Phyllomedusa*, gênero pertencente à subfamília *Phyllomedusinae* (da família *Hylidae*) que ocorre nas Américas Central e do Sul e hoje compreende cerca de cinquenta espécies conhecidas. Anastasi, Erspamer e sua equipe haviam identificado a cerulina, um peptídeo da secreção da rã australiana *Hyla caerulea*. A cerulina tem um amplo espectro de efeitos farmacológicos em mamíferos, entre os quais o de abaixar a pressão sanguínea e o de induzir a defecação mediante aumento das secreções e contrações gastrointestinais, propriedade na qual é similar a um hormônio duodenal de mamíferos que intensifica a motilidade e as secreções intestinais. A cerulina e moléculas análogas foram ainda encontradas na pele de várias outras rãs da África do Sul e da América do Sul, além da Austrália. Tiveram início então os estudos sobre as *Phyllomedusinae*, que acabaram por encontrar em espécies *Phyllomedusa* um peptídeo semelhante à cerulina (e ainda mais potente, batizado de filocerulina), além de outros mais. Por volta de 1980, Monteccuchi e Erspamer publicaram a estrutura da sauvagina, um peptídeo da secreção de pele da *Phyllomedusa sauvagei* (rã da Argentina e do Cone Sul) com efeitos antidiuréticos e redutores da pressão sanguínea em mamíferos. Nessa altura, Erspamer já havia identificado seis famílias de peptídeos em dez espécies de *Phyllomedusa*. Entre esses peptídeos estava a dermorfina, que tem propriedades analgésicas muitas vezes mais potentes que as da morfina.

Durante a década de 1980, Erspamer e sua equipe publicaram dezenas de artigos sobre as *Phyllomedusa*. Em um deles, de 1985, exaltava-se o interesse excepcional da pele dessas rãs: "Seu tecido cutâneo parece ser uma mina inesgotável dessas moléculas [peptídeos]"; "nenhuma outra pele de anfíbio pode competir com a das *Phyllomedusa*, que já forneceram 23 peptídeos pertencentes a pelo menos sete famílias diferentes". O artigo, que viria a ser amplamente citado, trazia o sugestivo título "A pele das *Phyllomedusa*: uma enorme fábrica e armazém de uma variedade de peptídeos ativos". Nele eram comparadas as quantidades de quatro peptídeos ativos na pele de onze rãs *Phyllomedusinae*, oito das quais do gênero *Phyllomedusa*. Embora os quatro peptídeos estivessem presentes em todas as espécies comparadas, suas quantidades variavam de modo notável, sendo a *Phyllomedusa bicolor* a espécie que possuía, de longe, a mais alta concentração desses peptídeos.

As histórias dos etnógrafos

O primeiro registro inequívoco do uso de *kampô* por grupos indígenas data de meados dos anos 1920 e provém de Constant Tastevin (1880-1962), missionário francês da Congregação do Espírito Santo na região do Juruá entre 1905 e 1926 (naquele momento de *boom* da borracha, a área da missão era altamente promissora para a coleta comercial, embora muito pouco rentável na coleta de almas). Inicialmente um missionário comum, Tastevin escrevia relatos edificantes para publicações católicas, além de relatórios bem mais francos à sua congregação. Em meados da década de 1910, porém, Paul Rivet – que em 1925 fundaria o Instituto de Etnologia de Paris junto com Marcel Mauss e Lucien Lévy-Bruhl – interessou-se pelo seu conhecimento sobre a Amazônia e sugeriu-lhe que escrevessem juntos artigos para revistas de linguística e antropologia. Foi quando ele se reinventou como etnógrafo e geógrafo, passando a escrever uma série de importantes artigos sobre a então mal conhecida região do Alto Juruá. Durante a Segunda Guerra, quando a borracha voltou a ser matéria-prima estratégica para os Estados Unidos, todos os artigos geográficos de Tastevin foram traduzidos (mas não publicados) para o inglês para uso dos serviços de informação norte-americanos.

Num artigo publicado na revista *La Géographie* em 1925, Tastevin descreve o rio Muru, na bacia do Alto Juruá, e relata o uso de *kampô* entre os Kaxinawa, Kulina e Kanamari. Afirma ter presenciado o uso do *kampô* entre os Kulina e descreve os procedimentos de extração e de aplicação da substância, bem como os efeitos por ela causados. Segundo ele, os Kaxinawa atribuem a origem do *kampô*, bem como de muitas outras coisas preciosas, tangíveis e intangíveis, como os machados, a *ayahuasca* (*honi*), o paricá e mesmo a noite, aos Jaminawa. Mais do que propriamente um etnônimo, *jaminawa* (literalmente "gente do machado") denotaria, como propõe Barbara Kieffenheim, uma posição genérica, a de fornecedor de bens: cada grupo indígena pano tem seus próprios *jaminawas*. Isso constitui uma característica que discutiremos com mais vagar adiante: a tendência indígena de atribuir bens culturais e saberes fundamentais a outros grupos, como se a cultura de cada grupo resultasse de apropriação, de "predação cultural".

A segunda menção inequívoca ao uso indígena do *kampô* foi feita em 1955, com referência aos Tikuna, grupo linguisticamente isolado no Alto Solimões, no Amazonas. Naquele ano, o zoólogo José Candido de Melo Carvalho publicou as anotações de sua expedição de 1950 e relatou um uso similar da mesma rã pelos Tikuna, que a chamam de *bacururu*. Carvalho foi o primeiro a identificar a rã como *Phyllomedusa bicolor*.

A primeira menção em língua inglesa ao uso da secreção da perereca parece ocorrer em um artigo de 1962 do antropólogo Robert Carneiro, do Museu Americano de História Natural. Em texto posterior, de 1970, o autor descreve a prática como magia de caça entre os Amahuaca de língua pano do Peru. A descrição da posologia e dos efeitos coincide em todos os detalhes com as anteriores. Carneiro não conseguiu identificar a rã, mas os Amahuaca chamavam-na de *kambó*, nome bem próximo do nosso *kampô*. Apesar desse indício, é possível que não se trate da mesma espécie, já que Carneiro a descreve como uma rã pequena, enquanto a *Phyllomedusa bicolor* tem tamanho respeitável.

Em 1973, o antropólogo britânico Stephen Hugh-Jones registrou o uso da secreção entre os Barasana, mas trata-se de um uso um tanto excepcional, já que estes utilizavam-na para obter penas amarelas em pássaros domesticados, processo conhecido no Brasil como tapiragem. Seguiram-se várias outras menções à prática e à perereca, particularmente entre grupos pano do interflúvio em território brasileiro, como os Matis (Erikson 1996), os Matses (Romanoff 1984) e os Marubo (Montagner 1985, Melatti 1985).

É quando entram em cena dois norte-americanos: Peter Gorman, viajante e jornalista *freelance*, e Katherine Milton, antropóloga física da Universidade da Califórnia em Berkeley.

Peter Gorman escreveu relatos de sua experiência com *"sapo"* (termo do espanhol local designando a secreção de rã, que lhe foi administrado por índios Matses do rio Lobo, no Peru, em 1986.

> [...] Deixei Pablo queimar meu braço pela segunda vez [...]. Ele removeu a pele queimada e então esfregou um pouco de sapo sobre as áreas expostas. Instantaneamente meu corpo começou a esquentar. Em segundos eu estava queimando por dentro e arrependido de ter deixado que ele me aplicasse um medicamento sobre o qual eu nada sabia. Comecei a suar. Meu sangue acelerou. Meu coração disparou.

Adquiri uma percepção aguda de cada veia e cada artéria de meu corpo, podia senti-las se abrindo para dar vazão ao incrível impulso do meu sangue. Meu estômago se contraiu e vomitei violentamente. Perdi o controle de minhas funções corporais e comecei a urinar e defecar. Caí no chão. Então, de repente me vi rosnando e andando de quatro. Tive a sensação de que animais passavam por dentro de mim, tentando se expressar através do meu corpo. Foi uma sensação fantástica mas passou depressa, e eu só conseguia pensar na disparada do meu sangue, uma sensação tão intensa que achei que o meu coração ia explodir. O ritmo foi se acelerando. Fiquei agoniado. Eu estava sem fôlego. Aos poucos os batimentos foram ficando estáveis e regulares, e por fim se aquietaram totalmente. Fui tomado de exaustão e caí no sono ali mesmo. Quando acordei, algumas horas depois, ouvi vozes. Mas quando recuperei meus sentidos, percebi que estava sozinho. Olhei ao redor e vi que eu havia sido lavado e colocado em minha rede. Levantei-me e andei até a beira do terraço da cabana sem paredes, e me dei conta de que a conversa que eu estava ouvindo era entre duas das esposas de Pablo, que estavam a uns vinte metros de distância. [...] Andei até o outro lado do terraço e olhei para a floresta: seus ruídos também estavam mais nítidos do que de costume. E não foi só minha audição que ficou mais apurada. Também minha visão, meu olfato; tudo à minha volta parecia ampliado e meu corpo parecia imensamente fortalecido.

Em um de seus retornos à aldeia, cerca de três anos mais tarde, Gorman obteve um bastão com uma amostra seca da substância e passou parte dela a Charles Myers, curador de herpetologia do Museu Americano de História Natural, que a repassou por sua vez a John Daly, bioquímico que trabalhava na época no Instituto Nacional de Saúde dos Estados Unidos. John Daly era um conhecedor da bioquímica de anfíbios, já que havia estudado anfíbios tropicais do gênero Dendrobates, cujo veneno era tradicionalmente usado para envenenar pontas de flecha.

Em 1990, Gorman descreveu suas reações fisiológicas e neurológicas à substância. No mesmo ano, obteve dos Matses mais secreção seca e dois espécimes vivos. Um dos espécimes morreu logo depois de chegar aos Estados Unidos, e foi enviado para Daly. O outro foi enviado junto com uma amostra da secreção para Erspamer, na Itália, que o identificou como *Phyllomedusa bicolor*.

Erspamer ficou evidentemente muito interessado pela descrição dos efeitos da secreção. Eis sua resposta de 1991, tal como relatada por Gorman:

> Com base nas concentrações e funções dos peptídeos encontrados e extraídos da amostra de rã que enviei, Erspamer conseguiu explicar todos os sintomas físicos que descrevi como intoxicação de sapo. Sobre os efeitos colaterais, Erspamer escreveu que "a cerulina e a filocerulina equiativa apresentam uma ação potente sobre a musculatura lisa do intestino delgado e as secreções gástricas e pancreáticas [...]. Os efeitos colaterais observados [em pacientes voluntários com atonia intestinal pós-operatória] foram náusea, vômitos, rubor facial, taquicardia leve [...], mudanças na pressão sanguínea, suor, desconforto abdominal e necessidade de defecar". A filomedusina, um novo peptídeo da família das tachiquininas, atua intensamente sobre as glândulas salivares, os dutos lacrimais e os intestinos, e contribuiu para o violento efeito purgativo que senti. A sauvagina provoca uma duradoura queda na pressão sanguínea, acompanhada por forte taquicardia e estímulo do córtex suprarrenal, o que contribuiu para [...] o aguçamento da percepção sensorial e o revigoramento que descrevi. A filoquinina, um novo peptídeo da família das bradiquininas, é um potente vasodilatador, e explicava a aceleração do meu fluxo sanguíneo durante a fase inicial da intoxicação por *sapo*. É possível razoavelmente concluir, escreveu Erspamer, "que os intensos sintomas cardiovasculares e gastrointestinais periféricos observados na fase inicial de intoxicação por sapo podem ser inteiramente atribuídos aos peptídeos bioativos conhecidos que ocorrem em grandes quantidades no material da rã".
>
> Quanto aos efeitos centrais do sapo, escreveu ele, "o aumento do vigor físico, a maior resistência à fome e à sede e, de um modo mais geral, o aumento da capacidade de enfrentar situações de estresse podem ser explicados pela presença de cerulina e sauvagina na droga". A cerulina produz em humanos "um efeito analgésico [que pode ser] associado à liberação de betaendorfinas [...] em pacientes que sofrem de cólica renal, de dores de repouso decorrentes de insuficiência vascular periférica [circulação limitada] e até de dores de câncer". Além disso, "provocou em voluntários humanos uma significativa diminuição da fome e da ingestão de alimentos". A sauvagina extraída do sapo foi administrada a ratos por via subcutânea

e provocou uma "liberação de corticotropina [um hormônio que desencadeia a liberação de substâncias da glândula suprarrenal] da pituitária com consequente ativação do eixo pituitário-suprarrenal". Esse eixo é o elo de comunicação química entre as glândulas pituitária e suprarrenal, que controla nosso mecanismo de defesa. Os efeitos no eixo pituitário-suprarrenal causados pelas doses ínfimas administradas aos roedores de laboratório duraram várias horas. Erspamer notou que o volume de sauvagina encontrado nas grandes quantidades de rã que os Matses usam, como eu tinha descrito, teria potencialmente um efeito bem mais duradouro em humanos, e explicaria por que as minhas sensações de vigor e de aguçamento da percepção sensorial após o uso duraram vários dias. Quanto aos efeitos "mágicos" que descrevi [...], porém, Erspamer diz que "alucinações, visões ou efeitos mágicos não são produzidos pelos componentes peptídeos do sapo conhecidos". Acrescentou que "ficava por resolver a questão" de saber se aqueles efeitos específicos, a sensação de que animais estavam passando por dentro de mim [...], se deviam "à aspiração de outras drogas com efeitos alucinógenos, particularmente o nu-nu".

O fato de Erspamer não poder explicar as alucinações atesta a seriedade de sua análise, já que não há outro registro etnográfico corroborando a ocorrência de alucinações devidas à secreção de perereca (o que confere um caráter idiossincrático ao relato de Gorman).

Enquanto isso, Katherine Milton, uma antropóloga física interessada em ecologia e dieta indígena na Amazônia, já havia passado algum tempo entre os Mayoruna, no Brasil. Milton, que afirmou não ter experimentado a substância, documentou todo o preparo da secreção de rã e levou uma amostra seca para John Daly, nos Estados Unidos. Embora Gorman e Milton tivessem estado respectivamente no Peru e no Brasil, a distância entre os locais de seus trabalhos de campo era de apenas cerca de 60 km e eles pesquisaram a mesma sociedade indígena, já que Mayoruna é simplesmente o nome brasileiro para os indígenas que no Peru são chamados de Matses. Como o uso da secreção de perereca entre os Matses fora registrado na tese de doutorado de Romanoff, de 1984, é provável que Katherine Milton conhecesse a referência.

Em 1992, John Daly e colaboradores – entre os quais Charles Myers e Katherine Milton – publicaram o primeiro artigo de bioquímica em que se faz referência ao uso tradicional indígena da *Phyllomedusa bicolor* e à literatura etnográfica sobre grupos pano. O artigo tratava da identificação de um peptídeo chamado adenorregulina.

No ano seguinte, Erspamer e colaboradores publicaram um artigo em que associavam as moléculas identificadas na amostra da secreção aos efeitos experimentados por Peter Gorman. O título rezava: "Estudos farmacológicos do *sapo* da pele da pererca *Phyllomedusa bicolor* : uma droga usada pelos índios peruanos Matses em práticas de caça xamânicas".

Na copiosa produção científica de Erspamer sobre as *Phyllomedusa*, esta é a primeira vez em que ele menciona e registra cuidadosamente várias fontes etnográficas.

Assim, os artigos de Daly, de 1992, e de Erspamer, de 1993, fornecem as duas primeiras provas irrefutáveis do reconhecimento científico acerca da existência de um conhecimento tradicional indígena sobre a *Phyllomedusa bicolor*. Qualquer que fosse o estado de coisas até então, não resta dúvida de que em 1992 – ano em que a CDB declarou que os recursos genéticos eram submetidos à soberania dos Estados nacionais e que conhecimentos tradicionais tinham direito a uma justa parcela dos benefícios – os biólogos já estavam plenamente informados dos dados etnográficos.

Não detalharei aqui a enxurrada de atividades e patentes relacionadas a moléculas derivadas da *Phyllomedusa* que se seguiram nos anos 1990 e pelo século XXI adentro. As patentes em geral foram se tornando cada vez mais comuns nesse período, com as universidades pressionando os pesquisadores a patentear suas invenções antes de publicá-las e o Acordo TRIPS-OMC garantindo que cada vez mais países as respeitassem.

"Cultura" *versus* cultura

Falei aqui da imaginação limitada que está na base dos dispositivos nacionais e internacionais sobre o conhecimento indígena. Em última análise, essa imaginação remete a uma noção de "cultura" da qual o conhecimento é apenas uma das manifestações. Em outras palavras, o modo de conceber os direitos intelectuais indígenas depende de como é entendida a cultura. Como se sabe, o termo "cultura", em seu uso antropológico, surgiu na Alemanha setecentista e de início estava relacionado à noção de alguma qualidade original, um espírito ou essência que aglutinaria as pessoas em nações e separaria as nações umas das outras. Relacionava-se também à ideia de que essa originalidade nasceria das distintas visões de mundo de diferentes povos. Concebia-se que os povos seriam os "autores" dessas visões de mundo. Esse sentido de autoria coletiva e endógena permanece até hoje.

Saber até que ponto esse e outros pressupostos e conotações são universalmente aplicáveis é algo que requer uma cuidadosa investigação etnográfica. Antropólogos como James Leach, Marilyn Strathern, Deborah Gewertz, Simon Harrison e vários outros demonstraram de modo convincente o quanto as nossas noções de cultura e de propriedade intelectual são inadequadas para a Melanésia. Discutirei adiante alguns exemplos elucidativos da Melanésia e também da Amazônia. Neste ponto quero introduzir o seguinte conjunto de questões. Como é que povos indígenas reconciliam prática e intelectualmente sua própria imaginação com a imaginação limitada que se espera que eles ponham em cena? Como é que esses povos ajustam contas com os conceitos metropolitanos, em particular com as percepções metropolitanas de conhecimento e de cultura? Com isso chamo a atenção tanto para os usos pragmáticos de "cultura" e "conhecimento" por parte de povos indígenas como para a coerência lógica que é capaz de superar contradições entre as imaginações metropolitana e indígena. Como é que indígenas usam a *performance* cultural e a própria categoria de "cultura"? Como é possível ter simultaneamente expectativas diferentes, quando não opostas, sem sentir que há contradição?

Questões como essas nos levam de volta à antropologia clássica. Elas estavam na base do magnífico livro de Evans-Pritchard, *Feitiçaria, oráculos e magia entre os Azande*, de 1936. Evans-Pritchard revelou o alcance da etnografia ao demonstrar que as contradições sobre magia não eram percebidas pelos Azande porque as regras sociais práticas e as crenças por elas implicadas mantinham uma separação tão estrita entre contextos que nenhuma contradição flagrante podia aflorar. Pode ser esse o caso também na situação com que estamos lidando, com as devidas diferenças. Postular que direitos costumeiros devam reger a alocação e a distribuição de benefícios no âmbito interno, como o faz a maioria das legislações nacionais, é uma maneira de tentar separar o contexto interno do externo.

Em "Culture in Politics: intellectual rights of indigenous and local people" (2002), texto apresentado em um simpósio e disponível on-line, afirmei a necessidade de distinguir contextos. Mas isso não para evitar pragmaticamente a manifestação de contradições, como no caso zande, e sim por uma questão de lógica. Sugeri que era preciso distinguir a estrutura interna dos contextos endêmicos da estrutura interétnica que prevalece em outras situações. Cabe uma advertência: a lógica interétnica não equivale à submissão à lógica externa nem à lógica do mais forte. É antes um modo de organizar a relação com estas outras lógicas. E como tenho dito repetidas vezes desde 1979, as situações interétnicas não são desprovidas de estrutura. Ao contrário, elas se auto-organizam cognitiva e funcionalmente.

Esse tipo de processo – a organização e a ênfase de diferenças culturais – tem recebido maior atenção nos estudos coloniais e pós-coloniais, mas a lógica interétnica não é específica da situação colonial, nem de um desequilíbrio de forças de modo geral. Como notou Sahlins, a cismogênese de Bateson, bem como *Raça e história*, "A gesta de Asdiwal" e os quatro volumes das *Mitológicas* de Lévi-Strauss, já tratavam do contraste entre diferentes grupos de pessoas independentemente de sua relação de forças.

A ideia de articulação interétnica é uma continuação natural da teoria lévi-straussiana do totemismo e da organização de diferenças. Em contraste com o que ocorre em um contexto endêmico, em que a lógica totêmica opera sobre unidades ou elementos que são parte de um todo social, numa situação interétnica são as próprias sociedades como um todo que constituem as unidades da estrutura interétnica, constituindo-se assim em grupos étnicos. Estes são elementos constitutivos daquela e dela derivam seu sentido. Segue-se que traços cujo significado derivava de sua posição num esquema cultural interno passam a ganhar novo significado como elementos de contrastes interétnicos. Integram dois sistemas ao mesmo tempo, e isso tem consequências. Para tornar mais precisa a definição de "cultura" a que apenas aludi no início deste texto, sugiro que usemos aspas – "cultura" – para as unidades num sistema interétnico.

"Cultura" tem a propriedade de uma metalinguagem: é uma noção reflexiva que de certo modo fala de si mesma. Pois bem, a questão geral que quero comentar é a seguinte: como é possível operar simultaneamente sob a égide da "cultura" e da cultura e quais são as consequências dessa situação problemática? O que acontece quando a "cultura" contamina e é contaminada por aquilo de que fala, isto é, a cultura? O que ocorre quando está por assim dizer presente na mente ao lado daquilo que supostamente descreve? Quando os praticantes da cultura, os que a produzem ao reproduzi-la, pensam a si mesmos sob ambas as categorias, sendo uma concebida em teoria (ainda que não na prática) como a totalidade da outra? Em suma, quais são os efeitos da reflexividade sobre esses tópicos?

Antes de passarmos a isso, permitam-me formular uma definição simples e prática de cultura sem aspas. Já se derrubaram árvores demais para alimentar as intermináveis polêmicas sobre o tema, e não vou desperdiçar outras tentando resumi-las. Não só isso: para me manter à distância das controvérsias de minha disciplina, adotarei a definição de um crítico literário que me parece resumir o que o consenso contemporâneo assimilou da antropologia. Eis o que Lionel Trilling escreveu em *Sincerity and Authenticity* (*Sinceridade e autenticidade*) ao definir a "ideia de cultura":

> [...] um complexo unitário de pressupostos, modos de pensamento, hábitos e estilos que interagem entre si, conectados por caminhos secretos e explícitos com os arranjos práticos de uma sociedade, e que, por não aflorarem à consciência, não encontram resistência à sua influência sobre as mentes dos homens.

A cláusula de (in)consciência é discutível, mas deixemo-la passar, já que não é essencial para o assunto que nos interessa aqui.

No mencionado texto de 2002 o meu ponto de partida era o seguinte dilema. Várias organizações com as quais me alinho de modo geral como cidadã defendem que o conhecimento tradicional seja colocado em domínio público, ou mais precisamente "*domaine public payant*" (sempre em francês, por razões históricas). Isso significa que o conhecimento tradicional fica acessível a todos, mas a sociedade que o originou ou detêve mantém o direito a receber pagamento caso algum produto de valor comercial seja derivado dele. Contudo, como veremos a seguir, em muitas sociedades tradicionais existe a noção de direitos privados sobre conhecimentos. Cheguei mesmo a sugerir uma correlação um tanto paradoxal: quanto menos uma sociedade concebe direitos privados sobre a terra, mais desenvolve direitos sobre "bens imateriais", exemplificados em particular pelo conhecimento. Como então apoiar um projeto que tem como consequência o *domaine public payant* para conhecimentos tradicionais quando sabemos que isso muitas vezes é contrário ao direito costumeiro? Minha conclusão era a de que a contradição podia ser resolvida observando-se que quando consideramos direitos costumeiros estamos nos movendo no campo das culturas (sem aspas), ao passo que quando consideramos as propostas legais alternativas e bem-intencionadas estamos no campo das "culturas".

Decorre daí que dois argumentos podem ser simultaneamente verdadeiros: I) existem direitos intelectuais em muitas sociedades tradicionais: isso diz respeito à cultura; II) existe um projeto político que considera a possibilidade de colocar o conhecimento tradicional em domínio público (*payant*): isso diz respeito à "cultura". O que pode parecer um jogo de palavras e uma contradição é na verdade uma consequência da reflexividade que mencionei.

A reflexividade e seus efeitos
(com agradecimentos a Mauro Almeida)

Sabemos, desde Bertrand Russell, que a reflexividade é a mãe de todos os paradoxos do tipo "o mentiroso". O cretense que diz sobre si mesmo: "Minto", está ao mesmo tempo mentindo e dizendo a verdade. Pois se estiver mentindo estará dizendo a verdade, e se estiver dizendo a verdade estará mentindo. O paradoxo, como Russell foi o primeiro a notar, decorre da perigosa capacidade do cretense de falar sobre sua própria fala. Toda linguagem que possa falar sobre si mesma é dotada da capacidade de fazer certas afirmações que são simultaneamente falsas e verdadeiras. Isso acontece não só com a linguagem comum, mas também, como mostrou Alfred Tarski na década de 1930, com muitas outras sublinguagens, inclusive as formais. O que todas essas linguagens têm em comum é o fato de permitirem a citação. O uso de aspas é um exemplo desse recurso.

Qualquer linguagem que seja suficientemente expressiva para poder fazer citações, e que portanto seja dotada de autorreferência, leva a paradoxos. Pode-se escolher entre resignar-se a não poder dizer tudo – e a linguagem será incompleta – ou poder dizer tudo, mas nesse caso ser-se-ia levado a afirmações contraditórias. É preciso optar – e esse é o cerne do teorema de Gödel – entre completude e coerência. Russell, é claro, optou pela coerência. Mas só lógicos e advogados exigem coerência. A escolha do senso comum privilegia a completude, e é por isso que nós, antropólogos, que lidamos com o senso comum, estamos mais interessados em linguagens completas. Assim como quase todo mundo, incluindo-se aí os índios no Brasil. De modo que é em plena consciência, e em concordância com uma convenção clássica, que opto por colocar "cultura" entre aspas quando me refiro àquilo que é dito acerca da cultura.

* * *

Com mais frequência do que costumamos admitir, pessoas têm consciência da própria "cultura" ou de algo que se lhe assemelha, além de viver na cultura. Os exemplos são inúmeros, e logo adiante evocarei alguns. Lévi-Strauss admite essa copresença de "cultura" e cultura em sua famosa "Introdução à obra de Marcel Mauss", na medida em que evoca uma exegese nativa que é ao mesmo tempo parte e comentário do discurso. A "tomada de consciência" da cultura de que fala Franz Boas certamente não é nenhuma novidade, nem tampouco um mero fenômeno contemporâneo ou colonial: a autoconsciência de kerekere como um costume fijiano, como mostrou Sahlins, precedeu o domínio britânico, não decorreu dele.

As pessoas, portanto, tendem a viver ao mesmo tempo na "cultura" e na cultura. Analiticamente, porém, essas duas esferas são distintas, já que se baseiam em diferentes princípios de inteligibilidade. A lógica interna da cultura não coincide com a lógica interétnica das "culturas". Uma das fontes do meu interesse nesse assunto – afora minha formação em matemática – é uma profunda observação de Louis Dumont em sua *Introdução a duas teorias de antropologia social* que é muito elucidativa para a presente discussão, embora seu autor a considere simplesmente como "idiossincrática". Dumont afirma que o que as coisas *são* depende do conjunto de coisas de que fazem parte. Contrariamente à nossa percepção, as coisas não podem ser definidas em si mesmas, mas apenas como elementos deste ou daquele conjunto. A questão, então, é saber como é que as pessoas fazem para viver ao mesmo tempo na "cultura" e na cultura.

A objetivação da cultura, contrariamente ao que afirmaram muitos antropólogos, não começou com o colonialismo, como acabamos de afirmar. O antropólogo britânico Simon Harrison, por exemplo, resenhou a enorme literatura antropológica acerca dos múltiplos e antigos testemunhos dessa reificação em toda a Melanésia, inclusive no período pré-colonial. Termos metaculturais, ou palavras que falam sobre a cultura, são onipresentes na região. Traços culturais constituem-se em objetos ou quase objetos passíveis de todo tipo de transação: direitos sobre rituais, cantos, saberes e fórmulas mágicas podem ser ofertados ou vendidos. Segundo a descrição dos Arapesh feita por Margaret Mead em 1938, populações montanhesas compravam rituais de populações costeiras para posteriormente vendê-los a terceiros a fim de comprar outros. Havia até sociedades especializadas na produção cultural para exportação, para usar a feliz formulação de Harrison. Os Mewun de Vanuatu eram produtores de *kastom*, a palavra neomelanésia ou *pidgin* geralmente traduzida por "tradição": forneciam a seus vizinhos – e portanto (já que se trata da Melanésia) aos vizinhos de seus vizinhos – bens imateriais como danças, cantos e rituais.

Desse modo, bens culturais eram concebidos como propriedade (compreendida aqui como um conjunto cultural de direitos) e cuidadosamente guardados. Mas não eram inalienáveis. Os direitos sobre bens culturais eram objeto de transações que podiam assumir as mais variadas formas. Podia haver, por exemplo, o que chamaríamos de venda de direitos exclusivos sobre padrões ornamentais, mediante a qual alguém cedia todo e qualquer direito ao uso dos padrões empregados para decorar sua casa. O mais comum era uma espécie de "franquia": podia-se, por exemplo, ceder o direito de executar uma dança e manter outros direitos de propriedade sobre ela. Ao que tudo indica, contava menos a exclusividade cultural da execução do que o direito exclusivo de autorizar empréstimos ou aquisições culturais. As religiões cristãs foram inseridas no sistema, e a tal ponto que em 1878, segundo Neumann, missionários metodistas foram mortos porque se aventuraram a tentar converter novas aldeias antes de serem concluídas as indispensáveis negociações em torno dos direitos sobre o cristianismo detidos pelas aldeias previamente convertidas. Direitos a adotar traços culturais alheios faziam parte da extensa gama de bens em circulação nas redes de trocas que acompanhavam casamentos ou parcerias comerciais. A distinção entre itens tangíveis e intangíveis, isto é, o status dos itens em si, era secundária em relação à conhecida primazia das relações de troca.

Como em vários outros domínios, as sociedades amazônicas e melanésias compartilham algumas dessas características. Em quase toda a Amazônia, costumes, cantos, cerimônias, saberes e técnicas têm por definição uma origem alheia: o fogo foi roubado da onça ou do urubu; adornos e cantos são recebidos de espíritos ou conquistados de inimigos. Como se houvesse uma espécie de fetichismo cultural generalizado, ambas as sociedades parecem não reconhecer aquilo que consideramos como criações suas. Esse não reconhecimento pode estar ligado ao prestígio associado a bens exóticos, mas esse próprio prestígio requer explicação, e pode se expressar sob várias modalidades. Na Amazônia, por exemplo, ele se fundamenta num conceito de cultura como empréstimo – na abertura para o Outro que Lévi-Strauss ressaltou em *História de Lince*. Em vez de manter distância de forasteiros, os amazônicos demonstram um extraordinário apetite pelo Outro e por suas bugigangas, chegando nisso a extremos canibais. Isso contrasta de modo flagrante com a conhecida prática dos imperadores chineses, que, como ressaltou Sahlins, depositavam os presentes europeus – telescópios, carruagens e outros objetos com os quais se pretendia impressioná-los – numa espécie de museu de curiosidades: inúteis em termos de identidade, esses objetos não eram assimilados pelo Império, mas depositados nos palácios de verão.

A França do século XVI também tinha seus *"cabinets de curiosités"*. É possível que a duradoura voga do exotismo na França tenha se originado naquele século, pois se encontram no Louvre *coités* brasileiros montados em suportes de ouro durante o reinado de Henrique II. De todo modo, o valor atribuído ao exótico na França requer que ele mantenha a qualidade de estrangeiro, que continue fazendo parte de um sistema diferente. Ele certamente pode constituir uma marca de distinção de classe, mas sempre como um objeto de um mundo diferente. Absorvê-lo, assimilá-lo, destruiria seu valor. É possível que essa distância social seja justamente o que possibilitou a comparação sociológica praticada por Jean de Léry e sobretudo por Montaigne, feita de espelhamentos e oposições entre os costumes da Europa e os do Brasil. Na Amazônia, ao contrário, o estrangeiro não é mantido à distância, mas – como sugeriu Eduardo Viveiros de Castro – incorporado (e é aqui que a metáfora canibal, justamente, não é metáfora). A mesma voracidade se manifesta, como acabamos de ver, em relação aos traços culturais. Num tal universo, como bem diz o mesmo Viveiros de Castro, cultura é por definição aculturação.

Um conhecido regime de bens intangíveis desse tipo é aquele que rege os nomes pessoais e os privilégios a eles associados nas sociedades jê do Brasil Central. Usarei como exemplo o caso dos Mebengokre-Kayapó, descrito em detalhes por Vanessa Lea. Entre eles, um conjunto de nomes belos é um bem limitado e que como tal não deve ser dilapidado. Os belos nomes trazem consigo uma série de riquezas imateriais chamadas *nekrêt*, que consistem em direitos complexos sobre cantos, papéis rituais e ornamentos, além do direito a determinadas partes da carne de caça (para os homens) e do direito a domesticar determinados animais (para as mulheres). Os primeiros belos nomes foram adquiridos de peixes, mas os xamãs propiciam um fluxo constante de novos nomes que obtêm em suas viagens noturnas. Esses nomes e as prerrogativas a eles associadas constituem propriedade, e os detentores desse tipo de propriedade são pessoas de casas organizadas por descendência matrilinear. Se não houver ninguém disponível na casa em uma dada geração, os nomes podem ser cedidos em usufruto vitalício a pessoas de outras casas, que irão portá-los vicariamente, com a condição de passarem-nos adiante para membros da casa de origem. A ideia é que todos os nomes devem estar presentes em cada geração. Mas as figuras jurídicas que se aplicam a nomes não se restringem a propriedade e usufruto: nomes podem ser emprestados, custodiados, roubados e, provavelmente, predados ou conquistados.

Uma observação de Lea me permitirá voltar à questão inicial depois de todos esses exemplos. Ela afirma que os Kayapó não estão preocupados em preservar nomes *em geral*, mas apenas aqueles pertencentes a cada casa materna. Deveríamos concluir que a cultura tem sua própria "mão invisível" e não é senão o resultado geral do apego de cada um às suas próprias prerrogativas? Talvez seja mais relevante perceber que, dado o caráter fracionado desse apego à riqueza imaterial de cada casa, a noção de um patrimônio cultural coletivo e compartilhado pode não ser pertinente na chave tradicional Kayapó.

Como observou Harrison, há uma marcada diferença entre a cultura entendida desse modo, passível de acumulação, empréstimos e transações, e aquela que chamei de "cultura" e que opera num regime de etnicidade. Nesta última, entre outras coisas, a cultura é homogeneizada, estendendo-se democraticamente a todos algo que é, de um outro ponto de vista, uma vasta rede de direitos heterogêneos. Num regime de etnicidade, pode-se dizer que cada kayapó tem sua "cultura"; no regime anterior – que agora, como veremos, coexiste com o outro –, cada kayapó tinha apenas determinados direitos sobre determinados elementos de sua cultura.

Os Kayapó de hoje participam tanto de uma ordem interna na qual cada um é diferente quanto de outras ordens, uma das quais os subsume como um grupo étnico distinto dos demais grupos étnicos. E em um nível ainda acima eles são incluídos em todas as outras sociedades indígenas nativas como "índios", "índios genéricos", para usar a expressão de Darcy Ribeiro com uma nova inflexão. Cada uma das três ordens opera distinções específicas. Mas a questão que queremos considerar é como essas ordens embutidas uma na outra se afetam mutuamente a ponto de não poderem ser pensadas em separado.

Duas observações talvez triviais confirmam que isso de fato ocorre. A primeira é que todas essas "ordens" coalescem nos mesmos seres humanos cuja atuação é implicada e mobilizada em sua realização e em seu futuro. Embora se possa ver cada esfera como organizada por uma lógica *sui generis*, as mesmas pessoas vivem simultaneamente nessas múltiplas esferas. O que implica lidar com as exigências simultâneas decorrentes da lógica de cada uma dessas esferas.

Ian Hacking chamou de "efeito de *looping*" o fato de que os "tipos humanos" (*human kinds*, como ele os chama por oposição aos tipos animais) compreendem entes que têm consciência de como são classificados e de que essa consciência tem efeitos próprios. A teoria da rotulação (*labelling theory*) afirma que pessoas que são rotuladas institucionalmente passam a se comportar de modo estereotipado, como se espera que o façam. Mas isso, argumenta Hacking, é uma simplificação. No processo, a consciência produz nos indivíduos mudanças comportamentais que na prática podem ser muito diferentes daquilo que se espera do tipo humano em questão. Assim, o próprio tipo se torna diferente e então "há um novo conhecimento a ser obtido sobre o tipo. Mas esse novo conhecimento, por sua vez, torna-se parte do que se deve saber acerca dos membros do tipo, que muda novamente". Isso é o que chamo de 'efeito de *looping*' para os tipos humanos". Note-se o paralelo entre a autorreflexão implícita na discussão de Hacking e o movimento reflexivo implicado na "cultura" como metadiscurso sobre a cultura. O que estou sugerindo aqui é que a reflexividade tem efeitos dinâmicos tanto sobre aquilo que ela reflete – cultura, no caso – como sobre as próprias metacategorias, como "cultura".

A manifestação do velho chefe yawanawa que mencionei no início do texto pode ser compreendida à luz dessa coexistência de cultura e "cultura". Vimos que ele afirmava que *honi* não era *cultura*. A "cultura" é por definição compartilhada. Quando retraduzida em termos vernaculares, supõe um regime coletivo que é sobreposto àquilo que anteriormente era uma rede de direitos diferenciais. Assim, o uso de "cultura" tem um efeito coletivizador: todos a possuem e por definição todos a compartilham. Era contra isso, a meu ver, que o chefe yawanawa se insurgia. Embora *honi* esteja ao alcance de qualquer yawanawa adulto, alguns têm direitos específicos sobre a bebida, como o de prepará-la ou administrá-la. Se *honi* fosse "cultura", raciocinava ele, qualquer yawanawa poderia reivindicar tais direitos...

Regimes de conhecimento

Em que consiste o conhecimento? O que se insere nessa categoria? Quais são suas subdivisões, seus ramos, suas especialidades? De que categoria mais abrangente faz parte? Como é produzido? A quem é atribuído? Como é validado? Como circula e é transmitido? Quais direitos e quais deveres gera? As respostas a essas e a muitas outras questões conexas variam muito, e cada conjunto de respostas corresponde a um regime de conhecimento *sui generis*.

Nosso regime atual foi arduamente construído e deliberadamente unificado, desde o século XVII, mediante acordos sobre autoria, procedimentos de ratificação e assim por diante. Os instrumentos internacionais, quase por definição e com a melhor das intenções, caem em algumas armadilhas. Começam por desconsiderar variações entre regimes específicos de conhecimentos e fundem-nos em uma noção homogênea. Tratam o conhecimento tradicional sumariamente no singular, como uma categoria definida meramente por oposição ao conhecimento científico, sem contemplar a miríade de espécies incluídas sob o mesmo rótulo. Uma vez que o conhecimento científico foi tornado uno e universalizado, especula-se (e incluo aqui o sentido etimológico da palavra, que vem do espelhamento) a unidade do conhecimento tradicional. Como se o único só pudesse se defrontar com um outro único e não com a multiplicidade.

Os instrumentos internacionais presumem também que o conhecimento tradicional seja coletivo e "holístico", termo cuja indefinição permite variadas interpretações. Tratam ainda o conhecimento tradicional, muito embora esta acepção esteja sendo cada vez mais contestada, como um *thesaurus*, isto é, um conjunto completo e fechado de lendas e sabedorias transmitidas desde tempos imemoriais e detidas por certas populações humanas, um conjunto de saberes preservados (mas não enriquecidos) pelas gerações atuais. Note-se que uma concepção como esta enviesa as políticas públicas na direção do "salvamento". O que passa a importar não é a conservação dos modos de produção dos conhecimentos tradicionais, e sim o resgate e a preservação desses *thesauri*, que se compararam a outras tantas "Bibliotecas de Alexandria".

Tem se firmado na literatura jurídica e nas declarações de movimentos indígenas internacionais a noção de que os conhecimentos tradicionais não são simplesmente um *corpus* estabilizado de origem imemorial, e sim conjuntos duradouros de formas particulares de gerar conhecimentos. O conhecimento tradicional, segundo essa visão, não é necessariamente antigo. Tradicionais são seus procedimentos – suas formas, e não seus referentes. Esses procedimentos são altamente diversos. Os critérios de verdade e os protocolos de pesquisa em regimes de conhecimento tradicional não se baseiam só no experimento e na observação empírica perseguidos com paixão. Como mostrou Lévi-Strauss em *O pensamento selvagem* (e Kuhn mostrou aplicar-se também aos paradigmas da ciência ocidental), busca-se também o que se poderia chamar de consistência lógica. Algumas coisas se encaixam nos sistemas preexistentes mas outras simplesmente não são compatíveis com eles, e isso é algo que os dados empíricos *per se* simplesmente não têm o poder de desmontar. Marc Bloch deu um brilhante exemplo de como a própria categoria de dado experimental depende de certas premissas. O "milagre régio", que atribuía aos reis taumaturgos franceses e ingleses o poder de curar escrófulas, era entendido como um fato da experiência. Quando surgiram dúvidas sobre o milagre régio na Itália renascentista, não se questionaram os fatos em si; o que interessava era dar-lhes outra explicação e contestar a ideia de que tal privilégio seria exclusivo dos reis da França e da Inglaterra.

Fontes e fundamentos de autoridade também são bastante diversos. Sem esgotar todas as suas formas possíveis, desde já distinguem-se duas. Pode-se conferir autoridade à experiência direta e também à própria fonte, cada fonte derivando seu valor de verdade da sucessão de elos de autoridade na cadeia de transmissão de conhecimento. O contraste entre essas duas formas de autoridade é destacado numa citação que tomo emprestada de Marshall Sahlins, que a atribui a Sir Joseph Banks, integrante da primeira expedição do capitão Cook, que por sua vez a adotou de um humorista do século XVIII (note-se a cadeia de autoridade que estou invocando): "Já que me afirmas que assim é, tenho de acreditar. Mas confesso que se o tivesse visto com meus próprios olhos teria grandes dúvidas".

Na Melanésia, como informa Lindstrom, o conhecimento está fundado na autoridade da fonte. Já na Amazônia, segundo vários autores, é a experiência direta que prevalece. O conhecimento se fundamenta no peso das experiências visuais, auditivas e perceptivas. A sabedoria atribuída a certos anciões e pajés se deve às muitas coisas que teriam visto, ouvido e percebido. O caçador empanemado é aquele que vai para a floresta e não tem a percepção sensorial dos seres que ali estão. Sua carência não reside em suas habilidades de caçador: ele não erra o alvo, simplesmente não o vê nem o ouve. O caçador precisa se antecipar à caça, vê-la antes de ser visto, ouvi-la antes de ser ouvido. A intimidade com a floresta e seus habitantes, o interesse que se tem por eles, relacionam-se à percepção. É pela experiência direta que se aprende, e isso vale para caçadores, para pajés ou quem quer que seja. Nesse sentido, as histórias de caçadas que contam os Runa, sociedade amazônica do Equador e que Eduardo Kohn relata e analisa de modo notável, são muito instrutivas. Equivalem a memorandos perceptuais: não se trata apenas de recriar para o ouvinte uma série de episódios, mas de fazer uma transcrição visual e auditiva da experiência.

Segundo David Kopenawa Yanomami, cujas memórias foram registradas e transcritas por Bruce Albert, para que uma pessoa se torne um xamã é preciso que os espíritos *xapiripës* a vejam; reciprocamente, é preciso que aprenda a vê-los. Kopenawa relaciona explicitamente a caça à percepção visual e auditiva:

> Comecei a ver os xapiripës pouco a pouco, porque cresci brincando na floresta. Eu sempre estava procurando a caça. E de noite, quando sonhava, comecei a ver a imagem dos animais ancestrais que se aproximavam de mim. Os enfeites e as pinturas no corpo deles brilhavam cada vez mais no escuro. Eu conseguia ouvi-los falar, ouvi-los gritar.

Mas a percepção não é unívoca. Alucinógenos propiciam experienciar diretamente como se pode perceber o mundo de modos diferentes – ou que diferentes mundos podem coexistir perceptualmente, numa formulação mais amazônica. Nas ontologias das sociedades amazônicas, como sugeriu Eduardo Viveiros de Castro, nem todos percebem as mesmas coisas e as coisas não são percebidas do mesmo modo por diferentes seres sensíveis. O que vemos como um cadáver em putrefação é, do ponto de vista dos urubus, um convidativo caxiri. E o que vemos como um ser humano é, para o jaguar que o devora, um apetitoso porco-do-mato. Toda percepção do real é fruto de um ponto de vista singular, sem que exista qualquer posição privilegiada. O que é universal não é um conjunto de coisas objetivas, e sim um modo de organizá-las. Assim, não se concebe uma natureza compartilhada e dada à qual culturas idiossincráticas imporiam uma ordem – a cultura é o universal; a natureza é que é idiossincrática. Os animais e nós, humanos, organizamos o mundo do mesmo modo, mas nossos referentes são diferentes dos deles. Os referentes da percepção são relativos à espécie, mas a sua organização – a cultura – é universal.

Paradoxalmente, portanto, a percepção é equívoca quanto àquilo a que se refere e ao mesmo tempo é uma determinante fonte de conhecimento. Como diria Merleau-Ponty, ainda que haja uma primazia da percepção não há concordância universal quanto aos seus referentes. Talvez seja por isso que os sonhos individuais, feitos de percepções sem referentes, sejam fontes de conhecimento perfeitamente legítimas na maioria das sociedades amazônicas.

Ative-me aqui à discussão de alguns procedimentos de validação do conhecimento a título de exemplo de como se deveria examinar os diferentes regimes de conhecimento.

Nosso próprio regime de conhecimento

Do mesmo modo que não conseguimos reconhecer os múltiplos regimes de conhecimento tradicional, permanecem não explicitados os pressupostos que estão na base do sistema ocidental de propriedade intelectual. A construção contemporânea dos direitos de propriedade intelectual tem em sua base a noção romântica do autor criativo que constrói uma obra original *ab nihilo*. Ao longo das últimas décadas essa construção foi objeto de críticas pertinentes por parte de autores como Woodmansee, Jaszi, Rose, Boyle, Coombe, Lessig, Adrian Johns e muitos outros. Já nos anos 1940, antropólogos como Leslie White e Kroeber questionavam essa concepção do gênio criativo; e nos anos 1950, vários expoentes das ciências exatas, tais como o químico Michael Polanyi e o matemático Norbert Wiener se juntaram a essas críticas. A mesma falácia se aplica à criação artística e à invenção científica. A concepção demiúrgica de uma autoria que parece baixar por inspiração divina omite as contribuições intelectuais coletivas e individuais em que se fundam a invenção e a criação. Nesse quadro de pensamento, algo parece paradoxal: as prerrogativas dos agentes que financiam as pesquisas. Hoje em dia as patentes normalmente não são propriedade do pesquisador individual, mas da instituição ou empresa que financia sua pesquisa. Como observou Thorstein Veblen há tempos, isso é uma extensão paradoxal do raciocínio que está por trás dos direitos de propriedade intelectual. O paradoxal aqui não é que universidades ou empresas queiram recuperar investimentos em pesquisa por meio de direitos de propriedade intelectual, mas que se possa considerar compatível que esses direitos estejam baseados na ficção do gênio criador e que se atribua a propriedade deles ao financiador.

Na verdade, desde seu surgimento na Grã-Bretanha no início do século XVII, os direitos autorais – os primeiros direitos de propriedade intelectual surgidos no Ocidente – não foram instituídos para proteger os autores, e sim o monopólio de editores londrinos, ameaçado por edições piratas feitas por escoceses. Ao contrário do que se poderia supor, portanto, foram os editores e não os autores que suscitaram os debates em torno da instituição de direitos autorais sobre a obra literária. Tratava-se de atribuir a propriedade literária aos autores simplesmente para que estes pudessem vendê-la aos editores, proporcionando-lhes um monopólio se não eterno, como se pensou inicialmente, pelo menos *pro tempore*. Assim, a propriedade literária significava, na prática, dar ao autor a liberdade de vender seus direitos criativos, e com exclusividade, a um editor. Em vez de se buscar estabelecer os direitos morais eternos dos criadores, como ocorreu em países como a Alemanha, visou-se justamente a alienabilidade da obra. Em vez de direitos morais, direitos de propriedade. A fim de atingir esses resultados empreenderam-se consideráveis esforços retóricos para definir o trabalho literário, ora conforme o modelo da paternidade biológica, ora conforme o do trabalho agrícola, paradigma, segundo Locke, da figura da propriedade.

Conversa de "cultura", conversa de *kastom* – como criar um caso em torno de termos de empréstimo

Quanto aos próprios povos indígenas amazônicos, agora usam a torto e a direito o termo "*cultura*". Terence Turner chamou a atenção para o fato em 1991, mostrando como "*cultura*" se tornara um importante recurso político para os Kayapó. Um processo semelhante foi extensamente descrito na Melanésia, onde a palavra *kastom*, termo neomelanésio derivado do inglês "*custom*", adquiriu vida própria. Embora os Kayapó por vezes utilizem um termo mais ou menos equivalente em sua língua, parecem preferir usar a palavra em português, *cultura*.

É esse o detalhe aparentemente trivial que eu gostaria de explorar a partir do material krahô: qual a razão para o frequente uso da palavra *cultura* quando vários outros itens de origem externa e de uso igualmente amplo (como o dinheiro, por exemplo) são designados por um termo krahô? Na verdade, a frequência com que *cultura* permanece sem tradução nesses contextos é um fato digno de nota. Como observou Jakobson, nenhum elemento de um vocabulário é de fato intraduzível de uma língua para outra. Na falta de outra coisa, sempre é possível recorrer a neologismos ou a circunlóquios na língua vernácula. Segue-se que usar palavras estrangeiras em sua forma original constitui uma opção deliberada. Resta então entender o significado dessa opção. Usar termos de empréstimo é o mesmo que declarar sua intradutibilidade, um passo que, como vimos, não é ditado por limitações linguísticas, mas empreendido por opção. Esse ponto, que à primeira vista parece tautológico, é altamente significativo. Pois os termos de empréstimo contêm informação metassemântica: sinalizam que houve a escolha de manter termos explicitamente ligados a um determinado contexto, embora houvesse outros meios disponíveis para a comunicação semântica. Os termos de empréstimo devem ser entendidos segundo uma certa chave. Em suma, eles indicam o registro de sua própria interpretação.

Numa notável tese de doutorado apresentada em 2004 na Universidade de Chicago (e hoje já publicada sob o título "*Pastoral Quechua*"), Alan Durston fornece uma ilustração histórica de minhas afirmações. A tese trata das políticas que regiam a tradução para o quechua de catecismos e outros textos litúrgicos no Peru colonial. O quechua religioso variou muito de 1530 a 1640, mas uma mudança decisiva foi introduzida na década de 1570 pelo Terceiro Concílio de Lima. Durante as primeiras décadas de evangelização aceitavam-se termos quechuas para traduzir noções cristãs. O Terceiro Concílio de Lima reverteu essa tendência. O motivo disso foi perceber-se claramente que com termos quechuas ficava muito difícil saber quem estava ditando o sentido, se a Igreja ou o povo. "Cristianizar" rituais, cosmologias e termos quechuas equivalia a dar aos povos dominados instrumentos com os quais eles podiam inserir o cristianismo na cosmologia inca. Para evitar esse risco o Concílio decidiu abolir o uso de palavras e raízes quechuas e impor o emprego exclusivo de termos de empréstimo para os principais conceitos cristãos. Palavras como *santo*, *confesión*, *alma* e sobretudo *Dios* e *Espíritu Santo* não podiam mais ser traduzidas para o quechua. Note-se que os termos de empréstimo nesse caso não eram empregados para manter a autoridade do termo original, que nesse caso seriam palavras em aramaico, ou talvez em grego (da Septuaginta) ou ainda em latim (da Bíblia de São Jerônimo). Os termos de empréstimo vinham da língua dos missionários, que era o espanhol do Peru e da Nova Espanha.

Outra ilustração muito parecida vem de exemplos brasileiros. Os catecismos na língua franca baseada no tupi usada no Brasil pelos jesuítas passaram por uma transformação semelhante àquela ocorrida no Peru: a certa altura abandonou-se o vocabulário cristão tupi das primeiras décadas em favor de termos de empréstimo. Pois bem, se compararmos os catecismos produzidos pelos jesuítas com os de um frade franciscano francês, Martin de Nantes, mais ou menos contemporâneos e dirigidos a índios brasileiros, veremos que a prosa e as frases não são muito diferentes, mas os termos de empréstimo sim: *Nossa Senhora* vira *Vierge Marie*, enquanto *Espírito Santo* aparece como *Esprit Saint*. Isso mostra que o que está em jogo não é a fidelidade a um texto original absoluto, e sim a garantia de que um determinado registro cristão seja mantido. O que se buscava era o controle sobre a chave hermenêutica, a chamada *intentio*. Como argumenta Durston convincentemente, o que de fato importava para os tradutores eclesiásticos do Terceiro Concílio de Lima não era encontrar um termo ou locução equivalente em quechua para transmitir o conteúdo dos catecismos, mas evitar possíveis apropriações populares heterodoxas de conceitos, rituais e instituições católicas. Era imperativo dominar o registro no qual a nova religião funcionaria.

Palavras estrangeiras têm, portanto, a especificidade de funcionar tanto de modo semântico quanto de modo metassemântico: além de veicular sentido, elas também contêm sua própria chave de interpretação. Um exemplo mais próximo de nossa experiência seria o uso de palavras alemãs no jargão filosófico. As palavras alemãs – malgrado a capacidade barroca da língua alemã de formar palavras por composição – não são intraduzíveis em outras línguas. Mas usá-las na forma alemã é um sinal de que se está em terreno filosófico, de que as associações e o mundo em que estão operando devem ser dissociados do uso corrente. Não há *ersatz* para *ersatz*.

Essa longa digressão – prometo que a última – teve o intuito de chamar a atenção para o fato de que o uso de termos de empréstimo como *cultura* e *kastom* não é trivial. A escolha do termo de empréstimo *cultura* indica que estamos situados num registro específico, um registro interétnico que deve ser distinguido do registro da vida cotidiana da aldeia. O fato de que povos indígenas no Brasil usem a palavra *cultura* indica que a lógica de cada um desses sistemas é distinta. E já que *cultura* fala sobre cultura, como vimos, *cultura* é simplesmente o termo de empréstimo nativo para aquilo que chamei de "cultura".

Embora esses sistemas sejam conceitualmente distintos, tendem a se articular entre si. É claro que estamos operando em escalas diferentes, cada qual com sua própria organização: um mesmo indivíduo é um membro de uma casa específica na aldeia, é um krahô em relação a outros grupos étnicos vizinhos, é um índio diante do Congresso Nacional ou em um sistema de cotas na universidade e pertence a um povo tradicional na ONU. Essas escalas, por mais diferentes que sejam, não são independentes entre si; antes, apoiam-se em uma constante atividade de articulação. A autoimagem que o Estado brasileiro, a ONU ou uma companhia farmacêutica atribuem aos índios faz parte do sistema interétnico de representações, mas esse sistema também se confronta com os assuntos internos e com a estrutura da aldeia. É preciso criar pontes ou passagem de interconexão. O colegiado de pajés krahô é uma dessas vias de passagem, uma inovação sem dúvida, mas articulada com a construção krahô de grupos. É fácil cair em engano: algo que parece tradicional, o pajé, é construído segundo o modelo dos serviços de saúde externos; algo que era conhecimento reservado de especialistas torna-se conhecimento tradicional, conhecimento que ainda que não seja compartilhado por todos é parte do patrimônio cultural de todos. Sob a aparência de um mesmo objeto, é a própria estrutura de produção e distribuição que é subvertida. Isso é ruptura ou continuidade? Partidários da lógica da hegemonia votariam pela primeira alternativa. Os culturalistas votariam pela continuidade. Mas talvez a questão esteja mal colocada, de modo que na verdade estaríamos ao mesmo tempo diante de ruptura e continuidade. Há um trabalho dialético que permeia os diferentes níveis em que a noção de "cultura" emerge, que permite jogar em vários tabuleiros a um só tempo. Um trabalho que lança mão de cada ambiguidade, de cada contradição introduzida pela reflexividade.

Esse trabalho está acontecendo diante de nós. James Leach, por exemplo, mostrou como o *kastom* está sendo retraduzido numa versão vernacular pelos habitantes da costa Rai de Papua Nova Guiné.

Num certo sentido, esse é simplesmente um exemplo daquilo que Marshall Sahlins vem dizendo há muito tempo: as categorias da cultura correm perigo no mundo real, já que este "não tem obrigação de conformar-se a elas". Na medida em que se aplica ao sistema interétnico, a "cultura" participa desse mundo real. Uma vez confrontada com a "cultura", a cultura tem de lidar com ela, e ao fazê-lo será subvertida e reorganizada. Trata-se aqui, portanto, da indigenização da "cultura", "cultura" na língua local.

Mas a subversão da cultura pode ser enganadora, e na prática o é na maioria das vezes. A maior parte dos itens culturais continuará parecendo igual àquilo que era. Fazer com que as coisas pareçam exatamente iguais àquilo que eram dá trabalho, já que a dinâmica cultural, se for deixada por sua própria conta, provavelmente fará com que as coisas pareçam diferentes. A mudança se manifesta de fato no esforço para permanecer igual. E a história não acaba aí: o efeito de *looping* de Ian Hacking entra em ação, e o movimento de reorganização que começou com o confronto entre cultura e "cultura" pode prosseguir indefinidamente.

"Cultura" e cultura pertencem a domínios diferentes

O tema da "invenção da cultura" tem uma longa história. Não é por acaso que no final dos anos 1960 veio à tona em diversos contextos políticos e acadêmicos: o do início da época pós-colonial na África, o do surgimento de Estados independentes divididos politicamente por questões étnicas, o do colapso da ideologia do *melting pot* nos Estados Unidos, o da emergência dos estudos antropológicos sobre sociedades multiétnicas e das teorias sobre os movimentos de resistência protopolíticos. Para explicar a lógica das "culturas" nesses contextos foi preciso ressaltar as suas características distintivas e os traços contrastivos presentes em seu uso. Traços contrastivos têm de articular dois sistemas distintos. Um deles é dado pelo contexto multiétnico mais amplo, que constitui o registro privilegiado no qual a diferença pode se manifestar. O outro é o cenário cultural interno de cada sociedade.

Em *Negros, estrangeiros* (1985) descrevi um exemplo dessa dinâmica. A partir de cerca de 1840, até finais do século XIX, escravos iorubás (assim chamados a partir do final do século XIX) libertos no Brasil "retornaram" para a costa ocidental da África e se estabeleceram em regiões que hoje corresponderiam à Nigéria e à República Popular do Benim. Ao passo que no Brasil os descendentes de iorubás permaneceram fiéis ao culto dos orixás (ou mais provavelmente retornaram a ele), muitos dos que "voltaram" se instalaram ali como católicos, com alguns muçulmanos entre eles. As revoltas lideradas por africanos ocidentais muçulmanos na Bahia, particularmente a de 1835, ocorridas após a independência do Haiti, haviam espalhado o pânico entre os proprietários de escravos – circunstância que esteve na origem da política de deportação e de incentivos à partida dos escravos libertos. Ocorre que ser "brasileiro" em Lagos, Uidá, Porto Novo ou Abeokuta, não obstante as conexões muçulmanas, equivalia a ser católico. Argumentei que num sistema social em que a religião, ou melhor, o conjunto pessoal dos orixás é o traço definidor de cada pessoa, fazia todo sentido, na lógica do sistema, que os iorubás brasileiros escolhessem uma religião contrastiva além de exclusiva. E exclusiva ela era, visto que eles se opuseram à conversão de outros africanos pelos missionários franceses que chegaram na década de 1860 e que tanto se haviam alegrado ao encontrar católicos em Lagos e em Porto Novo. Em outro nível, porém, o catolicismo desses iorubás brasileiros não foi "inventado": fazia parte de uma experiência histórica e estava dentro da lógica da cultura interna.

Não é preciso dizer que os militantes do movimento negro no Brasil, embora tenham elogiado o estudo sobre os escravos libertos no Brasil oitocentista que está na primeira parte de meu livro, não gostaram da história do catolicismo brasileiro na África ocidental. Mas a questão é justamente esta: falar sobre a "invenção da cultura" não é falar sobre cultura, e sim sobre "cultura", o metadiscurso reflexivo sobre a cultura. O que acrescentei aqui é que a coexistência de "cultura" (como recurso e como arma para afirmar identidade, dignidade e poder diante de Estados nacionais ou da comunidade internacional) e cultura (aquela "rede invisível na qual estamos suspensos") gera efeitos específicos.

A linguagem ordinária, como afirmei acima, prefere a completude à consistência e permite-se falar sobre tudo. Movimenta-se sem solução de continuidade entre cultura e "cultura" e não dá atenção a distinções entre linguagem e metalinguagem ou fatos contemporâneos e projetos políticos. Como a completude prevalece sobre a consistência, aquilo que alguns chamariam de incoerência tem pouca importância. É num mundo assim, com a riqueza de suas contradições, que temos prazer em viver.

Conversa com Manuela Carneiro da Cunha

["Conversa com Manuela Carneiro da Cunha" foi realizada por ocasião da xxv Reunião da Associação Brasileira de Antropologia, em Goiânia, em 13 de julho de 2006. O evento foi mediado por Peter Fry.[1]]

---

1. O que segue é uma versão revista e ampliada pela autora em julho de 2009 do texto publicado em *Conferências e debates – saberes e práticas antropológicas*, organizado por Miriam Pillar Grossi, Cornelia Eckert e Peter Henry Fry, editado pela Associação Brasileira de Antropologia, em 2007. Agradecemos à ABA a autorização para publicá-la. [N.E.]

Queria dizer que, do meu ponto de vista, não há nada mais agradável, que dê mais prazer, do que ver alguém passar do status de aluno para uma carreira brilhante. Então, penso que a Manuela é o caso – e muito especial. Manuela chegou a Campinas – ela vai nos contar – com uma carta do Lévi-Strauss. Nós ficamos apavorados, Verena e eu – "que é isso?". Olhando para trás, acho que uma das coisas mais incríveis dessa amizade é que ela produziu uma espécie de casamento entre a antropologia social britânica, muito calcada nas relações sociais, e o estruturalismo francês, que a Manuela nos trouxe. Então, foi muito eficaz, conseguimos pensar a relação entre essas antropologias. A Manuela vai contar a sua experiência. Digo apenas que atualmente ela oscila entre a Amazônia, São Paulo e a Universidade de Chicago.

Muito obrigada por essa carinhosa apresentação, Peter. Obrigada, Miriam [Grossi], e toda a Diretoria da ABA, por esse convite que me deixou muito lisonjeada e feliz.

Como vocês já devem ter adivinhado, nasci em Portugal, e tenho um sotaque que não é suficiente para me fazer reconhecer como portuguesa em Portugal mas é suficiente para ser imediatamente classificada como portuguesa aqui, no Brasil. A situação é engraçada porque se acaba ficando entre duas cadeiras.

Eu nasci em Cascais, perto de Lisboa, em julho de 1943. Meus pais eram judeus húngaros que foram para Portugal antes da guerra, felizmente. Foi um lance de gênio da minha mãe. Eles se conheceram em Paris, em 1939. Meu pai havia lutado na Espanha

– do lado republicano, evidentemente – e adorava Barcelona, queria voltar pra lá quando Franco fosse embora. Minha mãe, que pressentia a guerra se aproximando, sabiamente lhe disse: "Pode demorar um pouquinho. Vamos para Portugal, que fica bem do lado da Espanha, e que eu acho que não vai entrar na guerra". Isso foi em 1939 e foram os dois para Portugal, onde minhas duas irmãs e eu nascemos. Não tínhamos parentes em Portugal, mas fizemos muitos amigos. Meus pais vieram para o Brasil, para São Paulo, em 1954, quando eu tinha onze anos. Chegamos ao Brasil uns dias antes do suicídio do Getúlio Vargas. Foi um grande impacto, como vocês podem imaginar.

A família dos meus pais ficou, em grande parte, na Hungria. Muitos morreram e alguns se salvaram – aliás, graças a uma proteção do governo português que minha mãe conseguiu: ela tinha uma irmã mais jovem, que passou toda a guerra na Hungria e que está viva até hoje. Essa irmã era recém-casada e perdeu o marido na guerra. Curiosamente, foi quem induziu minha mãe a não nos educar no judaísmo. Meus pais eram completamente laicos, embora a família de minha mãe fosse mais religiosa. Minha mãe havia sido sionista e socialista na juventude. Meu pai, trotskista. Em suma, nem meu pai nem minha mãe eram praticantes e não parecem ter visto grandes problemas em se converter. Minhas irmãs e eu fomos batizadas e, embora minha mãe voltasse ao judaísmo no fim de sua vida, nós não conhecemos praticamente nada do judaísmo. O pouco que sei, aprendi com o meu primeiro marido, Mariano Carneiro da Cunha, que não era judeu, mas conhecia muito o judaísmo. Ele estudou em Jerusalém e sabia hebraico. Falava hebraico com o meu avô materno, que chegou da Hungria em 1956.

Fiz o primário e o início do secundário em Portugal, no Liceu Francês, e, chegando a São Paulo, fui para colégios brasileiros. Fiz o colegial numa escola de freiras, o Des Oiseaux, porque minha melhor amiga, Vera Penteado Coelho, estava se transferindo para lá. Meu pai queria que eu fosse médica. Fiz um "cursinho" ao mesmo tempo que concluía o curso então chamado de "científico" e prestei vestibular na Faculdade de Medicina da USP, a Pinheiros. Eram só oitenta vagas na época, e eu fiquei em 102º lugar... Não sei por que não prestei exame em outra faculdade de medicina. No ano seguinte, refiz o cursinho.

Chegou a época de me inscrever de novo no vestibular e encontrei no corredor da Medicina da USP um colega que acabava de terminar o primeiro ano. Perguntei-lhe como era a faculdade e se era possível fazer muitas atividades extracurriculares. Ele disse-me que não, que não sobrava tempo para mais nada. Girei os calcanhares e saí sem me inscrever. Claramente, não era o que eu queria. Em dois meses, preparei-me para o vestibular de física da USP, com ajuda em geometria descritiva de um amigo engenheiro e grande jazzista, Albertito Martino. Entrei na Física, mas ao mesmo tempo, comecei a fazer o curso de dramaturgia e crítica, de noite, na Escola de Arte Dramática, que funcionava nos porões do que hoje é a Pinacoteca do Estado. Tive grandes professores na EAD, como Alberto D'Aversa e Anatol Rosenfeld. Eu já tinha cometido, ainda no colegial, um pretensioso livrinho de poesias editado pela Massao Ohno – que na época publicava os chamados poetas "novíssimos", meus amigos – mas com patrocínio do Banco Tobias, porque as tais poesias eram (coro ao dizê-lo) em francês. O Banco Tobias era o pseudônimo usado lá em casa para o que era pago pelo meu pai. O livro teve um prefácio de Sérgio Milliet que me augurou uma carreira longeva de poeta... A distribuição foi adequadamente nula. Coloquei sorrateiramente uns exemplares na Livraria Parthenon, uma ótima livraria da Barão de Itapetininga, mas cada vez que fui lá ver se tinham vendido algum, estavam todos lá.

Enquanto a Escola de Arte Dramática me entusiasmava, o curso de física na Universidade de São Paulo, ainda na rua Maria Antonia, me deixava indiferente. Além disso, mal tinha começado o curso, a faculdade entrou em uma greve prolongada. Meu pai me fez então uma proposta irrecusável: a de ir estudar em Paris por um ou dois anos. Acabei passando oito.

Aos 17 anos, eu havia começado a namorar Mariannno Carneiro da Cunha, que cursava filosofia e havia sido noviço dominicano. Ele estava estudando hebraico e foi com uma bolsa para a Universidade Hebraica de Jerusalém, um ano depois do início do namoro. Dois anos depois, eu fui para Paris, em outubro de 1962. Em julho de 1963, com vinte anos, casei com Mariannno, que se mudou então para lá e fez um doutorado em assiriologia.

Entretanto, eu tinha passado da física para a matemática na Faculdade de Ciências de Paris e conseguido uma bolsa do governo francês. Meus professores eram todos ou quase todos do grupo que havia adotado o codinome coletivo de Nicolas Bourbaki e estavam publicando, um após o outro, vários volumes de uma abordagem não numérica da matemática. Terminei o curso de matemática pura na época em que o estruturalismo de Lévi-Strauss estava no seu auge, após a publicação de *O pensamento selvagem* (1962) e de *O cru e o cozido* (1964). O tipo de matemática de que eu gostava era próximo das ideias de Lévi-Strauss – tanto assim que foi André Weil, um bourbakiano, quem escreveu o capítulo matemático de *As estruturas elementares do parentesco*.

Através do Marianno, conheci a assirióloga Elena Cassin – que muito me influenciou – e seu marido Jacques Vernant. Graças à intermediação deles, fui falar com Claude Lévi-Strauss e pedir autorização para assistir aos seus seminários. Eu estava muito intimidada, sentada em uma poltrona funda em frente à mesa dele, no Laboratoire d'Anthropologie Sociale que, na época, ficava no último andar do prédio do Collège de France, da Place Marcelin Berthelot.

Apresentei-me como sendo do Brasil, o que visivelmente não o impressionou. Tentei então outra via, e disse-lhe que era formada em matemática pura. Foi quando ele ficou realmente interessado. Em suma, foi porque eu vinha da matemática que ele me aceitou, e uma das primeiras coisas que tive de fazer foi apresentar, num seminário dele, uma tese muito interessante de um canadense, François Lorrain, que aplicava álgebra das categorias às *Estruturas elementares do parentesco*. Fui aluna de Lévi-Strauss durante três anos, e um tempo depois – já tendo eu voltado para o Brasil e publicado meu primeiro artigo –, quando lhe perguntei se ele aceitaria ser meu orientador numa tese sobre a gemelaridade ameríndia, propôs-me fazer uma "*thèse d'État*" com ele. Vocês não avaliam o que era uma *thèse d'État* naquela época. Demorava uns dez anos no mínimo... Só para terem uma ideia, *As estruturas elementares do parentesco* era originalmente a parte principal de uma *thèse d'État*. E ainda havia, naquela época, obrigação de escrever uma segunda tese, menor, para se conseguir o título. Eu me inscrevi oficialmente com Lévi-Strauss mas nunca escrevi uma linha dessa tese. Nem tinha a menor condição de fazê-la.

Meu primeiro filho, Mateus, nasceu em Paris, em 1969. Meus pais estavam me pressionando para eu voltar e estava muito difícil ficar em Paris com um filho pequeno. Quando Marianno terminou a tese de assiriologia, em março de 1970 voltamos para o

Brasil. Lévi-Strauss escreveu uma carta de apresentação que recomendava o que ele já tinha me dito: "Agora é hora de você voltar para o Brasil, fazer trabalho de campo". Eu sabia muito pouco ainda de antropologia, tinha lido algumas coisas, mas eu vinha da matemática. Também tinha assistido a outros cursos da École des Hautes Études: o de Hans Dietschy, um etnólogo suíço, e o de Julian Pitt-Rivers. Mas meu aprendizado foi muito atomizado, não segui um currículo, uma formação de antropólogo. Cheguei a São Paulo e soube que um mestrado de antropologia acabava de começar na Unicamp, com professores ingleses ou formados na Inglaterra, Peter Fry, Verena Stolcke e Antônio Augusto Arantes. Fui da primeira turma de pós-graduação, e foi ótimo, aprendi muitíssimo, de uma forma mais sistemática, e aprendi um outro tipo de antropologia. Havia também professores convidados: Francisca Vieira Keller e Roberto DaMatta, ambos do Museu Nacional. Foi quando escrevi meu primeiro artigo, ultraestruturalista. Fiquei meio insegura, mas mandei para Lévi-Strauss, que me respondeu numa carta muito elogiosa em que dizia estar certo que a revista *L'Homme* o publicaria. E realmente publicaram em 1973 [ver cap. 1 deste livro]. Eu fazia, nesse artigo, uma análise de um movimento messiânico que aconteceu em 1963 entre os índios Canela. Comparava esse movimento messiânico com o mito de Aukê, o mito de origem do homem branco entre vários grupos jê, inclusive os Canela. Era uma extensão da teoria estrutural que mostrava que o mito serve para ser manipulado, que ele é parte de uma família de transformações e que, de certa forma, se poderia entender a razão mítica de um acontecimento histórico.

No começo da década de 1990, portanto uns vinte anos mais tarde, mandei esse artigo para Marshall Sahlins, que não o havia lido, e ele me mandou uma carta muito simpática, dizendo que sua teoria sobre mito e história, que se inicia nos anos 1980 com o livro *Metáforas históricas e realidades míticas*, já estava toda contida nesse meu artigo de 1973. Não estava. O que mostrei foi que o mito estava sendo invertido e usado na ação, no movimento messiânico. Sahlins deu um passo a mais: mostrou como a própria estrutura é transformada ao ser usada, e isso certamente não estava no meu artigo. A inversão do mito não modifica sua estrutura; pelo contrário, por ser parte do seu grupo de transformações, a inversão é uma instanciação da mesma estrutura.

Depois disso, fiz minha tese, com muito pouca pesquisa de campo, porque quando chegou a hora de ir a campo, meu filho Mateus tinha só onze meses, e eu não queria nem podia ficar longe dele. A minha tese de doutorado, defendida em 1975 e publicada em 1978, *Os mortos e os outros*, baseou-se em um quantum de etnografia minha e apoiou-se essencialmente na etnografia de Julio Cezar Melatti. Ela foi escrita sob a égide de Peter Fry – que foi sempre um interlocutor importante. Acho que isso que o Peter mencionou, essa interação entre estruturalismo e antropologia social britânica, foi se dando aos poucos. *Os mortos e os outros*, de certa forma, já traz essa marca, pelo menos para tomar seu contrapé. E, no trabalho subsequente, que resultou no livro *Negros, estrangeiros*, essa presença da antropologia britânica está ainda mais explícita.

Voltando: embora com pouca etnografia própria, o que eu fiz em *Os mortos e os outros* teve alguma importância nos estudos americanistas, das terras baixas da Amazônia, que é um subcampo da antropologia extremamente ativo e importante no Brasil e particularmente central no Museu Nacional, mas não só. Tomei como base a antropologia britânica, que, em larga medida, se construiu sobre etnografias de sociedades africanas – os Nuer, os Tallensi etc. Essa antropologia britânica clássica fala muito da continuidade das linhagens e da presença social importante dos mortos, dos ancestrais, na esfera dos vivos. Argumentei que a lógica dos grupos amazônicos das terras baixas era diferente da dessas sociedades africanas, e que os mortos, longe de estar presentes, eram, na realidade, completamente afastados do mundo dos vivos; que havia, entre eles, uma ruptura radical. E não só isso: os mortos eram, de certa forma, assimilados aos afins. Quer dizer, a morte operava como uma ruptura que tornava os consanguíneos afins. Essa foi uma ideia que teve uma certa repercussão. Mais tarde, Eduardo Viveiros de Castro a retomou de uma maneira até mais ampla. Apesar de alguns americanistas terem posto em dúvida essa minha sugestão de uma ruptura radical entre vivos e mortos, confortou-me a afirmação recente de Peter Gow de que ela não teria sido refutada. Essa foi minha tese de doutorado, defendida na Unicamp.

Depois disso, fui para a Nigéria. Jack Goody costumava dizer que o lugar geográfico em que ele trabalhava dependia da mulher dele... E ele teve várias mulheres... Eu fui para a Nigéria em 1975 por causa do meu marido, Marianno Carneiro da Cunha. E, desde 1983, vou para o Acre por causa do meu marido Mauro Almeida. Fui para a Nigéria acompanhando Marianno, que era professor de história antiga na Universidade de São Paulo mas havia aceito o leitorado de português na Universidade de Ifé. Fomos com nossos dois filhos. E pensei: "já que estou aqui, vou fazer alguma coisa". Foi quando fiz a pesquisa que resultou no livro *Negros, estrangeiros*, que acabou sendo a minha livre-docência na USP. Começou com uma pesquisa em Ifé e em Lagos sobre descendentes de escravos que voltaram no século XIX, início do XX para a atual Nigéria, para entender que tipo de sociedade eles formaram lá. Nossos filhos eram pequenos e não era fácil viajar de Ifé para Lagos. A maioria das entrevistas pessoais foram feitas pelo Marianno. Pierre Verger, nosso amigo desde Paris e que morou um tempo na nossa casa de Ifé, fez as fotos da chamada arquitetura brasileira na Nigéria e Marianno organizou uma exposição e um livro sobre o tema.

Quanto a mim, pesquisei nos microfilmes dos jornais de Lagos da época e mais tarde nos arquivos missionários em Roma e na Irlanda. Marianno morreu em 1980, e eu parei de mexer nesse assunto durante um tempo. Retomei-o durante um ano que passei na Universidade de Cambridge. Eu queria entender por que essa gente foi para a África. Muitos desses ex-escravos libertos já tinham nascido no Brasil, não eram africanos e sim o que se chamava na época de crioulos. Por que voltaram? Saudade não é explicação. Fui olhar o que era a vida dos libertos no século XIX e o que poderia explicar essa volta. Isso acabou sendo a primeira parte do livro e foi escrita muito depois da segunda. Eu achava que esse era um caso clássico, paradigmático, de questões de identidade étnica, porque, se vocês pensarem bem, é uma história de iorubás, que são trazidos escravos para o Brasil e que aqui se tornam os guardiões da religião dos orixás, enquanto lá, no que era então chamado de Costa do Benim, se tornam os católicos paradigmáticos. Formam uma comunidade extremamente ciosa de si como católicos e brasileiros em todas as cidades costeiras, desde Uidá, Porto Novo, Badagri e Lagos. Apesar de muitos retornados serem muçulmanos, "brasileiro" e "católico" passam a ser sinônimos nessas cidades. O problema evidente é o seguinte: é a mesma população, são todos iorubá de origem. O que faz com que sejam brasileiros e católicos lá e aqui africanos e adeptos do candomblé e de outras religiões afro-brasileiras? O que diz isso sobre a questão da identidade étnica? Foi o que tentei trazer à discussão, introduzindo ideias estruturalistas em um tema geralmente tratado pela antropologia britânica. Onde entra o estruturalismo nisso? Todo mundo sabe que a identidade étnica é contextual, não é nenhuma novidade. Mas como é contextual? A chave, creio eu, é o que se poderia chamar a linguagem local em que é expressa a diferença. No totemismo, essa linguagem, como mostrou Lévi-Strauss, é a do contraste entre espécies naturais, que fornece a linguagem para falar de diferenças sociais. Mas há muitas outras linguagens possíveis para falar de diferenças sociais. Nas cidades iorubá, essa linguagem já existia, eram os contrastes entre orixás. Simplificando bastante, poder-se-ia dizer que a religião, sempre pensada como exclusiva a cada grupo social, era, nesse contexto, a linguagem da diferença. O catolicismo tornou-se o apanágio exclusivo dos retornados. Exclusivo mesmo: os missionários franceses, que, na década de 1860, tanto se tinham alegrado de encontrarem uma comunidade católica na costa, acabaram por perceber que essa comunidade não tinha intenção alguma de espalhar sua fé e converter seus vizinhos. O catolicismo dos retornados do século XIX tornou-se uma religião local, exclusiva, enquanto no Brasil a religião dos orixás se tornou universalista, o que mostra que não basta olhar as formas de uma religião: suas práticas de recrutamento são pelo menos tão eloquentes quanto essas formas para se entender continuidades e mudanças. Grupos revivalistas apegam-se às primeiras e ocultam a si mesmos estas últimas. Os antropólogos não podem incorrer no mesmo ocultamento; têm é de entendê-lo. Essa foi a minha segunda pesquisa mais alentada. Fiquei na Nigéria por menos de um ano e Marianno demorou-se mais um ano.

Voltei para o Brasil no auge de uma campanha que envolvia direitos indígenas. Em 1978, o Ministro do Interior encaminhou uma proposta de lei para o Congresso de emancipação dos chamados índios "aculturados". Isso criou uma enorme polêmica, porque essa emancipação no fundo resultava em uma emancipação das terras; as terras indígenas são garantidas, mas são garantidas para quem? Para índios. Se os índios deixam de ser *legalmente* índios, as terras deles também poderiam deixar de ser garantidas. Essa era, em poucas palavras, a ideia. Houve uma mobilização no país inteiro – isso durante a ditadura militar. Vocês imaginem o que era mobilização naquela época e os riscos que se corriam. Curiosamente, e talvez justamente por conta desses riscos, é que essa causa indígena chamou para si uma inimaginável manifestação de solidariedade da sociedade, talvez pelo simples fato de que outros temas fossem tabu. A questão indígena foi um desaguadouro de todo tipo de protesto. Eunice Durham, então presidente da ABA, teve um papel muito importante. A ABA deu um salto em termos de presença política: Eunice conferiu-lhe uma força e uma visibilidade que não tínhamos antes. Ela inaugurou, com muita coragem pessoal e determinação, uma tradição de militância da instituição. Na sequência, eu assumi a presidência da Comissão Pró-Índio de São Paulo. Nessa época pipocaram comissões desse tipo. A maioria já se extinguiu, mas ainda existem várias importantes, como a da Bahia e a Comissão Pró-Índio do Acre. Com o protesto contra o projeto de emancipação, a questão da identidade étnica, que eu tinha estudado de forma teórica em cima de material dos séculos XIX e XX, tornou-se, de repente, uma questão política central sobre a qual eu me manifestei na imprensa.

Essa coincidência, em larga medida casual, entre o que eu estava estudando e um debate de políticas públicas, teve um impacto importante na minha vida e no que eu vim a fazer depois. Por um lado, militei, juntamente com várias outras pessoas – por exemplo, Lux Vidal, Aracy Lopes da Silva, Dominique Gallois, Beto Ricardo, Rubens Santilli, Ailton Krenak, Claudia Andujar, Eunice Paiva, Carlos Marés –, na Comissão Pró-Índio. Dalmo Dallari e José Afonso da Silva, ambos professores da Faculdade de Direito da USP, foram um apoio jurídico fundamental. Éramos extremamente ativos, organizávamos protestos, escrevíamos em jornais e sacrificávamos nossas vidas familiares em longuíssimas reuniões. Por outro lado, eu também estava preocupada com os subsídios que o mundo acadêmico poderia trazer para as demandas territoriais indígenas. Mesmo dentro da Comissão Pró-Índio, organizamos um setor jurídico e começamos a estudar a história da legislação indigenista. Um dia, Rubão, meu amigo – o médico Rubens Santilli, que, poucos anos mais tarde, morreu num acidente estúpido de helicóptero quando estava prestando assistência aos Yanomami –, trouxe-me um livrinho que ele tinha comprado num sebo. Eram conferências de 1911 do grande jurista João Mendes

Júnior sobre os direitos territoriais indígenas. João Mendes Júnior sustentava que os direitos indígenas eram originários, ou seja, antecediam a própria Constituição. À Constituição cabia reconhecê-los, não outorgá-los. Colocamos essa tese para circular novamente e, alguns anos mais tarde, conseguimos que fosse expressamente aceita na Constituição de 1988.

Nessa época, até 1985, pesquisa de cunho político não se podia fazer dentro da Universidade: dava-se nas ONGs. Quando foi possível voltar a fazer pesquisa na academia, criei, com John Monteiro (então na Unesp), Dominique Gallois e vários outros colaboradores – a essa altura eu já tinha ido para a USP –, o Núcleo de História Indígena e do Indigenismo. Esse núcleo era o braço acadêmico de uma pesquisa que pretendia justamente subsidiar grupos indígenas nas suas demandas territoriais. Por quê? Porque trazia à tona documentos históricos e instrumentos de pesquisa para estabelecer a imemorialidade da ocupação indígena. Essa militância me ocupou muitíssimo, durante muitos anos. Em 1986, fui eleita presidente da ABA e segui o exemplo de Eunice Durham, de Gilberto Velho, enfim, de todos os presidentes que vieram depois da Eunice, de fazer da ABA uma instituição presente politicamente. Coincidiu que era a época da Constituinte. Em 1987, em preparação para a Constituinte, publiquei, com vários colaboradores, *Os direitos dos índios*, um livro que mostrava qual era a tradição histórica dos direitos indígenas no Brasil desde o período colonial, sobretudo em relação a direitos territoriais e civis.

O capítulo dos índios na Constituição de 1988 foi um grande sucesso. Em grande parte, devido a uma experiência acumulada durante dez anos com casos concretos envolvendo direitos indígenas, ao trabalho de pesquisa sobre legislação indigenista e a uma relação de confiança que se estabeleceu entre juristas como Dalmo Dallari, antropólogos, a Sociedade Brasileira para o Progresso da Ciência (a SBPC, então dirigida por Carolina Bori e José Albertino Rodrigues), o movimento indígena, parlamentares e também, curiosamente, os geólogos, ou melhor, a Coordenação Nacional de Geólogos. Isto porque o grande problema das terras indígenas desde aquela época eram as pretensões minerais para a exploração da Amazônia. Para os geólogos, proteger as terras indígenas da mineração correspondia a um anseio nacionalista de constituir reservas minerais para o futuro. Também contamos com uma bancada parlamentar muito eficiente, na qual, aliás, havia um ex-aluno nosso de antropologia da Unicamp, José Carlos Sabóia, do Maranhão, que foi deputado constituinte; Márcio Santilli, ex-deputado; mas, sobretudo e acima de todos, o senador Severo Gomes, um articulador extraordinário. Foi graças a essa conjunção que temos hoje, na Constituição brasileira, os artigos 231 e 232, que apresentam uma definição de terra indígena que ultrapassa em muito tudo o que se vê em outras constituições latino-americanas.

Para retomar o fio de meus livros, publiquei uma coletânea de artigos em 1987, sob o título *Antropologia do Brasil* [republicados neste volume]. Depois disso, fizemos um esforço conjunto no Núcleo de História Indígena e, com a colaboração de muitas pessoas, publicamos *História dos índios no Brasil*, que saiu em 1992, no quinto centenário da viagem do Colombo. Não sei se é bom ou se é ruim, mas parece que os historiadores chamam o livro de "Manuelão" [risos]: para nossa grande surpresa, já passou da décima reimpressão. Tornou-se uma espécie de livro de consulta. Essa era nossa intenção; quisemos fazer um "estado da arte" em relação a esse assunto, que era, em larga medida, ignorado até então, particularmente nas escolas, mas nunca pensamos que seria realmente tão utilizado.

Em 1991, fui convidada como professora visitante pelo departamento de antropologia da Universidade de Chicago. Passei seis meses lá. Dois anos depois, recebi novo convite e, em outubro de 1994, tornei-me professora desse departamento. Intelectualmente, foi um grande choque, porque não me reconhecia em muito do que estava sendo discutido nos Estados Unidos. Os professores de Chicago ficaram a salvo das crises de consciência que assolaram a antropologia norte-americana, que a voltaram para seu umbigo e a esterilizaram durante bastante tempo, mas os alunos de doutorado já chegavam imbuídos de pós-modernismo, o que tornava necessária uma desintoxicação. Anos se passaram até que eu soubesse situar-me naquilo. Ao final, acho que entendi a produtividade do pragmatismo da antropologia norte-americana. Pragmatismo remete a Peirce, remete a James, mas o ponto importante e simples, que acho que incorporei aos poucos, é que essas categorias nas quais eu sempre estive interessada como estruturalista se definem e existem pelo seu uso. É uma ideia muito simples, já presente no melhor de Malinowski (que, aliás, tinha influência de James), mas tem muitas implicações do ponto de vista da análise.

Vou terminar com o que está me interessando agora, de uns anos para cá. Organizei, com Mauro Almeida, meu marido, a *Enciclopédia da Floresta*, que trata do conhecimento tradicional do Alto Juruá e que contou com a colaboração de várias pessoas: seringueiros, índios, biólogos e antropólogos. Essa empreitada também foi ligada a uma campanha política. Ela surgiu de um movimento que começa em 1985 no qual o Mauro teve um papel essencial, pela criação das primeiras reservas extrativistas para os seringueiros do Acre. A primeira reserva extrativista, não por acaso, foi criada no Alto Rio Juruá, onde a gente participou – ele, sobretudo, eu mais no papel de guarda-costas – de uma intensa mobilização. Guarda-costas mesmo, porque Chico Mendes tinha acabado de ser assassinado. Mauro era, na época, assessor do Conselho Nacional de Seringueiros, tinha participado de famosos embates ao lado de Chico Mendes e Marina Silva. Chico Mendes, nessa época, quando vinha a São Paulo, costumava ficar na casa do Mauro. E o Mauro estava mesmo ameaçado.

Tem uma história muito engraçada, vale a pena contar. A mãe do Mauro era uma mulher extraordinária: ela terminou sua carreira como diretora de colégio em Brasília, mas ela tinha nascido no seringal e começado como professora primária, no Acre. Já aposentada, por volta de 1990, foi chamada pelo governo para organizar as escolas do Acre. Havia muito tempo que ela não ia lá. Foi recebida com um churrasco por várias pessoas que queriam homenageá-la. E, no meio desse churrasco, ela ouviu a seguinte conversa: "Olha, aquele sujeitinho, aquele professorzinho da Unicamp está se metendo onde não deve, e a gente vai dar uma lição para ele". Na mesma hora, ela se levantou e ameaçou: "Essa pessoa de quem vocês estão falando é meu filho. E, se alguém tocar num fio de cabelo dele, eu venho aqui e mato vocês. E vocês sabem que eu faço" [risos]. Deu as costas e foi-se embora. Mas, antes de sair do Acre e voltar a Brasília, chamou um compadre dela no seringal e encomendou dois capangas para proteger o filho cada vez que ele fosse a Rio Branco. De volta a Brasília, ela me telefonou e disse: "Manuela, cada vez que o Mauro for a Rio Branco, você me avisa para eu mandar os capangas". O Mauro é a pessoa mais distraída que vocês podem imaginar. Nunca percebeu que havia dois capangas cuidando dele...

A *Enciclopédia* foi um dos produtos de um projeto de pesquisa muito mais ambicioso intitulado "Populações tradicionais podem gerenciar áreas de conservação? O caso piloto da Reserva Extrativista do Alto Juruá". Esse projeto foi financiado pela Fundação MacArthur e administrado na USP. Consumiu vários anos de minha vida, porque eu tinha de tratar de tudo, até de comprar peças na Barra Funda, em São Paulo, para os barcos do projeto.

A partir daí – e chego ao final –, passei a me interessar cada vez mais pela questão dos conhecimentos tradicionais, que tem muitas dimensões: uma delas tem a ver com o exercício da nossa própria profissão – como vocês sabem, não se faz mais antropologia como antigamente... Graças a Deus, aliás. Há dimensões interessantes que dizem respeito a políticas e a suas consequências sociais nos povos tradicionais. E tornou-se um tema de uma importância enorme na esfera internacional. A questão dos conhecimentos tradicionais, dos direitos intelectuais dos povos tradicionais está presente não só na Convenção da Diversidade Biológica, mas também em todos os organismos das Nações Unidas (Unesco, UNCTAD, FAO, OMPI etc.), o que seria de se esperar, mas, além disso, também nos lugares menos evidentes, como os bancos multilaterais (Banco Mundial, Banco Interamericano) e, sobretudo, na Organização Mundial do Comércio. É um tema, em suma, que percorre todas as escalas e que tem profundo impacto nas populações tradicionais. Esse é o tema que eu tenho estudado... Estudado e militado ao mesmo tempo, novamente.

Ofereci-me durante dois anos para, ao me aposentar da Universidade de Chicago, criar algo novo na Amazônia. O tempo passou e agora, como recomendava Voltaire, cultivo (com grande deleite) o meu jardim e meus bonsais.

BIBLIOGRAFIA GERAL

ABERLE, David F.
1966. *The Peyote Religion among the Navaho*. Nova York: Wenner-Gren Foundation for Anthropological Research (Viking Fund Publications in Anthropology, 42).

AGOSTINHO, Pedro
1980. "Emancipação do índio". *Ciência e Cultura*, 32 (2).
1982. "Incapacidade civil relativa e tutela do índio", in S. Coelho dos Santos (org.). *O índio perante o Direito*. Florianópolis, UFSC.

AKINTOYE, S. A.
1969. "The Ondo Road Eastwards of Lagos c. 1870-1895". *Journal of African History*, X, 4.

ALLEGRETTI, Mary Helena
1990. "Extractive Reserves: An Alternative for Reconciling Development and Environmental Conservation in Amazônia", in Anderson, A. (org.). *Alternatives for Deforestation: Steps Toward Sustainable Use of the Amazon Rain Forest*. Nova York: Columbia University Press.

ALMEIDA, Cândido Mendes de
1870. *Código Philippino ou ordenações e leis do Reino de Portugal*. Rio de Janeiro: Tipografia do Instituto Philomathico.

ALMEIDA, Mauro W. Barbosa de
1990. "As colocações como forma social, sistema tecnológico e unidade de recursos naturais". *Terra Indígena*, nº 54.
1993. *Rubber Tappers of the Upper Juruá River, Acre: The Making of a Forest Peasantry*. Dissertação de PhD. University of Cambridge.
2002. "The Politics of Amazonian Conservation: the Struggles of Rubber Tappers". *The Journal of Latin American Anthropology*, v. 7, n. 1.
2004. "Direitos à floresta e ambientalismo: seringueiros e suas lutas". *Revista Brasileira de Ciências Sociais*, v. 19, nº 55, junho de 2004.
2008. "A fórmula canônica do mito", in Ruben C. de Queiroz e Renarde F. Nobre (orgs.). *Lévi-Strauss. Leituras Brasileiras*. Belo Horizonte: Editora da Universidade Federal de Minas Gerais.

AMARAL, Braz do
1915. "Contribuição para o estudo das questões de que trata a these 6ª. da Secção de Historia das

Explorações Archeologicas e Ethnographicas". *Revista do Instituto Histórico e Geográfico Brasileiro*, tomo especial, Primeiro Congresso de História Nacional, v. 2. 1957. *História da independência da Bahia*. Salvador: Livraria Progresso Editora.

ANCHIETA, José de
1846. "Informação dos casamentos dos índios do Brasil". *Revista do Instituto Histórico e Geográfico Brasileiro*, t. 8, nº 2.
[1554-94] 1933. *Cartas, informações, fragmentos históricos e sermões do padre Joseph de Anchieta* (organização de Afrânio Peixoto e Capistrano de Abreu). Rio de Janeiro: Civilização Brasileira.
[1561-97] 1977. *Teatro de Anchieta*. Obras completas, v. 3 (introdução e notas de Armando Cardoso). São Paulo: Loyola.
[1553-84] 1984. *Cartas. Correspondência ativa e passiva*. Obras completas, v. 6 (organização, introdução e notas de Hélio Viotti). São Paulo: Loyola.

ANDERSON, Anthony B.
1991. "Forest Management Strategies by Rural Inhabitants in the Amazon Estuary", in Gomez-Pompa, A.; Whitmore, T. C. & Hadley, M. (orgs.). *Rain Forest Regeneration and management*. UNESCO.

ANÔNIMO 1
1815. *Reasons for establishing a Registry of Slaves in the British Colonies, being a report of a Committee of the African Institution*.

ANÔNIMO 2
1816. *Observations on the Bill Introduced Last Session By Mr. Wilberforce: for the More Effectually Preventing the Unlawful Importation of Slaves and the Holding Free Persons in Slavery in the British Colonies*. Londres: J.M. Richardson.

AQUINO, Terri V. de & Carlito CATAIANO
1993. "Aves kaxinauá" (manuscrito)

ARNAUD, Expedito
1989. "O índio e a assistência oficial. A história de vida do índio Sabino Apompés Mundurukús". *Revista de Antropologia* 30/31/32, 1987/88/89.

AUFDERHEIDE, Patricia
1976. *Order and Violence: Social Deviance and Social Control in Brazil 1780-1840*. Dissertação de PhD. University of Minnesota.

AZANHA, Gilberto
1984. *A forma timbira*. Dissertação de mestrado. FFLCH-USP.

AZEVEDO, João Lúcio
1947. *A evolução do sebastianismo*. 2ª ed. Lisboa: Livraria Clássica Editora.

BAIÃO, Antonio
1972. *Episódios dramáticos da Inquisição portuguesa*, v. I. Lisboa: Seara Nova.

BAKHTIN, Mikhail (ou Valentin Voloshinov)
[1929] 1981. *Marxismo e filosofia da linguagem: problemas fundamentais do método sociológico na ciência da linguagem*. São Paulo: Hucitec.

BALANDIER, Georges
1962. "Les Mythes politiques de colonisation et de décolonisation en Afrique". *Cahiers Internationaux de Sociologie*, XXXIII, Paris.

BALBI, Adrien
1822. *Essai statistique sur le royaume de Portugal et d'Algarve, comparé aux autres états de l'Europe*. 2 v. Paris: Rey et Gravier.

BALÉE, William.
　1989. "The Culture of Amazonian Forests". *Advances in Economic Botany*, n. 7
　1992. "People of the Fallow: a Historical Ecology of Foraging in Lowland South America". *Conservation of Neotropical forests: Working from traditional resource use*.
　1994. *Footprints of the Forest Ka'apor Ethnobotany. The Historical Ecology of Plant Utilization by an Amazonian People*. Nova York: Columbia University Press.

BALÉE, William & GELY, A.
　1989. "Managed Forests Succession in Amazonia: the Ka'apor Case". *Advances in Economic Botany*, n. 7.

BANTON, Michael
　1957. *West African City: a Study of Tribal Life, in Freetown*. Oxford University Press.

BARTH, Fredrik
　1969. *Ethnic Groups and Boundaries. The Social Organization of Culture Difference*. Bergen/Oslo: Universitets Forlaget.

BASTOS, Rafael J. de M.
　1989. "Exegeses Yawalapití e Kamayurá da criação do parque indígena do Xingu e a invenção da saga dos irmãos Villas Boas". *Revista de Antropologia* 30/31/32, 1987/88/89.

BATAILLON, Marcel
　1964. "Le Brésil dans une Vision d'Isaïe selon le P. Antonio Vieira". *Bulletin des Études Portugaises*, n.s., t. 25.

BENCI, Jorge
　[1700] 1977. *A economia cristã dos senhores no governo dos escravos*. São Paulo: Grijalbo.

BENJAMIN, Walter
　1968. "The Task of the Translator", in *Illuminations*. Nova York: Schoken Books.

BHABHA, Homi K.
　1994. "How Newness Enters the World: Postmodern Space, Postcolonial Times and the Trials of Cultural Translation", in *The Location of Culture*. Londres: Routledge.

BLACKING, John
　1968. "Correspondence on Percussion and Transition". *Man*, v. 3, n. 2.

BLOCH, Maurice
　1992. *Prey into Hunter: the Politics of Religious Experience*. Cambridge: Cambridge University Press.

BONIFÁCIO, José
　[1823] 1965. *Apontamentos para a civilização dos índios bravos do Império do Brasil; representação à Assembleia Geral Constituinte*. Santos: Instituto Santista de Estudos Políticos.

BRANDÃO, Ambrósio Fernandes
　[1618] 1943. *Diálogos das grandezas do Brasil*. Rio de Janeiro: Dois Mundos.

BRAUDEL, Fernand
　1979. *Civilisation matérielle, economic et capitalisme - XVe - XVIIIe siècles*. 3 v. Paris: Armand Colin.

BROC, Numa
　1984. "Reflets américains dans la poésie de la Renaissance", in *La Renaissance et le Nouveau Monde*. Quebec: Musée du Québec.

BROMLEY, Yu
　1973. *Etnos y etnografia*. Moscou.

BROWN JÚNIOR, Keith & André Victor L. FREITAS
　2002. "Diversidade biológica no Alto Juruá: avaliação, causas e manutenção", in M. Carneiro da Cunha & M. Almeida (orgs.).

Enciclopédia da Floresta: o Alto Juruá. Práticas e conhecimentos das populações. São Paulo: Companhia das Letras.

BROWN, Michael & FERNANDEZ, Eduardo
1991. *War of Shadows. The Struggle for Utopia in the Peruvian Amazon*. Berkeley: University of California Press.

BROWN, Peter
1981. *The Cult of the Saints. Its Rise and Function in Latin Christianity*. Chicago: Chicago University Press.

BRUNO, Fábio Vieira (ed.)
1979. *O Parlamento e a evolução nacional, 1871-1889*, 3ª série, v. 1. Brasília: Senado Federal.

BRUSH, Stephen
1996. "Indigenous Knowledge of Biological Resources and Intellectual Property Rights: the Role of Anthropology". *American Anthropologist*, v. 95, n. 3.

BUCHER, Bernadette
1977. *La Sauvage aux seins pendants*. Paris: Hermann.

BURKE, Peter
1978. *Popular Culture in Early Modern Europe*. Cambridge University Press.

BUXTON, Thomas
[1823] 1968. "Substance of the Debate in the House of Commons on the 15th May 1823 on a motion for the mitigation and gradual abolition of Slavery throughout the British Dominions". Londres: Dawson, 1823, Society for the mitigation... (ed. fac-símile 1968).

CÂMARA CASCUDO, Luis da
[1942] 1978. "Prefácio do tradutor", in Henry Koster, *Viagens ao Nordeste do Brasil* (organizado por Câmara Cascudo). Coleção Pernambucana, v. XVII. Recife: Secretaria de Educação e Cultura.

CAMINHA, Pero Vaz de
[1500] 1968. *Carta a El Rey Dom Manuel*. Rio de Janeiro: Sabiá.

CANTEL, Raymond
1960. *Prophétisme et messianisme dans l'oeuvre d'Antonio Vieira*. Paris: Ediciones Hispano-americanas.
1964. "L'História do Futuro du Père António Vieira". *Bulletin des Études Portugaises*, n.s., t. 25.

CARDIM, Fernão
[1625, escrito em 1584] 1980. *Tratados da terra e gente do Brasil*. São Paulo: Itatiaia/Edusp.

CARDOSO DE OLIVEIRA, Roberto
1971. "Identidad étnica, identificatión y manipulación". *América Indígena*, v. XXXI, n. 4, México.
1976. *Identidade, etnia e estrutura social*. São Paulo: Pioneira.

CARNEIRO DA CUNHA, Manuela
1973. "Logique du mythe e de l'action. Le mouvement messianique Canela de 1963". *L'Homme*, v. XIII, nº 4. [cap. 1]
1976. "Brasileiros nagôs em Lagos no século XIX". *Cultura*, v. 6, n. 23.
1978. *Os mortos e os outros. Uma análise do sistema funerário e da noção de pessoa entre os índios krahó*. São Paulo: Hucitec.
1979. "Etnicidade: cultura residual mas irredutível". *Revista de Cultura e Política*, Cedec, v. 1, n. 1, São Paulo. [cap. 14]
1983. *O índio e a cidadania*. São Paulo: Brasiliense/Comissão Pró-Índio de São Paulo.
1985. *Negros, estrangeiros. Os escravos libertos e sua volta à África*. São Paulo: Brasiliense.
1987. *Os direitos dos índios: ensaios e documentos*. São Paulo: Brasiliense.
1989. "L'État brésilien, les indiens, la nouvelle constitution", in Carneiro da Cunha, M. & Almeida, M.

(orgs.). *L'État et les autochtones en Amérique latina et au Canada*. Symposiums du Congrès annuel. Association Canadienne des Études Latino-Américaines et Caraibeennes. Université de Laval.
1992a. *História dos índios no Brasil*. São Paulo: Companhia das Letras.
1992b. "Prólogo", in *Legislação Indigenista no século* XIX. São Paulo: Edusp. (Republicado em Carneiro da Cunha 1992a)
1993. *Legislação indigenista no século* XIX. São Paulo: Edusp/Comissão Pró-Índio.
1995. "Children, Politics and Culture: the Case of Brazilian Indians", in Sharon Stephens (ed.). *Children and the Politics of Culture*. Princeton: Princeton University Press.
1998. "Pontos de vista sobre a floresta amazônica: xamanismo e tradução". *Mana*, v. 4, n. 1, abr. [cap. 5]
1999. Populações tradicionais e a convenção da diversidade biológica. *Revista do Instituto de Estudos Avançados*.
2001. "Populações tradicionais e conservação ambiental", in Capobianco, J. P. et al. (org.). *Biodiversidade na Amazônia brasileira*. São Paulo: Estação Liberdade/ Instituto Socioambiental. [cap. 17]
2004. "'Culture' and culture: traditional knowledge and intellectual rights". Marc Bloch Lecture. [cap. 19]

CARNEIRO DA CUNHA, Manuela & Roberto CARDOSO DE OLIVEIRA,
1983. "Parecer sobre os critérios de identidade étnica", in Lux Vidal (org.). *O índio e a cidadania*. São Paulo: Brasiliense/Comissão Pró-Índio de São Paulo. [in cap. 15]

CARNEIRO DA CUNHA, Manuela & Eduardo VIVEIROS DE CASTRO
1986. "Vingança e temporalidade: os Tupinambá". *Journal de la Société des Américanistes*, LXXXI, Paris. [cap. 4]

CARNEIRO DA CUNHA, Manuela et al.
1998. "Exploitable Knowledge Belongs to the Creators of it: a Debate". *Social Anthropology*, v. 6, n. 1.

CARNEIRO DA CUNHA, Manuela & Mauro W. B. de ALMEIDA (orgs.)
2002. *Enciclopédia da Floresta: o Alto Juruá. Práticas e conhecimentos das populações*. São Paulo: Companhia das Letras.

CARVALHO, Alfredo de
1930. "Henry Koster", in *Biblioteca exótica brasileira*, v. III. (republicado em Câmara Cascudo [1942] 1978)

CHASE-SMITH, Richard
1994. "Biodiversity won't feed our Children. Biodiversity Conservation and Economic Development in Indigenous Amazônia", in Seminar Traditional Peoples and Biodiversity: Conservation in Large Tropical Landscapes. The Nature Conservancy, Panamá, 14-17 de novembro de 1994, Mss., paper presented.

CHAIM, Marivone M.
1989. "Política indigenista em Goiás no século XVIII". *Revista de Antropologia* 30/31/32, 1987/88/89.

CHAUMEIL, Jean-Pierre
1983. *Voir, Savoir, Pouvoir. Le chamanisme chez lês Yagua du Nord-Est Peruvien*. Paris: Editions de l'École des Hautes Études en Sciences Sociales.

CHERNELA, Janet.
1986. "Os cultivares de mandioca na área do Uaupês (Tukâno)", in

Ribeiro, B. (org.). *Suma Etnológica Brasileira*, v. 1, Etnobiologia. Petrópolis: Vozes/FINEP.

CHIARA, Vilma
1961-62. "Folclore krahô". *Revista do Museu Paulista*, n.s., XIII.
1972. "Kraho Indians and their Music", in *Tribal Art of Brazil*.

CHRISTIAN, William A. Júnior
1981. *Apparitions in Late Medieval and Renaissance Spain*. Princeton: Princeton University Press.

CLASTRES, Hélène
1972. "Les Beaux-frères ennemis. A propos du cannibalisme Tupinamba", in *Destins du Cannibalisme. Nouvelle Revue de Psychanalyse*, n. 6.
1975. *La Terre sans Mal: Le Prophétisme tupi-guarani*. Paris: Seuil.

CLASTRES, Pierre
[1974] 2017. *A sociedade contra o Estado*. São Paulo: Ubu Editora.
1977. "Archéologie de la violence: la guerre dans les sociétés primitives". *Libre*, n. 1. [publicado em *Arqueologia da violência: pesquisas de antropologia política*. São Paulo: Cosac Naify, 2004]

COHEN, Abner
1969. *Custom and Politics in Urban Africa*. Londres: Routledge and Kegan Paul.

COLOMBO, Cristóvão
[1492-93] 1998. *Diários da descoberta da América: as quatro viagens e o testamento*. Porto Alegre: L&PM.

COLSON, Elizabeth
1962. *The Plateau Tonga of Northern Rhodesia (Zambia). Social and Religious Studies*. Manchester: Manchester University Press.

CÔRTES DE OLIVEIRA, Maria Inês
1979. *O liberto: o seu mundo e os outros (Salvador 1790/1890)*. Dissertação de mestrado. Universidade Federal da Bahia.

COUTINHO, J. J. da Cunha de Azeredo
1808. *Concordância das Leis de Portugal, e das Bullas Pontificias das quaes humas permitem a escravidão dos pretos d'Africa, e outras prohibem a escravidão dos indios do Brazil*. Lisboa: Nova Officina de João Rodrigues Neves.
[1808] 1966. "Análise sobre a justiça do comércio do resgate dos escravos da costa da África", in *Obras econômicas de J. J. da Cunha Azeredo Coutinho*. São Paulo: Companhia Editora Nacional.

CRICK, Francis & Christof KOCH
1997. "Why Neuroscience May Be Able to Explain Consciousness". *Scientific American Special Issue: Mysteries of the Mind*.

CROCKER, Christopher
1977. "Les Réflexions du soi", in Claude Lévi-Strauss (ed.). *L'Identité*. Paris: Bernard Grasset.

CROCKER, William H.
1962. *A Method for Deriving Themes as Applied to Canela Indians Festival Materials*. Dissertação de PhD. University of Wisconsin.
1963. "A Preliminary Analysis of some Canela Religious Aspects". *Revista do Museu Paulista*, n.s., XIV.
1967. "The Canela Messianic Movement: an Introduction", in *Atas do Simpósio sobre a Biota Amazônica*, 2.
1968. "The Canela (Brazil) Taboo System", in *Proceedings of the XXXVIIIth International Congress of Americanists (Stuttgart)*.

CUNNINGHAM, A. B.
1991. "Indigenous Knowledge and Biodiversity: Global Commons or Regional Heritage?". *Cultural Survival Quarterly*.

D'ABBEVILLE, Claude
[1614] 1963. *Histoire de la mission des pères capucins en l'isle de Maragnan et terres circonvoisines* (Introdução de A. Métraux e J. Lafaye). Graz: Akademische Druck-u. Verlagsanstalt.

D'ACOSTA, José
1590. *Historia natural y moral de las Indias*. Sevilha.

DAGLIONE, Vivaldo W. F.
1968-69. "A libertação dos escravos no Brasil através de alguns documentos". *Anais de História*, I, Assis.

DAMATTA, Roberto
1970a. "Mito e antimito entre os Timbira", in *Mito e linguagem social*. Rio de Janeiro: Tempo Brasileiro.
1970b. *Apinayé Social Structure*. Dissertação de PhD. Harvard University.
1976. *Um mundo dividido. A estrutura social apinayé*. Rio de Janeiro: Vozes.

DAVIS, Shelton H.
1977. *Victims of the Miracle: Developmenten and the Indians of Brazil*. Cambridge/Nova York: Cambridge University Press.

DEAN, Warren
1977. *Rio Claro. Um sistema brasileiro de grande lavoura, 1820-1920*. Rio de Janeiro: Paz e Terra.

DELEUZE, Gilles
1988. *Le Pli: Leibniz et le baroque*. Paris: Minuit.

DENEVAN, William
1976. "The Aboriginal Population of Amazonia", in W. Denevan (ed.). *The Native Population of the Americas in 1492*. Madison: The University of Wisconsin Press.

DENIS, Ferdinand
1851. *Une fête brésilienne célébrée en 1550, suvie d'un fragment du seizème siècle roulant sur la théogonie des anciens peuples du Brésil et des poésies en langue typique de Christovam Valente*. Paris: Techner.

DE PAUW, Cornelius
1774. *Recherches philosophiques sur les américains ou Mémoires intéressantes pour servir à l'histoire de l'espèce humaine*. Londres.

D'EVREUX, Yves
1864. *Voyage dans le nord du Brésil, fait durant les années 1613 et 1614* (organização de F. Denis). Leipzig/Paris: Librairie A. Franck.

DESCOLA, Philippe
1986. *La Nature domestique. Symbolisme et praxis dans l'écologie des Achuar*. Paris: Éditions de la Maison des Sciences de l'Homme.

DIAS, Maria Odila Leite da Silva
1984. *Quotidiano e poder em São Paulo no século XIX*. São Paulo: Brasiliense.

D'OLWER, Luis Nicolau (org.)
1963. *Cronistas de las culturas precolombinas*. México: Fondo de Cultura Econômica.

DOUGLAS, Mary
[1966] 1970. *Purity and Danger: an Analysis of Concepts of Pollution and Taboo*. Londres: Penguin Books.
1968. "The Social Control of Cognition: Some Factors in Joke Perception". *Man*, v. 3, n. 3.

DUCHET, Michèle
[1971] 1977. *Anthropologie et Histoire au Siècle des Lumières*. Paris: Flammarion.

DUMONT, Louis
1966. *Homo Hierarchicus: Essai Sur Le Sysème Des Castes*. Paris: Gallimard.

DUNN, Stephen P.
1975-76. "New Departures in Soviet Theory and Practice of Ethnicity". *Dialectical Anthropology*,

v. 1, n. 1.

DURHAM, Eunice
[1977] 2004. "A dinâmica cultural na sociedade moderna", in *A dinâmica da cultura*. São Paulo: Cosac Naify.

DURSTON, Alan
2007. *Pastoral Quechua. The History of Christian Translation in Colonial Peru 1550-1650*. Notre Dame University Press.

EISENBERG, Peter
1977. *Modernização sem mudança. A indústria açucareira em Pernambuco 1840-1910*. Rio de Janeiro: Paz e Terra/Unicamp.

ELISABETSKI, Elaine
2002. "Traditional Medicines and the New Paradigm of Psychotropic Drug Action", in M. Iwu & J. Wooton (orgs.). *Ethnomedicine and Drug Development. Advances in Phytomedicine Series*. Amsterdam: Elsevier Science, v. 1.
2004. XXVI Reunião Anual sobre Evolução, Sistemática e Ecologia Micromoleculares Instituto de Química, Universidade Federal Fluminense, 1 a 3 de dezembro de 2004.

ELKINGTON, John
1986. *Double Dividends? U.S. Biotechnology and Third World Development*. WRI Paper nº 2, Washington: World Resources Institute.

ELKINS, Stanley M.
1959. *Slavery: a Problem in American Institutional and Intellectual Life*. Chicago: University of Chicago Press.

ERIKSON, Philippe
1993. "Une Nébuleuse compacte: le macro-ensemble pano". *L'Homme*, 126-28.
1996. *La Griffe des aieux. Marquage du corps et démarquages ethniques chez les Matis d'Amazonie*. Paris: Éditions Peeters.

EVANS-PRITCHARD, Edward Evan
1940. *The Nuer. A Description of the Modes of Livelihood and Political Institutions of a Nilolic People*. Oxford: Clarendon Press.
1962. *Essays in Social Anthropology*. Londres: Faber & Faber.

EWBANK, Thomas
[1856] 1976. *Vida no Brasil*. São Paulo/Belo Horizonte: Edusp/Itatiaia.

FARAGE, Nádia
[1986] 1991. *As muralhas dos sertões: os povos indígenas no Rio Branco e a colonização*. São Paulo: Paz e Terra.

FERNANDES, Florestan
[1949] 1963. *Organização social dos Tupinambá*. São Paulo: Difusão Europeia do Livro.
[1952] 1970. *A função social da guerra na sociedade tupinambá* 1970. São Paulo: Pioneira.

FERNANDEZ, Eduardo
1986. "El pensamiento ashaninca y los recursos naturales". *Anthropológica*, 4.

FERREIRA, Marina, K. L.
1989. "Discursos no Parque Indígena do Xingu" (manuscrito, p. 15).

FLORY, Thomas
1975. "Judicial Politics in Nineteenth-century Brazil". *Hispanic American Historical Review*, v. 55, n. 4.

FRANCO, Maria Sylvia de Carvalho
[1969] 1974. *Homens livres na ordem escravocrata*. São Paulo: IEB.

FREYRE, Francisco de Brito
[1675] 1977. *Nova Lusitânia. História da guerra brasílica*. Recife: Secretaria de Educação e Cultura.

FREYRE, Gilberto (org.)
1937. *Novos estudos afro-brasileiros*. Rio de Janeiro: Civilização Brasileira.

FRY, Peter
1977. "Feijoada e soul food". *Ensaios de Opinião*, v. 4.

GALLIZA, Diana Soares
　1979. *O declínio da escravidão na Paraíba 1850-1888*. João Pessoa: Editora Universitária UFPB.

GALLOIS, Dominique
　1988. *O movimento na cosmologia waiãpi: criação, expansão e transformação no universo*. Tese de doutoramento. Universidade de São Paulo.

GÂNDAVO, Pero de Magalhães de
　[escritos c. 1570 e 1576] 1980. *Tratado da Terra do Brasil e História da Província de Santa Cruz*. São Paulo: Itatiaia/Edusp.

GBAMADOSI, Gbadebo Olusanya
　1969. *The Growth of Islam among the Yoruba 1841/1908*. Dissertação de PhD. Ibadã.

GEARY, Patrick
　1984. "The Saint and the Shrine. The Pilgrim's Goal in the Middle Ages", in Lenz Kriss-Rettenbeck & Gerda Möhler (eds.). *Wallfahrt kennt keine Grenzen*.
　1993. *Le Vol des reliques au Moyen Age*. Paris: Aubier.

GEBHARDT-SAYER, Angelika
　1986. "Una terapia estética. Los diseños visionarios del ayahuasca entre los Shipibo-Conibo". *América Indígena*, XLVI (1).

GERBI, Antonello
　[1955] 1973. *The Dispute of the New World. A History of a Polemic, 1750-1900*. Pittsburgh: University of Pittsburgh Press.
　[1975] 1978. *La naturaleza de las Indias Nuevas. De Cristóbal Colón a Gonzalo Fernandez de Oviedo*. México: Fondo de Cultura Econômica.

GLAZER, Nathan & Daniel MOYNIHAN
　1963. *Beyond the Melting Pot*. Massachusetts: MIT Press.

GLUCKMAN, Max G.
　1954. *Rituals of Rebellion in South-East Africa*. Manchester: Manchester University Press.
　[1955] 1963. *Custom and Conflict in Africa*. Oxford: Basil Blackwell.
　1965. *Politics, Law and Ritual in Tribal Society*. Oxford: Basil Blackwell.

GODELIER, Maurice
　1977. "La Part idéelle du reel. Essai sur l'idéologique" (manuscrito).

GÓIS DANTAS, Beatriz & Delmo DALLARI
　1980. *Terra dos índios xocó*. São Paulo: Comissão Pró-Índio.

GONZALES, Nicanor
　1992. "We are not Conservationists". *Cultural Survival Quarterly*. Interview conducted by Celina Chelala.

GOODENOUGH, Ward H.
　1965. "Rethinking Status and Role", in M. Banton (ed.). *The Relevance of Models for Social Anthropology*. ASA Monographs I. Londres: Tavistock.

GOULART, José Alípio
　1971. *Da palmatória ao patíbulo*. Rio de Janeiro: Conquista.

GOW, Peter
　1988. "Visual Compulsion. Design and Image in Western Amazonian Cultures". *Revindi*, 2.
　1991. *Of Mixed Blood: Kinship and History in Peruvian Amazonia*. Oxford: Clarendon Press.
　1996. "River People Shamanism and History in Western Amazonia", in C. Humphrey & N. Thomas (orgs.). *Shamanism, History and the State*. Ann Arbor: Michigan University Press.

GRUZINSKI, Serge
　1985. *Les Hommes-Dieux du Mexique. Pouvoir indien et société coloniale XVIe-XVIIIe siècles*. Paris: Éditions des Archives Contemporaines.
　1988. *La Colonisation de l'imaginaire. Sociétés indigènes et*

occidentalisation dans le Mexique espagnol. Paris: Gallimard.

GUIART, Jean & Claude LÉVI-STRAUSS
1968. "Event and Schema: a Discussion". *L'Homme*, vol. 8, nº 1.

GUIDON, Niède
1989. "Potencialidades dos ecossistemas e complexidade social: aplicação no estudo da pré-história do Nordeste". *Revista de Antropologia* 30/31/32, 1987/88/89.

HABERMAS, Jürgen
1974. *Theory and Practice*. Boston: Beacon Press.

HALBWACHS, Maurice
1925. *Les Cadres sociaux de la mémoire*. Paris: F. Alcan.
[1941] 1971. *La Topographie légendaire des evangiles en terre sainte: étude de mémoire collective*. Paris: PUF.

HANKE, Lewis
1949. *The Spanish Struggle for Justice in the Conquest of America*. Philadelphia: University of Pennsylvania Press.

HECHT, S. & A. COCKBURN
1989. *The Fate of the Forest: Developers, Destroyers and Defenders of the Amazon*. Londres: Verso.

HENRY, Jules
1964. *Jungle People*. Nova York: Vintage Books.

HERRMANN-MASCARD, Nicole
1975. *Les Reliques des saints. Formation coutumière d'un droit*. Paris: Kliencksieck.

HERTZ, Robert Alice
1907. "Contribution à une étude sur la représentation collective de la mort". *L'Année Sociologique*.

HOBSBAWM, Eric J.
1959. *Primitive Rebels. Studies in Archaic Forms of Social Movement in the 19th and 20th Centuries*. Manchester: Manchester University Press.

HOLANDA, Sérgio Buarque de
[1958] 1977. *Visão do Paraíso. Os motivos edênicos no descobrimento e colonização do Brasil*. São Paulo: Companhia Editora Nacional.

HOPKINS, Anthony G.
1973. *An Economic History of West Africa*. Londres: Longman.

HUBERT, Henri
1905. "Étude sommaire de la représentation du temps dans la religion et la magie", in *Rapports annuels de l'École Pratique des Hautes Études. Section des Sciences religieuses*. Paris.

HUGH-JONES, Stephen
1996. "Shamans, Prophets, Priests and Pastors", in N. Thomas & C. Humphrey (orgs.). *Shamanism, History and the State*. Ann Arbor: Michigan University Press.

HUMPHREYS, Sally (org.).
1985. *The Discourse of Law*, in *History and Anthropology*, v. I, part 2, February.

ILLIUS, Bruno
1987. *Ani Shinan: Shamanismus bei den Shipibo-Conibo*. Tübingen: S&F.

JACKSON, Anthony
1968. "Sound and Ritual". *Man*, v. 3, n. 2.

JOHNSTON, Harry Hamilton
[1910] 1969. *The Negro in the New World*. Londres/Nova York: Methuen/Johnson.

KAPLAN, Hillard & Kate KOPISCHKE
1992. "Resource Use, Tradicional Technology and Change Among Native Peoples of Lowland South America", in Redford, K. & Padoch, C. (orgs.). *Conservation of Neotropical Forests. Working from Tradicional Resource Use*. Nova York: Columbia University Press.

KENSINGER, Kenneth
 1995. *How Real People Ought to Live*. Waveland Press.
KIDDER, Daniel Parish & James Cooley FLETCHER
 1857. *Brazil and the Brazilians*. Nova York: Childs and Peterson.
KIERNAN, James Patrick
 1976. *The Manumission of Slaves in Colonial Brazil: Paraty 1789-1822*. Dissertação de PhD. New York University.
KITZINGER, Ernst
 1954. "The Cult of Images Before Iconoclasm". *Dumbarton Oaks Papers*, n. 8.
KLOPPENBURG JÚNIOR, Jack & Tirso A. Gonzáles VEGA
 1993. *Prohibido cazar! Expoliación científica, los derechos indígenas y la biodiversidad universal*. Comunicação ao Encuentro Internacional Biotecnologia, Recursos Genéticos y el Futuro de la Agricultura en los Andes. Lima: Comisión Coordinadora de Tecnología Andina (CCTA).
KOSTER, Henry
 1816. *Travels in Brazil*. Londres.
LANGGAARD MENEZES, Rodrigo Octavio
 1930. "Os selvagens americanos perante o direito", Conferência na Academia de Direito Internacional de Haia.
LAGROU, Elsje
 1996. "Xamanismo e representação entre os Kaxinawá", in E. J. Langdon (org.). *Novas perspectivas sobre xamanismo no Brasil*. Florianópolis: Editora da UFSC.
LAOTAN, Anthony
 1945. *The Torch-Bearers*. Lagos.
LARAIA, Roque de Barros & Roberto DAMATTA
 1967. *Índios e castanheiros*.

A empresa extrativa e os índios do médio Tocantins. São Paulo: Difusão Europeia do Livro.
LASS, Andrew
 1987. "Presencing, Historicity and the Shifting Voice of Written Relics in Eighteenth Century Bohemia". *Bohemia Jahrbuch*, 28 (1).
LAVE, Jean Carter
 1972. "Trends and Cycles in Krikati Naming Practices", in D. Maybury-Lewis (ed.). *Dialectical Societies*.
LAWRENCE, Peter
 [1964] 1971. *Road belong Cargo. A Study of the Cargo Movement in the Southern Madang Disctrict, New Guinea*. Manchester: Manchester University Press.
LEA, Vanessa
 1992. "Mebengokre (Kayapó) Onomastics: A Facet of Houses as Total Social Facts in Central Brazil". *Man*, n.s., v. 27, n. 1, mar.
LEACH, Edmund
 1954. *Political Systems of Highland Burma. A Study of Kachin Social Structure*. Londres: Athlone Press.
 [1956] 1961. "Two Essays Concerning the Symbolic Representation of Time", in *Rethinking Anthropology*. Londres: Atholone Press.
LEFORT, Claude
 [1952] 1978. "Sociétés sans 'histoire' et historicité", in *Les Formes de l'histoire: Essais d'anthropologie politique*. Paris: Gallimard.
LEITE, Jurandyr C. F.
 1989. "Proteção e incorporação: a questão indígena no pensamento político do positivismo ortodoxo". *Revista de Antropologia* 30/31/32, 1987/88/89.
LEITE, Serafim
 1937-49. *História da Companhia*

de Jesus. Rio de Janeiro: Imprensa Nacional.

1938-50. *História da Companhia de Jesus no Brasil*. 10 v. Lisboa/Rio de Janeiro: Portugália/Instituto Nacional do Livro.

1940. *Novas cartas jesuíticas; de Nóbrega a Vieira*. São Paulo: Companhia Editora Nacional.

1954. *Cartas dos primeiros jesuítas do Brasil*. 3 v. São Paulo: Comissão do Quarto Centenário.

LÉRY, Jean de

[1578, escrito c. 1563] 1972. *Viagem à terra do Brasil*. São Paulo: Martins/Edusp.

[1578] 1957. *Histoire d'un voyage fait en la terre de Brésil*. Paris: Éd. de Paris.

LESTRINGANT, Frank

1983. "Le Cannibale et ses paradoxes. Images du cannibalisme au temps des Guerres de Religion". *Mentalities/Mentalités*, v.1, n. 2.

LÉVI-STRAUSS, Claude

[1944-45] "Le Dédoublement de la Représentation dans les Arts de l'Asie et de l'Amérique", in Lévi-Strauss 1958.

[1949] 1967. *Les Structures élémentaires de la parenté*. 2ª. ed. Paris: Mouton.

1950. "Introduction à l'oeuvre de Marcel Mauss", in M. Mauss, *Sociologie et Anthropologie*. Paris: PUF. [ed. bras.: Sociologia e antropologia. São Paulo: Ubu Editora]

1952. "Les Organisations dualistes existent-elles?", in Lévi-Strauss 1958.

1956. "Estrutura e dialética", in Lévi-Strauss 1958.

[1958] 2017. *Antropologia estrutural*. São Paulo: Ubu Editora.

[1958-59] "La Geste d'Asdiwal", in Lévi-Strauss 1973.

1962. *La Pensée sauvage*. Paris: Plon.

[1964] 2004. *Mitológicas 1: O cru e o cozido*. São Paulo: Cosac Naify.

[1967] 2005. *Mitológicas 2: Do mel às cinzas*. São Paulo: Cosac Naify.

[1968] 2006. *Mitológicas 3: Origem dos modos à mesa*. São Paulo: Cosac Naify.

1971a. *Mythologiques* IV. *L'Homme nu*. Paris: Plon

1971b. "Comment meurent les mythes", in Lévi-Strauss 1973.

1973. *Anthropologie Structurale deux*. Paris: Plon. [d. bras.: Antropologia estrutural dois. São Paulo, Ubu Editora, 2017]

1978. "Harelips and Twins: the splitting of a myth", in *Myth and Meaning*, cap. 3. University of Toronto Press and Schoken Press.

1983. *Le Regard éloigné*. Paris: Plon. [*O olhar distanciado*]

1984. "Interlude: Le Brouillard et le Vent. Année 1968-69", in *Paroles données*. Paris: Plon. [*Minhas palavras*]

[1991] 1993. *História de Lince*. São Paulo: Companhia das Letras.

LIMA, Antonio Carlos de S.

1989. "Os museus de história natural e a construção do indigenismo: notas para uma sociologia das relações entre campo intelectual e campo político no Brasil". *Revista de Antropologia* 30/31/32, 1987/88/89.

LINTON, Ralph

1943. "The Nativistic Movement". *American Anthropologist*, n.s., 45 (2).

LORRAIN, François

1969. *Quelques aspects de l'interdépendance entre l'organisation interne des systèmes sociaux et les modes culturels de classification*. Cambridge: Harvard University, manuscrito.

MARANDA, Pierre (org.)
   2001. *The Double Twist. From Ethnography to Morphodynamics.* University of Toronto Press.

MATTOSO, Kátia de Queirós
   1979. "Testamentos de escravos libertos na Bahia do século XIX". *Publicação da Universidade Federal da Bahia*, n. 85.
   1982. *Ser escravo no Brasil.* São Paulo: Brasiliense.

MARRYAT, Joseph
   1816a. *Thoughts on the Abolition of the Slave Trade, and Civilization of Africa; With Remarks on the African Institution, and an Examination of the Report of Their Committee, Recommending a General Registry of Slaves in the British West India Islands.* Londres: Printed for J. M. Richardson & J. Ridgway.
   1816b. *More Thoughts Occasioned By Two Publications Which the Authors Call "an Exposure of Some of the Numerous Misstatements and Misrepresentations Contained in a Pamphlet*, conhecido por *Mr. Marryat's Pamphlet.* Londres.
   1816c. *A Short Review of the Reports of the African Institution, and of the Controversy With Dr. Thorpe, With Some Reasons Against the Registry of Slaves in the British Colonies.* Londres.
   1818. *More Thoughts Still on the State of the West India Colonies, and the Proceedings of the African Institution: With Observations on the Speech of James Stephen, Esq. At the Annual Meeting of That Society, Held on the 26th of March, 1817.* Londres: J.M. Richardson, Cornhill, and Ridgways.

MAYBURY-LEWIS, David
   1967. *Akwe-Shavante society.* Oxford: Clarendon Press.

MCCALLUM, Cecilia
   1996a. "Morte e pessoa entre os Kaxinawá". *Mana*, v. 2, n. 2.
   1996b. "The Body that Knows: From Cashinahua Epistemology to a Medical Anthropology of Lowland South America". *Medical Anthropology Quarterly*, 10(34).

MELATTI, Julio Cezar
   1967. *Índios e criadores. A situação dos Krahô na área pastoril do Tocantins.* Monografias do Instituto de Ciências Sociais 3. Rio de Janeiro.
   1970a. "O mito e o xamã", in *Mito e linguagem social.* Rio de Janeiro: Tempo Brasileiro.
   1970b. *O sistema social krahô.* Tese de doutoramento. Universidade de São Paulo.
   1972. *Messianismo Krahó.* São Paulo: Herder.

MELLO E SOUZA, Laura de
   1982. *Desclassificados do ouro; a pobreza mineira no século XVIII.* Rio de Janeiro: Graal.

MENDES, Chico
   1989. *Fight for the Forest: Chico Mendes in his own Words.* Londres: Latin American Bureau.

MENDES, Margarete; PIYÃKO, Moisés; SMITH, Maira; LIMA, Edilene C. de & AQUINO, Terri Valle de.
   2002. "Bichos de pena", in M. Carneiro da Cunha e M. Almeida (orgs.). *Enciclopédia da Floresta: o Alto Juruá. Práticas e conhecimentos das populações.* São Paulo: Companhia das Letras.

MENDES JÚNIOR, João
   [1921] 1980. *Os indígenas do Brasil, seus direitos individuais e políticos.* São Paulo: Comissão Pró-Indio (fac-símile da edição Typ. Hennies Irmãos de 1921).

MENENDEZ, Miguel Angel
   1989. "A presença do branco na

mitologia kawahiwa: história e identidade de um poço tupi". *Revista de Antropologia* 30/31/32, 1987/88/89.

MÉTRAUX, Alfred
[1928] 1967. *Religions et magies indiennes d'Amérique du Sud*. Paris: Gallimard.

MEYERSON, Ignace
1973. "Preface", in *Problèmes de la personne*. Paris: Mouton.

MICHALOWSKI, Roman
1981. "Le Don d'amitié dans la société carolingienne et les 'Translationes sanctorum'", in *Hagiographie, cultures et sociétés IV ᵉ-XII ᵉ siècles*. Paris: Études Augustiniennes.

MOERMAN, Michael
1965. "Who are the Lue: Ethnic Identification in a Complex Civilization". *American Anthropologist*, v. 67.

MONTAIGNE, Michel de
[1580] 1952. "Des cannibales". *Les Essais*, v. 1. Paris: Garnier.

MONTEIRO, Jácome
[1610] 1949. "Relação da Província do Brasil", in Serafim Leite (org.). *História da Companhia de Jesus no Brasil*, v. VIII. Lisboa/Rio de Janeiro: Portugália/Instituto Nacional do Livro.

MONTOYA, Antonio Ruiz de
[1640] 1876. *Gramática y diccionarios (arte, vocabulário y tesoro) de la lengua Tupi o Guarani*. Organização F. A. de Varnhagen ("nueva edición: mas correcta y esmerada que la primera, y con las voces Índias en tipo diferente"). Viena/Paris: Faesy y Frick/Maisonneuve.

MORTON, F. W. O.
1975. "The Military and Society in Brazil, 1800-1824". *Journal of Latin American Studies*, v. 7, parte 2.

MOTT, Luiz
1989. "Conquista, aldeamento e domesticação dos índios Gueguê do Piauí: 1764-1770". *Revista de Antropologia* 30/31/32, 1987/88/89.

MUSSA, Alberto
2008. *Meu destino é ser onça*. Rio de Janeiro: Record.

NABUCO DE ARAÚJO, José Paulo de Figueroa
1836-44. *Legislação Brazileira ou Colleção Chronologica das Leis, Decretos, Resoluções de Consulta, Provisões, etc. etc. do Império do Brazil desde o anno de 1808 até 1831*. 7 v. Rio de Janeiro: Villeneuve.

NABUCO, Joaquim
1883. *O abolicionismo*. Rio de Janeiro.

NAUD, Leda Maria
1971. "Documentos sobre o índio brasileiro". *Revista de Informação Legislativa*, ano 8, n. 29.

NAVARRO, Azpicuelta *et al.*
1988. *Cartas avulsas. Cartas Jesuíticas* 2. São Paulo: Itatiaia/Edusp.

NEEDHAM, Rodney
1958. "A Structural Analysis of Purum Society". *American Anthropologist*, 60.
1967. "Percussion and Transition". *Man*, v. 2, n. 4.

NEWBURY, Colin
1969. "Trade and Authority in West Africa from 1850 to 1860", in L. H. Gann e Peter Duignan (eds.). *Colonialism in África, 1870/1960*. I. *The History and Politics of Colonialism 1870-1914*. Cambridge: Cambridge University Press.
1972. "Credit in Early Nineteenth-century West-African Trade". *Journal of African History*, 13.

NIJAR, G. S.
1996. *In Defense of Local Commu-*

nity Knowledge and Biodiversity. Third World Network Paper.

NIMUENDAJU, Curt
1939. *The Apinayé*. Washington: Catholic University of America Press.
1942. "The Šerente". *Publ. of the Frederick Webb Hodge Anniversary Publication Fund*, v. 4. Los Angeles.
1946. *The Eastern Timbira*. Berkeley/Los Angeles: University of California Press.

NINA RODRIGUES, A.
1976. *Os africanos no Brasil*. Coleção Brasiliana. São Paulo: Companhia Editora Nacional.

NÓBREGA, Manoel da
[1549-60] 1988. *Cartas do Brasil. Cartas Jesuíticas* 1. São Paulo: Itatiaia/Edusp.

NOVARO, A. J.; REDFORD, K. H. & R. E. BODMER.
2000. "Effect of hunting in source--sink systems in the Neotropics". *Conservation Biology* 14.

OLINTO, Antônio
1964. *Brasileiros na África*. Rio de Janeiro: Edições GRD.

PARAISO, Maria Hilda B.
1989. "Os índios de Olivença e a zona de veraneio dos coronéis de cacau da Bahia". *Revista de Antropologia* 30/31/32, 1987/88/89.

PERDIGÃO MALHEIROS, Agostinho Marques
[1867] 1976. *A escravidão no Brasil*. Petrópolis: Vozes.

PIYÃKO, Moises & MENDES, Margarete
[1993] 2002. "Aves entre os Ashaninka", in M. Carneiro da Cunha e M. Almeida (orgs.). *Enciclopédia da floresta: o Alto Juruá. Práticas e conhecimentos das populações*. São Paulo: Companhia das Letras.

PIERSON, Donald
1971. *Brancos e pretos na Bahia*. Coleção Brasiliana, v. 241. 2ª. ed. São Paulo: Companhia Editora Nacional.

PIGAFETTA, Antonio
[1524?] 1985. *A primeira viagem ao redor do mundo. O diário da expedição de Fernão de Magalhães*. Porto Alegre: L&PM.

PIZARRO, Ana (org.)
1993. *América Latina: palavra, literatura e cultura*. Campinas: Editora da Unicamp.

PRADO JÚNIOR, Caio
1963. *Evolução política do Brasil e outros ensaios*. São Paulo: Brasiliense.

PETCHESKY, Rosalind
1995. "The Body as Property. A Feminist Re-Vision", in F. D. Ginsburg & R. Rapp (eds.) *Conceiving the New World Order: The Global Politics of Reproduction*. Berkeley: California University Press.

PORRO, Antonio
1989. "Mitologia heroica e messianismo na Amazônia seiscentista". *Revista de Antropologia* 30/31/32, 1987/88/89.

PROUST, Marcel
1921-22. *Sodome et Gomorrhe*, v. II, in *À la recherche du temps perdu*. Paris: Gallimard.

RABELAIS, François
[1552] 1955. "Briefve Déclaration d'aucunes dictions plus obscures contenues on quatriesme livre des faicts et dits héroiques de Pantagruel en l'espitre liminaires", in *Oeuvres Complètes*. Bibliothèque de la Pléiade. Paris: Gallimard.

RADCLIFFE-BROWN, Alfred Reginald
[1940] 1952. "On Joking Relationships", in *Structure and Function in Primitive Society*. Londres: RMF.

REDFORD, Kent & A. M. STEARMAN
1991. "The Ecologically Noble Savage". *Cultural Survival Quarterly*, v. 15, n. 1.

1993. "Forest Dwelling Native Amazonians and the Conservation of Biodiversity: Interests in Common or in Collision?". *Conservation Biology*, v. 7, n. 2.

REICHEL-DOLMATOFF, Gerardo
1978. *Beyond the Milky Way: Hallucinatory Imagery of the Tukano Indians*. Los Angeles: Regents UC.

RENARD-CASEVITZ, France-Marie
1992. "História kampa, memória ashaninka", in M. Carneiro da Cunha (org.). *História dos índios no Brasil*. São Paulo: Companhia das Letras/Fapesp/SMC.
1993. "Guerriers du sel, sauniers de la paix". *L'Homme*, XXXIII (2-4).

RIBEIRO, Darcy
1970. *Os índios e a civilização*. Rio de Janeiro: Civilização Brasileira.

RIGBY, Peter
1968. "Some Rituals of 'Purification': an Essay on Social and Moral Categories", in E. R. Leach (ed.). *Dialectics in Practical Religion*. Cambridge Papers in Social Anthropology 5. Cambridge.

ROBINSON, John G. & Kent H. REDFORD
1991. "Sustainable harvest of neotropical wildlife", in J. G. Robinson & K. H. Redford (eds.) *Neotropical Wildlife Use and Conservation*. Chicago: University of Chicago Press.

RODRIGUES, José Honório
1961. *Brasil e África: outro horizonte*. Rio de Janeiro: Civilização Brasileira.

ROE, Peter G.
1989. "Of Rainbow, Dragons and the Origins of Designs". *Latin American Indian Literature Journal*, 5(1).

RONDON, Cândido Mariano da Silva
1910. "Carta Prefácio", in *José Bonifácio. Homenagem*. Rio de Janeiro: Ministério da Agricultura, Indústria e Comércio.

ROOSEVELT, Anna Curtenius
1980. *Parmana. Prehistoric Maize and Manioc Subsistence along tha Amazon and Orinoco*. Nova York: Academic Press.

ROSALDO, Renato
1980. *Ilongot Headhunting 1883-1974: a Study in Society and History*. Stanford University Press.

RUSSELL-WOOD, A. J. R.
1972. "Colonial Brazil", in D. W. Coher e J. P. Green (eds.). *Neither Slave nor Free: The Freedmen of African Descent in the Slave Societies of the New World*. Baltimore: Johns Hopkins University Press.
1974. "Black and Mulatto Brotherhoods in Colonial Brazil: a Study in Collective Behavior". *Hispanic American Historical Review*, v. 54, n. 4.

SAHLINS, Marshall
1976. *Culture and Practical Reason*. Chicago: The University of Chicago Press.
1981. *Historical metaphors and mythical realities: Structure in the early history of the Sandwich Island kingdom*. Ann Arbor: University of Michigan Press.
1986. *Islands of History*. Chicago: the University of Chicago Press.
1988. "Cosmologies of Capitalism: The Trans-Pacific Sector of the World System". *Proceedings of the British Academy*, 74.

SALICK, J. Amuesha
1992. "Forest Use and Management: an Integration of Indigenous Use and Natural Forest Management", in Redford, K. & Padoch, C. (orgs.). *Conservation of Neotropical Forests: Working from Tradicional Resource Use*. Nova York: Columbia University Press.

SALLES, Vicente
- 1971. *O negro no Pará*. Rio de Janeiro: FGV/Universidade Federal do Pará.

SALLNOW, Michael
- 1991. "Pilgrimage and Cultural Fracture in the Andes", in J. Eade & M. Sallnow (eds.). *Contesting the Sacred. The Anthropology of Cristian Pilgrimage*. Londres: Routledge.

SALVADOR, Frei Vicente de
- 1982. *História do Brasil 1500-1627*. Belo Horizonte: Itatiaia/Edusp.

SANTILLI, Paulo
- 1989. "Os filhos da nação". *Revista de Antropologia* 30/31/32, 1987/88/89.

SARAIVA, António José
- 1972. "Antonio Vieira, Menasseh Ben Israel et le Cinquième Empire". *Studia Rosenthaliana*, v. VI, n. 1.

SARTRE, Jean-Paul
- [1946] 1960. "Reflexões sobre a questão judaica", in *Reflexões sobre o racismo*. São Paulo: Difusão Europeia do Livro.

SCARANO, Julieta
- 1976. *Devoção e escravidão*. Coleção Brasiliana. São Paulo: Companhia Editora Nacional.

SCATAMACCHIA, Maria Cristina & Francisco MOSCOSO
- 1989. "Análise do padrão de estabelecimentos Tupi Guarani: fontes etno-históricas e arqueológicas". *Revista de Antropologia* 30/31/32, 1987/88/89.

SCHADEN, Egon
- 1959. *A mitologia heroica de tribos indígenas do Brasil*. Rio de Janeiro: MEC.

SCHMIDEL, Ulrico
- [1587] 1986. *Relatos de la conquista del Río de la Plata y Paraguay 1534-1554*. Madri: Alianza Editorial.

SCHULTZ, Harald
- 1949. "Notas sobre magia krahô". *Sociologia*, XI (4).
- 1950. "Lendas dos índios krahô". *Revista do Museu Paulista*, n.s., IV.
- 1960. "Condenação e execução de médico-feiticeiro entre os Krahô". *Revista do Museu Paulista*, n.s., XII.
- 1962. *Hombu*. Rio de Janeiro/Amsterdã: Colibris.

SCHWARTZ, Seymour I. & Ralph E. EHRENBERG
- 1980. *The Mapping of America*. Nova York: Harry N. Abram.

SCHWARTZ, Stuart B.
- 1974. "The Manumission of Slaves in Colonial Brazil: Bahia, 1684-1745". *Hispanic American Historical Review*, v. 54, n. 4.
- 1982. "The Plantations of St. Benedict: The Benedictine Sugar Mills of Colonial Brazil", in *The Americas*, v. XXXIX, n. 1.

SCHWARTZMAN, S.
- 1989. "Extractive Reserves: The Rubber Tappers'Strategy for Sustainable Use of the Amazon Rainforest", in Browder, J. (org.). *Fragile Lands of Latin America: Strategies for Sustanaible Development*. Westview Press.

SCHWARZ, Roberto
- 1973. "As ideias fora do lugar". *Estudos Cebrap*, III.

SEED, Patricia
- 1992. "Taking Possession and Reading Texts". *Wiiliam and Mary Quarterly*, 49.

SEEGER, Anthony.
- 1993. "Ladrões, mitos e história: Karl von den Steinen entre os Suyá: 3 a 6 de setembro de 1884", in V. P. Coelho (org.). *Karl von den Steinen: Um Século de Antropologia no Xingu*. São Paulo: Edusp.

SEIDLER, Carl
[1835] 1980. *Dez anos no Brasil*. São Paulo/Belo Horizonte: Edusp/Itatiaia.

SERRES, Michel
1968. *Le Système de Leibniz*. Paris: Presses Universitaires de France.

SHOUMATOFF, A.
1991. *Murder in the Forest: The Chico Mendes Story*. Londres: Fourth Estate.

SILVA, José Justino de Andrade e
1854-59. *Colleção chronologica da legislação portuguesa, compilada e annotada*. 10 v. Lisboa.

SKINNER, Quentin
1978. *The Foundation of Modern Political Thought*. Cambridge: Cambridge University Press.

SLENES, Robert
1976. *The Demography and Economics of Brazilian Slavery: 1850-1888*. Dissertação de PhD. Stanford University.

SOARES DE SOUZA, Gabriel
[1587] 1971. *Tratado descritivo do Brasil em 1587*. São Paulo: Companhia Editora Nacional/Edusp.

SOUTHEY, Robert
[1804] 1856. "Letter to John May, Lisbon, June 23, 1800" & "Southey to Miss Barker. Keswick, 7 May 1804", in J. W. Warter (ed.). *Selections from Southey Letters*, v. 1. Londres.
1810-19. *History of Brazil*. 3 v. Londres.
[1816] 1856. "Southey to Messrs. Longman & Co. Keswick, March 8, 1816", in J. W. Warter (ed.). *Selections from Southey Letters*, v. 3. Londres.

SOUZA FERREIRA, João de
1894. "América Abreviada, suas notícias e de seus naturais, e em particular do Maranhão". *Revista do Instituto Histórico e Geográfico Brasileiro*, t. LVII, parte 1.

SPONSEL, Leslie
1992. "The Environmental History of Amazonia: Natural and Human Disturbances, and the Ecological Transition", in Steen, H. K & Tucker, R. P. (orgs.). *Changing Tropical Forests*. Durham: Forest History Society.

STADEN, Hans
[1557] 1974. *Duas viagens ao Brasil*. São Paulo/Belo Horizonte: Itatiaia/Edusp.

STALIN, Joseph
1975. *Marxismo e questões de linguística*. Porto.

STEIN, Stanley
1957. *Vassouras: a Brazilian Coffee County, 1850-1900*. Cambridge: Harvard University Press.

STUDART, Barão de
1903. "Francisco Pinto e Luiz Figueira, o mais antigo documento existente sobre a história do Ceará" e "Relação do Maranhão de Luís Figueira". *Revista Trimestral do Instituto do Ceará*, t. 17.
1916-17. "Documentos relativos ao mestre de campo Moraes Navarro". *Revista Trimestral do Instituto do Ceará*, t. 30-31.

TAGGIA, Fr. Rafael
[1898] 1952. "Mapas dos índios Cherentes e Chavantes na nova povoação de Thereza Christina no rio Tocantins e dos índios Charaôs na aldeia de Pedro Afonso nas margens do mesmo Rio, ao norte da Província de Goyas". *Revista do Instituto Histórico e Geográfico do Brasil*, 19 (1ª. série, 6).

TANNENBAUM, Frank
[1947] 1963. *Slave and Citizen: the Negro in the Americas*. Nova York: Vintage Books.

TAUSSIG, Michael
1987. *Shamanism, Colonialism and*

the Wild Man. A Study in Terror and Healing. Chicago: Chicago University Press.

TAYLOR, Anne-Christine
1995. "The Soul's Body and its States: An Amazonian Perspective on the Nature of Being Human". *Journal of the Royal Anthropological Institute* (N. S.), 2.

TEW, Mary
1951. "A Further Note on Funeral Friendship". *África*, 21.

THEVET, André
[1558] 1978. *As singularidades da França antártica*. São Paulo: Itatiaia/Edusp.
[1558] 1983. *Les Singularités de la France antarctique* (edição de F. Lestringant). Paris: La Découverte/Maspéro.
[1575] 1953. *Les Français en Amérique pendant la deuxième moitié du XVIe siècle: le Brésil et les Brésiliens* (corresponde a *La Cosmographie Universelle*). Paris: Presses Universitaires de France.

THORPE, Robert.
1815a. *A Letter to William Wilberforce containing remarks on the reports of the Sierra Leone Company, and African Institution.*
1815b. *A Reply "Point By Point" to the Special Report of the Directors of the African Institution.* Londres: Printed for F.C. and J. Rivington.
1815c. *Postscript to the Reply "Point by Point" containing an exposure of the misrepresentation of the treatment of the captured negroes at Sierra Leone and other matters arising from the ninth report of the African Institution.* Londres.

TINLAND, Franck
1968. *L'Homme sauvage*. Paris: Payot.

TOLLENARE, Louis François
[1818] 1956. *Notas dominicais tomadas durante uma viagem em Portugal e no Brasil em 1816, 1817 e 1818*. Recife: Livraria Progresso Editora.

TOWNSLEY, Graham
1993. "Song Paths. The Ways and Means of Shamanic Knowledge". *L'Homme*, XXXIII (2-4).

TUCK, Richard
1971. *Natural Rights Theories; their Origin and Development*. Cambridge: Cambridge University Press.

TURNER, J. Michael
1975. *Les Brésiliens – The impact of former Brazilian slaves upon Dahomey*. Dissertação de PhD. Boston University.

TURNER, Terence
1988. "Ethno-ethnohistory: Myth and History in Native South American Representations of Contact with Western Society", in J. Hill & R. Wright (eds.). *Rethinking History and Myth. Indigenous South American Perspectives on the Past*. Urbana: University of Illinois Press.
1991. "Representing, Resisting, Rethinking. Historical Transformations of Kayapo Culture and Anthropological Counsciousness", in G.W. Stocking (ed.). *Colonial Situations: Essays on the Contextualization of Ethnographic Knowledge*. Madison: University of Wisconsin Press.

TURNER, Victor W.
1969. *The Ritual Process: Structure and Anti-structure*. Londres: Routledge & Kegan Paul.

TURNER, Victor W. & Edith TURNER
1978. *Image and Pilgrimage in Christian Culture. Anthropological Perspectives*. Nova York: Columbia University Press.

VAINFAS, Ronaldo
    1995. *Santidade*. São Paulo: Companhia das Letras.
VALENSI, Lucette
    1986. "From Sacred History to Historical Memory and Back: the Jewish Past". *History and Anthropology*, v. 2.
    1992. *Fables de la mémoire. La Glorieuse Bataille des trois rois*. Paris: Seuil.
VAN VELTHEM, Lúcia H.
    1984. *A pele de Tuluperê: estudos dos trançados dos índios Wayana-Apalai*. Dissertação de mestrado. Universidade de São Paulo.
VANZOLINI, Paulo Emílio
    1956-1958. "Notas sobre a zoologia dos índios Canela". *Revista do Museu Paulista*, n.s., x.
VARNHAGEN, Francisco Adolfo
    1978. *História geral do Brasil*. São Paulo: Melhoramentos.
VASCONCELLOS, Simão de
    [1655] 1977. *Crônica da Companhia de Jesus*. Petrópolis: Vozes.
    1658. *Vida do p. Joam D'Almeida da Companhia de Iesu, na Província do Brazil*. Na officina Craefbeeckiana.
VERGER, Pierre
    1966. "Retour des 'Brésiliens' au Golfe du Bénin au XIXe siècle". *Études Dahoméennes*, n. s., n. 8.
    1968. *Flux et reflux de la traite des nègres entre le Golfe du Bénin et Bahia de Todos os Santos du XVII e au XIX e siècle*. Paris/Haia: Mouton.
VERNANT, Jean-Pierre
    1965 [1959]. *Mythe et pensée chez les Grecs*. Paris: Maspero.
    1982. "La Belle mort et le cadavre outragé", in G. Gnioli e J.-P. Vernant (eds.). *La Mort, les morts dans les sociétés anciennes*. Paris/Cambridge: Maison des Sciences de l'Homme/Cambridge University Press.
    1983. "ΠΑΝΤΑ ΚΑΛΑ. D'Homère à Simonide". *Actes du VII Congrès de la FIEC*, v. 1, Budapest.
    [1979] 1989. *L'individu, la mort, l'amour. Soi-même et l'autre en Grèce Ancienne*. Paris.
VIANNA, Francisco José Oliveira
    [1920] 1973. *Populações meridionais do Brasil*, v. 1. Rio de Janeiro: Paz e Terra.
    [1949] 1974. *Instituições políticas brasileiras*. Rio de Janeiro: Record.
VIDAL, Lux B.
    1972. *Mẽ-rêrê-mê. Uma cerimônia dos índios Xikrin*. Dissertação de mestrado. USP.
    1977. *Morte e vida de uma sociedade indígena brasileira*. São Paulo: Hucitec/Edusp.
VIEIRA, Antonio
    [1666-67] 1957. *Defesa perante o Tribunal do Santo Ofício*, 2 v. (organização de Hernani Cidade). Salvador: Livraria Progresso Editora.
    [1718] 1982. *História do futuro*. Lisboa: Imprensa Nacional/Casa da Moeda.
VIERTLER, Renate Brigitte
    1972. *As aldeias bororo: alguns aspectos de sua organização social*. Tese de doutoramento. Universidade de São Paulo.
VIOTTI DA COSTA, Emilia
    1966. *Da senzala à colônia*. São Paulo: Difel.
VIVEIROS DE CASTRO, Eduardo
    1984. *Araweté: uma visão da cosmologia e da pessoa tupi-guarani*. Tese de doutoramento. Universidade Federal do Rio de Janeiro.
    1993. "Le Marbre et le myrte. De l'inconstance de l'âme sauvage", in A. Bequelin e A. Molinié (orgs.). *Mémoire de la tradition*.

Nanterre: Société d'Ethnologie de l'Université de Nanterre. [em Viveiros de Castro 2002]
1996. "Os pronomes cosmológicos e o perspectivismo ameríndio". *Mana*, (2)2. [em Viveiros de Castro 2017]
[2002] 2017. *A inconstância da alma selvagem e outros ensaios de antropologia*. São Paulo: Ubu Editora.

VON MARTIUS, Karl Friedrich Philipp
[1832] 1982. *O Estado do direito entre os autóctones do Brasil*. São Paulo/Belo Horizonte: Edusp/Itatiaia.

WALSH, Robert
1830. *Notices of Brazil in 1823 and 1829*. Londres: Frederick Westley & A. H. Davis.

WEBER, Max
[1922] 1991. *Economia e sociedade: fundamentos da sociologia compreensiva* (organização de Johannes Winckelmann, tradução de Regis Barbosa). Brasília: UNB.

WEISS, Gerald
1969. *The Cosmology of the Campa Indians of Eastern Peru*. Dissertação de PhD. University of Michigan.

WILBERFORCE, William
1815. *Special Report of the directors of the African Institution made at the Annual general Meeting... 12 April 1815 respecting the allegations contained in a pamphlet entitled "A letter to W. Wilberforce by R. Thorpe"*. Londres.

WORSLEY, Peter
1968. *The Trumpet Shall Sound: a Study of 'Cargo' Cults in Melanesia*. Londres: McGibon & Kee.

WRIGHT, Robin
1989. "Uma história de resistência: os heróis Baniwa e suas lutas". *Revista de Antropologia* 30/31/32, 1987/88/89.

WRIGHT, Robin & Jonathan HILL
1986. "History, Ritual and Myth: Nineteenth Century Millenarian Movements in the Northwest Amazon". *Ethnohistory*, v. 33, nº 1.
1992. "Venancio Kamiko. Wakuénai Shaman and Messiah", in E. J. Langdon & G. Baer (eds.). *Portals of Power: Shamanism in South America*. Albuquerque: University of New Mexico Press.

WÜST, Irmhild
1989. "A pesquisa arqueológica e etnoarqueológica na parte central do território bororo, Mato Grosso". *Revista de Antropologia* 30/31/32, 1987/88/89.

YATES, Frances A.
1966. *The Art of Memory*. Londres: Pimlico.

ZAVALA, Silvio
1948. *Estúdios indianos*. México.

DOCUMENTOS ESPECIAIS

Annaes do Parlamento Brazileiro. Assembleia Constituinte 1823 – 6 tomos. Rio de Janeiro.

Arquivos da Société des Missions Africaines de Lyon, Bouche a Planque, 4/11/1868, diário de 6 de agosto.

CEDI
1993. *Terras indígenas no Brasil. Situação das pendências jurídico-administrativas das terras indígenas para o cumprimento do art. 67 das disposições transitórias da Constituição federal*. 10 set., manuscrito.

Certidão de 18 de Dezembro de 1719 lavrada pelo Padre Jozeph Bernardino, Reitor do Colégio de Jesus da Bahia, de recebimento das cabeças das Onze Mil Virgens. Biblioteca da Ajuda, Cota 54-XIII-4 nº 76, antigo nº 21 do Catálogo de Carlos Alberto Ferreira.

Colleção das Leis do Império do Brasil. 1830. Rio de Janeiro: Imprensa Nacional

Colonial Office 147/47, Griffith to Rows Dispatch n. 456, Lagos, 31/12/1881.

Consulta do Tribunal da Mesa da Consciência a teólogos jesuítas. Biblioteca Pública de Évora, Cod. CXVI/1-33, fls. 145-52v.

Crônica das relíquias do padre Francisco Pinto. Biblioteca Nacional de Lisboa, manuscrito 29, n. 31.

Diário da Constituinte, sessão de 25 de setembro de 1823.

Escritura de venda da liberta Joanna Baptista a Pedro da Costa. Arquivo Nacional da Torre do Tombo, Fundo Cadaval, Brasil, Avulsos 7/1, fls. 157-59.

Foreign Office 84/1051, Campbell, 2/2/1958.

Foreign Office 84/976, carta do Alake a Campbell, 11/7/1855, incluído in Campbell a Clarendon, 30/8/1855

Manuscrito de um jesuíta sobre os sucessos envolvendo as relíquias do padre Francisco Pinto. 1618? Biblioteca Nacional de Lisboa, manuscrito 29, n. 31.

Memorial dos Capuchos do Pará a respeito dos Índios, Arquivo Nacional da Torre do Tombo, Livro 1116, fls. 593-598.

SOBRE A AUTORA

MARIA MANUELA LIGETI CARNEIRO DA CUNHA nasceu em Cascais, Portugal, em 16 de julho de 1943, e mudou-se com sua família para São Paulo aos onze anos. Seus pais eram judeus húngaros. Formou-se em matemática pura na Faculté des Sciences, Paris, em 1967, e em seguida participou durante três anos dos seminários de Claude Lévi-Strauss. De volta ao Brasil em 1970, ingressou na pós-graduação em antropologia social da Unicamp, defendendo sua tese de doutorado *Os mortos e os outros – ritos funerários e a noção de pessoa entre os Krahô*, em 1975, publicada em 1978. Lecionou na Unicamp de 1972 a 1984. Em 1975, na Nigéria, iniciou uma pesquisa sobre os descendentes de escravos libertos que foram do Brasil para a África Ocidental. Desse estudo, ampliado em arquivos missionários na Itália e pesquisa bibliográfica sobre a condição dos libertos no Brasil realizada na Universidade de Cambridge, resultou *Negros, estrangeiros*, sua livre-docência no departamento de antropologia social da Universidade de São Paulo, publicada em 1985. O livro aborda o conceito de etnicidade, que estaria presente em toda a atividade política da autora.

A partir de 1978 engajou-se na defesa dos direitos dos índios no Brasil. Foi cofundadora e primeira presidente da Comissão Pró-Índio de São Paulo, de 1979 a 1981. Como presidente da Associação Brasileira de Antropologia (ABA) de 1986 a 1988, levou essa instituição a desempenhar um papel fundamental no desenho e na aprovação do capítulo sobre os direitos dos índios na Constituição de 1988. Docente do departamento de antropologia social da USP desde 1984, fundou em 1990 nessa universidade e com outros pesquisadores o Núcleo de História Indígena e do Indigenismo, responsável, entre outras coisas, pela publicação da obra *História dos Índios no Brasil*, uma referência na área. A partir da década de 1990, dedicou-se aos conhecimentos e questões de direitos intelectuais de povos tradicionais. A *Enciclopédia da Floresta* (2002), organizada com Mauro Almeida, foi um dos resultados de extensa pesquisa que codirigiu sobre populações tradicionais e conservação ambiental no Alto Juruá, apoiada pela Fundação MacArthur. Desde 2005 realizou estudos sobre os mecanismos sociais responsáveis pela agrobiodiversidade no médio Rio Negro e dirigiu um projeto de pesquisa no CEBRAP, apoiado pela Fundação Ford sobre os efeitos dos direitos intelectuais sobre as populações tradicionais e seus sistemas de conhecimentos. Desde 2013, por encomenda do então Ministério de Ciência Tecnologia e Inovação (MCTI), desenvolve pesquisa e projetos piloto no intuito de estabelecer um programa de fortalecimento de sistemas de conhecimentos tradicionais e de colaboração entre povos tradicionais e a academia.

Professora titular de antropologia da USP desde 1992, Manuela Carneiro da Cunha tornou-se *"full professor"* no departamento de antropologia da Universidade de Chicago em 1994, onde lecionou até 2009. Foi também, ao longo de sua vida acadêmica, professora visitante em várias universidades e *fellow* do Center for Advanced Studies in Behavioral Sciences. Em 2004, deu a conferência anual Marc Bloch, em Paris, que está na origem do seu panfleto "'Cultura' e cultura". Foi titular da cátedra anual do Collège de France "Savoirs contre pauvreté" para o ano acadêmico 2011-2012. Foi membro do Conselho Deliberativo do CNPq e membro do IAG, o órgão independente de especialistas que monitorou o Programa de Florestas Tropicais financiado pelo PPG-7. Desde 2014, é membro da Força Tarefa sobre conhecimentos de Povos Indígenas e Comunidades Locais no IPBES, o Painel Inter-governamental da Biodiversidade e Serviços Ecossistêmicos. Também participa, desde 2015, do Diagnóstico Brasileiro da Biodiversidade e Serviços Ecossistêmicos.

Recebeu, entre outros, o Prêmio Érico Vanucci Mendes em 1992, a Médaille de Vermeil, da Academia Francesa em 1993, a Ordem do Mérito Científico com grau de Grão Mestre e a Légion d'Honneur do Governo francês. Em 2007, em conjunto com Mauro W. B. de Almeida, recebeu o Prêmio Chico Mendes do Acre. Desde 2002, é membro da Academia Brasileira de Ciências.

LIVROS

Os mortos e os outros. Uma análise do sistema funerário e a noção de pessoa entre os índios Krahó. São Paulo: Hucitec, 1978.

Negros, estrangeiros. Os escravos libertos e sua volta à Africa, 2ª. ed. revista e ampliada. São Paulo: Companhia das Letras, [1985] 2012.

Antropologia do Brasil. Mito, história, etnicidade. São Paulo: Brasiliense/Edusp, 1986. [AB]

Os direitos do índio. Ensaios e documentos. São Paulo: Brasiliense, 1987.

História dos índios no Brasil [org.]. São Paulo: Companhia das Letras/FAPESP/SMC, 1992.

Etnologia e História Indígena na Amazônia: Novas Perspectivas [organizadora com Eduardo Viveiros de Castro]. São Paulo: Fapesp/NHII, 1993.

Legislação Indigenista no século XIX. São Paulo: Edusp/Comissão Pró-Índio.

Enciclopédia da Floresta: o Alto Juruá. Práticas e conhecimentos das populações [organizadora com Mauro W. B. de Almeida]. São Paulo: Companhia das Letras, 2002. Menção honrosa Prêmio Jabuti na categoria Ciências, 2002.

"Culture" and culture: Traditional Knowledge and Intellectual Rights. Chicago: Prickly Paradigm Press, 2009.

Savoir traditionnel, droits intellectuels et dialectique de la culture. Paris: Éditions de l'Éclat, 2010.

Savoirs autochtones: quelle nature, quels apports? Leçons Inaugurales du Collège de France. Paris: Collège de France, Fayard, 2012.

Índios no Brasil – História, direitos e cidadania. São Paulo: Claro Enigma, 2013.

Políticas culturais e povos indígenas [organizadora com Andrello, G.; Capiberibe, A.; Cesarino, P.; Cohn, C.; Emperaire, L.; Ferreira, P. R. N.; Ferreira, T. A. S.; Freire, J. S. B.; Gallois, Dominique T.; Gomes, A. M. R.; Kaxinawa, J. B. F.; Ladeira, M. E.; Lima, E. C. DE; Lima, J. M.; Matos, M. A.; Mehinaku, M.; Menezes, M.; Miranda, S. A.; Oliveira, J. C.; Rodrigues, R.; Santos, L. K.; Santos, J. O.; Soares-Pinto, N.; Souza, M. C. *et al.*] São Paulo: Cultura Acadêmica, 2014. v. 1.

ARTIGOS E ENSAIOS

"Logique du mythe et de l'action. Le Mouvement messianique Canela de 1963". *L'Homme*, v. XIII, n. 4, 1973. [AB]

"Brasileiros Nagôs em Lagos no século XIX". *Revista Cultura*, n. 23, 1976.

"Espace funéraire, eschatologie et culte des ancêtres: encore le problème des paradigmes africains, Proceedings of the 52nd Congress of Americanists, v. II. Paris: CNRS, 1976.

"A palavra de Deus: exegetas e inspirados", in *História da Igreja no Brasil, Religião e Sociedade*. São Paulo, v. 1, n. 2, 1977.

"Religião, comércio e etnicidade: uma interpretação preliminar do catolicismo brasileiro em Lagos no século XIX". *Religião e Sociedade*, v. 1, n. 1, 1977.

"Etnicidade: da cultura residual mas irredutível". *Revista de Cultura e Política*, CEDEC, v. 1, n. 1, 1979. [AB]

"De amigos formais e pessoa; de companheiros, espelhos e identidade". *Boletim do Museu Nacional*, maio 1979. [AB]

"Eschatology among the Krahó: reflection upon society, free field of fabulation", in Sally Humphreys & Helen King (orgs.). *Mortality and Immortality. The Archaeology and Anthropology of Death.* Londres: Academic Press, 1981. [republicado em português em J.S. Martins (org.), *A morte e os mortos na sociedade brasileira.* São Paulo: Hucitec, 1983] [AB]

"Criteria of Identity or Lessons in Anthropology". *Survival International Review*, v. 6, n. 5-6, 1982. [AB]

"Prefácio" e "Direitos humanos: a hora do índio", in *Índios: Direitos históricos. Cadernos da Comissão Pró-Índio de São Paulo*, n. 3. São Paulo: Global, 1982.

"Sobre os silêncios da lei: lei costumeira e lei positiva nas alforrias de escravos no Brasil do século XIX", *Cadernos da Unicamp*, n. 4, abril 1983. [republicado em inglês como "Silences of the Law: Customary Law and Positive Law on the Manumission of Slaves" in S. Humphreys, *The Discourse of Law, History and Antropology*, v. I, parte 2, 1985] [AB]

"Paisagens mentais e Grécia das contraculturas". *Religião e Sociedade*, Rio de Janeiro, n. 9, 1983

"Parecer sobre os critérios de identidade étnica", in Lux Vidal (org.), *O índio e a cidadania*. São Paulo: Brasiliense/Comissão Pró-Indio, 1983. [AB]

"Ofensivas contra os direitos indígenas". *Tempo e Presença*, n. 191, abril-maio, 1984. [Republicado em *Povos Indígenas no Brasil*. São Paulo: CEDI, 1984]

"Vingança e temporalidade: os Tupinambá" [com Eduardo Viveiros de Castro]. *Journal de la Société des Américanistes*, LXXXI, Paris, 1985.

"Sobre a escravidão voluntária: outro discurso. Escravidão e contrato no Brasil Colonial". *Dédalo*, n. 23, 1985. [AB]

"Definições de índios e comunidades indígenas", in S. Coelho dos Santos et. al., *Sociedades Indígenas e o Direito. Uma questão de direitos humanos*. Florianópolis: UFSC-CNPq, 1985.

"O último cerco aos indígenas". *Ciência Hoje*, v. 5, n. 28, jan-fev. 1987.

"Aboriginal Rights in Brazil", in *Law & Anthropology, International Yearbook for Legal Anthropology*, n. 2, 1987.

"Opinión sobre los criterios de identidad étnica", in *Extracta. Educación y Identidad. Cultural Survival Quarterly*. Lima, n. 6, dez. 1987.

"Calha Norte". IWGIA *Journal*. Copenhagen, 1987.

"A Questão indígena e interesses minerais na Constituinte" [com Wanderlino Teixeira de Carvalho], in *A questão Mineral na Amazônia: Seis Ensaios Críticos*. Brasília, MCT/CNPq, 1987.

"Brasil: Os direitos indígenas e a nova Constituição". *Anuário Indigenista*. México, Instituto Indigenista Interamericano, v. XLVIII, dez. 1988.

"Die Indianer in der neuen Brasilianischen Verfassung". Brasilien Initiative. *Rundbrief*, n. 27, 8. Freiburg, 1988.

"Olhar escravo, ser olhado", in *Escravos brasileiros do século XIX na fotografia de Cristiano Jr*. Ex Libris, 1988.

"Pós-Escrito ao Sermão da Epifania: A questão indígena na Constituinte", in *O problema do índio no Brasil. Revista do PMDB*. Brasília, 1988.

"Native Realpolitik", NACLA *Report on the Américas*, v. XXIII, n. 1, maio 1989.

"L'État brésilien, les Indiens, la Nouvelle Constitution", in M. Lapointe (org.). *L'État et les Autochtones en Amérique Latine au Canada*. Symposiums du Congrès Annuel. Association Canadienne des Études Latino-Américaines et Caraibeennes, Universit Laval, 1989.

"A noção de direito costumeiro e os direitos indígenas na nova Constituição do Brasil". *América Indígena*, v. 49, n. 2, abril-jun., 1989.

"El concepto de derecho consuetudinario y los derechos indigenas en la nueva Constitutción de Brasil", in R. Stavenhagen & D. Iturralde (orgs.). *Entre la Ley y la Costumbre. El derecho consuetudinario indígena en América Latina. Instituto Indigenista Interamericano e Instituto Interamericano de Derechos Humanos, 1990.

"New Light on Koster, Inventor of the Benign Image of Brazilian Slavery". Slavery and Abolition, 1991.

"Imagens de índios no século XVI". Estudos Avançados, v. 4, n. 10, 1991. [republicado em Ana Pizarro (org.), America Latina: Palavra, Literatura e cultura. Campinas, Editora da Unicamp, 1993].

"Custom is not a Thing it is a Path. Customary Rights and International Standards. An Anthropologist's Point of view", in A. An N'aim (org.), Human Rights in Cross-Cultural Perspectives. Pennsylvania University Press, 1992.

"Les Études Gé". L'Homme, Revue Française d'Ethnologie, v. XXXII, 1993.

"O futuro da questão indígena". Estudos Avançados, v. 12, 1994.

"Children, Politics and Culture: the Case of Brazilian Indians", in Sh. Stephens (org.). Children and the Politics of Culture. Princeton University Press, 1995.

"Da guerra das relíquias ao Quinto Império: importação e exportação da história no Brasil". Novos Estudos Cebrap, n. 44, 1996.

"Commentaires", in S. Gruzinski & N. Wachtel (orgs.). Le Nouveau Monde, Mondes Nouveaux. L'experience americaine. Paris: Éditions Recherches sur les Civilisations, École des Hautes Études en Sciences Sociales, 1996.

"Pontos de vista sobre a floresta amazônica: xamanismo e tradução". Mana. Estudos de Antropologia Social, v. 4, n. 1, 1998.

"Exploitable Knowledge Belongs to the Creators of it: a debate" [com M. Strathern, Ph. Descola, P. Harvey, C.A. Afonso] Social Anthropology. Journal of the European Association of Social Anthropologists, v. 6, n. 1, 1998.

"Populações Tradicionais e a Convenção de Diversidade Biológica". Estudos Avançados, v. 13, n. 36, 1999.

"Indigenous people, Traditional people and Conservation in the Amazon" [com Mauro W. B. de Almeida], in Brazil: Burden of the Past. Promise of the Future. Daedalus, Journal of the American Academy of Sciences. Spring, v. 129, n. 2, 2000.

"El Futuro de la Cuestión Indígena", in Miguel Léon-Portilla (org.). Motivos de la antropología americanista. Indagaciones en la Diferencia. México: Fondo de Cultura Económica, 2001.

"The Role of Unesco in the Defense of Traditional Knowledge", in Peter Seitel (org.). Safeguarding Traditional Cultures: A global assessment. Unesco/Smithsonian Institution, 2001.

"Culture in Politics: intellectual rights of indigenous and local people", in Actas del IX Congreso de Antropología de la Federación de Asociaciones de Antropología del Estado Español. Barcelona 2002: Institut Català d'Antropologia, 2003.

"Introdução" a Patrimônio Imaterial e Biodiversidade, número especial da Revista do Patrimônio Histórico e Artístico Nacional, n. 32, 2006.

"Um exemplo: conhecimento tradicional, biólogos e antropólogos", in C. Eckert & E. Godoi (orgs.). Homenagens: Associação Brasileira de Antropologia 50 anos, 2006.

"Patrimônio Imaterial e regimes tradicionais de produção e trans missão de conhecimentos", in C.A. Ricardo (org.), Povos Indígenas do

Brasil 2003-2006, Instituto Socioambiental, 2006.

"Brasil: perdendo oportunidades. Entrevista com Manuela Carneiro da Cunha" *Revista de História da Biblioteca Nacional*, ano 2, n. 17, fev. 2007.

"Relações e dissensões entre saberes tradicionais e saber científico". *Revista da* USP. Universidade de São Paulo, v. 75, 2008.

"Diversité agricole et patrimoine dans le moyen Rio Negro (Amazonie brésilienne)" [com M. Almeida *et alii*]. *Les Actes du* BRG 7, 2008.

"África, Acre, Chicago: visões da antropologia por Manuela". *Revista de Antropologia*, Universidade de São Paulo, v. 50, 2008.

"Lévi-Strauss aujourd'hui". *Journal de la Société des Américanistes*, v. 94, 2008.

"O efeito Lévi-Strauss. Anotações para uma conferência na* USP". *Tempo Brasileiro*, v. 175, 2009.

"Questões suscitadas pelo conhecimento tradicional", in: Claude Lépine, Andreas Hofbauer & Lilia M. Schwarcz (orgs.). *Manuela Carneiro da Cunha: o lugar da cultura e o papel da antropologia*. Rio de Janeiro: Azougue, 2012.

RESENHAS, APRESENTAÇÕES, VERBETES E ARTIGOS DE JORNAL

"Simbolizar, verbo intransitivo", resenha de Dan Sperber, *O simbolismo em Geral*. *Religião e Sociedade*, n. 4, 1980.

"Da metamorfose dos índios". *Folhetim*, *Folha de S.Paulo*, 20/04/1980.

"O irresponsável privilégio indígena". Carta ao editor, *O Estado de S. Paulo*, 27/9/1980.

"Direitos humanos: a hora do índio". *Folhetim*, *Folha de S.Paulo*, 24/05/1981.

"Defendam os Pataxó" [com Eunice Paiva]. *Folha de S.Paulo*, 01/04/1984.

"Dante de Oliveira e a legislação indigenista". *Folha de S.Paulo*, 17/04/1984.

"O reencontro de Lévi-Strauss". *O Estado de S. Paulo*, 25/10/1985.

"Empresas de mineração e terras indígenas" [com Ailton Krenak e Romualdo Paes de Andrade]. *Folha de S.Paulo*, 22/04/1986.

"A questão indígena e a Comissão Afonso Arinos" [com Ailton Krenak]. *Folha de S.Paulo*, 30/05/1986.

"Araweté: os canibais exemplares", resenha de Eduardo Viveiros de Castro, *Araweté: os deuses canibais*. *Folha de S.Paulo*, 11/02/1986.

"Calha Norte". *Folha de S.Paulo*, 24/11/1986.

"Introdução" a Marianno Carneiro da Cunha, *Da senzala ao sobrado*. *Arquitetura brasileira na Nigéria e na República Popular do Benim*. São Paulo: EDUSP-Nobel, 1986.

"A mulher e o homem segundo Baravelli". Apresentação ao livro *Partes de Agora*. Galeria São Paulo, 1987.

"Sempre, razões de Estado". *O Globo*, 12/03/1987.

"A questão indígena na Constituinte". *Folha de S.Paulo*, 05/05/1987.

"Indígenas versus alienígenas" [com Ailton Krenak e Wanderlino Teixeira de Carvalho]. *Folha de S.Paulo*, 07/06/1987.

"Mineração em terras indígenas" [com José Albertino Rodrigues e Wanderlino T. de Carvalho]. *Folha de S.Paulo*, 28/08/1987.

"Temporada de caça aos índios" [com José Albertino Rodrigues e Wanderlino T. de Carvalho]. *Folha de S.Paulo*, 28/09/1987.

"A emenda Pimenta da Veiga e a síndrome de Rui Barbosa". *Folha de S.Paulo*, 20/02/1988.

"Aldeamentos extintos na Constituição = perigo de caos". *Folha de S.Paulo*, 10/08/1988.

"Índios estrangeiros, antropólogos incômodos". *Folha de S.Paulo*, 28/10/1988.

"Le Brésil, grand lecteur". *Libération*, Cahier Livres, 09/11/1989.

"Reservas extrativistas: o legado de Chico Mendes" [com Mauro W. B. Almeida]. *Folha de S.Paulo*, 22/12/1989.

"Indio Ianomami vive drama da extinção". *Folha de S.Paulo, caderno de Letras*, 05/05/1990.

"Cannibalisme", in P. Bonte & M. Izard (orgs.). *Dictionnaire de l'Ethnologie et de l'Anthropologie*. Paris: Presses Universitaires de France, 1991.

"Boa-fé e terras indígenas". *Folha de S.Paulo*, 25/04/1996.

"210 maneiras de ser brasileiro". *Caderno de Cultura, Zero Hora*, 15/04/2000.

"Survival against all the odds". *Financial Times, Special Issue on Brazil*, 26/04/2000.

"O Mulá e o americano: 500 anos?". *Tendências e Debates, Folha de S.Paulo*, 04/11/2001.

"Saber Tradicional". *Tendências e Debates, Folha de S.Paulo*, 12/2001.

"Convenção 169 da Organização Internacional do Trabalho". *Tendências e Debates, Folha de S.Paulo*, 12/2002.

"Comentários", in A. Lima & N. Bensusan (orgs.). *Quem Cala Consente? Subsídios para a proteção aos conhecimentos tradicionais*. Documentos ISA, 8, 2003.

"À espera da fraude". *Folha de S.Paulo*, 27/10/2004.

"Metade dos EUA não entende a outra metade". *Folha de S.Paulo*, 04/11/2004.

"Des Grenouilles et des hommes". *Télérama hors série, Les Indiens du Brésil*, mar. 2005.

"A Virada Hispânica". *Folha de S.Paulo*, 10/11/2006.

"Antropóloga refuta declaração do papa". *Jornal da Ciência*, Sociedade Brasileira para o Progresso da Ciência, 08/06/2007, ano 21, n. 599.

"A ameaça é outra" [com Ana Valéria Araújo]. *Tendências e Debates, Folha de S.Paulo*, 26/04/2008.

"Datas Históricas" [com Paulo Sérgio Pinheiro]. *Folha de S.Paulo*, p. 3, 07/12/2008.

"Nas mãos do Supremo", entrevista ao *Estado de São Paulo*, 07/12/2008.

"Afogando em Letras, o ABC da Crise" [com Gustavo Franco, Luiz Carlos Bresser Pereira, Ronaldo Vainfas e Luiz Gonzaga Belluzzo]. *Caderno Mais, Folha de S. Paulo*, 05/04/2009.

"O patrimônio da diferença". *Caderno Mais, Folha de S.Paulo*, 12/11/2009.

ÍNDICE ONOMÁSTICO

Aberle, David F. 48
Abreu, Capistrano de 177
Afonso Henriques, dom (rei de Portugal) 220
Afonso VI (rei de Portugal) 220
Ágata (Santa) 216
Agostinho (Santo) 192, 222
Agostinho, Pedro 243
Aimberê (tupinambá) 201
Akintoye, S. A. 234
Albert, Bruce 334, 362
Allegretti, Mary Helena 275, 281, 283
Almeida, Cândido Mendes de 260
Almeida, João de (padre) 219
Almeida, Mauro W. B. de 60, 106, 120, 281, 287, 299, 333-34, 353, 379, 384
Amaral, Braz 137, 139
Anastasi, Ada 342-43
Anchieta, José de 82-83, 88-89, 92-93, 197-98, 201-02, 207-11
Andujar, Claudia 381
Aquino, Terri V. de 112-13
Arantes, Antônio Augusto 377
Aristóteles 246
Arnaud, Expedito 132
Aron, Raymond 117
Arriaga, Pablo José de (padre) 121
Auerbach, Erich 104
Aufderheide, Patricia 146-47, 151
Ávila, Thiago 333

Azanha, Gilberto 96
Azevedo, Inácio de (jesuíta) 209
Azpicuelta Navarro, Martim de 175, 193, 200

Bakhtin, Mikhail 77
Balandier, Georges 16
Balbi, Adrien 147
Balée, William 279, 326
Ballen, Hendrik von 224
Bandarra, Gonçalo Eanes 220-21, 223
Banks, Sir Joseph 361
Banton, Michael 230
Baptista, Joanna 169-73, 180-81
Barros, Edir P. de 134, 173
Barth, Fredrik 235, 243, 257-58
Bataillon, Marcel 221-23
Bateson, Gregory 351
Becker, Bertha 301
Benci, Jorge (jesuíta) 145-46
Benjamin, Walter 109-10, 114-15
Bergson, Henri 216
Berlin, Elois 331
Bernardino, Jozeph (jesuíta) 210
Bevilacqua, Clóvis 256
Bhabha, Homi K. 115
Bick, Mario 227, 239
Blacking, John 43
Blázquez, Antonio (jesuíta) 79-80, 193, 199

Bloch, Marc 103, 129, 304, 361
Bloch, Maurice 103, 129, 304, 361
Blumenbach, Johann Friedrich 164-65
Bodmer, Richard 299
Bonifácio, José 11, 139-40, 161-68, 260
Bori, Carolina 382
Borja, Francisco de (jesuíta) 210
Bouche, Pierre (padre) 236-37
Bourbaki, Nicolas 375
Boyle, Robert 363
Brandão, Ambrósio Fernandes 83
Brás (São) 216
Braudel, Fernand 253
Broc, Numa 183, 188
Bromley, Yu 246
Brown, Diana 227
Brown, Peter 212
Brown Júnior, Keith 284
Brueghel, Jan 224
Bruno, Fábio Vieira 145
Bruno, Giordano 114, 222
Brush, Stephen 280
Bry, Theodor de 189, 194, 201
Bucher, Bernadette 194
Buffon, George Louis Leclerc 128, 168
Burke, Peter 129
Buxton, Thomas 159-60

Cabeza de Vaca, Álvaro Núñes 92
Cameli, Orleir 283, 285, 287
Caminha, Pero Vaz de 183-87, 189, 194, 204
Camões, Luís de 183
Cantel, Raymond 220
Cardim, Fernão 80, 83, 88, 91, 197, 201-02, 210-11
Cardoso de Oliveira, Roberto 245, 257, 258
Carlos IX (rei da França) 194
Carneiro da Cunha, José Marianno 169, 239, 374-76, 378-80
Carneiro, Robert 345
Carvalho, Alfredo de 154
Carvalho, José Candido de Melo 154, 345
Cascudo, Luís da Câmara 154-55

Cassin, Elena 5, 9, 376
Cataiano, Carlito (xamã) 111-12
Cavagnari, Geraldo Lesbat 259
Caxa, Quirício (jesuíta) 175
Ceos, Simonides de 216
Chaim, Marivone 134
Chaumeil, Jean-Pierre 108, 114, 278
Chiara, Vilma 15, 23, 33, 35, 39-42, 63, 70
Christian, William A. Jr. 213-14
Clarkson, Thomas 157, 159
Clastres, Hélène 86, 193
Clastres, Pierre 94, 100-01, 193, 333
Clifford, James 321
Cockburn, Alexander 283
Coelho, Vera Penteado 207, 374
Cohen, Abner 230, 234-35, 237, 247, 257
Collor de Mello, Fernando 283
Colombo, Cristóvão 184-85, 191, 383
Colson, Elizabeth 53
Comaroff, John 305
Comte, Auguste 161, 261
Conklin, Beth 328
Cook, James (capitão) 361
Coombe, Rosemary 363
Correia, Pero (jesuíta converso) 197, 208
Côrtes de Oliveira, Maria Inês 139, 149
Cortés, Hernán 202, 215
Costa, Duarte da 79-80
Costa, Newton da 333
Costa, Pedro da 171-73
Coutinho, J. J. da Cunha de Azeredo 163, 166, 180-81
Crick, Francis 110
Crispim (xamã) 108, 115
Crocker, Jon Christopher 58
Crocker, William H. 17-18, 24, 30, 35-38, 45-46, 48-49, 97
Crumb, Robert 323
Cuneo, Michele de 202
Cunhambebe (chefe tupinambá) 84, 91
Cunningham, Andrew B. 280

D'Abbeville, Claude 84, 87
D'Acosta, José (jesuíta) 205, 208, 223
D'Aversa, Alberto 375
D'Evreux, Yves 83, 85
D'Olwer, Luis Nicolau 185, 187, 193
Daglione, Vivaldo W. F. 149
Dallari, Dalmo 250, 381-82
Daly, John 346-65
Damatta, Roberto 24, 49, 51, 55, 69, 132, 377
Daniel, João (jesuíta) 254
Dantas, Beatriz Góis 255
Davi (informante krahô) 70, 74-75
De pauw, Cornelius (abade) 128, 167-68
Dean, Warren 151
Deleuze, Gilles 108-09, 115
Denevan, William 253
Denis, Ferdinand 191
Descola, Philippe 113, 116, 131
Dias, Maria Odila Leite da Silva 172, 209
Dias, Pero (jesuíta) 209
Dietschy, Hans 377
Douglas, Mary 16, 53, 54
Duchet, Michèle 192
Dumont, Louis 99, 246, 354-55
Dunn, Stephen P. 246, 248
Durham, Eunice 243, 248, 381-82
Durkheim, Émile 102
Durston, Alan 365-66

Eckert, Cornelia 372
Ehrenberg, Ralph E. 191
Eisenberg, Peter 148
Elisabetsky, Elaine 298
Elkington, John 261
Elkins, Stanley M. 136-37
Endean, Robert 342
Ercilla, Alonso de 183
Erikson, Philippe 105, 107, 345
Erspamer, Vittorio 341-43, 347-49
Espirito Santo, Filizarda Maria 149
Estévez, Manoel Gutierrez 205
Evans-Pritchard, Edward 16, 39, 42, 104, 295, 350
Ewbank, Thomas 141, 147, 180

Feijó, Diogo Antônio 146
Fernandes, Florestan 78, 91-92, 94, 193
Fernandez, Eduardo 109, 113
Figueira, Luís (jesuíta) 207
Fiori, Joaquim de 220
Fletcher, James Cooley 137
Flory, Thomas 143
Foucault, Michel 311
Francisco Xavier (São) 133, 211
Franco, Maria Sylvia de Carvalho 151, 173
Freitas, Victor L. 284
Freyre, Francisco de Brito 177
Freyre, Gilberto 181
Fry, Peter Henry 15, 242, 244, 372, 377-78

Galliza, Diana Soares 138-39
Gallois, Dominique 114, 381-82
Gândavo, Pero de Magalhães de 90, 183, 190
Gandhi, Mohandas Karamchand 275
Gbamadosi, Gbadebo Olusanya 234
Geary, Patrick 213, 217
Gebhardt-Sayer, Angelika 111
Gerbi, Antonello 168, 184, 202
Gewertz, Deborah 350
Gil, Gilberto 316
Glazer, Nathan 241
Gluckman, Max G. 47, 50, 54
Gnerre, Maurizio 242
Gödel, Kurt 354
Godelier, Maurice 246-49
Goethe, Johann Wolfgang von 295
Gomes, Severo 273, 383
Gonçalves, Bento 138
Gonçalves, Gaspar (jesuíta) 175
Goodenough, Ward H. 46
Goody, Jack 378
Gorjestani, Nicolas 319
Gorman, Peter 345-49
Goulart, José Alípio 138, 146-47, 340
Goulart, Sandra 138, 146-47, 340
Gould, Stephen Jay 264
Gouveia, Cristóvão de 210-11

Gow, Peter 107, 114, 378
Grã, Luís da (jesuíta) 79
Grimm, Jacob & Wilhelm (irmãos) 35
Gross, Daniel 130
Grossi, Miriam Pillar 372-73
Gruzinski, Serge 103-04
Guiart, Jean 73
Guidon, Niède 130

Habermas, Jürgen 181
Hacking, Ian 358-59, 368
Hanke, Lewis 178
Harrison, Simon 350, 355, 358
Hecht, Susanna 283
Hegel, Georg Wilhelm Friedrich 100
Henrique II (Rei da França) 191, 356
Henry, Jules 66
Herder, Johann Gottfried 164
Heródoto 203, 249
Herrmann-Mascard, Nicole 211-12, 214, 217
Hertz, Robert Alice 102-03
Hill, Jonathan 103, 132
Hobsbawm, E. J. 50
Hodgson, Adam 159
Holanda, Sérgio Buarque de 10, 184, 189, 195-96, 254, 342
Homero 43
Hopkins, Anthony G., 231
Hubert, Henri 44
Hugh-Jones, Stephen 98, 103, 336, 345
Humphreys, Sally 60, 135

Illius, Bruno 114
Irineu, Mestre 340
Itard, Jean Marc Gaspar 166

Jackson, Anthony 43
Jakobson, Roman 15, 365
Jaszi, Peter 363
João (São) 219, 243
João IV, Dom 139, 167, 219-20
João, Preste 184
Johns, Adrian 363
Johnston, Sir Harry Hamilton 137
Juan Diego (São) 215

Juarez (krahô) 70, 75
Juruna, Mario (xavante) 251
Jurupariguaçu (morubixaba) 207

Kant, Immanuel 164
Keller, Francisca Vieira 377
Kensinger, Kenneth 108, 114
Kidder, Daniel Parish 137
Kieffenheim, Barbara 344
Kiernan, James Patrick 138, 149
King, Helen 60, 275
Kitzinger, Ernst 211, 214-15
Kloppenburg, Jack (Jr.) 261
Koch, Christof 110
Kohn, Eduardo 362
Kopenawa, Davi (yanomami) 263, 362
Koster, Henry 135-39, 143-46, 151, 154-56, 158-60
Krenak, Ailton 381
Kroeber, Alfred 363
Kuhn, Thomas 293, 361

L'Estoile, Charlotte de Castelnau 182
Labate, Bia 340
Labatut, Pierre (general) 137
Lagrou, Elsje 114
Laines, Diogo (jesuíta) 82
Langgaard Menezes, Rodrigo Octavio de 260
Laotan, Anthony 227
Laplace, Pierre-Simon 294
Laraia, Roque de barros 49
Las casas, Bartolomé de 202
Lass, Andrew 213
Lassagnet, Suzanne 182
Lathrap, Donald Ward 130
Latour, Bruno 294, 333
Lave, Jean Carter 15, 35-36, 38-39, 43, 45, 70
Lawrence, Peter 50
Lea, Vanessa 60, 357
Leach, Edmund 41, 257, 350, 368
Leach, James 350, 368
Lefort, Claude 100
Leibniz, Gottfried Wilhelm 108, 114

Leite, Jurandyr C. F. 134
Leite, Serafim 79-80, 82-83, 89, 175-77, 180, 191, 197, 199-201, 207, 209-10
Léry, Jean de 80-85, 87-89, 91, 93, 95, 185, 187-89, 195-96, 201-02, 357
Lessig, Lawrence 363
Lestringant, Frank 182, 196
Lévi-Strauss, Claude 9, 15-16, 23, 27, 28-30, 33, 41, 49, 60, 68, 73, 98-100, 110, 116-24, 220, 245, 264, 295-96, 330, 351, 354, 356, 360, 373, 376-77, 380
Lévy-Bruhl, Lucien 344
Licutan, Pacífico 143
Ligeti, Marianne 227
Lima, Antônio Carlos de S. 134, 365-66
Lima, Edilene Cofacci de 113, 340
Lima, Tânia Stolze 102
Lindstrom, Lamont 361
Linton, Ralph 46
Lisboa, J. A. (leigo anglicano) 232
Locke, John 364
Lopes da Silva, Aracy 381
Lorrain, François 32, 376
Lourenço (São) 216
Lowie, Robert 15
Loyola, Inácio de (Santo) 79-80, 82, 92-93, 193, 197-98, 211
Lula da Silva, Luis Inácio 283, 316
Lulio, Raimundo 222
Luther King, Martin 275
Luzia (Santa) 216

Macaulay, Zachary 158
Machado, Manuel Alexandrino 147
Macpherson, Crawford Brough 323
Magalhães, Fernão de 20, 187
Malinowski, Bronislaw 383
Mamaindé, Pedro (nambikwara) 262
Mandeville, Sir John 184
Mannheim, Karl 76
Manuel I, Dom (rei de Portugal) 183, 186
Maranda, Pierre 120

Marés, Carlos 381
Maria, Vicencia 149
Marlière, Guido Tomaz 163
Marryat, James 157-59
Martino, Albertito 375
Martins, F. J. (ministro metodista) 232
Martins, José de Souza 60
Mártir, Pedro 184
Marx, Karl 247
Mattoso, Kátia de Queirós 138, 149
Maurício (São) 210-11
Mauss, Marcel 52, 110, 330, 344, 354
Maybury-Lewis, D. 35, 38, 42, 48, 67-68
Mccallum, Cecilia 107-08, 114
Mead, Margaret 355
Medici, Catarina de (rainha da França) 191
Medici, Lourenço de 183, 185, 187, 193
Meffre, Philippe José 232
Meggers, Betty 130
Melatti, Julio Cezar 25-26, 33-34, 37, 41-42, 44, 49, 56-57, 64-65, 71, 73, 97, 132, 336, 345, 378
Mello e Souza, Laura 173
Menassé-Ben-Israel 220
Mendes de Almeida Júnior, João 260, 262, 381
Mendes, Chico 274-75, 281-83, 287, 384
Mendes, Margarete (& Piyãko) 113
Merleau-Ponty, Maurice 363
Mestre Irineu 340
Métraux, Alfred 90, 92, 94, 132, 193
Meyerson, Ignace 51
Michalowski, Roman 213
Mickey Mouse 323
Milton, Katherine 345, 348-49
Miranda, Rodolfo Nogueira da Rocha 261
Moerman, Michael 243, 257
Molina, Luís de (jesuíta) 174-75, 180
Moniz Barreto, Domingos Alves 139, 162
Montagner, Delvair 345
Montaigne, Michel Eyquem de 91, 185-86, 188, 192-96, 357

Montecucchi, Pier Carlo 342
Monteiro, Douglas T. 16, 53, 54
Monteiro, Jácome (jesuíta) 83, 89, 91-93, 382
Montesinos, Antônio (ou Aarão Levy) 224
Montesuma, Francisco Jê Acaiaba de 168
Montoya, Antonio Ruiz de (jesuíta) 201, 218
Morton, F. W. O. 147
Moscoso, Francisco 131
Mott, Luís 133, 181
Moynihan, Daniel 241
Munster, Sebastian 191
Mussa, Albeto 182, 188
Myers, Charles 346, 349

Nabuco de Araújo, José Paulo de Figueroa 141, 162
Nabuco, Joaquim 150, 254
Nantes, Martin de 366
Napoleão Bonaparte 294
Naud, Leda Maria 163, 165
Navarro, Martim de Azpicuelta, *ver* Azpicuelta Navarro, Martim de 175, 193, 200
Needham, Rodney 43, 72
Neumann (sobre missionários metodistas) 356
Newbury, Colin 231, 233
Newton, Isaac 168
Nijar, Gurdial Singh 280
Nimuendaju, Curt 15, 20, 23-28, 30, 35-37, 39-40, 42-44, 56, 68, 70, 96
Nito (xamã) 107
Nobre, Carlos 301
Nóbrega, Manoel da 80, 133, 175-77, 191, 195, 197-201, 208, 215
Novaro, Andres 299

Olinto, Antônio 227
Oliveira Vianna, Francisco José 151-52
Overing (Kaplan), Joanna 279
Oviedo, González Fernández de 202, 223

Paiva, Eunice 381
Palácio Rubios, Juan López 177
Paraíso, Maria Hilda 10, 134, 184
Pareci, Sebastião 263
Passarinho, Jarbas 259
Paulo III (Papa) 195, 257
Pedro Claver (São) 216
Pedro, Dom 220
Pedro II, Dom (Imperador do Brasil) 22
Peirce, Charles Sanders 9, 121, 383
Perdigão Malheiros, Agostinho Marques 138-39, 142-45, 148-50, 152, 178
Pereira da Silva, José Eloy 139
Peres, Fernão (jesuíta) 175
Perrone-Moisés, Beatriz 15, 304
Piabanha (barão de) 150
Pico della Mirandola, Giovanni 222
Pierson, Donald 229
Pigafetta, Antonio 90, 187, 192, 194, 203
Pindobuçu (chefe tupinambá) 85
Pinheiro, Cândido Morondiya 232
Pinheiro, Wilson 274
Pinto, Francisco (jesuíta) 11, 206-07, 217
Pinto, Roquette 260
Pires, Francisco (padre) 208
Pitt-rivers, Julian 377
Piyãko, Francisco 113, 308
Piyãko, Moisés 113
Polanyi, Michael 363
Polo, Marco 184
Pombal, Marquês de 164, 217, 255, 261, 263, 332
Pontes, Carlos 181
Porro, Antonio 132
Prado Júnior, Caio 140
Proust, Marcel 216

Rabelais, François 191
Radcliffe-Brown, A. R. 53, 128
Ramos, Alcida 328
Ramos, Rossano 299
Redford, Kent 278, 299
Reichel-Dolmatoff, Gerardo 114

Renard-Casevitz, France-Marie 104-05
Ribeiro, Darcy 258, 358
Ricardo, Beto 381
Rigby, Peter 46
Rio Branco (barão de) 112, 254, 308, 311, 340
Rivet, Paul 344
Robinson, John 299
Rocha, Dom Diego Andrés 223
Rodrigues, Jerônimo (jesuíta) 80
Rodrigues, José Albertino 382
Rodrigues, José Honório 232
Rodrigues, Nina 143-44, 229
Roe, Peter G. 114
Romanoff, Steven 345, 349
Romão de Antióquia, São 216
Rondon, Cândido Mariano da Silva 161, 260-61, 263
Ronsard, Pierre de 188, 190
Roosevelt, Anna 130
Ropkure (líder messiânico krahô) 71
Rosa (escrava alforriada) 149
Rosaldo, Renato 99, 130
Rose, Mark 311, 363
Rosenfeld, Anatol 375
Rousseau, Jean-Jacques 164, 167-68, 186
Russell, Bertrand 353-54
Russell-Wood, A. J. R. 141, 149

Sá, Mem de 80, 180, 199
Sabbatai Zevi (dito Messias) 224
Sabóia, José Carlos 382
Sahlins, Marshall 115, 130, 240, 304, 306-07, 351, 354, 356, 361, 368, 377
Salles, Vicente 181
Sallnow, Michael 215
Salvador, Vicente de (frei) 81, 83, 138, 142, 149, 209, 210, 227
Santilli, Márcio 383
Santilli, Paulo 132
Santilli, Rubens 381
Saraiva, António José 220, 223-24
Sardinha, Pero Fernandes (bispo) 176
Sarney, José 283
Sartre, Jean-Paul 257, 262
Scarano, Julieta 141

Scatamacchia, Maria Cristina M. 131
Schaden, Egon 132
Schmidel, Ulrich 189
Schultz, Harald 20, 23, 26, 29, 33, 35-36, 39, 41, 97, 336
Schwartz, Seymour I. 191
Schwartz, Stuart B. 138, 155
Schwartzman, Steve 281
Schwarz, Roberto 151
Sebastião (São) 211, 216
Seed, Patricia 208
Seeger, Anthony 51
Seidler, Carl 137
Serres, Michel 108
Shakespeare, William 193-94, 196
Shepard Júnior, Glenn 299
Shoumatoff, Alex 283
Silva, José Afonso da 381
Silva, José Justino de Andrade e 142
Silva, Luis Inácio da, ver Lula
Silva, Marina 275, 338, 384
Silva Guimarães, Pedro Pereira 139
Singer, Isaac Bashevis 333
Skidmore, Thomas 246
Skinner, Q. 174
Slenes, Robert 135, 138, 150
Soares de Souza, Gabriel 92-93, 182, 189-90, 202-03
Soares, Caetano Alberto 139
Soto, Domingos de (dominicano) 174
Sousa, Martim Afonso de 82
Sousa, Pero Coelho de 207
Southey, Robert 137, 154, 159
Souza Ferreira, João de 92, 177, 180
Souza, João de (jesuíta converso) 197, 208
Souza, Laura de Mello e, ver Mello e Souza, Laura
Staden, Hans 88, 188-89, 192, 194-96, 201
Stalin, Josef 248
Stein, Stanley 148
Stephen, James (cunhado de Wilberforce) 157-58, 264, 336, 345
Steward, Julian 130
Stolcke, Verena 377

Strathern, Marilyn 321-22, 350
Stravinsky, Igor 43
Studart, Barão de 207
Suárez, Francisco (jesuíta) 174

Taggia, Rafael (capuchinho) 67
Tannenbaum, Frank 136-37, 141
Tarde, Gabriel 102, 333
Tarski, Alfred 353
Tastevin, Constant 344
Taussig 107
Taylor, Anne-Christine 102-03, 110, 115
Tew, Mary 53
Thevet, André 80, 84-86, 88-91, 120, 182, 185, 188-90, 192, 195-96, 201-02
Thorpe, Robert 158
Tibiriçá, Martim Afonso (chefe tupinambá) 82
Tinland, F. 164
Tollenare, Louis François 137, 142, 150, 154
Toloza, Ignacio de (jesuíta) 210
Tomé (São) 195-96, 215, 306
Townsley, Graham 109, 113
Trilling, Lionel 352
Tuck, Richard 174
Turner, Edith 215
Turner, Jerry Michael 227
Turner, Terence 104, 304, 364
Turner, Terry 305
Turner, Victor 46-47, 104, 215, 227, 304-05, 364
Tylor, Edward 306

Úrsula (Santa) 210, 215, 218

Vainfas, Ronaldo 103-04, 218
Van Velthem, Lúcia H. 114
Vanzolini, Paulo Emílio 28
Varnhagen, F. A. 177
Vasconcellos, Simão de 174, 177, 208, 218-19, 223
Veblen, Thorstein 363
Vega, Tirso A. Gonzáles 261
Velho, Gilberto 382

Verger, Pierre 149, 227, 232, 379
Vernant, Jacques 376
Vernant, Jean-Pierre 15, 25, 43, 62, 78, 96, 102
Vespúcio, Américo 183, 185-87, 189, 193-94
Vianna, Francisco José Oliveira, ver Oliveira Vianna, Francisco José
Victor (o menino selvagem de Aveyron) 166
Victricius de Rouen (bispo) 213
Vidal, Lux B., 15, 44-45, 65, 75, 97, 381
Vieira, Antônio (padre) 11, 165, 206, 219-24
Viertler, R. B. 69
Villegagnon, Nicolas Durand de 95, 188
Viotti da Costa, Emilia 150
Vital (São) 210
Vitória, Francisco de (dominicano) 174, 260, 332
Viveiros de Castro, Eduardo 51, 78, 97, 102, 114, 116, 182, 218, 357, 362, 378
Vogt, Carlos 242
Von Martius, Carl Friedrich Philipp 166-67

Walsh, Robert 159
Weber, Max 47, 241, 257
Weil, André 376
Weiss, Gerald 114
White, Leslie 363
Wiener, Norbert 363
Wilberforce, William 135, 156-60
Wolfensohn, James D. 319
Woodmansee, Martha 363
Worsley, Peter 18, 50
Wright, Robin 103, 132
Wüst, Irmhild 131

Yates, Frances A. 216, 222

Zavala, Silvio 178

ÍNDICE DE ETNÔNIMOS

Adamaneses 68
Aguaruna 331
Aimoré 183, 203
Amahuaca 345
Apanyekra 17, 20
Apinayé 20, 23-24, 27-29, 32, 35, 37,
 40-41, 55, 69, 96, 334
Apurinã 308
Arapesh 355
Aruaque 104-05, 114, 308
Ashaninka 105, 109, 111-13, 308
Ashuar 131
Azande 295, 350

Barasana 336, 345
Blackfoot 33
Bororo 58, 69, 251
Botocudo 163-65
Bugres 165, 256, 259

Caeté 176-77, 192
Campa 105, 107
Caraíba 200
Carijó 183, 189, 197, 209
Carijó-Guarani 80
Chilcotin 118-19
Coeur-d'Alêne 119
Cree 116

Gabões 144
Gavião 49

Guajajara 18
Guaranis 92, 97, 168, 183
Gueguê 133

Hidatsa 33

Ilongot 99

Jaminawa 108, 344
Jê 15, 23, 27, 29, 35, 42, 45, 48-49,
 51-53, 58, 60, 66, 96, 97, 122, 207,
 331, 334-36, 357, 377
Jívaro 131

Kaingang 66
Karib 129
Katukina 105, 112, 308-09, 332, 338,
 339-40
Kawahiwa 132
Kaxi 107, 111-12, 114
Kaxinawa 105, 107, 108, 111-12, 114,
 308, 332, 339, 344
Kayapó 45, 60, 116, 263, 276, 357-58,
 364
Krahô 9, 20, 22-23, 25-30, 32-37,
 39-41, 44, 47, 49, 52-58, 60-69,
 71-77, 96-97, 122-23, 328, 331-38,
 364-65, 367
Krikati 23, 35-36, 38-39, 43, 45, 70
Kulina 107, 344

Índice de etnônimos **427**

Macuxi 254
Mandan 33
Margaias 83, 88, 91
Marubo 339, 345
Matis 107, 345
Matses 345-46, 348-49
Mayoruna 339, 348
Mebengokre-Kayapó 357
Mewun 355
Mundurucu 116
Nambikwara 262

Navajo 312
Nuer 104, 378

Oitacá 203
Ouetaca 183

Pano 105, 108, 111, 113-14, 159, 254, 307-09, 339-40, 344-45, 349
Pataxó 243, 251, 254
Pawnee 33
Piro 105, 107, 114
Poyanawa 105

Ramkokamekra 15, 17, 20, 23, 30, 32, 37, 39, 49
Ramkokamekra-Canela 15, 34, 50, 61, 322
Runa 362

Shipibo 111, 114, 339
Shipibo-Conibo 111
Shuswap 118
Tabajara 84, 87, 207

Tapuia 183, 207
Terena 243
Thompson 118-19
Tikuna 345
Timbira 15, 17, 23-24, 27, 30, 35, 37-39, 43-44, 73, 96, 132, 334
Tocariju 207
Tonga 53
Tukano 114

Tupi 23, 27, 78-79, 81, 86, 96-98, 101, 179, 182-83, 187, 192-97, 201, 203, 217-18, 256, 336, 366
Tupi-Guarani 97
Tupinambá 78-80, 83, 86-101, 103, 121, 131, 188-93, 196, 201, 203
Tupiniquim 79

Waiãpi 114
Wapixana 254
Wayana-Aparaí 114

Xavante 35, 38, 42, 48, 66, 68, 251
Xerente 48, 64, 68
Xikrin 44-45, 65, 75, 96
Xocó 209

Yanomami 252, 254, 259, 263, 325, 362, 381
Yawanawa 112, 307-10, 339, 359

COLEÇÃO ARGONAUTAS

Marcel Mauss
Sociologia e antropologia

Henri Hubert & Marcel Mauss
Sobre o sacrifício

Claude Lévi-Strauss
Antropologia estrutural

Claude Lévi-Strauss
Antropologia estrutural dois

Pierre Clastres
A sociedade contra o Estado

Roy Wagner
A invenção da cultura

Marilyn Strathern
O efeito etnográfico

Manuela Carneiro da Cunha
Cultura com aspas

Eduardo Viveiros de Castro
A inconstância da alma selvagem

© Ubu Editora, 2017
© Manuela Carneiro da Cunha, 2009

Este livro foi originalmente publicado pela editora Cosac Naify em 2009.

COORDENAÇÃO EDITORIAL Florencia Ferrari
ASSISTENTE EDITORIAL Mariana Schiller
PREPARAÇÃO Nina Basilio e Alexandre Morales
REVISÃO Pedro Paulo da Silva e Raul Drewnick
DESIGN Elaine Ramos
ASSISTENTE DE DESIGN Livia Takemura

Nesta edição, respeitou-se o novo Acordo Ortográfico da Língua Portuguesa.

Dados Internacionais de Catalogação na Publicação (CIP)
(Câmara Brasileira do Livro, SP, Brasil)

    Cunha, Manuela Carneiro da
    Cultura com aspas e outros ensaios : Manuela
    Carneiro da Cunha
    São Paulo: Ubu Editora, 2017
    432 pp.

ISBN 978 85 92886 45 5

1. Antropologia cultural 2. Antropologia social 3. Cosmologia 4. Cultura 5. Ensaios 6. Etnicidade 7. Etnologia 8. Mito 9. Povos indígenas – Brasil – História I. Título.

09-10080   CDD 306.08981

Índices para catálogo sistemático:
1. Brasil: Indigenismo: Antropologia cultural: Sociologia 306.08981 2. Brasil: Sociedades indígenas: Antropologia cultural: Sociologia 306.08981

UBU EDITORA
Largo do Arouche 161 sobreloja 2
01219 011 São Paulo SP
(11) 3331 2275
ubueditora.com.br
professor@ubueditora.com.br
/ubueditora